CAUSERIES

DU LUNDI

PARIS. — IMPRIMERIE E. CAPIOMONT ET C^io

6, RUE DES POITEVINS, 6

CAUSERIES
DU LUNDI

PAR

C.-A. SAINTE-BEUVE

DE L'ACADÉMIE FRANÇAISE

TROISIÈME ÉDITION

TOME CINQUIÈME

PARIS

GARNIER FRÈRES, LIBRAIRES-ÉDITEURS

6, RUE DES SAINTS-PÈRES, 6

CAUSERIES DU LUNDI

Lundi, 6 octobre 1851

NOTICE HISTORIQUE

SUR

M. RAYNOUARD

Par M. WALCKENAER.

Cette Notice, lue dans la dernière séance publique de l'Académie des Inscriptions, a ramené l'attention sur un homme respectable et excellent, original de mœurs et de caractère, bon de nature, fin pourtant, rude et brusque d'accent et de ton, qui a eu, au début de l'Empire, le plus grand succès tragique d'alors (*les Templiers*), qui, depuis, a créé toute une érudition (l'étude du provençal classique et de ce qui en dépend), l'a établie et organisée d'une manière féconde, et s'est véritablement illustré par ce vaste et sagace labeur. Quoique M. Raynouard ait été jusqu'ici dignement apprécié par des panégyristes et des biographes éminents, par M. Mignet, son successeur à l'Académie française, par M. Walckenaer hier encore, par un jeune érudit mort trop tôt et bien regrettable, M. Charles Labitte, qui, le premier, lui a consacré une notice littéraire développée; quoique ses travaux et son système philologiques aient été l'objet de plusieurs leçons de M. Villemain, et qu'ils aient prêté à des discussions approfondies de la part de MM. Guillaume de Schlegel, Fauriel et Ampère, on peut dire toutefois que l'ensemble de son œuvre et de son influence n'a pas été encore exposé, discuté et jugé régulièrement et au complet. Un érudit qui se fait honneur de se proclamer de ses élèves, mais qui l'est avec indépendance, M. Guessard, semble promettre un tel travail qui exige des qualités et des études toutes spéciales, les seules qui confèrent à un jugement du poids et de l'autorité. Pour nous, qui sommes incompétent sur le fond de ces doctes matières, nous nous bornerons ici à ce qui est de notre portée et de notre coup d'œil, et aussi à ce que nous demandent nos lecteurs, je veux dire à tâcher de saisir et de marquer la forme de l'esprit de M. Raynouard, quelques-uns des traits essentiels de sa personne, et à faire sentir, s'il se peut, le grain de son originalité.

François-Just-Marie Raynouard qui, dans ses premiers essais, se désignait Raynouard (du Var), était né à Brignoles le 8 septembre 1761. *Il était de Brignoles*, n'oublions jamais cela en le jugeant. Nul homme distingué ne garda plus que Raynouard le cachet primitif de sa province, de son endroit. Il était avant tout de son pays par l'accent. Massillon, Fléchier, Sieyès, qui étaient aussi du Midi, avaient en prononçant *l'esprit doux*, comme disaient les Grecs; Raynouard, plus agreste, avait *l'esprit rude*, quelque chose de fort et de mordant dans la prononciation. Mais il était de son pays autrement encore que par l'accent; il en était par le cœur, par le patriotisme, par les idées. La première empreinte locale se retrouve en lui jusque dans ses travaux d'érudit et de publiciste. Si, par exemple, il accordait tant à la constitution municipale des vieilles cités, s'il croyait à la perpétuité de cette constitution depuis les Romains et à travers les diverses conquêtes, s'il en faisait le pivot de sa théorie politique, c'est que cela s'était passé ainsi à Brignoles et aux environs, dans la Provence; il transportait involontairement au reste de la France cette forme permanente et latente de constitution dont la tradition locale avait tout d'abord frappé son esprit, l'avait imbu et comme affecté d'un premier amour. Ainsi en toutes choses : il fera du Midi, de son Midi à lui, le centre de son érudition et de sa conquête; il voudra que la vieille langue du Midi ait été primitivement la dominante et l'unique pour toute la France, même pour celle d'outre-Loire. Il sera disposé à croire que, pour avoir la véritable clef de cette érudition, il faut être du Midi. Un jour qu'il cherchait un mot, une acception pour son *Lexique roman*, un de ses jeunes travailleurs, qui était d'Abbeville, entra, et, entendant de quoi il était question, trouva le sens aussitôt. — « Ah! le *Picard!* il l'a *cependant* trouvé, » s'écria le digne érudit avec une expression de physionomie singulière qui marquait l'étonnement; son sourcil gris brillait d'un éclair de malice narquoise et de raillerie; il y avait, même dans ce mot d'éloge qui lui échappait, le dédain du Provençal pour le Picard. « Il l'a *cependant* trouvé! » toute la passion et la prévention de M. Raynouard érudit perce dans ce seul mot *cependant*.

Il était de son pays aussi par la gaieté, par le trait, par le petit mot pour rire. Rabelais avait fait l'un de ses contes les plus plaisants sur une religieuse de Brignoles; tout en réfutant le conte dans sa *Notice sur Brignoles*, Raynouard se souvient que Rabelais a passé par sa ville natale. Il avait dans la liberté du tête-à-tête un grain de cette vieille gaieté gauloise, relevée ici d'une pointe d'ail à la provençale. Il y avait beaucoup de l'érudit du seizième siècle en Raynouard. On cite de lui de petites épigrammes à la Martial, comme s'en permettait Maynard ou La Monnoye. Jeune, dans les intervalles de son métier d'homme de loi, il faisait en français des vers un peu comme en faisait en latin le chancelier de L'Hôpital (lesquels vers, en général, ne sont pas trop bons ni très-poétiques); et, à propos de L'Hôpital, il n'avait garde d'oublier le passage où l'illustre chancelier, dans le récit de son voyage à Nice, a célébré le territoire de Brignoles et surtout les excellentes prunes « dont la renommée est répandue dans le monde entier. » M. Raynouard n'était jamais plus content que lorsqu'il faisait manger à ses amis de Paris des prunes de Brignoles.

Après avoir fait avec succès ses études au petit séminaire d'Aix et pris ses grades à l'école de droit de cette ville, Raynouard vint à Paris vers 1784; il ne fit que tâter le terrain et n'y resta pas. Il n'avait rien de ce qui pouvait l'introduire d'abord dans cette société brillante, élégante et adoucie. Probe et fin, il sentit qu'il n'y avait là rien à faire; amoureux des Lettres, mais amoureux à l'antique, il résolut, pour se mettre en état de les cultiver un jour avec indépendance, de retourner dans son pays pour y être avocat et homme d'affaires. Jacob servit sept ans, suivis de sept autres années, afin d'obtenir Rachel, la femme selon son cœur. Raynouard se sentait pour les Lettres un de ces amours de patriarche, de ces amours vivaces et robustes, et qui résistent au temps : il alla donc plaider et donner des consultations pendant sept ans à Draguignan; puis, après une interruption forcée, il y retournera cinq ou six autres années encore.

Un esprit sérieux et solide comme le sien, aidé d'un cœur chaud et ardent, ne pouvait rester indifférent au mouvement de 89 : il en embrassa les espérances, n'en répudia que les excès, et en conserva toujours les principes essentiels qu'il se plaisait depuis à confondre, dans son érudition un peu particulière, avec l'héritage des vieilles libertés municipales léguées par les Romains.

S'il est vrai que Raynouard, comme on l'a dit, ait laissé des Mémoires, on doit inviter ceux qui en sont possesseurs à les publier pour éclairer cette première moitié de sa vie, dont quelques points seulement sont connus. Nommé en 1791 député suppléant à l'Assemblée législative, Raynouard fut alors ramené à Paris par ses devoirs publics, et il avait l'œil en même temps à ce qui pouvait aider son arrière-pensée secrète de faire son chemin dans les Lettres. Mais le moment était peu opportun. Raynouard, jeune, honnête et généreux, mérita d'être enveloppé à son heure dans la tempête universelle. Il était retourné dans sa province après la chute des Girondins. Il en fut ramené comme captif sur une charrette et jeté dans la prison de l'Abbaye. C'est là, ou tout au sortir de là, que, profitant des loisirs forcés que lui avait faits la Terreur, il composa son *Caton d'Utique*, sa première tragédie, qu'on dit tirée à très-peu d'exemplaires.

J'en ai un sous les yeux qui porte la date de *l'an deuxième* (1794), et, pour épigraphe, le mot de Sénèque: *Inter ruinas publicas erectum*. Le sujet de Caton est tout indiqué pour un sujet d'opposition. Il y a longtemps que, sous Domitien, un avocat nommé Maternus faisait à Rome des lectures très-applaudies de sa tragédie de *Caton*, dont bien des traits choquaient les puissances. Raynouard, en prenant Caton pour thème, n'y cherchait également qu'une occasion de protester contre les tyrans du jour, et d'appliquer, mais pour lui seul, quelques leçons de stoïcisme. Sa pièce, en trois actes, sans amour, sans rôle de femme, n'est qu'une déclamation assez ferme, sentencieuse. On y distingue dans la première scène du premier acte un morceau assez beau et sensé dans la bouche de Brutus, qui montre les Romains déchus de la liberté par leurs mœurs et méritant désormais la servitude. Hors de là, la pièce est dans ce genre roide, rude, tendu et emphatique, qui rappelle parfois le ton et le tic, mais non le génie de Corneille.

Le moment pour Raynouard de faire son entrée en littérature n'était pas venu ; il retourna courageusement dans son pays reprendre l'exercice de sa profession d'avocat, et réparer les brèches que cette interruption avait faites à sa petite fortune. Il ne la voulait que strictement nécessaire pour l'indépendance : mille écus de rentes, rien de plus. « Je suis un philosophe, disait-il (et quand je cite ses paroles, figurez-vous-les toujours relevées et comme redoublées par l'accent); un philosophe n'a besoin que de la besace et du manteau ; mais encore faut-il que la besace soit pleine et que le manteau soit propre. »

Dès qu'il eut acquis ce nécessaire, il revint à Paris sous le Consulat, et, cette fois, bien résolu à ne plus lâcher pied. Ce qu'il y a de remarquable, c'est que ce long et inégal partage entre les affaires et les Lettres n'avait nullement refroidi son ardeur pour celles-ci. A quarante ans passés, Raynouard allait y débuter avec le feu d'un jeune homme, et, de plus, avec la solidité d'un vétéran. L'Institut, qui était en retard sur les événements publics, avait proposé pour sujet du prix de poésie (1803) ce mot de Montesquieu : « *La vertu est la base des Républiques.* » Raynouard se présenta et remporta le prix avec un petit poëme (*Socrate dans le Temple d'Aglaure*) qui transformait et mettait en action cette espèce d'aphorisme. Il n'y a de poétique que l'idée d'avoir mis en scène ce sujet abstrait et d'en avoir attribué le développement à un personnage historique.

Rien n'était plus prosaïque d'ailleurs et plus banal que l'exécution. Socrate y débite des maximes de Pibrac. Bernardin de Saint-Pierre prêtait étrangement du sien à l'auteur, lorsque, le recevant quelques années après à l'Académie, il disait de ce *Socrate dans le Temple d'Aglaure :* « C'est un tableau ordonné comme ceux du Poussin ! » On n'a jamais plus abusé des mots.

Mais le grand et incomparable succès de Raynouard fut au Théâtre-Français, quand on donna, le 14 mai 1805, sa tragédie des *Templiers*. En relisant aujourd'hui cette pièce, on se demande à quoi a tenu un tel succès, et on sent le besoin de se l'expliquer. Le goût du théâtre était très-vif à cette époque; on était las des Grecs et des Romains, et, depuis plusieurs années, aucune nouveauté n'avait réussi. « Il y avait, disait Geoffroy, un sort jeté depuis cinq ans sur les tragédies et les poëtes tragiques : M. Raynouard vient de détruire le maléfice. » Il l'avait détruit à l'aide de quelques qualités très-mêlées de défauts, mais venant à point et frappant à propos. Raynouard n'était pas si loin de l'à-propos qu'on le croirait quand on l'a vu un peu agreste et rustique de forme, venant tard, de loin, marchant un peu lourdement et avec des souliers un peu gros. Il a, trois fois dans sa vie, en trois circonstances mémorables, saisi le moment et l'occasion.

La première fois, dans *les Templiers*. Il n'inventa rien, mais il rompit cette ennuyeuse lignée des tragédies antiques et mythologiques, et il eut l'air, comme de Belloy, d'ouvrir une veine et de créer un genre, le genre historique national. Cela n'aboutit pas, mais le début fut brillant, et l'on crut voir se lever un étendard.

Une seconde fois, ce fut en politique. Raynouard saisit l'occasion, ou du moins ne la manqua pas. En décembre 1813, nommé membre de la Commission du

Corps législatif pour prononcer sur l'état des négociations entamées auprès des puissances, il osa, avec MM. Lainé, Gallois, Flaugergues et Maine de Biran, faire entendre hautement, en face de l'Empereur, une parole de liberté et de plainte. Cette parole d'un seul jour, venue la première après un si long et si rigoureux silence, a suffi pour porter son nom comme citoyen et pour l'inscrire dans l'histoire (1).

Enfin, en 1816, par la publication de son premier volume sur les Troubadours, il prit date et position avant tout autre, avant Fauriel, avant Guillaume de Schlegel, qui auraient pu le devancer; il planta son drapeau à temps pour que tout l'honneur lui revînt et suivît le labeur. Mais, cette dernière fois, ce ne fut pas un acte passager, ce fut une prise de possession et une conquête. Il avait trouvé sa province et il y régna.

Je reviens aux *Templiers*. On en peut lire deux critiques très-judicieuses, l'une dans les feuilletons de Geoffroy, l'autre dans les conversations de Napoléon (*Mémoires de M. de Bausset*) (2) :

« Cette pièce, en général, m'a paru très-froide, disait Napoléon, parce que rien ne vient du cœur et n'y va. L'auteur, oubliant que le véritable objet d'une tragédie était d'émouvoir et de toucher, s'est trop occupé d'avoir une opinion sur un fait qui sera toujours enveloppé de ténèbres parce qu'il est impossible d'y apporter aucune lumière. Comment serait-il possible, à cinq cents ans de distance, de prononcer que les Templiers étaient innocents ou coupables, lorsque les auteurs contemporains sont eux-mêmes partagés, ou plutôt sont en contradic-

(1) M. Thiers, dans son XVIIIe volume de l'*Histoire du Consulat et de l'Empire*, a noté un second jour parlementaire mémorable dans la vie politique de M. Raynouard; c'est celui où il présenta, devant la Chambre de 1814, son rapport sur la loi de la Presse. L'historien en a pris l'occasion d'écrire une de ses plus belles pages.

(2) Voir aussi le livre intitulé : *Napoléon, ses Opinions et Jugements*, par les Damas-Hinard (1838) ; c'est un recueil fait avec beaucoup de soin, et très-commode à consulter.

tion formelle les uns avec les autres? Tout ce que l'on peut dire, c'est que ce fut une affaire monstrueuse et inexplicable. L'entière innocence des Templiers et l'entière perversité des Templiers est également incroyable. Serait-il donc si pénible de rester dans le doute lorsqu'il est bien évident que toutes les recherches ne pourraient *arranger* un résultat satisfaisant? »

Cette observation préalable sur le sujet, et sur la manière dont Raynouard l'a envisagé, est très-juste et le paraîtra à tous ceux qui reliront la tragédie et les preuves historiques qui y font cortége. Rien n'est moins convaincant que toute cette plaidoirie de l'auteur en faveur des Templiers : il veut tout rejeter sur les accusateurs, sur l'esprit d'un siècle ignorant, et il ne nous peint en rien ni ce siècle même, ni cet Ordre orgueilleux et scandaleux, qui devait en tenir par plus d'une grossièreté et d'un abus; il n'aborde en rien la réalité des accusations, il s'en prend toujours à la manière injuste, illégale et cruelle dont on s'est servi pour arracher aux membres certains aveux. Il plaide en un mot pour les Templiers comme un avocat, qui veut obtenir qu'on casse une sentence, plaiderait devant la cour de Cassation. Napoléon (on n'a pas tous les jours des feuilletonistes de ce calibre-là), entrant dans l'analyse de la pièce, remarque qu'en restant dans les données de l'histoire et de la tradition, l'auteur aurait pu imprimer à sa tragédie une force et une couleur dramatique qui lui manquent entièrement :

« Le caractère de Philippe-le-Bel, pense-t-il, prince violent, impétueux, emporté dans toutes ses passions, absolu dans toutes ses volontés, implacable dans ses ressentiments et jaloux jusqu'à l'excès de son autorité, pouvait être théâtral, et ce caractère eût été conforme à l'histoire. Au lieu de cela, M. Raynouard, auteur d'ailleurs fort estimable et d'un grand talent, nous le représente *comme un homme froid, impassible ami de la justice, qui n'a aucune raison d'aimer ou de haïr les Templiers, qui tremble devant un inquisiteur et qui ne semble demander que pour la forme aux Templiers un acte de soumission et de respect*. »

Napoléon, qui se connaissait en héros et qui savait l'étoffe dont ils sont faits, insiste sur ce point que le héros d'une tragédie ne doit pas l'être de pied en cap, qu'il doit, pour intéresser, rester un homme; et ici, sans s'en douter et en croyant n'être que classique, Napoléon se rapproche du point de vue de Shakspeare, chez qui il y a des hommes toujours, et point de héros :

« L'auteur, dit-il, paraît surtout avoir oublié une maxime classique, établie sur une véritable connaissance du cœur humain : c'est que le héros d'une tragédie, pour intéresser, ne doit être ni tout à fait coupable ni tout à fait innocent. Il aurait pu, sans s'écarter de la vérité historique, faire l'application de ce principe au grand-maître des Templiers; mais il a voulu le représenter comme un modèle de perfection idéale, et cette perfection idéale sur le théâtre est toujours froide et sans intérêt. Il n'avait, au lieu de cela, qu'à dire, ce qui est très-vrai, que le grand-maître avait eu la faiblesse de faire des aveux, soit par crainte, soit par l'espoir de sauver son Ordre, et nous le représenter ensuite rendu au sentiment de l'honneur, par un retour heureux de courage et de vertu, et rétractant ses premiers aveux à l'aspect même du bûcher qui l'attend. Toutes les faiblesses, toutes les contradictions sont malheureusement dans le cœur des hommes et peuvent offrir des couleurs éminemment tragiques... »

Puis il critique le jeune Marigni, amoureux sans qu'on connaisse l'objet de son amour et qu'on puisse s'y intéresser, voulant toujours mourir, et un hors-d'œuvre tout à fait inutile à l'action. Pourtant ce fut, avec le grand-maître, le rôle intéressant, l'un théâtral et grandiose, et l'autre pathétique sous les traits de Talma.

Geoffroy a critiqué avec esprit et bon sens quelques-uns des mots de la pièce les plus applaudis, tels que le fameux hémistiche : *Sire, ils étaient trois mille*. En effet, le jeune Marigni, pour exalter les Templiers et faire admirer leur vertu, raconte devant le roi que, dans les murs d'une ville assiégée, une troupe de Templiers, ne pouvant résister à des forces supérieures, se rendit

aux Musulmans ; le vainqueur veut les faire abjurer, il
les insulte, il les menace, rien n'y fait :

> Intrépides encor dans ce nouveau danger,
> Tous marchent à la mort d'un pas ferme et tranquille ;
> On les égorgea tous : Sire, ils étaient trois mille.

Ici les applaudissements éclatent. Mais un moment de
réflexion fait apercevoir que, si dans ce cas le nombre
des Templiers ajoute à l'idée qu'on peut prendre de
leur croyance et de leur foi, puisque sur ce grand
nombre pas un seul ne fut infidèle à son Dieu, ce même
chiffre diminue beaucoup de l'idée de leur bravoure,
puisqu'il ne les a pas empêchés de se rendre. L'hémistiche tant applaudi est pour le moins autant une épigramme contre les trois mille qui se rendirent, qu'un
éloge pour ces mêmes trois mille qui n'abjurèrent pas.

Tout cela dit, et quand on a ajouté que la trame de
ce style est sans véritable éclat et sans nouveauté,
composée à satiété de tous les mots vagues, communs,
déclamatoires (*ignominie*, *vertu*, *gloire*, *victoire*, *des
proscrits vertueux*, etc. *Quel trouble impétueux s'élève
dans mes sens!* etc., etc.); quand on s'est bien convaincu
que cet auteur n'a pas relu Villehardouin avant de faire
parler ses chevaliers, il faut saluer et applaudir avec
le parterre quelques beaux vers qui redoublent d'effet
en situation, cinq ou six hémistiches qui rendent quelque écho du sublime de Corneille, un cri d'innocence
qui s'élève des dernières scènes, et le très-beau récit
final du supplice.

Les chants avaient cessé! sont un des mots mémorables du théâtre. Meyerbeer, ce grand dramatiste, et
qui songe à tout, n'a eu garde d'omettre un effet qui
rentre si pleinement dans le domaine musical, et,
M. Scribe le lui rappelant, il s'en est fait un motif
admirable dans le dernier acte des *Huguenots*, quand

Valentine, écoutant le chant qui sort du temple, en note avec angoisse toutes les alternatives :

> ..... Ils chantent encor !...
> Ils ne chantent plus !

Je ne sais s'il y eut beaucoup de calcul ou encore plus de bonheur dans cette première tragédie représentée de Raynouard, mais il est impossible de prodiguer moins qu'il ne l'a fait les moyens nouveaux, et de tirer un plus heureux parti des quatre ou cinq mots ou hémistiches qui décidèrent du triomphe de sa pièce. Il avait été économe de sublime, mais, du peu qu'il y avait mis, rien n'avait été perdu. Aussi, plus tard, ne cessa-t-il d'ajouter une grande importance en toutes choses à ce qu'il appelait la *mise en scène*. Il savait à quel point elle lui avait servi.

Le petit nombre d'odes ou de pièces lyriques qu'on a de lui sont très-prosaïques, très-communes. Un jour, quelqu'un se permettait de lui représenter que « peut-être ces deux ou trois vers d'une strophe étaient un peu faibles. » — « Eh ! mon ami, répondit-il, si je les faisais plus forts, le dernier vers ne paraîtrait pas si beau. » C'était ce système d'*économie poétique* qui lui avait réussi dans *les Templiers*, mais qui ne lui réussit pas deux fois.

Un autre jour encore, un écrivain distingué venait de lui lire une tragédie. — « C'est très-bien, dit-il après l'avoir entendu, c'est très-bien, mais il n'y a pas le *coup de fouet*. Moi, j'ai le *coup de fouet*. » Il disait que Corneille avait le coup de fouet. C'est là un mot spirituel qui manque au traité de rhétorique pour définir le *Moi !* de *Médée*, le *Qu'il mourût* des *Horaces*, le *Sire, ils étaient trois mille !* des *Templiers*. Prenez note de l'expression, et ajoutez-la, si vous le voulez, en marge au *Traité du Sublime* de Longin.

Le fameux vers que la reine Jeanne dit au roi pour infirmer la gravité des aveux arrachés aux Templiers :

> La torture interroge, et la douleur répond ;

ce vers était venu à Raynouard à l'occasion d'une suppression exigée par la Censure. Il en était fort content, et aimait à raconter comment il l'avait trouvé : « Eh! qu'on dise après cela, répétait-il avec son tour d'ironie, que la Censure n'est pas bonne à quelque chose ! »

Après le succès des *Templiers*, Raynouard crut avoir trouvé un genre, et n'avoir plus qu'à en diversifier les exemples et les applications. Dans son Discours de réception à l'Académie française (24 novembre 1807), on le voit essayer sa théorie. Il traita de la tragédie considérée dans son influence sur l'esprit national : il se plut à montrer dans la tragédie des Anciens, dans celle des Grecs, une institution politique. A Athènes, dès l'origine, il en fut ainsi ; à Rome, la tragédie, importée tard, et toute de cabinet, n'eut aucune influence sur l'esprit national. En France, ce fut Corneille, Corneille seul, qui releva, comme disait Raynouard, *le temple de Melpomène*; de telles locutions, sans propriété et sans goût, dérogeaient à la théorie même qu'on prétendait introniser. Pourtant, dans ce style, tantôt commun, tantôt abrupt, et à coup sûr inélégant, on distingue un passage assez éloquent dans lequel l'orateur déclare sa prédilection pour Corneille. Supposant un concours solennel entre les poëtes de toutes les nations, chaque nation n'ayant droit qu'à **nommer** un seul représentant :

« Les Grecs, s'écrie Raynouard, nommeraient Homère ; les Latins Virgile ; les Italiens, le Tasse ou l'Arioste (il serait, je crois, plus juste de mettre *Dante*) ; les Anglais, Milton (lisez plutôt *Shakspeare*); et nous tous, — oui, vous-mêmes qui savez admirer Racine... ah ! dans le péril de notre gloire littéraire, un seul cri s'élèverait, et ce cri, vous le prononcez avec moi : *Corneille!* »

Ce Discours de Raynouard se fait remarquer d'ailleurs par le style court, saccadé, tout le contraire du périodique. Chaque paragraphe est composé presque invariablement d'une seule phrase. L'orateur, à chaque coup, recommence. On sent trop dans ce premier discours académique, comme plus tard dans les Rapports que fera Raynouard en qualité de Secrétaire perpétuel, les anciennes habitudes d'avocat consultant et de Palais. Quand il composera des ouvrages en prose, tels que son *Histoire du Droit municipal en France* (1829), il ne fera guère autre chose que de mettre en ordre et de classer chronologiquement les notes recueillies dans ses recherches, que de vider ses sacs et de ranger ses matériaux par chapitres avec aussi peu de lien que possible. Quand des jeunes gens le consultaient sur leurs écrits, il leur conseillait de couper leurs phrases : « Ne faites pas de phrases longues, c'est le moyen de s'embrouiller. » Cette méthode, en effet, coupe court aux difficultés, mais ne les résout pas. Raynouard, si bon et si ingénieux grammairien, n'était rien moins qu'un habile écrivain ; il ne fut jamais un maître dans l'art d'écrire.

Ce Discours de réception à l'Académie présente un éloge de Napoléon, qui n'est à relever que parce que, plus tard, Raynouard se trouva un jour en opposition et en conflit direct avec lui. Parlant de ce qu'aurait pu faire le poëte Le Brun, son prédécesseur, s'il avait assez vécu pour tenter en vers l'apothéose de Napoléon, Raynouard ajoutait :

« Le chantre de Napoléon l'aurait représenté d'après l'histoire, grand au-dessus des rois, tel qu'Homère, d'après la Fable, a représenté Jupiter grand au-dessus des Dieux ; gouvernant l'univers par l'autorité de sa pensée, toujours prêt à saisir de sa main toute-puissante l'une des extrémités de la chaîne des Destins, si tous ses ennemis ensemble osaient s'attacher à l'autre, et toujours certain de les entraîner tous. »

Il était difficile assurément d'en dire plus, même dans un compliment académique. C'en est assez pour prouver que Raynouard, honnête homme et patriote par le cœur, doué de caractère d'ailleurs quand la circonstance l'exigeait, n'était nullement un républicain à la Caton.

« C'est un Provençal original et surtout indépendant, » il faut encore s'en tenir à cette définition que Fontanes donnait de lui à l'Empereur (1).

Dans les années qui suivirent, Raynouard essaya de pousser sa veine tragique en s'attachant à des sujets historiques nationaux : il donna *les États de Blois* (1810) (2), qu'il publia ensuite avec toute sorte d'ac-

(1) On a essayé depuis de faire honneur à Raynouard d'un trait de son Discours académique : parlant d'un Émilius Scaurus qui, dans une tragédie d'*Atrée*, avait imité quelques vers d'Euripide où les délateurs aperçurent et dénoncèrent quelque allusion politique, le récipiendaire disait : « Scaurus reçut l'ordre de mourir, et s'y soumit avec courage : *Tibère régnait.* » M. de Feletz, dans le compte rendu de la séance, se plaisait à remarquer que ce mot prononcé par Raynouard d'une voix forte avait été couvert d'applaudissements : « Le trait était hardi en 1807, » ajoute-t-il en note. On vient de voir que, si c'était là une hardiesse, Raynouard crut devoir aussitôt la racheter par la plus énorme louange : mieux valait rester tout d'abord dans la justesse. Mais dans ces séances académiques, il faut bien, avant tout, être applaudi. — *Le Moniteur* du 29 novembre 1807, en insérant en entier le Discours de Raynouard, semble indiquer que le Pouvoir d'alors ne prit pour lui que la louange, et il eut raison.

(2) Cette tragédie en cinq actes et en vers fut représentée pour la première fois le 22 juin 1810, à Saint-Cloud, devant l'Empereur, « qui, avant de la laisser jouer au *Théâtre-Français*, voulut qu'elle fût donnée à la Cour. » Stanislas Girardin, qui rapporte ce fait, ajoute, après avoir donné une analyse détaillée de la pièce : « Une chose passablement singulière est de l'avoir vu représenter devant l'Empereur. Il est probable qu'elle ne sera pas donnée à Paris. L'inconvénient de l'y représenter a été développé avec force et vérité à l'Empe-

compagnements et de pièces justificatives; mais il ne retrouva plus la même chance. C'est que le succès prolongé au théâtre n'appartient point à tel ou tel genre qu'on croit neuf, mais au talent seul qui anime et fertilise les genres et les sujets. Le talent tragique de M. Raynouard était réel en partie, mais sec et borné : il eut le bon sens de le sentir. Il ne se le fit pas répéter deux fois pour *se mettre sous la remise*, comme il disait. Plus tard même, quand on voulut reprendre au Théâtre-Français *les Templiers* sans Talma, il s'y opposa. « Je vais applaudir ce soir vos *Templiers*, lui dit un matin quelqu'un qui les avait vus sur l'affiche. » — « Vous n'irez pas et vous ne les verrez pas, répliqua-t-il à l'instant : je ne suis pas si sot, et je ne veux pas qu'on me siffle. » Et après cette boutade première comme il en avait, il donna sérieusement ses raisons.

Dès 1814, il était entré tout entier dans les voies de l'érudition, où l'attendait sa vraie gloire. A peine admis à l'Académie française, il avait songé aux moyens de corriger et d'améliorer le Dictionnaire, et cette pensée le porta à s'occuper des origines de la langue; c'est ainsi qu'il fut insensiblement conduit à rechercher ce qui restait des anciens Troubadours, et bientôt, l'horizon s'étendant devant lui, il découvrit tout un monde.

L'étude de l'ancien provençal était alors très-peu répandue, et M. Raynouard pouvait dire, en 1815, à M. Guillaume de Schlegel, qui s'occupait de la même étude, « qu'il ne comptait que cinq personnes en France qui sussent le provençal classique : » M. de Schlegel, M. Fauriel, M. de Rochegude, M. Raynouard, en voilà

---

reur par le prince de Neuchâtel. L'Empereur en a paru convaincu, et a dit qu'ayant été trompé une fois à la lecture d'une tragédie, il n'en laisserait désormais jouer aucune qu'elle n'eût été préalablement représentée sur le théâtre de la Cour. » (*Journal et Souvenirs* de Stanislas Girardin, t. II, p. 392).

quatre bien comptés; c'est tout au plus si l'on aurait pu trouver le cinquième.

Je ne puis qu'indiquer de loin le champ dans lequel M. Raynouard s'exerça et où il fut défricheur et inventeur. Qu'on essaye de se représenter par la pensée l'état de l'ancienne France, de la Gaule, au moment où la domination romaine qui y régnait s'y brisa de toutes parts, et où les barbares, les Visigoths, les Burgondes, les Franks, y firent invasion. La langue romaine, le latin, qu'on parlait dans toutes les villes et dans les environs des villes, cessa d'être la langue de l'administration et de se parler régulièrement. Les idiomes rustiques reparurent et prirent le dessus : ils se heurtèrent avec les idiomes des vainqueurs, et, même en en triomphant, il se décomposèrent. C'est du cinquième au dixième siècle que se fit ce grand mélange, le travail sourd et comme le *broiement* d'où sortirent les idiomes modernes. Qui dira le mystère exact de cette formation? Il y a des choses qui ne s'écrivent point. Le propre de la langue rustique, vulgaire, populaire, est de se pratiquer sans s'écrire. A peine si on peut en saisir quelque indice, quelque vestige imprévu qui se glisse dans des écrits d'un autre ordre, et qui est ainsi arrivé par hasard jusqu'à nous.

Ce sont ces vestiges, ces quatre ou cinq mots égarés çà et là dans des textes latins, ces quelques phrases de patois recueillies plus ou moins inexactement pour la première fois par des historiens qui n'en font pas leur affaire, que M. Raynouard s'attache à découvrir, à comparer, à serrer de près, et qui lui servent de point de départ. Nul n'est plus habile que lui à tirer parti du moindre détail. Or, il lui parut que ces premiers indices de la langue moderne qui perçaient chez les auteurs, appartenaient à sa langue du Midi plutôt qu'à la future langue française du Nord; il en conclut aussitôt que son cher idiome provençal avait commencé par s'étendre au nord beaucoup plus haut et plus avant qu'il ne put se maintenir plus tard. Cette première idée, fondée sur des preuves si légères, en vérité, que les gens de bon sens et neufs à la question souriraient si je pouvais les leur exposer; cette première idée lui fut si précieuse, qu'il imagina là-dessus tout un système, à savoir que du sixième au neuvième siècle, dans l'intervalle de la domination des Visigoths à celle de Charlemagne, il s'était formé et parlé en France une langue romane *unique*, type et matrice de toutes les autres qui se sont produites depuis, et servant comme de *médiateur* entre le latin et elles toutes. Ainsi la langue du Midi de la France, celle des Provençaux, celle de Brignoles, aurait commencé par être la mère du vieux français tout entier, la mère aussi du catalan, de l'espagnol, de l'italien, du portugais, au lieu d'être tout simplement une sœur un peu plus tôt formée si l'on veut, et plus précocement dotée, mais nullement investie de cette dignité génératrice et maternelle.

J'indique le faible du système, ce qu'on a appelé *l'enfant gâté* de l'érudition de M. Raynouard; mais, tout en suivant et caressant cet enfant gâté, l'érudit laborieux et sagace déchiffrait des manuscrits, recueillait d'anciens textes, retrouvait des poésies charmantes; il trouvait même, sans trop le dire, ou du moins en ne le disant qu'incidemment, des grammaires en vieux langage où étaient indiquées avec précision les règles de l'ancienne langue des Troubadours : il s'en prévalait adroitement pour dénoncer ces règles, pour les découvrir, pour remettre l'ordre et la régularité là où, au premier coup-d'œil, on aurait été tenté de ne voir que hasard et confusion. Enfin, après avoir rassemblé en six volumes dissertations, grammaire, textes choisis, tout le trésor des Troubadours, et en préparant six autres volumes de *Lexique*, qui n'ont achevé de paraître qu'après sa mort, il faisait plus, il franchissait la Loire, non pas en conquérant cette fois, mais en auxiliaire, et condescendait jusqu'à nous autres Picards et Normands; il faisait sur notre vieille langue française l'application et la vérification des mêmes règles grammaticales essentielles qu'il avait reconnues dans l'ancienne langue du Midi, et montrait que nos bons vieux auteurs du douzième siècle n'écrivaient pas au hasard (1); de sorte que tous ceux qui s'occupent maintenant de la publication des vieux textes rencontrent à l'origine M. Raynouard comme guide et régulateur. Les contradictions même qu'il provoque n'atteignent pas le fond de son mérite; car nul n'a soulevé et versé dans la circulation un plus grand nombre de matériaux et d'instruments qu'il ne l'a fait durant vingt années.

Avec cela, homme bon sous son écorce rude, loyal avec sa finesse, ami sincère des études et de ceux qui les cultivent, éloigné de toute brigue, et sachant se préserver des haines et des colères qui empoisonnent et déshonorent trop souvent l'érudition. A propos d'une querelle injurieuse et sans mesure, qui avait été faite par un jeune et vif érudit au digne M. Fauriel, Raynouard, rendant compte d'une publication de ce jeune érudit dans le *Journal des Savants* (août et septembre 1833), disait, en terminant :

« Mais dans ces recherches, dans ces discussions auxquelles de jeunes littérateurs sont pareillement appelés à se livrer avec nous tous vétérans des études, n'oublions jamais, ni les uns ni les autres, qu'il s'agit de discuter et non de disputer. Voltaire a dit avec autant d'esprit que de raison :

De nos cailloux frottés il sort des étincelles.

Il faut donc frotter nos cailloux pour en faire jaillir une lumière utile; *mais gardons-nous bien de nous les jeter à la tête.* »

(1) *Observations sur le Roman de Rou*, 1829.

Ces traits spirituels sont rares dans sa critique écrite : il les réservait d'ordinaire pour sa conversation. Mais ici le sentiment vif de l'équité l'a fait écrire comme il aurait parlé.

Il disait assez plaisamment, pour indiquer qu'il n'écrivait pas toujours et partout ce qu'il avait de meilleur dans l'esprit : « Quand j'ai une bonne idée, je ne suis pas si bête que de la mettre dans le *Journal des Savants*, je la garde. » Les articles nombreux qu'il a insérés dans ce Journal justifieraient trop en effet cette parole et cette méthode de réserve et d'économie : ils sont judicieux, mais en général faits de pièces et de morceaux, et peu significatifs.

Homme plein d'adresse et de finesse dans le détail et dans la pratique des mots, plein de force et de constance dans l'ensemble du labeur, Raynouard, bon grammairien et avec des éclairs du génie philologique, manquait, j'ose le dire, par l'idée philosophique élevée qui embrasse, qui lie naturellement tous les rapports d'un sujet, et que Fauriel et Guillaume de Schlegel, comme savants, entendaient bien autrement que lui. Trois fois et en trois rencontres, je surprends chez Raynouard la même faute de raisonnement, le même faux pli : une première fois, par rapport à la prétendue innocence absolue des Templiers ; une seconde fois, par rapport à la prétendue universalité de la langue romane primitive ; une troisième fois, par rapport à la prétendue permanence ininterrompue des institutions municipales. Dans ces trois cas il procède de même, s'emparant de quelques points de la question, s'y fixant et s'y affectionnant avec sagacité et opiniâtreté, et concluant du particulier au général sans s'inquiéter de ce qui le gêne et en le sacrifiant. Il a quelque chose de court, de brisé, de pas assez ouvert et étendu dans le raisonnement comme dans la phrase. Il avait des coins, il n'avait pas l'ensemble. Ce défaut, que ne corrigeaient pas suffisamment son bon sens et son exactitude de détail, me paraît essentiel dans la forme de son esprit.

Tel qu'il était, il a rendu de grands services et a exercé une influence utile. Il était l'un des derniers de cette race d'autrefois qui inspirait à tout ce qui l'approchait affection et respect. On souriait du bonhomme Raynouard, mais on sentait la nature énergique en lui, on le reconnaissait pour maître et on l'aimait. Les traits piquants qu'on pourrait raconter à son sujet seraient nombreux, et il faudrait être un Fontenelle pour les présenter avec la discrétion qui sied. Dans les dernières années, il vivait retiré à Passy, dans l'étude, levé de grand matin, et se plaignant de ne pouvoir pousser encore son travail dans la soirée : « Ah! disait-il avec regret, si j'avais pu travailler après le dîner, j'aurais fait des encyclopédies. » Il s'était démis en 1829 de ses fonctions de Secrétaire perpétuel de l'Académie française, soit pour vaquer plus entièrement à ses études, soit pour quelque autre motif qu'il ne disait pas. Il n'était point marié. Un jour, à propos de je ne sais quel travail, comme on lui disait : « Vous le feriez si vous le vouliez, monsieur Raynouard; vous pouvez faire tout ce que vous voulez. » — « Ah ! mon cher ami, répondit-il, il y a pourtant une chose que je n'ai jamais pu faire, c'est de me marier. J'en ai bien eu envie une fois. Mais allant chez ma future, j'entrai un jour par la cuisine, où la domestique venait de laisser fuir le lait qui était sur le feu, et elle la grondait, mais sur un tel ton, que je me suis dit : Ce ne sera pas pour cette fois encore. » Mettez-y toujours l'accent.

On le disait parcimonieux à l'excès : le temps a révélé le secret de ses générosités envers sa famille, et plus d'un acte de bonté sobre et bien entendue. « Tout faire pour conserver, rien pour acquérir, » disait-il un jour à un ami dont les yeux s'étaient un peu machinalement fixés sur un vieux tapis qui était dans l'appartement.

Il mourut le 26 octobre 1836, à soixante-quinze ans. Si grand que fût cet âge, sa constitution semblait lui promettre plus. Nous l'avons tous rencontré, dans ses dernières années, arrivant de Passy, déjà fatigué et voûté, courant de l'Institut à l'imprimerie Crapelet, corrigeant lui-même ses épreuves, tout au travail et à l'affaire qui l'amenait, l'impression de son *Lexique*. Il portait habituellement culottes courtes, bas de laine gris, habit marron, chapeau à larges bords, cheveux blancs, un peu à la Franklin. Il était pressé, familier et brusque; sa physionomie expressive s'animait d'un œil vif sous un sourcil fin et prudent.

Lundi, 13 octobre 1851.

LES GAIETÉS CHAMPÊTRES

PAR

M. JULES JANIN.

Voilà deux ans passés que je converse sans interruption avec mes indulgents lecteurs, et je voudrais pourtant bien par moments, comme tout écolier émérite, prendre quelque semaine de congé. Mon congé et mon repos cette semaine sera, s'il vous plaît, de parler à propos et autour d'un livre que vient de donner un de nos camarades et amis, et qui l'est aussi du public, M. Janin. C'est tâche facile, puisque tout le monde cette fois est au fait là-dessus autant que nous et nous devance. M. Janin, comme on sait, ne se contente pas de faire de ces feuilletons où il emporte en courant tant de choses légères, plus d'une chose sérieuse se trouvant prise dans les plis de la gaze par aventure. Cette course aux papillons et aux abeilles qu'il fait depuis vingt ans déjà lui a réussi; sa verve d'écrire n'y est pas épuisée : il aime tant son métier et son art, il y est si bien dans son élément, que ce qui mettrait un autre hors de combat ne fait que le mettre, lui, plus en train et en haleine. C'est ainsi que, l'année dernière, il publiait sa *Religieuse de Toulouse* dans laquelle il traversait de son air le plus grave un coin du règne de Louis XIV Aujourd'hui, sous le titre de *Gaie-*

tés champêtres, il rentre dans l'époque de Louis XV et se livre plus à cœur-joie que jamais à ses goûts instinctifs de style, de fantaisie et de couleur. Toutes les fois que j'ai lu une page, un chapitre ou un livre de M. Janin, je me dis : Ce n'est pas un livre, c'est une nature.

La préface des *Gaietés* est adressée au docteur Prosper Ménière, un des amis de l'auteur. Franchissez les parenthèses, sortez des deux ou trois apologues qui compliquent le chemin, il y a dans cette préface non-seulement de gracieux détails, mais une idée juste. Ce qui est, selon moi, très-juste, le voici : c'est de maintenir aux choses aimables, légères, leur droit d'exister non-seulement à côté des grandes choses, mais au lendemain des chocs terribles et jusque dans les moindres intervalles lucides que nous laissent les révolutions de la société. Il ne manque pas d'esprits sérieux, solides et dignes d'estime, qui parce que la société vient d'échapper à un péril ou va bientôt avoir à en affronter un autre, voudraient tout rallier autour d'eux dans le combat, tout discipliner, et imposer à chaque écrivain une mission, une faction dans l'œuvre commune. Loin de moi l'idée que l'écrivain littéraire puisse rester indifférent à de certaines heures, qu'il puisse venir parler au public en des jours d'émotion universelle sans laisser lui-même éclater ses vœux, ses émotions, ses sympathies généreuses ! La question n'est pas là : elle est pour le lendemain et pour les intervalles, pour ce qui est le courant de la vie littéraire en un mot. Peut-il exister en dehors des divers systèmes politiques, aux confins des doctrines qui se combattent et se font la guerre, un terrain plus ou moins neutre, une sorte de *lisière*, où l'on est bien venu à errer un moment, à rêver, à se souvenir de ces choses vieilles comme le monde et éternellement jeunes comme lui, du printemps, du soleil, de l'amour, de la jeunesse ; à se promener même (si la jeunesse est passée) un livre à la main, et à vivre avec un auteur d'un autre âge, sauf à en raffoler tout un jour et à demander ensuite, en rentrant dans la ville, à chaque passant qu'on rencontre : *L'avez-vous lu?* M. Janin maintient ce droit, et je le maintiens avec lui, bien que j'aie de moins bonnes raisons pour cela, et que depuis longtemps je ne hante plus guère, même de loin, printemps ni jeunesse; mais je tiens à ce que le promeneur et le rêveur ait toujours droit de lire le vieux livre, fût-ce le livre le plus indifférent à nos querelles du jour, et de s'y absorber un moment.

Encore une fois, je reconnais que ce droit de promenade buissonnière, qui est celui de toute littérature un peu vive et libre, et pas trop prosaïque, est suspendu dans les jours d'orage, de tempête civile, dans ces affreux moments où la lutte est engagée comme nous l'avons trop vu ; mais, le lendemain, le soleil se lève, le nuage s'entr'ouvre ; les cœurs restent encore émus et attristés, pourtant le droit que j'appelle le droit littéraire recommence. En recommençant après ces affreuses crises, il est plus limité, j'en conviens ; la verte lande où l'on peut errer en promenant ses pensées et en cherchant l'inspiration imprévue est plus étroite ; elle ne s'étend que peu à peu et à mesure que la tranquillité renaît dans les cités et dans les âmes. Mais l'essentiel est que ce droit un peu vague, bien que si réel, ne soit jamais supprimé, et que jamais les doctrines régnantes, au nom même du salut commun, ne puissent dire au poëte, au littérateur, à l'érudit curieux, comme dans la banlieue d'une place de guerre le génie militaire dit à l'honnête homme, qui a sa métairie avec son petit bois et sa source d'eau vive : « Monsieur, nous avons besoin de ce petit coin qui vous sourit : il entre dans nos lignes, il nous le faut; voilà le prix, soyez content, mais vous n'y rentrerez pas. »

Ceux qui vivent des Lettres, de l'amour des livres et des études, de ces passions après tout innocentes et désintéressées, peuvent céder un moment ce coin de leur être et le prêter à la chose et à la pensée publique, ils le doivent dans les cas urgents; mais, ce cas cessant, ils rentrent de plein droit dans leur domaine.

Ce domaine, c'est une certaine liberté honnête, difficile à définir, mais très-aisée à sentir, qui fait qu'on n'est pas d'un parti, qu'on n'est pas toujours sur l'attaque et la défensive, qu'on cherche le bien, le beau ou l'agréable en plus d'un endroit, qu'on tient son esprit ouvert comme sa fenêtre au rayon qui entre, à l'oiseau qui passe, à la matinée qui sourit. Ceci est vrai non-seulement pour la poésie, mais pour la critique et pour toutes les formes de la pensée. La vie humaine, l'histoire, la nature, sont plus larges assurément qu'on ne les voit quand on s'accoutume à les regarder seulement à travers la fente d'un créneau ou par l'embrasure où fume la mèche d'un canon. Oh! ce n'était pas ainsi que Montaigne envisageait le monde du haut de sa tour de Montaigne, ni La Fontaine dans ses rêveries de tout un jour, à la lisière des blés, à l'ombre des bois.

Ceux qui croient que la vérité est une non-seulement en morale, mais en religion, en politique, en tout, qui croient posséder cette vérité en eux et la démontrer à tous par des signes clairs et manifestes, voudraient à chaque instant que la littérature ne s'éloignât jamais des lignes exactes qu'ils lui ont tracées; mais comme il est à chaque époque plus d'une sorte d'esprits vigoureux et considérables (je ne parle ici ni des charlatans ni des imposteurs) qui croient posséder cette vérité unique et absolue, et qui voudraient également l'imposer, comme ces esprits sont en guerre et en opposition les uns avec les autres, il s'ensuit que la littérature, la libre pensée poétique uo studieuse, tirée ainsi en divers sens, serait bien embarrassée dans le choix de sa soumission. Elle n'a donc qu'un parti à prendre : dans les moments où il faut se décider absolument à choisir un drapeau, adopter celui qui lui paraît le plus ressembler au drapeau de la cause qu'elle croit juste ; puis, le reste du temps, revenir à elle-même, rentrer dans ses propres voies moins militaires et moins stratégiques, et suivre sur la lisière les sentiers où de tout temps ont aimé à se rencontrer la méditation, la fantaisie, l'étude ; en un mot, tantôt gracieuse ou tantôt sévère, quelqu'une des Muses.

Eh bien ! dans sa préface, dans la dédicace à son ami le docteur Ménière, M. Janin dit très-bien quelque chose de tout cela. Il se compare, faisant son livre, à un homme de santé et de loisir qui, déjà à son aise, s'en va au printemps acheter loin de la ville, sur quelque colline favorable, un enclos modeste où il se promène aux heures choisies : « Pensez-vous, dit-il, que cet homme se soit informé, à l'avance, du revenu de son jardin ? Il se trouve payé, et au delà, s'il rencontre quelques fleurs dans ses plates-bandes, quelques fruits oubliés sur ses arbres, un peu d'ombre en été, un chaud rayon en automne. Il n'en demande pas davantage, il ne se plaint pas d'avoir été trompé par son vendeur. Ainsi pour les livres que nous lisons ou que nous écrivons. »

Et il ajoute, dans un sentiment excellent, qui trouve de lui-même l'expression simple : « On ne peut attendre des belles-lettres d'autre récompense qu'un peu de consolation et d'espérance ; et si, par bonheur, les hommes et les esprits que j'aime se trouvent de moitié dans ma récompense, eh bien ! je n'ai rien à demander à mon livre. »

Se souvenant des vœux qu'il a lus tant de fois chez

les poëtes latins de sa connaissance, et les combinant avec les siens, il en compose sa devise : « Honnêtes gens, dit-il en s'adressant au docteur son ami, et dont vous êtes un si parfait modèle ! ils ont adopté pour leur usage personnel cette heureuse définition du bonheur dans une cité paisible : un facile travail, une pauvreté contente, une joie ingénue et sérieuse, une patrie honorée, un ciel clément, des hommes et des dieux indulgents. »

Quant au livre même qu'il annonce, l'auteur, je vous assure, ne se surfait pas, et il parle de lui avec modestie : c'est, dit-il, « un conte léger en deux gros tomes. » Mais il l'a écrit avec joie, avec passion, avec zèle aussi et *recherche*, il en convient. Pour lui, écrire un feuilleton est devenu trop facile, il veut plus, il veut quelque chose qui lui coûte : « Car enfin, disent les coquettes de profession, s'il n'y avait pas un brin de peine, où serait le plaisir ? » Ses défauts, il les avoue, et il ne les avoue pas comme on fait trop souvent avec ses défauts, en se frappant sur la joue pour se mieux caresser, en confessant le petit défaut pour dissimuler le plus gros. Non pas. Il lui est arrivé une fois d'être un critique de lui-même des plus insistants et des plus sévères. On avait emprunté à l'un de ses romans, *le Chemin de traverse*, le sujet d'un vaudeville : rendant compte de la première représentation de ce vaudeville (octobre 1848), M. Janin se prit à partie sur son roman et d'une façon directe, analytique, piquante, qui ne ressemblait pas à un faux-fuyant, je vous jure. Il se prenait en détail dans chaque élément constitutif du genre et se confrontait avec quelqu'un des romanciers du jour qu'il reconnaissait supérieurs. Si, en louant de lui cette page d'alors, on semble retirer beaucoup au romancier, ce n'est que pour accorder d'autant plus au critique.

Cette fois, il parle encore de son présent ouvrage

avec laisser-aller et en toute franchise : « A faire un livre, je l'avoue, dit-il, il faut que je trouve mon compte, à savoir : la peine et le travail, la cadence et la recherche. Il me faut le *tour*, le *détour* et le *contour*. La singularité me convient, la subtilité ne me déplaît pas; l'excès est un écueil, un bel écueil... C'est le droit de l'écrivain, qui ne cherche qu'à plaire un instant, de chercher avant tout la forme, le son, le bruit, la couleur, l'ornement, la prodigalité, l'excès. » Il s'est attaché avant tout au style ; lui, qui écrit au courant de la plume, qui n'a qu'à laisser trotter la sienne, et qu'elle emporte au galop si aisément, il l'a forcée cette fois à mille retours, à de savants manéges; il s'est plus d'une fois surpris, dans son effort, à s'essuyer le front et à se ronger les ongles. Il nous le dit avec un mélange de modestie et d'orgueil, en nous demandant grâce pour ce qui n'a la prétention d'être au fond qu'une fable mythologique à la Louis XV, une *idylle mouchetée*, comme il l'appelle.

Analyser le roman, c'est en ôter précisément ce que l'auteur a voulu y mettre, c'est isoler le fil et le présenter sans la broderie. J'essayerai pourtant de donner idée de ce récit souvent interrompu, dont l'inspiration dans les meilleures parties me paraît être de faire sentir tout ce qu'il y a de frais, de léger, de fugitif et d'oublieux dans la jeunesse.

On est au dix-huitième siècle ; la date trop précise, ne la demandez pas. Louison, jolie personne de dix-sept à dix-huit ans, brille au comptoir de la *Balance d'or*, boutique un peu sombre de la rue Saint-Denis. Elle n'a plus de mère; son père, riche marchand et avare, paraît être son père aussi peu que possible. Dans la même maison est une étude de procureur, avec force clercs bruyants et libertins. Mais le troisième clerc, le plus sage et le plus rangé de tous, M. Eugène, est aussi le plus dangereux pour la belle Louison, qu'il ne regarde au passage qu'en rougissant, et qu'il écoute chaque soir quand elle chante. « Vivre à l'ombre de la beauté qu'on aime, à la regarder, à l'entendre, savez-vous une plus belle vie : une paresse agitée et contente, une oisiveté pleine de caprices?... » Ce M. Eugène, qui se sent d'ailleurs peu de goût pour la basoche, et qui ne connaît pas son père, nous a dès l'abord tout l'air d'être le fils de quelque grand seigneur qui a oublié de le reconnaître, et qui lui a légué de ses instincts. Un jour, après un songe d'avril qui lui a parlé clairement de sa voisine la belle Louison, il s'est décidé enfin à se déclarer à elle et à ne plus se contenter de la regarder en silence. Il lui offre, pour commencer, de faire ensemble une petite promenade au premier beau matin de dimanche jusqu'au bois de Vincennes. Aussitôt dit, aussitôt accepté, et voilà, le jour venu, ces deux jeunes gens en route avec l'aurore.

Rien de plus simple, on le voit; c'est le début de Manon Lescaut, ou de Daphnis et Chloé demeurant rue Saint-Denis, et de tant d'autres romans où la passion n'ira pas si loin; c'est le commencement de toutes les faciles amours. M. Janin, qui intervient à chaque moment en tiers avec ses amoureux, relève ces riens par de jolis traits, par des fraîcheurs de plume comme il en a volontiers : un sang rose à la joue, une goutte de rosée au front, un rire étincelant, l'élan naturel et le découplé de la jeunesse. Il entend à ravir, et sans y trop insister, toute cette diablerie naïve des sens chez les amoureux de dix-sept ans.

D'ailleurs, ces amoureux, qui s'en vont de Paris à Vincennes, ne laissent rien derrière eux qui les rappelle, pas un parent, pas un regret. Ils sont partis, ce semble, pour une promenade au bois; mais, à eux comme à l'auteur, l'idée vient en marchant, et ils vont plus loin sans songer seulement à se retourner et sans s'être dit qu'ils iraient plus loin. Ils vont tout droit devant eux comme aux jours d'Ève on allait dans le jardin du monde.

Cependant on ne saurait marcher toujours ; une voiture passe, une charrette attelée d'un petit cheval vigoureux et conduite par un manant assez poli, qui engage l'entretien. Eugène se souvient qu'il a quelque part en Brie, au château de Fontenay, un ami, Hubert, le fils du régisseur. La charrette va justement de ce côté : il y monte avec Louison qui ne dit *non* à rien, et le roman continue.

On monte, on descend, c'est le plaisir de ces sortes de voyages. Le voiturier s'arrête pendant une heure pour rafraîchir à une auberge du chemin ; une fontaine est dans la cour : « Pendant que l'hôte et le voiturier buvaient le coup de l'étrier : — Buvons le coup de l'étrier, disait Louise à son ami. *Et les voilà, elle et lui, penchés à la goulotte de la fontaine, qui reçoivent cette eau fraîche dans leur gueule fraîche et rosée...* » On découperait çà et là dans ces pages de Janin de ces coins de vignettes à la Johannot.

Le long du chemin, du côté de Chenevières, à une montée, il faut passer devant la terrasse d'un château. Ce château appartient à un financier, et la terrasse se trouve en ce moment peuplée du plus beau monde de Paris et de Versailles, du monde le plus fat et le plus élégant. Nos amoureux ont été vus de loin et lorgnés tandis qu'ils s'ébattaient sans soupçonner de témoins. Louison est de celles que le regard ne quitte plus dès qu'on les a remarquées. Aussi force est bientôt aux amoureux de passer au pied de la terrasse sous le feu des lorgnettes et des brocards. Un accident arrivé à la charrette prolonge encore ce passage périlleux. Eugène en prend malaisément son parti ; Louison, qui a en elle ce fonds de coquetterie naturelle, propre à toute fille d'Ève, est bientôt consolée et plutôt orgueilleuse de ce triomphe mêlé de malice et d'insolence. Elle reçoit au passage plus d'un mot galant, plus d'un fichu brodé, plus d'une épingle de diamants et d'une croix de Malte, qui lui pleut du haut de la folle terrasse qu'une gageure soudaine a mise en gaieté. Elle-même ne disparaît pas au tournant du chemin, sans se retourner une dernière fois et sans saluer de loin la compagnie de son mouchoir.

Dès ce moment, Eugène a beau faire et se croire heureux, il est bien clair que sa Manon, même quand elle l'aimerait autant que l'autre Manon faisait pour Des Grieux, ne lui sera pas plus fidèle. Mais Eugène l'ignore, et il paraît être de ceux qui, pour peu qu'ils aient le présent, se soucient peu de l'éternité.

Pourtant la charrette arrive dans la plaine et l'on est en Brie. La nuit tombe, le voiturier approche du gîte, mais une femme acariâtre qu'il a au logis l'empêche d'offrir l'hospitalité au jeune couple. Il se contente à un endroit de leur indiquer le chemin qui mène au château de Fontenay, où demeure l'ami d'Eugène.

Et les voilà, eux partis le matin de leur rue Saint-Denis, cheminant en belle nuit par un chemin creux, pour gagner la plaine et de là, à travers champs, découvrir le château inespéré. Toute cette marche en silence, à l'aventure, *à l'aveuglette*, est semée de jolis détails. L'auteur y prodigue encore, selon son usage, les images mythologiques, les allusions de tout genre : mais ici, dans le silence d'une belle nuit, elles sont plus naturellement placées et plus compatibles avec la réalité.

Connaissez-vous le *Moretum* de Virgile? C'est une idylle rustique empruntée à la vie réelle, et peut-être imitée des Grecs, dans laquelle le poëte nous représente un pauvre laboureur se levant avant l'aube et préparant avec peine, avant de se rendre à l'ouvrage, son mets frugal composé d'ail et d'autres ingrédients : c'est ce mets qui avait nom *Moretum*. M. Janin a imité l'idylle avec bonheur, et, pour que ce passage de son roman soit plus remarqué, il ne lui manque que d'être moins mêlé aux autres imitations mythologiques et de fantaisie qui précèdent et qui suivent. Mais supposez que le récit soit partout sur le ton simple et de la vérité, représentez-vous nos amoureux en peine, à travers champs, dans cette marche de nuit, et cherchant depuis une heure ou deux leur invisible château. L'auteur continue et dit :

« Ils arrivèrent ainsi, elle et lui, dans les parages de quelques maisons habitées ; tout dormait, excepté l'horloge et le coq, qui disent les heures aux étoiles. Réveillé par le chant de l'oiseau, le bonhomme Hilaire, colon d'une masure et d'un petit champ voisin, secoue, en bâillant, le sommeil de ses yeux ; il quitte à regret ce lit si dur, il s'habille à tâtons, et, dans son foyer froid, il cherche quelque étincelle du feu de la veille.

« Bientôt, sous le souffle ardent du bonhomme, se réveille une flamme oubliée et qui suffit à rallumer la lampe, ranimée elle-même par un peu d'huile que lui verse une main avare ; la faible clarté remplit à peine un coin obscur de cette masure. — Allons, au travail, mon pauvre Hilaire ! tu es seul, fais ton pain de la semaine. Il y avait encore au fond du sac en peau de chèvre un reste de farine bise ; il verse le sac dans le pétrin où déjà fermente un peu de levain emprunté à la ferme voisine. Un peu d'eau tiède a bientôt délayé cette pâte, et ici l'œuvre commence du pain de chaque jour.

« En ce moment, une main légère frappait à la porte de l'humble colon. — « Entrez, » dit-il, car à peine la porte fermait au loquet. C'étaient Eugène et Louison qui demandaient leur chemin.

« — Nous nous sommes égarés, disaient-ils ; nous avons voulu courir, et nous avons perdu la trace indiquée. Heureusement, nous avons vu briller un peu de lumière à votre fenêtre, et nous avons pensé que vous nous remettriez dans notre chemin. »

« L'homme avait les mains à la pâte ; il dégagea ses mains avec cette attention prudente d'un pauvre diable qui ne veut pas perdre un seul grain de ce blé noir qui lui a coûté tant de sueurs ; même il retenait son souffle pour ne pas faire envoler un brin de farine. (*Oh ! le joli sujet de tableau pour un Meissonier !*) — « Enfants, dit-il, voilà une heure mal choisie pour aller à travers champs comme vous faites ; cependant vous êtes plus heureux que sages, et vous arriverez dans un instant à Fontenay. »

« Disant ces mots, il renfermait dans le pétrin sa miche commencée, et du pas de la porte il indiquait leur chemin aux voyageurs.

A cent pas de là s'élevait la croix de bois... »

Isolée ainsi, cette page du roman de M. Janin ne perd rien ; par son ton juste et sobre, elle se charge mieux que nous d'éclairer ce qu'il y a de trop agité et de trop enivré tout à l'entour.

Je ne vais pas continuer l'analyse bien longtemps : le château est trouvé, on y arrive à travers les fossés sur une planche fragile. Louise, par sa présence, par son prestige de femme, fait taire les chiens qui hurlent, et Eugène va réveiller son ami Hubert, qui ne l'attend pas. Celui-ci, dès l'abord, à la manière dont il saisit Louise qui s'est enfuie, et dont il l'introduit sous son toit, laisse deviner ce qui adviendra un jour. En général, ces personnages du romancier sont fragiles : ils ne sont point bâtis ni constitués d'une argile terrestre bien forte, ni embrasés d'une étincelle du ciel bien ardente ; ils sont nés d'un souffle, animés d'un caprice, humides d'une goutte de rosée ; leur nom est jeunesse, beauté de dix-huit ans, facilité volage, oubli. Leur passion n'est qu'un déjeuner de soleil. Ils changent au gré du rayon et du zéphyr. Louise passera ainsi de l'amour pour Eugène au caprice pour Hubert, et finalement les quittera tous deux pour aller retrouver un des beaux seigneurs de la terrasse, qui l'a relancée jusqu'à ce château. J'oubliais presque une certaine Denise, paysanne et boulangère, qui vient à la traverse et qui dit bien des choses « dans le patois fleuri de ses doux yeux. » Dans la seconde partie de son roman, l'auteur essayera d'attribuer la conduite légère de sa Louise à la philosophie du siècle, à cet esprit de débauche, autorisé par

Louis XV, soufflé par Voltaire, propagé par tant d'autres. Mais non ; ici je l'arrête et je lui dis : Ami, prends garde, tu dogmatises ; tu fais précisément ce que les gens à doctrines et les philosophes des diverses écoles veulent nous obliger de faire. Ta Louise comme ta Denise est volage, et même un peu perfide, non parce qu'elle est du dix-huitième siècle et qu'elle a vu dans le château de Fontenay je ne sais quel petit boudoir mystérieux, non parce qu'elle a lu dans je ne sais quelle bibliothèque défendue ; elle est volage, parce qu'elle l'est de nature, et que, de tout temps, elle l'eût été..

Laissons pour cette fois Voltaire, et, comme seule moralité à tirer de tout ceci, disons simplement : Jeunes filles, ne faites pas comme elle !

On ne saurait dire que M. Janin ne connaisse pas son dix-huitième siècle, mais il l'aime trop dans quelques parties pour le connaître de sang-froid et pour le peindre à tête reposée. Le dix-huitième siècle tout entier n'est pas un seul et même tourbillon ; il faut y distinguer bien des temps et des moments, et, dans chaque moment, distinguer encore les classes différentes de la société. Je prendrai une image que je crois fidèle pour rendre la manière dont le dix-huitième siècle apparaît à travers le dernier roman de M. Janin. On sait que, dans la Pastorale de *Daphnis et Chloé*, à un certain jour les gens de Méthymne déclarent la guerre à ceux de Mitylène, et un capitaine de navire s'empare de la pauvre enfant Chloé et de son troupeau. Mais à peine le navire est-il en mer, que, la nuit venue, de singuliers prodiges se font sentir. Le capitaine entend de grands bruits du côté de la haute mer comme si une grosse flotte arrivait à force de rames, et la terre, d'un autre côté, lui paraît tout en feu. Le matin, ce sont d'autres prodiges encore : les béliers et chèvres, qui sont à bord sur le pont, ont l'air de bondir, portant aux cornes des rameaux de lierre avec leurs grappes : Chloé elle-même semble couronnée de branchages de pin, et une flûte de berger qui se fait entendre d'une roche voisine résonne comme ferait une trompette de guerre. C'est le dieu Pan, ami de Chloé et protecteur des troupeaux, qui cause cette illusion aux gens du navire et qui communique à tous les objets cette sorte de transfiguration et de tourbillonnement universel. Ce même dieu Pan semble avoir donné quelque chose de cette trépidation prestigieuse aux objets et aux personnages du dix-huitième siècle, tels qu'ils se réfléchissent dans la Pastorale de M. Janin.

J'ai entendu citer avec éloge un portrait de Louis XV, qui est au chapitre X du second volume. Il y a des traits sentis et bien frappés dans ces pages, où est étalée la hideuse vieillesse de ce roi. J'y vois de l'exagération pourtant, et jamais Louis XV, ni pour les qualités ni pour les défauts, n'a pu mériter d'être comparé à un Tibère. « C'était un honnête homme, qui n'avait d'autre défaut que celui d'être roi, » écrivait le grand Frédéric à Voltaire au moment de la mort de Louis XV. En parlant ainsi, Frédéric était clément et généreux ; il faisait de plus la leçon à Voltaire qui se montrait sans pitié pour ce roi mort qu'il avait autrefois flatté. Dans tous les cas, il y a loin de cet *honnête homme*, ainsi qualifié indulgemment par Frédéric, à un Tibère. Comme page à citer, j'aime mieux celle que M. Janin a consacrée au Régent, et dans laquelle il suppose Henri IV apostrophant son petit-fils. Cette page est vraiment juste, elle est simple et belle, et, puisque je suis en train de découpures, je la donnerai :

« Malheureux prince (est censé lui dire Henri IV), le plus semblable à moi des petits-fils de ma race, tu avais en toi-même tout ce qui fait les grands hommes, et tu t'en es servi pour accomplir les plus grands vices. Tu n'as suivi que mes mauvais exemples, tu n'as marché que dans le sentier de mes égarements. Ce royaume que j'avais sauvé, cette monarchie que j'avais fondée, et que le grand roi avait portée au plus haut degré des respects et des obéissances que pouvait espérer une couronne mortelle, qu'en avez vous fait, Monsieur le Régent? Vous en avez fait une déclamation, une ironie, un jouet! L'enfant royal, venu au monde sur un tombeau, ce précieux rejeton de tant de rois, que la France avait confié à votre tutelle, vous l'avez entouré de tous les soins qui font vivre un enfant, mais aussi de tous les exemples qui perdent un jeune homme. Ainsi le corps de ce prince choisi a été sain et sauf, pendant que l'âme s'est dégradée. Imprudent, qui n'as pas compris toutes les ruines que peut couver une parole mauvaise, et toutes les révolutions que peut enfanter une conduite coupable! tu as joué non-seulement avec l'argent de mes peuples, mais avec leurs croyances, et, ne pouvant pas la briser, cette force morale, tu l'as attaquée par tous les genres de bons mots et de mépris. Va! va! si tu as semé des germes funestes, nos petits-neveux recueilleront une moisson abominable. Et pourtant je ne veux pas te maudire, mon pauvre enfant : ton esprit était bon, ton cœur était sans fiel ; tu as été affable comme moi, amoureux plus que moi ; tu n'as jamais aimé la vengeance, et le pardon s'est rencontré toujours dans ton sourire et dans tes yeux. »

Je voudrais que M. Janin contînt et possédât toujours ainsi son style, qu'il mît parfois le holà! au torrent d'allusions classiques qui bouillonnent et qui débordent. Quand il fera réimprimer ces volumes, il y aura quelques erreurs de fait à corriger. Ainsi, Chevert n'était pas maréchal de France (tome I, page 234), c'est Fabert qui l'a été. Ausone n'était point évêque (tome I, page 420), à peine s'il était chrétien ; c'est Sidoine qui était évêque. Dans sa verve de composion, la plume de l'auteur a de ces méprises qui ne sont u'un malentendu entre deux souvenirs qui se pressent rop.

M. Janin a l'honorable ambition de faire un livre. Habile écrivain de chaque jour, il aspire, dans quelque sujet choisi, à se surpasser encore. Le dirai-je? je suis là-dessus moins inquiet que lui. Ce livre auquel il songe tant, il le fait chaque jour sans y songer, ou plutôt le livre se fait, bon gré mal gré, de lui-même. Les chapitres en sont divers, variés, bigarrés comme la vie littéraire de ce temps-ci. Savez-vous de quelle façon j'entends la suite de ces chapitres dans l'œuvre de Janin? Je commence par dire à l'auteur : N'entrez pas, ne vous en mêlez pas ; allez produire encore, ne vous retournez jamais en arrière. Mais un ami, un homme amoureux des Lettres, du fin style, un connaisseur sans faux scrupule, qui sait son Horace et son Apulée, a devant lui, je suppose, la masse de ces feuilletons que nous donne Janin depuis vingt ans comme l'arbre pousse ses feuilles. L'amateur, qui a le coup d'œil prompt, qui se ressouvient à la fois et qui devine, lit, parcourt, choisit dans ces pages nombreuses celles qu'il faut élaguer, celles qui doivent vivre et auxquelles il ne manque, pour être dans tout leur jour, que de paraître détachées. Ce n'est pas toujours un feuilleton entier qu'il faut mettre, ce n'en est bien souvent qu'une moitié, un tiers. Là, le vrai chapitre commence, là il finit : le mérite de l'éditeur serait de marquer juste l'endroit. Combien j'en retrouve en idée de ces chapitres piquants, de ces petits chefs-d'œuvre sur tous les auteurs du jour, sur tous les romanciers en vogue, sur tout ce qui a passé, chanté, jasé, voltigé au théâtre! Sur Molière que de bonnes choses Janin n'a-t-il pas dites! c'est quand il parle de Molière qu'il arrive à la vérité pleine et courante, « la bonne, la franche, l'aimable, la vraie vérité. » Sur le romancier Balzac, que n'a-t-il pas trouvé de fin, de subtil, de sensé! rappelez-vous ce que vous lisiez l'autre jour à propos de la comédie de *Mercadet*. Et sans aller si loin, lundi dernier, l'avez-vous entendu nous parler de cette vive, bizarre, et indéfinissable créature, de mademoiselle Déjazet en personne? Janin l'a définie dans le style le plus frais, le plus vif, le plus frétillant, le plus semblable à la chose. Prenez ce feuilleton du 6 octobre au bas de la cinquième colonne, coupez-le au bas de la neuvième, et vous avez votre chapitre tout fait qui s'intitule: *Mademoiselle Déjazet en* 1851, au moment où la Fortune dit à cette chose légère, comme elle a dit, un jour ou l'autre, à tous les vainqueurs, à toutes les reines, à toutes les bergères: *C'est assez.* Mais j'entends se récrier un sage : Où est la nécessité de venir peindre mademoiselle Déjazet? Cet homme, qui se croit sage et qui fait cette réflexion, ne l'est pas. Il y a lieu de peindre, dans un temps, tout ce qui a vécu, brillé, fleuri à son heure ; ayez seulement la couleur du sujet et le rayon. M. Janin, en mille rencontres, a ce rayon.

Lundi, 20 octobre 1851.

MÉMOIRES
DU
CARDINAL DE RETZ

(COLLECTION MICHAUD ET POUJOULAT, ÉDITION CHAMPOLLION.)

1837.

Les Mémoires du cardinal de Retz parurent pour la première fois en 1717, sous la régence de Philippe d'Orléans. Lorsqu'on sut qu'une copie furtive de ces Mémoires était livrée à l'impression et sur le point de paraître, le Régent demanda au lieutenant de police d'Argenson quel effet ce livre pouvait produire. — « Aucun qui doive vous inquiéter, Monseigneur, répondit d'Argenson, qui connaissait l'ouvrage. La façon dont le cardinal de Retz parle de lui-même, la franchise avec laquelle il découvre son caractère, avoue ses fautes, et nous instruit du mauvais succès qu'ont eu ses démarches imprudentes, n'encouragera personne à l'imiter. Au contraire, ses malheurs sont une leçon pour les brouillons et les étourdis. On ne conçoit pas pourquoi cet homme a laissé sa confession générale par écrit... » L'effet fut pourtant tout différent de celui que présageait d'Argenson. C'est comme si l'on avait dit, la veille du jour où parurent les *Confessions* de Jean-Jacques Rousseau, qu'elles allaient ruiner l'autorité du philosophe. Il est des erreurs et des fautes si bien confessées qu'elles deviennent à l'instant contagieuses pour l'imagination humaine. « Ce livre, disait l'honnête Brossette (le plus pacifique des hommes), parlant des Mémoires de Retz, me rend ligueur, frondeur, et presque séditieux, par contagion. » Le Régent en sut quelque chose peu après la publication, et la Conspiration de Cellamare, en 1718, fut une manière de contrefaçon et de commentaire des Mémoires de Retz. A toutes les époques de troubles civils, ils ont été de circonstance et ont renouvelé d'intérêt. Benjamin Constant disait sous le Directoire qu'il ne pouvait plus lire que deux livres, Machiavel et Retz. Aujourd'hui donc, nous sommes dans un temps propice, ce semble, pour relire ces Mémoires et en tirer quelques leçons, si jamais les leçons de ce genre peuvent servir. Quand je viens en parler aujourd'hui, ce n'est point toutefois pour y chercher aucune application politique, ni pour y pratiquer aucune perspective selon les vues du moment; j'aime mieux les prendre d'une manière plus générale, plus impartiale, et plus en eux-mêmes.

Retz appartient à cette grande et forte génération d'avant Louis XIV, dont étaient plus ou moins, à quelques années près, La Rochefoucauld, Molière, Pascal lui-même, génération que le régime de Richelieu avait trouvée trop jeune pour la réduire, qui se releva ou se leva le lendemain de la mort du ministre, et se signala dans la pensée et dans le langage (quand l'action lui fit défaut) par un jet libre et hardi, dont se déshabituèrent trop les hommes distingués sortis du long régime de Louis XIV. Cela est si vrai quant à la pensée et à la langue, que, lorsque les Mémoires de Retz parurent, une des raisons qu'alléguèrent ou que bégayèrent contre leur authenticité quelques esprits méticuleux, c'était la langue même de ces admirables Mémoires, cette touche vive, familière, supérieure et négligée, qui atteste une main de maître et qui choquait ceux qu'elle ne ravissait pas. La langue sous Louis XIV acquit bien des qualités, et elle les fixa au commencement du dix-huitième siècle par un cachet de correction et de concision, mais elle y avait perdu je ne sais quoi de large et l'air de grandeur.

C'est cet air de grandeur que Retz prisait le plus, qu'il ambitionna d'abord en tout, dans ses paroles, dans ses actions, et qu'il porta dans tous ses projets; mais, s'il affectait la gloire, il avait en lui bien des qualités de premier ordre pour en former le fonds. Né en octobre 1614, d'une famille illustre, destiné malgré lui à l'Église avec « l'âme peut-être la moins ecclésiastique qui fût dans l'univers, » il essaya de se tirer de sa profession par des duels, par des aventures galantes; mais l'opiniâtreté de sa famille et son étoile empêchèrent ces premiers éclats de produire leur effet et de le rejeter dans la vie laïque. Il en prit son parti et se mit à l'étude avec vigueur, déterminé comme César à n'être le second en rien, pas même en Sorbonne. Il y réussit, il tint tête dans les luttes finales et dans les *Actes* de l'école à un abbé protégé du cardinal de Richelieu, et l'emporta d'une manière signalée, sans se soucier de choquer ainsi le puissant cardinal « qui vouloit être maître partout et en toutes choses. » Vers ce même temps, une copie de *la Conjuration de Fiesque*, premier ouvrage profane de l'abbé de Retz, étant venue aux mains de Richelieu, celui-ci vit à quel point ce jeune homme caressait l'idéal du conspirateur et du séditieux grandiose, et il dit ces mots : « Voilà un dangereux esprit. » On assure qu'il aurait dit un autre jour à son maître de chambre, en parlant encore de lui, « qu'il avoit un visage tout à fait patibulaire. »

Retz était petit, laid, noir, assez mal fait et myope ; voilà des qualités peu propres à faire un galant, ce qui ne l'empêcha point de l'être, et avec succès. Sobre sur le manger, il était extrêmement libertin, mais surtout ambitieux, menant de front toutes choses, ses passions, ses vues, et des desseins même dans lesquels entrait à quelque degré la considération de la chose publique. Possédé de l'ardeur de faire parler de lui, et d'arriver au grand, à l'extraordinaire, en même temps qu'il entrait dans le monde sous le règne d'un ministre despotique, il n'avait de ressource que dans l'idée de conspiration, et il tourna de ce côté ses prédilections premières, comme, en d'autres temps, il les eût peut-être inclinées autre part. Malgré sa turbulence et son impétuosité, Retz était très-capable de se contraindre, quand l'intérêt de son ambition l'y portait. En Italie, à Rome, pendant un voyage qu'il y fit en 1638, à l'âge de vingt-quatre ans, il résolut de ne donner sur lui aucune prise et de s'acquérir à tout hasard une bonne renommée dans une Cour ecclésiastique. Retz nous le dit, et Tallemant, qui était du voyage et de sa compagnie, nous le confirme expressément : « Il le faut bien louer d'une chose, dit Tallemant, c'est qu'à Rome, non plus qu'à Venise, il ne vit pas une femme, ou il en vit si secrètement que nous n'en pûmes rien découvrir. » Avec cela il s'appliquait à relever cette modestie de passage d'une grande dépense, de belles livrées, d'un équipage très-cavalier ; et un jour, pour soutenir le point d'honneur et plutôt que de céder le terrain dans un jeu de paume, il fut près de tirer l'épée avec sa poignée de gentilshommes contre toute l'escorte de l'ambassadeur de l'Empire.

Il était très-avant dans les conjurations contre Richelieu, et il jouait sa tête dans les dernières années de ce ministre. Il a détaillé le projet d'une de ces conspirations dans laquelle il s'agissait, à la première nouvelle d'une victoire que remporterait le comte de Soissons, de soulever Paris et d'exécuter le coup de main avec les principaux mêmes des prisonniers de la Bastille, le maréchal de Vitry, Cramail et autres. Le plan était neuf. Le gouverneur de la Bastille devenait à l'instant prisonnier de sa propre garnison, dont on était sûr. On s'emparait à deux pas de là de l'Arsenal. Bref, c'est la *conspiration Mallet* que Retz organisait contre Richelieu. Tout cela manqua, mais aurait pu réussir. Combien de grandes choses dans l'histoire ne tiennent qu'à un cheveu !

Richelieu mort et Louis XIII l'ayant suivi de près, on eut la Régence, et la plus débonnaire d'abord qui se pût voir. Retz obtint d'emblée d'être nommé Coadjuteur de son oncle à l'archevêché de Paris, et dès lors, pour prendre son langage, il cesse d'être « dans le parterre, ou tout au plus dans l'orchestre, à jouer et à badiner avec les violons ; » il monte sur le *théâtre*. On peut observer comme dans ses Mémoires, où il parle de lui-même avec si peu de déguisement, il emploie perpétuellement ces expressions et ces images de *théâtre*, de *comédie ;* il considère le tout uniquement comme un jeu, et y a des moments où, parlant des principaux personnages avec qui il a affaire, il s'en rend compte et en dispose absolument comme un chef de troupe ferait pour ses principaux sujets. Dans une des premières scènes de la Fronde, au Parlement (11 janvier 1649), racontant la manière dont il fait enlever le commandement des troupes au duc d'Elbeuf pour le faire décerner au prince de Conti, il montre M. de Longueville, puis M. de Bouillon, puis le maréchal de La Mothe, entrant chacun l'un après l'autre dans la salle, et recommençant, chaque fois, à déclarer leur adhésion au choix du prince de Conti et à y donner les mains en ce qui les regardait : « Nous avions concerté, dit-il, de ne faire paroître sur le théâtre ces personnages que l'un après l'autre, parce que nous avions considéré que *rien ne touche et n'émeut tant les peuples, et même les Compagnies, qui tiennent toujours beaucoup du peuple, que la variété des spectacles.* » Dans tous ces passages, Retz se montre ouvertement dans ses récits comme un auteur ou un *impresario* habile, qui monte sa pièce. Il était déjà de cette race de ceux qui, en fait d'agitations et de révolutions, aiment le jeu encore plus que le dénoûment, grands artistes en intrigues et en influences et s'y complaisant, tandis que les plus ambitieux plus vrais et plus positifs tendent au but et aspirent au résultat. Il y a des endroits vraiment où, quand on lit les Mémoires de Retz, en ces scènes charmantes et si bien menées sous sa plume, il ne nous paraît pas tant faire la guerre à Mazarin que faire concurrence à Molière.

Pourtant n'exagérons pas cette vue jusqu'au point d'omettre ce qu'il y avait de sérieusement considérable et de politique, au moins à l'origine, dans les projets et les vues de Retz. Et n'oublions jamais ceci : Retz, après tout, n'a point triomphé, il a manqué l'objet de sa poursuite, qui était de chasser Mazarin et de le remplacer auprès de la reine Anne d'Autriche. Nous avons en lui l'agitateur au complet, le frondeur, le factieux dans tout son beau : nous n'avons pas eu le ministre. Nous ne savons pas ce qu'il aurait pu faire dans ce rôle tout nouveau. Ce ne serait pas la première fois qu'une nature supérieure se serait transformée en s'emparant du pouvoir et en l'exerçant; et même on n'est tout à fait supérieur qu'à cette condition d'avoir en soi ce qui transforme et renouvelle, ce qui suffit à toutes les situations grandes. Pour Retz comme pour Mirabeau, nous ne voyons que la lutte ardente, la vaste intrigue et la trame qui se déchire. L'homme de la seconde époque, chez tous deux, n'a pas eu carrière à se développer. Et Retz, dans cette comparaison, a le désavantage d'avoir survécu, d'avoir assisté à l'entier avortement de ses espérances, de s'y être en partie démoralisé, rabaissé et dégradé, comme il peut arriver aux plus fortes natures à qui le but échappe. Voyant la bataille perdue, dans les heures errantes de l'exil, de lâches distractions l'envahirent. Ce n'est que dans ses dernières années que Retz se relève, qu'il recouvre quelque dignité par une retraite noblement soutenue, qu'il réveille même l'idée de probité par d'immenses dettes complétement payées, et qu'il se rachète à nos yeux dans l'ordre de l'esprit par la composition de ses incomparables Mémoires. Il faut presque lui pardonner toutes ses intrigues et ses machinations, puisqu'il les a écrites. Mais, dans ses Mémoires, Retz, évincé de l'action et de la pratique, n'est de plus en plus qu'un écrivain, un peintre, un grand artiste; il lui est impossible désormais d'être autre chose, et l'on s'arme aisément contre lui-même, contre ce qu'il aurait pu être et devenir autrefois, de cette qualité dernière qui fait à jamais sa gloire.

J'ai voulu glisser cette réserve parce que j'admire toujours à quel point les natures étroites et négatives sont empressées de dire à tout génie supérieur : « Tu n'as fait que ceci dans ta vie jusqu'à présent ; la fortune t'a empêché de t'essayer dans une plus large et plus ouverte carrière, donc tu n'aurais pu faire autre chose. » Ces gens-là ont besoin, de temps en temps, de recevoir quelques démentis comme celui que leur donne, par exemple, un Dumouriez aux défilés de l'Argonne.

En ce qui est de Retz, il y a malheureusement beaucoup de raisons d'induire que chez lui l'aventurier, l'audacieux, le *téméraire*, comme disait Richelieu, faisaient la partie la plus essentielle et le fond même de sa nature, et qu'ils eussent de tout temps compromis l'homme d'État dont il n'embrassait l'idée que par l'esprit. Il était de ceux en qui l'humeur domine le caractère; l'amour de son plaisir, le libertinage, l'intrigue pour l'intrigue, le goût des déguisements et des mascarades, un peu trop de Figaro, si je puis dire, gâtaient le sérieux et rompaient dans la pratique la suite des desseins que son beau et impétueux génie était d'ailleurs si capable de concevoir. Maintes fois, il le reconnaît lui-même, il manquait de bon sens dans les déterminations, et il est des circonstances où il se reproche de n'en avoir pas eu *un grain;* il était sujet à des éblouissements, à des coups d'imagination dont savent se préserver les hommes de qui la pensée doit guider et gouverner les empires. Ses contemporains nous le disent, et lui-même ne nous le cache pas. Quand un La Rochefoucauld nous peint Retz et que Retz s'accorde avec lui pour se reconnaître dans les traits principaux de cette peinture, nous n'avons plus qu'à nous taire, pauvres observateurs du lointain, et à nous incliner.

Le second livre des Mémoires de Retz est celui qui nous le montre le plus à son avantage, dans l'élévation de sa pensée politique et dans tous les agréments de ses peintures. Il n'est pas de plus beau et de plus véridique tableau (je dis véridique, car cela se sent comme la vie même) que celui du début de la Régence et de cet établissement presque insensible, et par voie d'insinuation, auquel on assista alors, de la puissance du cardinal Mazarin. Cette douceur et cette facilité des quatre premières années de la Régence, suivies tout d'un coup et sans cause apparente d'un mécontentement subit et d'un souffle de tempête, sont décrites et traduites dans ces pages de manière à défier et à déjouer tous les historiens futurs. Je ne comprends pas que M. Bazin, en lisant cela, n'ait pas à l'instant reconnu et salué Retz comme un maître, sauf ensuite à le contredire en bien des cas, s'il y avait lieu; mais l'historien qui rencontre, dès les premiers pas, dans le sujet qu'il traite, un tel observateur et peintre pour devancier, et qui n'en tire sujet que de s'efforcer à tout amoindrir et à tout éteindre après lui, me paraît faire preuve d'un esprit de taquinerie et de chicane qui l'exclut à l'instant de la large voie dans la carrière. Notez que Retz en peignant explique, et que la raison politique et profonde des choses se glisse dans le trait de son pinceau. Après ces quatre premières années de la Régence, durant lesquelles le mouvement d'impulsion donné par le cardinal de Richelieu continua de pousser le vaisseau de l'État sans qu'il fût besoin d'imprimer de secousse nouvelle, après ces quatre années de calme parfait, de sourire et d'indulgence, on entre, sans s'en apercevoir d'abord, dans de nouvelles eaux, et un nouveau souffle peu à peu se fait sentir : c'est le souffle des réformes, des révolutions. D'où vient-il? à quelle occasion? quels furent les minces sujets qui amenèrent des secousses si violentes? C'est ce que Retz excelle à nous rendre, et ces pages de ses Mémoires, qu'on pourrait intituler : *Comment les révolutions commencent*, tiennent à la fois, par leur hauteur et par leur fermeté, de Bossuet et de Montesquieu.

« Il y a plus de douze cents ans que la France a des rois, dit Retz; mais ces rois n'ont pas toujours été absolus au point qu'ils le sont. » Et dans un résumé rapide et brillant, il cherche à montrer que si la monarchie française n'a jamais été réglée et limitée par des lois écrites, par des chartes, comme les royautés d'Angleterre et d'Aragon, il avait toutefois existé dans les temps anciens un *sage milieu* « que nos pères avoient trouvé entre la licence des rois et le libertinage des peuples. » Ce sage et juste milieu qui, en France, a toujours été plutôt à l'état de vœu, de regret ou d'espérance, qu'à l'état de pratique réelle, avait pourtant quelque ombre d'effet et de coutume dans le pouvoir attribué au Parlement, et Retz montre tous les rois sages, saint Louis, Charles V, Louis XII, Henri IV, empressés à se modérer eux-mêmes et à s'environner d'une limite de justice. Au contraire, tout ce que nous appellerions dans notre langue d'aujourd'hui tendance à la centralisation, tous les efforts de Louis XI, de Richelieu, qui allaient se consommer sous Louis XIV, tout ce qui devait rendre la monarchie maîtresse unique, lui semble une voie au despotisme ; et on ne peut nier que ce ne fût du pur despotisme en effet, avant que cette unité dans l'administration se fût rejointe et combinée, après 89 et après 1814, avec le régime constitutionnel et de liberté. Quand l'œuvre n'était qu'à moitié chemin et faite seulement d'un côté, comme du temps de Retz, au lendemain de la mort de Richelieu, cet envahissement sans contrôle du pouvoir royal et ministériel était bien du despotisme s'il en fut, et il n'y a rien d'étonnant si, dans l'intervalle de répit qui s'écoula entre Richelieu et Louis XIV, la pensée vint de s'y opposer et d'élever une digue par une sorte de Constitution. Ce fut là la première pensée sérieuse d'où sortit la Fronde, pensée qui ne se produisit dans le Parlement qu'à l'occasion de griefs particuliers, et qui, lorsque les troubles éclatèrent, fut bien vite emportée dans le tourbillon des intrigues et des ambitions personnelles, mais que Retz exprime nettement au début, que le Parlement ne consacra pas moins formellement dans sa Déclaration du 24 octobre 1648 (une vraie Charte en germe), et qu'il y aurait de la légèreté à méconnaître.

Un homme de beaucoup d'esprit, et, ce qui vaut

mieux, d'un très-bon et judicieux esprit, M. de Sainte-Aulaire, a fait de cette vue l'idée principale de son *Histoire de la Fronde*; il s'est attaché à en dégager en quelque sorte l'élément constitutionnel trop tôt masqué et dénaturé au gré des factions. Il semble par moments que M. Bazin n'ait conçu son ouvrage sur la même période de notre histoire que pour contrecarrer pied à pied le point de vue de M. de Sainte-Aulaire. L'opinion que les deux historiens expriment sur Retz est par là même aussi opposée que possible. Tandis que M. Bazin nous mène à ne voir en lui que le plus spirituel, le plus personnel et le plus fanfaron des intrigants, M. de Sainte-Aulaire cherche à la conduite de Retz, et à travers toutes les infractions de détail, une ligne qui ne soit pas celle uniquement d'une ambition frivole et factieuse : « Bien qu'en écrivant son livre, dit M. de Sainte-Aulaire, il n'ait pas échappé aux influences que je viens de signaler (les influences régnantes et les changements introduits dans l'opinion depuis l'établissement de Louis XIV), on y trouve cependant la preuve qu'il avait tout vu, tout compris; qu'il mesurait les dangers auxquels le despotisme allait exposer la monarchie, et qu'il cherchait à les prévenir. Mon admiration pour ce grand maître s'est accrue en recopiant les tableaux tracés de sa main... » Si ce jugement favorable trouve sa justification, c'est surtout à l'origine des Mémoires, et dans la partie qui nous occupe.

La domination de Richelieu avait été si forte et si absolue, la prostration qui en était résultée dans tout le Corps politique avait été telle, qu'il n'avait pas fallu moins de quatre ou cinq ans pour que la *réaction* commençât à se faire sentir, pour que les organes publics qu'il avait opprimés reprissent leur ressort et cherchassent à se réparer; et encore ils ne le firent, comme il arrive d'ordinaire, qu'à l'occasion de mesures toutes particulières qui les irritaient personnellement. Mazarin, étranger à la France, habile négociateur au dehors, mais sans idée de notre droit public et de nos maximes, suivait, à pas plus lents, la voie tracée par Richelieu, mais il la suivait sans se douter qu'elle était « de tous côtés bordée de précipices. » Il croyait à la légèreté française par-dessus tout, et n'y soupçonnait rien de logique ni de suivi. Il ne prit pas garde que ce repos des premières années de la Régence n'était pas la santé véritable; au lieu de ménager les moyens et d'aviser au lendemain par des remèdes, il continua dans les errements qui aggravaient le désordre et la souffrance à l'intérieur : « Le mal s'aigrit, dit Retz; la tête s'éveilla; Paris se sentit, il poussa des soupirs; l'on n'en fit point de cas : il tomba en frénésie. Venons au détail. » N'admirez-vous pas ce début à la Bossuet, ou, si vous aimez mieux, à la Montesquieu ?

Et puis il y a, nous le savons, de certains moments où des maladies de même nature éclatent à la fois dans divers pays : cela est vrai des maladies physiques et aussi des épidémies morales. Les nouvelles de la Révolution de Naples, celles de la Révolution d'Angleterre, apportaient alors aux esprits comme un vent de sédition. Les humeurs vagues de mécontentement public sont très-promptes, en ces heures de crises, à se prendre d'émulation, à se déterminer par l'exemple du voisin et à affecter la forme du mal qui règne et circule.

Retz entend à merveille et nous fait entendre tout cela. Ne croyez pas qu'il comprenne seulement les séditions et les émeutes, il comprend et devine les révolutions. Il décrit en observateur doué d'une exquise sensibilité de tact leur période d'invasion, si brusque parfois, si imprévue, et de longue main pourtant si préparée. Je ne sais pas de plus belle page historique que celle où il nous peint ce soudain passage du découragement et de l'assoupissement des esprits, qui leur fait croire que le mal présent ne finira jamais, à l'extrémité toute contraire par laquelle, loin de considérer les révolutions comme impossibles, on arrive à les trouver chose simple et facile :

« Et cette disposition toute seule, ajoute-t-il, est quelquefois capable de les faire... Qui eût dit, trois mois devant *la petite pointe des troubles,* qu'il en eût pu naître dans un État où la maison royale étoit parfaitement unie, où la Cour étoit esclave du ministre, où les provinces et la capitale lui étoient soumises, où les armées étoient victorieuses, où les Compagnies paroissoient de tout point impuissantes, qui l'eût dit eût passé pour insensé, je ne dis pas dans l'esprit du vulgaire, mais je dis entre les d'Estrées et les Séneterre. »

C'est-à-dire parmi les plus habiles et ceux qui avaient le plus le vent de la Cour (1). Ce qui suit nous fait assister à tous les degrés de ce réveil si imprévu, bientôt changé en effroi, en consternation et en fureur. On dirait d'un médecin curieux qui décrit avec amour la maladie, cette maladie qu'il a toujours le plus désiré voir de près ; évidemment il aime mieux la voir que la guérir :

« Il paroît un peu de sentiment, dit-il en parlant du Corps abattu de l'État, une lueur ou plutôt une étincelle de vie ; et ce signe de vie, dans les commencements presque imperceptible, ne se donne point par Monsieur, il ne se donne point par M. le Prince, il ne se donne point par les Grands du royaume, il ne se donne point par les Provinces ; il se donne par le Parlement, qui, jusqu'à notre siècle, n'avoit jamais commencé de révolution, et qui certainement auroit condamné par des Arrêts sanglants celle qu'il faisoit lui-même, si tout autre que lui l'eût commencée. Il gronda sur l'Édit du Tarif (1647) ; et, aussitôt qu'il eut seulement murmuré, tout le monde s'éveilla. *L'on chercha, en s'éveillant, comme à tâtons, les lois : on ne les trouva plus, l'on s'effraya, l'on cria ; on se les demanda ;* et, dans cette agitation, les ques-

(1) Madame de Motteville nous apprend, dans ses Mémoires, que M. de Séneterre lui dit, le dernier jour de l'année 1647, « qu'il craignoit qu'à l'avenir l'État ne fût troublé par beaucoup de malheurs. » Mais, à cette date, la querelle était déjà engagée avec le Parlement : M. de Séneterre n'aurait pas dit cela au premier jour de l'an 1647.

tions que leurs explications firent naître, d'obscures qu'elles étoient et vénérables par leur obscurité, devinrent problématiques ; et de là, à l'égard de la moitié du monde, odieuses. *Le peuple entra dans le sanctuaire : il leva le voile qui doit toujours couvrir tout ce que l'on peut dire, tout ce que l'on peut croire du droit des peuples et de celui des rois, qui ne s'accordent jamais si bien ensemble que dans le silence.* La salle du Palais profana ces mystères. Venons aux faits particuliers qui vous feront *voir à l'œil* ce détail. »

Ce sont là des exordes qui comptent dans l'histoire.

L'homme qui sous Louis XIV, vers 1672, âgé de cinquante-huit ans, écrivait ces choses dans la solitude, dans l'intimité, en les adressant par manière de passe-temps à une femme de ses amies, avait certes dans l'esprit et dans l'imagination la sérieuse idée de l'essence des sociétés et la grandeur de la conception politique; il l'avait trop souvent altérée et ternie dans la pratique; mais plume en main, comme il arrive aux écrivains de génie, il la ressaisissait avec éclat, netteté et plénitude.

Avec tout personnage historique, il faut s'attaquer d'abord aux grands côtés; je ne sais si j'aurai le temps de marquer chez Retz toutes les faiblesses, toutes les infirmités, toutes les hontes même, et de les flétrir; mais je me reprocherais de n'avoir pas dès l'abord désigné en lui les signes manifestes de supériorité et de force, qui enlèvent l'admiration quand on l'approche, et quoi qu'on en ait. Nous ne sommes pas au bout.

Retz, qui, pour nous aujourd'hui, parce que nous savons sa vie et ses confessions, paraît un ecclésiastique des plus scandaleux, ne semblait pas tel de son vivant à ceux de son Corps et à son troupeau. Il nous a expliqué, avec une franchise que rien n'égale, les moyens qu'il prit pour se procurer de la considération dans le Clergé et de la faveur parmi ses ouailles, non-seulement à titre d'homme de parti, mais en qualité d'archevêque, et cela sans se rien retrancher de ses vices secrets et de ses faiblesses. Si étonnante que la chose puisse sembler, il faut bien reconnaître que cette considération lui demeura tant qu'il vécut, et malgré tout ce qu'il fit pour l'entamer. Savant docteur ou assez habile pour le paraître, administrateur soigneux, toujours prêt à défendre les droits et les prérogatives de son Ordre, excellent et éloquent prédicateur, prodigue en aumônes à toutes fins, il avait une réputation double, et ses aventures de toute sorte dans la politique et l'intrigue ne purent jamais, grâce à l'incomplète publicité d'alors, ébranler son bon renom dans l'île Notre-Dame ni dans tout le quartier Saint-Jacques. Le parti janséniste, alors florissant, lui fut très-propice : « J'estimois beaucoup les dévots, dit-il, et, à leur égard, c'est un des plus grands points de la piété. » Il n'y mettait pas d'hypocrisie proprement dite, car c'est un vice qui avilit; mais il profitait du désordre des temps, des dispenses d'une situation extraordinaire, tout en s'appuyant des préventions qui muraient les esprits. Il est même à croire, comme il nous l'a très-bien expliqué, que, dans un temps paisible, sa réputation d'archevêque aurait eu beaucoup plus à souffrir, car il aurait eu peine à dissimuler longtemps ses vices et ses désordres, au lieu qu'ils se perdaient dans la confusion inévitable d'une guerre civile.

Ce qui peut faire augurer que Retz, en effet, n'était guère propre à devenir autre chose que ce qu'il a été, c'est l'enthousiasme avec lequel il se laisse emporter, dès les premiers jours des troubles, à son rôle de meneur populaire. Il était persuadé « qu'il faut de plus grandes qualités pour former un bon chef de parti que pour faire un bon empereur de l'univers. » Ce titre de *chef de parti* était ce qu'il avait toujours honoré le plus dans les *Vies* de Plutarque, et quand il vit que les affaires s'embrouillaient, au point de lui en laisser venir naturellement le rôle, il en ressentit un chatouillement de sens et un mouvement de gloire qui semble indiquer qu'il ne concevait rien de plus beau ni de plus délicieux au delà. Il allait nager dans son élément.

Lorsque Saint-Simon, de son côté, nous peint les délices et le chatouillement qu'il éprouve à pouvoir observer les visages et les physionomies de la Cour dans les grandes circonstances qui mettent les passions et les intentions secrètes à nu, il ne s'exprime pas avec un sentiment plus vif de délectation que Retz nous rendant sa jouissance à l'idée de se saisir du rôle tant souhaité : on en pourrait conclure que l'un était dans son centre comme observateur, et l'autre comme agitateur, artistes tous deux en leur sens, et consolés après tout par leur imagination, quand il leur est donné de raconter leur plaisir passé et de le décrire.

Il y a, dans le second livre de Retz, une admirable conversation entre lui et le prince de Condé, qui, revenu vainqueur de Lens, est véritablement l'arbitre de la situation. Ce premier et double rôle de restaurateur du bien public et de conservateur de l'autorité royale tenta d'abord l'esprit élevé et lumineux de Condé; mais Retz nous fait comprendre à merveille comment le prince ne put s'y tenir; il était trop impatient pour cela. « Les héros ont leurs défauts; celui de M. le Prince étoit de n'avoir pas assez de suite dans l'un des plus beaux esprits du monde. » Et, poussant plus loin, Retz nous explique à quoi tient ce peu de suite. Au retour de l'armée, voyant le Parlement aux prises avec la Cour, la gloire de *restaurateur du public* fut la première idée du prince, celle de *conservateur de l'autorité royale* fut la seconde. Mais, en voyant l'une et l'autre chose également, il ne les sentit pas également. Balançant entre les deux idées et les voyant même ensemble, il ne les pesait pas ensemble. Il passait de l'une à l'autre : ainsi ce qui lui paraissait un jour plus léger, lui paraissait le lendemain plus pesant. La manière élevée dont Retz apprécie à ce moment le prince de Condé et ses intentions premières, avant qu'elles eussent dévié et se fussent aigries dans la lutte, mérite qu'on la lui applique à lui-même. Il dit en toute rencontre assez de mal de lui pour qu'on croie à sa sincérité quand il se montre sous un autre jour.

Voulant donc convaincre le prince de Condé qu'il y a un grand et incomparable rôle à jouer dans cette crise entre la magistrature et la Cour, voulant tempérer son impatience et ses colères à l'égard du Parlement, et lui prouver qu'on peut arriver moyennant un peu d'adresse, quand on est prince du sang et vainqueur comme il l'est, à manier et à gouverner insensiblement ce grand Corps, Retz, dans un discours qu'il lui tient à l'hôtel de Condé (décembre 1648), s'élève aux plus hautes vues de la politique, à celles qui devancent les temps, et à la fois il touche à ce qui était pratique alors. Irrité des contrariétés qu'il rencontrait à chaque pas dans les délibérations et les résolutions de cette assemblée, le prince de Condé revenait à ses instincts très-peu parlementaires et menaçait d'avoir raison de ces bonnets carrés comme de la populace, à main armée et par la force. A quoi Retz lui répondait, avec un instinct prophétique de 89 :

« Le Parlement n'est-il pas l'idole des peuples ? Je sais que vous les comptez pour rien, parce que la Cour est armée ; mais je vous supplie de me permettre de vous dire qu'*on les doit compter pour beaucoup, toutes les fois qu'ils se comptent eux-mêmes pour tout. Ils en sont là.* Ils commencent eux-mêmes à compter vos armées pour rien ; et *le malheur est que leurs forces consistent dans leur imagination : et l'on peut dire avec vérité qu'à la différence de toutes les autres sortes de puissances, ils peuvent, quand ils sont arrivés à un certain point, tout ce qu'ils croient pouvoir.* »

Le cardinal de Retz, on le voit, en savait aussi long sur la force du Tiers-État que l'abbé Sieyès. Se reportant aux âges antérieurs et à l'esprit de ce qui subsistait alors, il définit en termes singulièrement heureux l'antique et vague Constitution de la France, ce qu'il appelle *le mystère de l'État* : « Chaque monarchie a le sien; celui de la France consiste dans cette espèce de silence religieux et sacré dans lequel on ensevelit, en obéissant presque toujours aveuglément aux rois, le droit que l'on ne veut croire avoir de s'en dispenser que dans les occasions où il ne seroit pas même de leur service de leur plaire. » Il fait voir que tout dernièrement, du côté de la Cour, on avait, avec une insigne maladresse, mis le Parlement en demeure de définir ces cas où l'on pouvait désobéir et ceux où on ne le devait pas faire : « Ce fut un miracle que le Parlement ne levât pas dernièrement ce voile, et ne le levât pas en forme et par Arrêt; ce qui seroit bien d'une conséquence plus dangereuse et plus funeste que la liberté que les peuples ont prise depuis quelque temps de voir à travers. » La conclusion de ce discours mémorable est de viser à réconcilier Condé avec le Parlement, sans le séparer absolument de la Cour, de lui proposer un rôle utile, innocent, nécessaire, qui le ferait le protecteur du public et des Compagnies souveraines, et qui éliminerait infailliblement le Mazarin : c'était toujours compter sans le cœur de la reine. Quoi qu'il en soit, c'est là un beau dialogue et mené avec franchise par les deux interlocuteurs qui vont devenir des adversaires. Des deux parts, le caractère et le langage sont observés. Condé et Retz se séparent, chacun dans son opinion, mais avec estime; l'un pour la Cour et se décidant, tout bien pesé, à la défendre; l'autre, restant Coadjuteur et, avant tout, défenseur de Paris.

Bien des querelles, des perfidies, des avanies insultantes survenues depuis ont rabaissé la noblesse de cette première explication et en ont souillé le souvenir :

pourtant on se plaît, en la relisant, à penser que ces grands esprits, ces cœurs impétueux et égarés, n'étaient point à l'origine aussi malintentionnés ni aussi livrés à leur sens tout personnel et pervers qu'ils le parurent depuis, quand les passions et les cupidités de chacun furent déchaînées. Un des plus grands malheurs des guerres civiles est de corrompre bientôt les meilleurs et les plus généreux de ceux qui y entrent. Cela fut vrai du prince de Condé, cela fut vrai même de Retz.

Lui-même il a pris soin de nous indiquer le moment précis, très-voisin de cette conversation, dans lequel il se détermina à se livrer tout à fait à sa passion et à sa haine contre Mazarin (janvier 1649) : « Quand je vis, dit-il, que la Cour ne vouloit même son bien qu'à sa mode, qui n'étoit jamais bonne, je ne songeai plus qu'à lui faire du mal, et ce ne fut que dans ce moment que je pris l'entière et pleine résolution d'attaquer personnellement le Mazarin... » A partir de ce jour, tous les moyens lui sont bons pour réussir, les armes, les pamphlets, les calomnies. Voilà le branle qui commence, et il ne songe plus qu'à demeurer *le maître du bal*, comme le disait très-bien Mazarin lui-même.

C'est à ce moment aussi qu'en artiste qu'il est la plume à la main, se considérant comme sorti du préambule et du vestibule de son sujet, il se donne carrière, et, tandis qu'il n'avait dessiné jusque-là les personnages que de profil, il les montre en face et en pied comme dans une galerie : il ne fait pas moins de dix-sept portraits de suite, tous admirables de vie, d'éclat, de finesse, de ressemblance, car l'impartialité s'y trouve même quand il peint des ennemis. Parmi ces dix-sept portraits, dont pas un qui ne soit un chef-d'œuvre, on distingue surtout ceux de la reine, de Gaston duc d'Orléans, du prince de Condé, de M. de Turenne, de M. de La Rochefoucauld, de madame de Longueville et de son frère le prince de Conti, de madame de Chevreuse et de madame de Montbazon, celui enfin de Mathieu Molé. Cette galerie, dont les traits cent fois répétés et reproduits depuis remplissent toutes nos histoires, est la gloire du pinceau français, et on peut dire qu'avant Saint-Simon il ne s'était rien écrit de plus vif, de plus éclatant, de plus merveilleusement animé. Même depuis Saint-Simon, rien n'a pâli dans cette galerie de Retz, et on admire seulement la différence de manière, quelque chose de plus court, de plus clair, de plus délié en coloris, mais qui ne pénètre pas moins dans le vif des âmes : M. le Prince à qui « la nature avoit fait l'esprit aussi grand que le cœur, » mais à qui la fortune n'a pas permis de montrer l'un comme l'autre dans *toute son étendue* et qui *n'a pu remplir son mérite;* M. de Turenne à qui il n'a manqué de qualités « que celles dont il ne s'est pas avisé, » et à qui il ne faut jamais en refuser une, « car qui le sait ? il a toujours eu en tout, comme en son parler, *de certaines obscurités* qui ne se sont développées que dans les occasions, mais qui ne se sont jamais développées qu'à sa gloire; » madame de Longueville qui « avoit une langueur dans ses manières qui touchoit plus que le brillant de celles mêmes qui étoient plus belles. Elle en avoit une même dans l'esprit qui avoit ses charmes, parce qu'elle avoit *des réveils lumineux et surprenants.* » Il faudrait tout citer, tout rappeler dans ces tableaux d'une touche à la fois si forte et si ravissante.

Ces portraits, venant après la belle conversation politique avec le prince de Condé, après les merveilleuses scènes de comédie des premiers jours des Barricades, et après les grandes et hautes considérations qui précèdent, composent une entrée en matière et une exposition unique qui subsiste même quand le reste de la pièce ne tient pas.

Le style de Retz est de la plus belle langue; il est plein de feu, et l'esprit des choses y circule. Depuis que l'on a de ces Mémoires une meilleure édition, il est facile de voir que les obscurités qu'on leur a reprochées tenaient simplement, la plupart, à des altérations de la copie. Il y a pourtant à faire encore en plus d'un endroit pour établir un bon texte; on en a désormais tous les éléments. La langue est de cette manière légèrement antérieure à Louis XIV, qui unit à la grandeur un air suprême de négligence qui en fait la grâce. L'expression y est gaie volontiers, pittoresque en courant, toujours dans le génie français, pleine d'imagination cependant et quelquefois de magnificence. Parlant d'un magistrat prisonnier que l'insurrection réclame de la Cour, et qui est rendu à la liberté : « L'on ne voulut pas quitter les armes, dit Retz, que l'effet ne s'en fût ensuivi; le Parlement même ne donna point d'Arrêt pour les faire poser, qu'il n'eût vu Broussel dans sa place. Il y revint le lendemain, ou plutôt *il y fut porté sur la tête des peuples* avec des acclamations incroyables. » Je n'examine pas si l'expression est proportionnée à l'importance de Broussel; mais comme elle rend fidèlement l'impression et l'exaltation du moment ! Retz, vous le pensez bien, n'en est pas dupe, et, montrant tout aussitôt Paris, dès qu'on lui a rendu son Broussel, redevenu « plus tranquille *que je ne l'ai jamais vu le Vendredi-saint,* » il nous fait sentir la contre-partie railleuse sans l'exprimer. — « La Cour qui *se sentoit touchée à la prunelle de l'œil...* » dira-t-il à propos de la révocation des intendants, mise en délibération par les Cours souveraines réunies; il est rempli de ces expressions sensibles et animées. D'autres fois il étend agréablement ses images; ainsi, opposant son crédit bien enraciné à la faveur d'un jour du duc d'Elbeuf : « Le crédit parmi les peuples, cultivé et nourri de longue main, dit-il, ne manque jamais à étouffer, pour peu qu'il ait de temps pour germer, *ces fleurs minces et naissantes de la bienveillance publique, que le pur hasard fait quelquefois pousser.* » Indiquant les moyens qu'il avait de bonne heure employés pour fonder ce crédit, il parle de ses grandes aumônes, et des libéralités « très-souvent *sourdes, dont l'écho n'en étoit quelquefois que plus résonnant.* » Cette langue de Retz est neuve et originale avec propriété. Il excelle à donner aux mots toute leur valeur de sens, toute leur qualité, et il la fait quelquefois mieux sentir en la développant. Après avoir dit que le premier président Molé était *tout d'une pièce*, ce qui est une expression bonne, mais ordinaire, il ajoutera : « Le président de Mesmes, qui étoit pour le moins aussi bien intentionné pour la Cour que lui, mais qui avoit plus de vue et plus de *jointure*, lui répondit à l'oreille... » Voilà comme on crée légitimement une expression neuve, comme on la tire d'une expression commune. Au reste, la plume de Retz fait toutes ces choses sans y prendre garde et sans y songer. Il avait le don de la parole, et ce qui se jouait et se peignait dans son esprit ne faisait qu'un bond sur le papier. Il faut ajouter qu'il y a bien des inégalités dans cette langue. Les derniers volumes ont de la langueur. Le récit de l'auteur, dans les premiers, est semé, et même avec une certaine affectation (c'est la seule), de réflexions politiques desquelles Chesterfield disait qu'elles étaient les seules justes, les seules praticables qu'il eût jamais vues imprimées. Elles apprendraient l'expérience, si jamais l'expérience s'apprenait par les livres. Elles la rappellent du moins et la résument d'une manière frappante pour ceux qui ont vu et vécu.

Ce n'est là qu'un premier *crayon* du livre et de l'homme; il me coûterait de dire que je n'y reviendrai pas.

Lundi, 27 octobre 1851.

RIVAROL

Après Chamfort et Rulhière, c'est le tour de Rivarol; on s'est accoutumé à les réunir. Il était plus jeune qu'eux. Né à Bagnols dans le Gard, en avril 1757 selon quelques biographes, il n'aurait eu que quarante-quatre ans quand il mourut à Berlin en avril 1801; ceux qui le font naître plus tôt ne lui donnent au plus que quarante-huit ans à la date de sa mort. Cette fin prématurée doit disposer à quelque indulgence pour un homme d'un esprit ferme et brillant, que la société avait beaucoup distrait, que la Révolution avait jeté dans l'exil, et qui n'a pu mener à fin de grands projets d'ouvrages, sur lesquels il a mieux laissé pourtant que des promesses.

Il paraît bien que Rivarol était noble, malgré toutes les plaisanteries et les quolibets qu'il eut à essuyer à ce sujet. Jeune, en débutant dans le monde littéraire, il commença par blesser la vanité de la foule des petits auteurs; ils s'en vengèrent en s'en prenant à sa naissance. Son grand-père, Italien d'origine, né en Lombardie, après avoir fait la guerre de la Succession au service de l'Espagne, s'était établi en Languedoc et y avait épousé une cousine germaine de M. Déparcieux, de l'Académie des Sciences. Le père de Rivarol, homme instruit, dit-on, et qui même aurait eu le goût d'écrire, manquait de fortune; il eut seize enfants, dont

Rivarol était l'aîné. La gêne domestique l'obligea à tenir quelque hôtel ou table d'hôte, circonstance qui fut tant reprochée depuis à Rivarol :

> C'est dans Bagnols que j'ai vu la lumière,
> Au cabaret où feu mon pauvre père
> A juste prix faisait noce et festin,

lui faisait dire Marie-Joseph Chénier dans une assez triste Satire. Rivarol, à son entrée dans le monde, y parut d'abord sous le nom de chevalier de Parcieux, s'autorisant de la parenté qu'il avait par sa grand'mère avec le savant (Déparcieux) si justement honoré, et que recommandaient de grands projets d'utilité publique. On lui contesta son droit à porter ce nom, et il reprit celui de Rivarol : il fit bien ; c'est un nom sonore, éclatant, qui éveille l'écho et qui s'accorde bien avec la qualité de son esprit.

Il fit ses études dans le Midi sans doute et peut-être à Cavaillon ; ce dut être dans un séminaire, car il eut affaire à l'évêque, et il porta dans un temps le petit collet (1). Quoi qu'il en soit, on le trouve à Paris tout éclos vers 1784. Une figure aimable, une tournure élégante, un port de tête assuré, soutenu d'une facilité rare d'élocution, d'une originalité fine et d'une urbanité piquante, lui valurent la faveur des salons et cette première attention du monde que le talent attend quelquefois de longues années sans l'obtenir. Rivarol semblait ne mener qu'une vie frivole, et il était au fond sérieux et appliqué. Il se livrait à la société le jour, et il travaillait la nuit. Sa facilité de parole et d'improvisation ne l'empêchait pas de creuser solitairement sa pensée. Il étudiait les langues, il réfléchissait sur les principes et les instruments de nos connaissances, il visait à la gloire

---

(1) Quelques biographes disent qu'il avait nom l'abbé (et non le chevalier) de Parcieux. Ces origines de Rivarol sont inextricables.

du style. Quand il se désignait sa place parmi les écrivains du jour, il portait son regard aux premiers rangs. Il avait de l'ambition sous un air de paresse. Cette ambition littéraire se marqua dans les deux premiers essais de Rivarol, sa traduction de l'*Enfer* de Dante (1783), et son *Discours sur l'Universalité de la Langue française*, couronné par l'Académie de Berlin (1784).

Traduire Dante était pour Rivarol « un bon moyen, disait-il assez avantageusement, de faire sa cour aux Rivarol d'Italie, » et une façon de payer sa dette à la patrie de ses pères; c'était indirectement faire preuve de sa noblesse d'au delà des monts. C'était surtout aussi une manière de s'exercer sur un beau thème et de lutter avec un maître. Rivarol, nommons-le tout d'abord par son vrai nom, est un *styliste;* il veut enrichir et renouveler la langue française, même après Buffon, même après Jean-Jacques. N'ayant pas d'abord en lui-même un foyer d'inspiration et un jet de source suffisant pour lui faire trouver une originalité toute naturelle, il cherche cette originalité d'expression par la voie littéraire et un peu par le dehors. Il s'attaque à Dante dont il apprécie d'ailleurs l'austère génie. « Quand il est beau, dit-il, rien ne lui est comparable. Son vers se tient debout par la seule force du substantif et du verbe sans le secours d'une seule épithète. » C'est en se prenant à ce style « affamé de poésie, » qui est riche et point délicat, plein de mâles fiertés et de rudesses bizarres, qu'il espère faire preuve de ressources et forcer la langue française à s'ingénier en tout sens. « Il n'est point, selon lui, de poëte qui tende plus de piéges à son traducteur; » il compte parmi ces piéges les hardiesses et les comparaisons de tout genre dont quelques-unes lui semblent intraduisibles dans leur crudité. Il se pique d'en triompher, de les éluder, de les faire sentir en ne les exprimant qu'à sa façon. « Un idiome étranger, dit-il, proposant toujours des tours de force à un habile traducteur, le *tâte* pour ainsi dire en tous les sens : bientôt il sait tout ce que peut ou ne peut pas sa langue; il épuise ses ressources, mais il augmente ses forces. » Ainsi ne demandez pas à Rivarol le vrai Dante; il sent le génie de son auteur, mais il ne le rendra pas, il ne le calquera pas religieusement. En eût-il l'idée, le siècle ne le supporterait pas un moment. Voltaire avait mis Rivarol au défi de réussir; il lui avait dit en plaisantant qu'il ne traduirait jamais Dante en *style soutenu*, « ou qu'il changerait trois fois de peau avant de se tirer des pattes de ce diable-là. » Rivarol n'a garde de vouloir changer de peau, il est trop content de la sienne. Il vise, en traduisant, à ce *style soutenu* déclaré impossible; et, dans cet effort, il ne songe qu'à s'exercer, à prendre ses avantages, à rapporter quelques dépouilles, quelques trophées en ce qui est du génie de l'expression. Telle est son idée, qui nous paraît aujourd'hui incomplète, mais qui n'était pas vulgaire.

L'Académie de Berlin avait proposé, en 1783, pour sujet de prix la réponse à ces questions : — *Qu'est-ce qui a rendu la Langue française universelle? — Pourquoi mérite-t-elle cette prérogative? — Est-il à présumer qu'elle la conserve?* — Le Discours de Rivarol, qui obtint le prix, a de l'éclat, de l'élévation, nombre d'aperçus justes et fins exprimés en images heureuses. C'est un esprit fait et déjà mûr qui développe ses réflexions, et, par endroits, c'est presque un grand écrivain qui les exprime. Insistant sur la qualité essentielle de la langue française, qui est la *clarté*, tellement que, quand cette langue traduit un auteur, elle l'explique véritablement, il ajoutait : « Si on ne lui trouve pas les diminutifs et les mignardises de la langue italienne, son allure est plus mâle. Dégagée de tous les protocoles que la bassesse inventa pour la vanité, et la faiblesse pour le pouvoir, elle en est plus faite pour la conversation, lien des hommes et charme de tous les âges; et, puisqu'il faut le dire, elle est de toutes les langues *la seule qui ait une probité attachée à son génie.* Sûre, sociale, raisonnable, ce n'est plus la langue française, c'est la langue humaine. » Ce remarquable Discours, qui dépassait de bien loin par le style et par la pensée la plupart des ouvrages académiques, valut à Rivarol l'estime de Frédéric le Grand et obtint un vrai succès en France et en Europe.

On peut penser qu'il eut de l'influence sur la direction de Rivarol. Esprit à la fois philosophique et littéraire, il se voua dès lors à l'analyse des langues et de la sienne en particulier. « Il est bon, avait-il dit, de ne pas donner trop de vêtements à sa pensée; il faut, pour ainsi dire, voyager dans les langues, et, après avoir savouré le goût des plus célèbres, se renfermer dans la sienne. » Rivarol ne s'y renferma que pour l'approfondir, et, dès ce temps, il conçut le projet d'un Dictionnaire de la Langue française, qu'il caressa toujours en secret à travers toutes les distractions du monde et de la politique, auquel il revint avec plus de suite dans l'exil, et dont le Discours préliminaire est resté son titre le plus recommandable aux yeux des lecteurs attentifs.

Cependant il vivait trop de la vie brillante, dissipée, mondaine, de la vie de plaisirs, et, à peine âgé de vingt-huit ans (1), il se disait lassé et vieilli :

« Quant à la vie que je mène, écrivait-il à un ami (janvier 1785), c'est un drame si ennuyeux, que je prétends toujours que c'est Mercier qui l'a fait. Autrefois je réparais dans une heure huit jours de

(1) Je le suppose né en 1757. Autrement il aurait eu trente et un ans à cette date.

folie, et aujourd'hui il me faut huit grands jours de sagesse pour réparer une folie d'une heure. Ah! que vous avez été bien inspiré de vous faire homme des champs! »

Les salons distrayaient Rivarol et le détournèrent trop de la gloire sérieuse. Il y primait par son talent naturel d'improvisation, dont tous ceux qui l'ont entendu n'ont parlé qu'avec admiration et comme éblouissement. C'était un virtuose de la parole. Une fois sa verve excitée, le feu d'artifice sur ses lèvres ne cessait pas. Il ne lançait pas seulement l'épigramme, il répandait les idées et les aperçus; il faisait diverger sur une multitude d'objets à la fois les faisceaux étincelants de son éloquence. Lui-même, dans des pages excellentes, en définissant l'esprit et le goût, il n'a pu s'empêcher de définir son propre goût, son propre esprit; on ne prend jamais, après tout, son idéal bien loin de soi :

« L'esprit, dit-il, est en général cette faculté qui voit vite, brille et frappe. Je dis *vite*, car la vivacité est son essence; un trait et un éclair sont ses emblèmes. Observez que je parle de la rapidité de l'idée, et non de celle du temps que peut avoir coûté sa poursuite... Le génie lui-même doit ses plus beaux traits, tantôt à une profonde méditation, et tantôt à des inspirations soudaines. Mais, dans le monde, l'esprit est toujours improvisateur; il ne demande ni délai ni rendez-vous pour dire un mot heureux. Il bat plus vite que le simple bon sens; il est, en un mot, *sentiment prompt et brillant*. »

Il ne se dissimulait pas que ce talent brillant qu'il portait avec lui, qu'il déployait avec complaisance dans les cercles, et dont jouissait le monde, lui attirait aussi bien des envies et des inimitiés : « L'homme qui porte son talent avec lui, pensait-il, afflige sans cesse les amours-propres : on aimerait encore mieux le lire, quand même son style serait inférieur à sa conversation. » Mais Rivarol, en causant, obéissait à un instinct méridional irrésistible. Il n'y trouvait aucune peine, aucune fatigue de pensée, et sa paresse s'accommodait de ce genre de succès, qui n'était pour lui qu'un exercice de sybarite délicat et qu'une jouissance.

Sa vanité s'en accommodait aussi, car, en causant, il se trouvait tout naturellement le premier; personne, lui présent, ne songeait à lui disputer cette prééminence. Ses amis (car il en eut) assurent qu'en s'emparant ainsi du sceptre, il n'en était nullement orgueilleux au fond : « Ne se considérant que comme une combinaison heureuse de la nature, convaincu qu'il devait bien plus à son organisation qu'à l'étude ou au travail, il ne s'estimait que comme un métal plus rare et plus fin. » C'était sa manière de modestie. Semblable en cela aux artistes, il se sentait pourvu d'un prodigieux instrument, et il en jouait devant tous. Il vocalisait. Pourtant, ce qui se pardonne aisément chez un chanteur, un pianiste ou violoniste, chez un talent spécial, se pardonne moins dans l'ordre de l'esprit. Cette parole aux mains d'un seul semble bientôt une usurpation, et Rivarol, tranchant, abondant dans son sens, imposant silence aux autres, n'a rien fait pour échapper au reproche de fatuité qui se mêle inévitablement jusque dans l'éloge de ses qualités les plus belles. Il s'étalait d'abord et partout dans toute la splendeur et l'insolence de son esprit. Le sens moral et sympathique ne l'avertissait pas.

Sur tout le reste son goût était fin, vif, pénétrant, et, bien qu'il ne résistât point assez à une teinte de recherche et d'apprêt, on peut classer Rivarol au premier rang des juges littéraires éminents de la fin du dernier siècle. Il avait des parties bien autrement élevées et rares que La Harpe, Marmontel, et les autres contemporains; il avait de la portée et de la distinction, jointe à la plus exquise délicatesse. Dans ses jugements il pensait surtout aux délicats, et l'on a pu dire qu'il avait en littérature « plus de volupté que d'ambition. »

Son goût pourtant était trop sensible et trop amoureux pour ne pas laisser éclater hautement ce qu'il éprouvait.

« Le jugement, a-t-il dit, se contente d'approuver et de condamner, mais le goût jouit et souffre. Il est au jugement ce que l'honneur est à la probité : ses lois sont délicates, mystérieuses et sacrées. *L'honneur est tendre et se blesse de peu :* tel est le goût ; et, tandis que le jugement se mesure avec son objet, ou le pèse dans la balance, il ne faut au goût qu'un coup d'œil pour décider son suffrage ou sa répugnance, je dirais presque son amour ou sa haine, son enthousiasme ou son indignation, tant il est sensible, exquis et prompt ! Aussi les gens de goût sont-ils les hauts justiciers de la littérature. L'esprit de critique est un esprit d'ordre ; il connaît des délits contre le goût et les porte au tribunal du ridicule ; car le rire est souvent l'expression de sa colère, et ceux qui le blâment ne songent pas assez que l'homme de goût a reçu vingt blessures avant d'en faire une. On dit qu'un homme a l'esprit de critique, lorsqu'il a reçu du Ciel non-seulement la faculté de distinguer les beautés et les défauts des productions qu'il juge, mais une âme qui se passionne pour les unes et s'irrite des autres, une âme que le beau ravit, que le sublime transporte, et qui, furieuse contre la médiocrité, la flétrit de ses dédains et l'accable de son ennui. »

Cette définition si bien sentie, il a passé sa vie à la pratiquer, et presque toutes les inimitiés qu'il a soulevées viennent de là. Quand Rivarol débuta dans la littérature, les grands écrivains qui avaient illustré le siècle étaient déjà morts ou allaient disparaître : c'était le tour des médiocres et des petits. Comme au soir d'une chaude journée d'été, une foule d'insectes bourdonnaient dans l'air et harcelaient de leur bruit les honnêtes indifférents. Tout le siècle ayant tourné à la littérature, on se louait, on se critiquait à outrance, mais le plus souvent on se louait. A Paris, on n'en était pas dupe : « En vain les trompettes de la Renommée ont proclamé telle prose ou tels vers ; il y a toujours dans cette capitale, disait Rivarol, trente ou quarante têtes incorruptibles qui se taisent ; ce silence des gens de goût sert de conscience aux mauvais écrivains et les tourmente le reste de leur vie. » Mais, en province, on était dupe : « Il serait temps enfin, conseillait-il, que plus d'un journal changeât de maxime : il faudrait mettre dans la louange la sobriété que la nature observe dans la production des grands talents, et cesser de tendre des piéges à l'innocence des provinces. » C'est cette pensée de haute police qui fit que Rivarol, un matin, s'avisa de publier son *Petit Almanach de nos Grands Hommes pour l'année* 1788, où tous les auteurs éphémères et imperceptibles sont rangés par ordre alphabétique, avec accompagnement d'un éloge ironique. Il avait porté la guerre dans un guêpier, et il eut fort à faire ensuite pour se dérober à des milliers de morsures.

Ce *Petit Almanach des Grands Hommes*, qui avait pour épigraphe : *Dis ignotis*, Aux Dieux inconnus, est une de ces plaisanteries qui n'ont de piquant que l'à-propos. On peut remarquer qu'il commence par le nom d'un homme qui a depuis acquis une certaine célébrité dans la médecine, Alibert, et qui n'était connu alors que par une fable insérée dans un Recueil des Muses provinciales. Andrieux, Ginguené, qui n'avaient débuté jusqu'alors que dans la littérature légère, y sont mentionnés, ainsi que Marie-Joseph Chénier, qui se vengea aussitôt par une satire virulente (1).

Quand Rivarol eut quitté la France, en 1791, il disait avec plus de gaieté que d'invraisemblance : « Si la Révolution s'était faite sous Louis XIV, Cotin eût fait

(1) Rivarol avait connu André Chénier et l'estimait hautement ; par un jeu cruel de plume, et comme par mégarde, il désignait quelquefois Marie-Joseph par ces mots : « Le frère d'*Abel* Chénier. » (Voir le *Spectateur du Nord*, 1797, tome I, page 433.) Abel rappelait Caïn. Je n'ai pas besoin de dire que ce trait sanglant était injuste. En général, M.-J. Chénier, malgré ses torts, eut toujours un fonds de noblesse d'âme et de générosité.

guillotiner Boileau, et Pradon n'eût pas manqué Racine. En émigrant, j'ai échappé à quelques Jacobins de mon *Almanach des Grands Hommes.* »

Rivarol, dès 1782, s'était attaqué à l'abbé Delille, alors dans tout son succès. Dans un écrit anonyme, mais qu'on savait de lui, il avait critiqué le poëme des *Jardins,* nouvellement imprimé :

« Il vient enfin de franchir le pas, disait Rivarol de ce poëme ; Il quitte un petit monde indulgent, dont il faisait les délices depuis tant d'années, pour paraître aux regards sévères du grand monde, qui va lui demander compte de ses succès : enfant gâté, qui passe des mains des femmes à celles des hommes, et pour qui on prépare une éducation plus rigoureuse, il sera traité comme tous les petits prodiges. »

Suit une critique qui semblait amère et excessive alors, et qui n'est que trop justifiée aujourd'hui. En général, il y a dans Rivarol le commencement et la matière de bien des hommes que nous avons vus depuis se développer et grandir sous d'autres noms. Il y a le commencement et le pressentiment d'un grand écrivain novateur tel que Chateaubriand a paru depuis, d'un grand critique et poëte tel qu'André Chénier s'est révélé : par exemple, il critique Delille tout à fait comme André Chénier devait le sentir. Nous verrons tout à l'heure qu'il y eut aussi en lui le commencement d'un de Maistre. Mais toutes ces intentions premières furent interceptées et arrêtées avant le temps par le malheur des circonstances, et surtout par l'esprit du siècle dans lequel Rivarol vécut trop et plongea trop profondément pour pouvoir ensuite, même à force d'esprit, s'en affranchir.

Rivarol n'a été qu'un homme de transition ; mais, à ce titre, il a une grande valeur, et nous osons dire qu'il n'a pas encore été mis à sa place. Ses bons mots, ses saillies, ses épigrammes sont connues et citées en cent endroits · il y a lieu d'insister sur ses tentatives plus hautes.

M. Necker avait publié en 1787 son livre sur l'*Importance des Idées religieuses*. Rivarol lui adressa deux Lettres pleines de hardiesse et de pensée, dans lesquelles il le harcèle sur son déisme. Dans ces Lettres où il cite souvent Pascal et où il prouve qu'il l'a bien pénétré, Rivarol se place à un point de vue d'épicuréisme élevé qu'il aura à modifier bientôt, quand la Révolution, en éclatant, lui aura démontré l'importance politique des religions.

Dès les premiers jours où la Révolution se prononça, Rivarol n'hésita point, et il embrassa le parti de la Cour, ou du moins celui de la conservation sociale. Dès avant le 14 juillet, il avait dénoncé la guerre dans le Journal dit *politique-national*, publié par l'abbé Sabatier. Ces articles de Rivarol ont été depuis réunis en volume, et quelquefois sous le titre de *Mémoires*; mais ce recueil s'est fait sans aucun soin. On a supprimé les dates, les divisions des articles; on a même supprimé des transitions; on a supprimé enfin les épigraphes que chaque morceau portait en tête, et qui, empruntées d'Horace, de Virgile, de Lucain, attestaient jusque dans la polémique un esprit éminemment orné : Rivarol, même en donnant des coups d'épée, tenait à ce que la poignée laissât voir quelques diamants.

Dans ce Journal, dont le premier numéro est du 12 juillet 1789, Rivarol se montre, et avant Burke, l'un des plus vigoureux écrivains politiques qu'ait produits la Révolution. Il raconte ce qui s'est passé aux États-Généraux avant la réunion des Ordres, et il suit ce récit à mesure que les événements se développent. « Il n'y a rien dans le monde qui n'ait son moment décisif, a dit le cardinal de Retz, et le chef-d'œuvre de la bonne conduite est de connaître et de prendre ce moment. » Rivarol fait voir que, s'il exista jamais, ce moment fut manqué dès l'abord dans la Révolution française. Parlant de la Déclaration du roi dans la séance royale du 23 juin, il se demande pourquoi cette déclaration qui, un peu modifiée, pouvait devenir *la grande Charte du peuple français*, eut un si mauvais succès ; et la première raison qu'il en trouve, c'est qu'elle vint trop tard : « Les opérations des hommes ont leur saison, dit-il, comme celles de la nature; six mois plus tôt, cette Déclaration aurait été reçue et proclamée comme le plus grand bienfait qu'aucun roi eût jamais accordé à ses peuples; elle eût fait perdre jusqu'à l'idée, jusqu'au désir d'avoir des États-Généraux. » Il fait voir d'une manière très-sensible comment les questions changèrent bien vite de caractère dans cette mobilité, une fois soulevée, des esprits : « Ceux qui élèvent des questions publiques devraient considérer combien elles se dénaturent en chemin. On ne nous demande d'abord qu'un léger sacrifice; bientôt on en commande de très-grands; enfin on en exige d'impossibles. » L'idée secrète, la passion qui donne à toutes les questions d'alors la fermentation et l'embrasement, il la devine, il la dénonce : « Qui le croirait? ce ne sont ni les impôts, ni les lettres de cachet, ni tous les autres abus de l'autorité, ce ne sont point les vexations des intendants et les longueurs ruineuses de la Justice, qui ont le plus irrité la nation, c'est le *préjugé de la noblesse* pour lequel elle a manifesté le plus de haine : ce qui prouve évidemment que ce sont les bourgeois, les gens de lettres, les gens de finances, et enfin tous ceux qui jalousaient la noblesse, qui ont soulevé contre elle le petit peuple dans les villes, et les paysans dans les campagnes. » Il montre les gens d'esprit, les gens riches trouvant la noblesse insupportable, et si insupportable que la plupart finissaient par l'acheter : « Mais alors commençait pour eux un nouveau genre de supplice, ils étaient des anoblis, des gens nobles, mais ils n'étaient pas gentilshommes... Les rois de France guérissent leurs sujets de la roture à peu près comme des écrouelles, à condition qu'il en restera des traces. » Cette cause morale, la vanité, qui fut si puissante alors dans la haine irréconciliable et l'insurrection de la bourgeoisie excitée par les demi-philosophes, est démêlée et exposée par Rivarol avec une vraie supériorité.

L'image chez lui s'ajoute à l'idée pour la mieux faire entrer; il ne dit volontiers les choses qu'en les peignant; ainsi, pour rendre cette fureur de nivellement universel : « On a renversé, dit-il, les fontaines publiques sous prétexte qu'elles accaparaient les eaux, et les eaux se sont perdues. »

Voici quelques pensées que ne désavouerait ni un Machiavel ni un Montesquieu :

« La populace croit aller mieux à la liberté quand elle attente à celle des autres. »
« S'il est vrai que les conjurations soient quelquefois tracées par des gens d'esprit, elles sont toujours exécutées par des bêtes féroces. »
« Si un troupeau appelle des tigres contre ses chiens, qui pourra le défendre contre ses nouveaux défenseurs? »
« Règle générale : les nations que les rois assemblent et consultent commencent par des vœux et finissent par des volontés. »
« Malheur à ceux qui remuent le fond d'une nation ! »

S'adressant aux législateurs si empressés d'afficher en tête de leur Constitution les Droits de l'homme :

« Législateurs, s'écrie-t-il, fondateurs d'un nouvel ordre de choses, vous voulez faire marcher devant vous cette métaphysique que les anciens législateurs ont toujours eu la sagesse de cacher dans les fondements de leurs édifices. Ah ! ne soyez pas plus savants que la nature. Si vous voulez qu'un grand peuple jouisse de l'ombrage et se nourrisse des fruits de l'arbre que vous plantez, ne laissez pas ses racines à découvert...
« Pourquoi révéler au monde des vérités purement spéculatives?

Ceux qui n'en abuseront pas sont ceux qui les connaissent comme vous, et ceux qui n'ont pas su les tirer de leur propre sein ne les comprendront jamais, et en abuseront toujours. »

Rivarol d'ailleurs n'est point un écrivain *absolutiste*, comme nous dirions, et il faut bien se garder de le classer comme tel. Il a soin d'excepter, dans son blâme sévère, les philosophes tels que Montesquieu, « qui écrivaient avec élévation pour corriger les Gouvernements et non pour les renverser. » Il reconnaît énergiquement les fautes du côté même où il se range : « La populace de Paris, dit-il, et celle même de toutes les villes du royaume, ont encore bien des crimes à faire avant d'égaler les sottises de la Cour. Tout le règne actuel peut se réduire à quinze ans de faiblesse et à un jour de force mal employée. »

Dans tout le cours de ce Journal, Rivarol se dessine avec énergie, éclat, indépendance, et comme un de ces écrivains (et ils sont en petit nombre) « que l'événement n'a point corrompus. » Dès les premiers numéros du Journal et dans l'intervalle du 14 juillet au retour de M. Necker, on avait accusé le rédacteur d'être vendu au ministère :

« Si cela est, s'écriait Rivarol, nous sommes vendu et non payé, ce qui doit être quand l'acheteur n'existe pas ; et, en effet, il n'y a point de ministère en ce moment... Les Cours, à la vérité, ajoute-t-il en se redressant, se recommandent quelquefois aux gens de lettres comme les impies invoquent les saints dans le péril, mais tout aussi inutilement : la sottise mérite toujours ses malheurs. »

Si nous trouvions à redire à ce langage, ce serait plutôt à l'ironie du ton et à cet accent de dédain envers ceux mêmes qu'on défend, accent qui est trop naturel à Rivarol, que nous retrouverons plus tard à Chateaubriand, et qui fait trop beau jeu vraiment à l'amour-propre de celui qui parle. Le vrai conseiller politique sait se préserver de ce léger entêtement tout littéraire.

Nous ne pouvons indiquer tout ce qui paraît de saillant et de bien pensé dans ce Journal de Rivarol quand on le relit en place et en situation. Voici quelques vues sur Paris et sur sa destination naturelle comme ville européenne, qui sentent assurément l'homme d'une civilisation très-avancée, très-amollie, et l'épicurien politique plus que le citoyen-soldat; nous les livrons toutefois, fût-ce même à la contradiction de nos lecteurs, parce que les réflexions qu'elles présentent n'ont pas encore trop vieilli :

« Paris est-il donc une ville de guerre? se demande Rivarol; n'est-ce pas, au contraire, une ville de luxe et de plaisir? Rendez-vous de la France et de l'Europe, Paris n'est la patrie de personne, et on ne peut que rire d'un homme qui se dit citoyen de Paris. Cette capitale n'est qu'un vaste spectacle qui doit être ouvert en tout temps : ce n'est point la liberté qu'il lui faut, cet aliment des républiques est trop indigeste pour de frêles Sybarites ; c'est la sûreté qu'elle exige, et, si une armée la menace, elle doit être désertée en deux jours. Il n'y a qu'un Gouvernement doux et respecté qui puisse donner à Paris le repos nécessaire à son opulence et à sa prospérité.

« La Capitale a donc agi contre ses intérêts en prenant des formes républicaines; elle a été aussi ingrate qu'impolitique en écrasant cette autorité royale, à qui elle doit et ses embellissements et son accroissement prodigieux ; et, puisqu'il faut le dire, c'était plutôt à la France entière à se plaindre de ce que les rois ont fait dans tous les temps pour la capitale, et de ce qu'ils n'ont fait que pour elle. Ah! si les provinces ouvrent jamais les yeux, si elles découvrent un jour combien leurs intérêts sont, je ne dis pas différents, mais opposés aux intérêts de Paris, comme cette ville sera abandonnée à elle-même!... Était-ce donc à toi à commencer une insurrection, Ville insensée? ton Palais-Royal t'a poussée vers un précipice d'où ton Hôtel-de-Ville ne te tirera pas. »

Le Palais-Royal a été puni par où il avait péché; il a été mis finalement en pénitence, et il est devenu moral.

Ajoutons, comme correctif, que le pronostic de Rivarol sur Paris ne s'est pas tout à fait vérifié : « L'herbe croîtra dans tes sales rues, » s'écriait-il dans son anathème. Paris a eu bien des rechutes depuis juillet 89, et il n'a pas cessé de gagner et de s'embellir : il est vrai que ce n'a été que malgré ces rechutes et le lendemain, qu'on l'a vu refleurir, avec le ferme propos de les racheter chaque fois et d'en effacer l'image. Sa vitalité n'a repris le dessus que sous des Gouvernements respectés.

Sorti de France en 1791, Rivarol séjourna d'abord à Bruxelles, puis en Angleterre, et ensuite à Hambourg. C'est dans cette dernière ville qu'il parvint à établir une sorte de centre de société et d'atelier littéraire ; tout ce qui y passait de distingué se groupait autour de lui. On peut dire qu'il y trônait. Marié, mais séparé de sa femme, qui n'était pas exempte de quelque extravagance, il avait emmené avec lui une petite personne appelée *Manette*, qui joue un certain rôle dans sa vie intime : c'est cette personne à qui il conseillait, comme elle ne savait pas lire, de ne jamais l'apprendre ; la pièce de vers très-connue qu'il lui adressa se terminait ainsi :

Ayez toujours pour moi du goût comme un bon fruit,
Et de l'esprit comme une rose.

Je parle de Manette parce que c'est une manière discrète d'indiquer comment Rivarol n'avait point dans ses mœurs toute la gravité qui convient à ceux qui défendent si hautement les principes primordiaux de la société et le lien religieux des empires. Il avait sa *Lisette* en un mot, sans compter les distractions mondaines, voilà tout ce que je veux dire. Esprit tout littéraire, la nécessité l'avait fait triompher de sa paresse, et il se remit pendant son séjour à Hambourg à la composition de son Dictionnaire de la Langue française, dont le *Discours préliminaire* parut en 1797. Une partie notable de ce Discours, qui avait trait à la philosophie moderne, n'avait pu d'abord s'imprimer en France, grâce à la défense du ministre de l'intérieur, François de Neufchâteau. Ce n'est que plus tard que l'ouvrage y fut imprimé dans son entier ; il forme le premier volume des *Œuvres complètes* de Rivarol (1808), mais avec quelques fautes qui en gâtent le sens. Ceux qui tiennent à l'étudier (et il le mérite) feront bien de recourir à l'édition première.

Jamais Prospectus ni Préface de dictionnaire n'a renfermé tant de choses en apparence étrangères et disparates. Rivarol y fait entrer toute la métaphysique et la politique. Il considère la parole comme « la physique expérimentale de l'esprit, » et il en prend occasion d'analyser l'esprit, l'entendement, et tout l'être humain dans ses éléments constitutifs et dans ses idées principales ; il le compare avec les animaux et marque les différences essentielles de nature : puis il se livre, en finissant, à des considérations éloquentes sur Dieu, sur les passions, sur la religion, sur la supériorité sociale des croyances religieuses comparativement à la philosophie. C'est dans cette dernière partie qu'on trouve des tableaux de la Révolution et de la Terreur au point de vue moral, qui rappellent parfois l'idée, la plume, et j'ose dire, la verve d'un Joseph de Maistre.

Il n'est ni de mon objet ni de ma compétence d'entrer avec Rivarol dans l'analyse à la Condillac qu'il tente de l'esprit humain. Je me bornerai à dire à ceux (comme j'en connais) qui seraient disposés à dédaigner son effort, que, dans cet écrit, Rivarol n'est pas un littérateur qui s'amuse à faire de l'idéologie et de la métaphysique ; c'est mieux que cela, c'est un homme qui pense, qui réfléchit, et qui, maître de bien des points de son sujet, exprime ensuite ses résultats, non pas au hasard, mais en écrivain habile et souvent consommé. Ceux qui connaissent la philosophie de M. de La Romiguière, et qui prendront la peine de lire Rivarol, trouveront que c'est là que ce professeur distingué et élégant a dû emprunter son expédient de la transaction entre la *sensation* et l'*idée*, entre Condillac et M. Royer-Collard, et de ce terme mitoyen qui a longtemps eu cours dans nos écoles sous le titre de *sentiment*. C'en est assez sur ce sujet. L'honneur de Rivarol, selon moi, est, dans quelque ordre d'idées qu'il pénètre, d'y rester toujours ce qu'il est essentiellement, un écrivain précis, brillant, animé, prompt aux métaphores. Jamais il ne consent à admettre le divorce entre l'imagination et le jugement. Il nous prouve très-bien, par l'exemple des langues, que la métaphore et l'image sont si naturelles à l'esprit humain, que l'esprit même le plus sec et le plus frugal ne peut parler longtemps sans y recourir; et, si l'on croit pouvoir s'en garder en écrivant, c'est qu'on revient alors à des images qui, étant vieilles et usées, ne frappent plus ni l'auteur ni les lecteurs. Que si Locke et Condillac « manquaient également tous deux du secret de l'expression, de *cet heureux pouvoir des mots qui sillonne si profondément l'attention des hommes en ébranlant leur imagination*, leur saura-t-on gré de cette impuissance? » Et il conclut en disant : « Les belles images ne blessent que l'envie. »

Il n'a manqué à plus d'une de ces pages de Rivarol, pour frapper davantage, que de naître quelques années plus tôt, en présence de juges moins dispersés et sous le soleil même de la patrie. Le sentiment qui anime les derniers chapitres, et qui fait que cet homme au cœur trop desséché par l'air des salons se relève et surnage, par l'intelligence, du milieu de la catastrophe universelle, me rappelle quelque chose du mouvement d'un naufragé qui s'attache au mât du navire, et qui tend les bras vers le rivage. Le ciel à ses yeux se déchire, et Dieu enfin lui apparaît :

« Il me faut, comme à l'univers, s'écrie-t-il, un Dieu qui me sauve du chaos et de l'anarchie de mes idées... Son idée délivre notre esprit de ses longs tourments, et notre cœur de sa vaste solitude. »

« Chose admirable! unique et véritable fortune de l'entendement humain! dira-t-il encore avec un accent bien senti et qui ne se peut méconnaître; les objections contre l'existence de Dieu sont épuisées, et ses preuves augmentent tous les jours : elles croissent et marchent sur trois ordres : dans l'intérieur des corps, toutes les substances et leurs affinités; dans les cieux, tous les globes et les lois de l'attraction; au milieu, la nature, animée de toutes ses pompes. »

Il est un quatrième ordre non moins essentiel, qui consiste à voir et à démontrer Dieu et sa Providence jusque dans les catastrophes et les calamités même des empires. Rivarol omet cet ordre orageux d'objections et de preuves, et reste en chemin. Il n'atteint pas à la philosophie religieuse de l'histoire.

Venant aux passions des hommes, Rivarol les analyse et les définit avec une précision colorée qui lui est propre. Il fait bien sentir à quel point les hommes se conduisent plus d'après leurs passions que par leurs idées, et il en donne un piquant exemple en action et en apologue :

« On dit à Voltaire dans les Champs Élysées : *Vous vouliez donc que les hommes fussent égaux?* — *Oui.* — *Mais savez-vous qu'il a fallu pour cela une Révolution effroyable?* — *N'importe.* — On parle à ses idées.

« — *Mais savez-vous* (ajoute-t-on) *que le fils de Fréron est proconsul, et qu'il dévaste des provinces?* — *Ah! dieux! quelle horreur!* — On parle à ses passions. »

Rivarol est plein de ces traits de détail et de ces exemples, de ce que les Anciens appelaient les *lumières du discours*.

Il aborde, en finissant, la grande et nouvelle passion qui a produit la fièvre nationale et le délire dont la France a été saisie : c'est la passion philosophique, le fanatisme philosophique. On croyait jusqu'alors que le mot de *fanatisme* ne s'appliquait qu'aux idées et aux croyances religieuses : il était réservé à la fin du dix-huitième siècle de montrer qu'il ne s'appliquait pas moins à la philosophie, et il en est résulté aussitôt des effets monstrueux.

Et ici, dans une diatribe d'une verve, d'une invective incroyable, Rivarol prend à partie les philosophes modernes comme les pères du désordre et de l'anarchie, les uns à leur insu, les autres le sachant et le voulant. Il les montre possédés d'une manie d'analyse qui ne s'arrête et ne recule devant rien, qui porte en toute matière sociale les dissolvants et la décomposition :

« Dans la physique, ils n'ont trouvé que des objections contre l'Auteur de la nature ; dans la métaphysique, que doute et subtilités ; la morale et la logique ne leur ont fourni que des déclamations contre l'ordre politique, contre les idées religieuses et contre les lois de la propriété ; ils n'ont pas aspiré à moins qu'à la reconstruction du tout, par la révolte contre tout ; et, sans songer qu'ils étaient eux-mêmes dans le monde, ils ont renversé les colonnes du monde...

« Que dire d'un architecte qui, chargé d'élever un édifice, briserait les pierres, pour y trouver des sels, de l'air et une base terreuse, et qui nous offrirait ainsi une analyse au lieu d'une maison ?...

« La vraie philosophie est d'être astronome en astronomie, chimiste en chimie, et politique dans la politique.

« Ils ont cru cependant, ces philosophes, que définir les hommes, c'était plus que les réunir ; que les émanciper, c'était plus que les gouverner, et qu'enfin les soulever, c'était plus que les rendre heureux. Ils ont renversé des États pour les régénérer, et disséqué des hommes vivants pour les mieux connaître... »

En écrivant ces pages éloquentes et enflammées (et il y en a quatre-vingts de suite sur ce ton-là), Rivarol se souvenait évidemment de ces hommes avec qui il avait passé tant d'années et dont il connaissait le fort et le faible, des Chamfort, des Condorcet, des Garat. Il y a des traits personnels qui s'élancent de toutes parts comme des flèches, et qui s'adressent à autre chose qu'à une idée et à une théorie. Sans qu'il les nomme, on voit bien, à l'éclair de son regard, à la certitude de son geste, qu'il est en face de tels ou tels adversaires. Mais aussi ce qui honore en Rivarol l'intelligence et l'homme, c'est qu'il s'élève du milieu de tout cela comme un cri de la civilisation perdue, l'angoisse d'un puissant et noble esprit qui croit sentir échapper toute la conquête sociale : « *Malgré tous les efforts d'un siècle philosophique,* dit-il, *les empires les plus civilisés seront toujours aussi près de la barbarie que le fer le plus poli l'est de la rouille ;* les nations comme les métaux n'ont de brillant que les surfaces.* »

Il y a des moments où, porté par le mouvement de son sujet et par l'impulsion de la pensée sociale, il va si haut, qu'on se demande si c'est bien Rivarol qui écrit, le Rivarol né voluptueux avant tout et délicat, et si ce n'est pas plutôt franchement un homme de l'école religieuse :

« Le vice radical de la philosophie, c'est de ne pouvoir parler au cœur. Or, l'esprit est le côté partiel de l'homme ; le cœur est tout... Aussi la religion, même la plus mal conçue, est-elle infiniment plus favorable à l'ordre politique, et plus conforme à la nature humaine en général, que la philosophie, parce qu'elle ne dit pas à l'homme d'aimer Dieu *de tout son esprit,* mais *de tout son cœur* : elle nous prend par ce côté *sensible et vaste* qui est à peu près le même dans tous les individus, et non par le côté *raisonneur, inégal et borné*, qu'on appelle *esprit.* »

N'est-ce pas là un croyant qui parle ? et se peut-il que ce ne soit qu'un philosophe repenti et devenu politique, un incrédule qui s'est guéri de la sottise d'être impie ? Et ceci encore :

« Que l'histoire vous rappelle que partout où il y a mélange de religion et de barbarie, c'est toujours la religion qui triomphe ; mais que partout où il y a mélange de barbarie et de philosophie, c'est la barbarie qui l'emporte... En un mot, la philosophie divise les hommes par les opinions, la religion les unit dans les mêmes principes ; il y a donc un contrat éternel entre la politique et la religion. *Tout État, si j'ose le dire, est un vaisseau mystérieux qui a ses ancres dans le Ciel.* »

Rœderer, dans le temps, essaya de répondre à cette partie de l'ouvrage de Rivarol ; mais il ne l'a fait que dans le détail, et sans en atteindre la véritable portée ni en mesurer l'essor.

J'avais à cœur de signaler ces points élevés de la pensée de Rivarol. Ses bons mots, ses saillies sont partout. J'en ai moi-même autrefois donné toute une suite et rassemblé toute une gerbe dans une conversation notée par Chênedollé (1). Mais le côté social du Rivarol de la fin est trop resté dans l'ombre : il m'était très-bien indiqué en peu de mots dans l'article de M. Malitourne (*Biographie universelle*).

Rivarol, qui depuis quelques mois était à Berlin, y fut saisi en avril 1801 d'une maladie qui l'emporta en peu de jours. On a dit qu'en mourant, il voulut qu'on remplît de fleurs sa chambre, et qu'il demandait, dans son délire, des *figues attiques* et du *nectar*. C'est là une mort à la Mirabeau qu'on lui a composée, et qui est du moins conforme à l'idée qu'on se faisait de son rêve (2).

Rivarol n'était point un homme de génie, mais c'était plus qu'un homme d'esprit : il réalisait tout à fait l'idéal de l'homme de talent, tel qu'il l'a défini : « Le talent, c'est un art mêlé d'enthousiasme. » Il est dommage que ce talent, chez lui, fût un peu gâté par du faste et de l'apprêt. Son style fait parfois l'effet d'une étoffe lustrée qui bruit et reluit. Sa pensée, en maint

---

(1) *Revue des Deux Mondes* du 1ᵉʳ juin 1849, page 724 ; — et au tome II de l'ouvrage intitulé : *Chateaubriand et son Groupe littéraire*.

(2) On trouve quelques détails sur la mort de Rivarol et sur ses dernières paroles au tome II, page 357, des *Mémoires sur la Révolution et l'Émigration*, par M. Dampmartin (1825).

cas, était plus saine que son expression. Vers la fin, il valait mieux que ses mœurs. Si l'on perce le vernis de fatuité dont il était revêtu, on arrive à reconnaître en lui le bon sens; et de cet homme si brillant et si à la mode, on peut dire pour dernier éloge que ceux qui l'auront étudié de près n'en parleront qu'avec estime.

Lundi, 3 novembre 1851.

MADAME
LA DUCHESSE D'ANGOULÊME

En venant un peu tard et après tous les autres organes de la publicité pour rendre, à notre manière, hommage à une haute vertu et à une immense infortune, nous n'aurons qu'à répéter plus ou moins ce qui a été dit et senti par tous. Il est un point de vue pourtant, si un tel mot est permis en présence d'une figure si simple et si vraie, et la plus étrangère à toute attitude solennelle, il est un point de vue qui sera particulièrement le nôtre. Tout change, tout meurt ou se renouvelle; les races les plus antiques et les plus révérées ont leur fin; les nations elles-mêmes, avant de tomber et de finir, ont leurs manières d'être successives et revêtent des formes diverses de gouvernement dans leurs divers âges; ce qui était religion et fidélité dans un temps n'est plus que monument et commémoration du passé dans un autre; mais à travers tout, tant que la dépravation n'est pas venue, il y a quelque chose qui reste : l'humanité et les sentiments naturels qui la distinguent, le respect pour la vertu, pour le malheur, surtout immérité et innocent, la pitié qui elle-même n'est que le nom de la piété envers Dieu en tant qu'elle se retourne vers les infortunes humaines. En parlant de Madame la duchesse d'Angoulême, c'est à tous ces sentiments indépendants de toute politique que nous nous adressons, c'est à la partie sensible et durable de notre être.

Le trait qui domine dans cette longue vie de souffrance, de martyre dès les jeunes ans, et toujours de bouleversement et de vicissitudes, est une vérité parfaite, une parfaite simplicité, et, on peut dire, une entière et inaltérable uniformité. Cette âme droite, juste et noble, s'était de bonne heure fixée, et, à aucun moment depuis, elle ne vacilla. Elle s'était fixée durant les années mêmes qui sont pour toute jeunesse celles de la légèreté, de la joie et de la première fleur, durant ces trois ans et quatre mois de captivité au Temple où elle vit mourir, l'un après l'autre, son père, sa mère, sa tante et son frère. Elle y était entrée avant d'avoir quatorze ans, elle en sortit le jour où elle en avait dix-sept. A cet âge, elle n'avait pas encore dans les traits du visage ces formes prononcées et un peu fortes sous lesquelles nous l'avons vue. Le portrait qu'on a d'elle à cette époque du Temple, — un profil avec les cheveux négligemment noués, — a de la finesse dans la correction, de la noblesse et de la gravité sans surcharge. Le malheur, en pesant sur son front, n'y a pas encore posé cette marque qui ne s'accusera que quelques années plus tard, et qui lui donnera, en vieillissant, de plus en plus de ressemblance avec Louis XVI. Mais à la fin de cette année 1795, si l'enveloppe gardait en elle quelque chose de la première jeunesse, l'âme était mûre, elle était faite et aguerrie désormais. Au fond même, l'organisation si forte et si saine avait reçu des atteintes. Le foie souffrait et avait sa blessure. Ce tendre rejeton d'une si longue et si illustre race était frappé et desséché peut-être jusque dans ses futurs rameaux. En sortant du Temple, si on ose se former l'idée de ces mystères de la douleur, il me semble que la vie comme l'âme de Madame Royale était achevée dans ce qu'elle avait d'essentiel; elle était fermée du côté de l'avenir : toutes ses sources et toutes ses racines étaient désormais dans le passé. Notre cœur, pour peu qu'il ait eu un jour dans la vie, fixe ou ramène notre sensibilité à une certaine heure, qui est celle qu'on entend volontiers résonner lorsqu'on rentre en soi et qu'on rêve. Madame la duchesse d'Angoulême, qui ne rêvait pas, mais qui priait, quand elle rentrait en elle (et, sans avoir à y rentrer, elle y habitait sans cesse), entendait sonner cette même heure qui était celle de l'horloge du Temple et de l'agonie de ses parents.

Elle a raconté l'histoire de sa captivité et des événements arrivés au Temple depuis le jour où elle y entra jusqu'au jour où y mourut son frère, et elle l'a fait d'un style simple, correct, précis, sans un mot de trop, sans une phrase, comme il sied à un cœur profond et à un esprit juste parlant en toute sincérité des douleurs vraies, de ces douleurs véritablement ineffables et qui surpassent tout ce qu'on en peut dire. Elle s'y oublie elle-même et sans affectation, le plus qu'elle peut; et elle s'arrête au moment où meurt son frère, la dernière des quatre victimes immolées. Parlons d'elle ici plus qu'elle ne l'a fait elle-même.

Marie-Thérèse-Charlotte de France, née le 19 décembre 1778, était le premier enfant de Louis XVI et de la reine Marie-Antoinette. Il y avait sept ans déjà que la reine était mariée, quand un jour elle fit part aux personnes de son intérieur de sa première joie d'épouse et de ses futures espérances. Un an après environ, elle accoucha de Madame. Si jusque-là la timidité de Louis XVI auprès de sa jeune épouse avait été extrême, sa passion à ce moment ne l'était pas moins, et cette enfant, qui en était le premier fruit, devait être en grande partie son image. La bonté, la droiture, toutes les qualités solides et vertueuses de son père se transmirent directement au cœur de Madame, et Marie-Antoinette, avec toute sa grâce, ne put même empêcher qu'un peu de cette rudesse de geste ou d'accent, qui couvrait les vertus de Louis XVI, ne se glissât jusque dans la nature toute franche de sa fille. Elle oublia aussi de lui transmettre ce que les femmes ont si aisément, le désir de plaire et le naissant éveil d'une coquetterie même la plus innocente, ce semble, et la plus permise Madame Royale n'en eut jamais l'idée ni le soupçon. Ou bien, s'il avait pu s'en mêler un peu à l'origine, ce peu disparut tout à fait dans les épreuves de cette enfance et de cette jeunesse si opprimée et si désolée. Il ne faut pas cesser de le répéter pour comprendre Madame la duchesse d'Angoulême, tout ce qui s'appelle fleur et joie première, cet aspect enjoué et enchanté sous lequel, en entrant dans la vie, on voit si naturellement toutes choses, fut supprimé, flétri de bonne heure pour elle. Son âme, à peine à son premier duvet, fut tout de suite réduite et comme usée jusqu'à la trame : trame solide et indestructible qui résista et se fortifia sous toutes les atteintes, qui se trempa dans les larmes et dans la prière, mais qui rejetait loin d'elle, à l'égal d'un mensonge, tout ce qui eût été grâce et ornement. C'est que, pour elle qui avait pleuré de vraies larmes comme elle ne cessa d'en pleurer, ç'aurait été en effet un mensonge.

Si elle semble, par sa nature, avoir tenu plus de son père que de sa mère, il est une vertu, du moins, qu'elle tint de celle-ci, et qui manqua au pauvre Louis XVI pour le sauver : je veux dire la fermeté, le courage d'agir dans les moments décisifs. Dans sa vie auguste et modeste, et, en général, si étrangère à la politique, Madame la duchesse d'Angoulême eut une fois du moins, à Bordeaux, l'occasion de montrer qu'elle avait en elle ce courage d'action qui lui venait bien de sa mère et de son aïeule Marie-Térèse. En 1830, de même ; quand elle eut rejoint la famille royale à Rambouillet, après les fautes commises, sa première impression, comme en 1815 à Bordeaux, eût été de combattre et de résister.

Elle n'avait pas onze ans quand, avec les terribles journées d'octobre 1789, son rôle public aux côtés de sa mère commença. Il lui fallut paraître au balcon ou s'en retirer à la voix d'une populace furieuse, et, dans ces flux et reflux de l'orage populaire dont elle s'efforçait de deviner le sens, elle ne sentait bien qu'une seule chose, l'étreinte de la main de sa mère qui la pressait contre elle avec le froid de la mort.

En même temps, dans cette habitation des Tuileries, où la famille royale était resserrée, elle reçut, et de sa mère, de plus en plus grave, et de sa noble tante Élisabeth, et de son père, les leçons d'une instruction positive et solide, et les exemples d'une religion domestique inaltérable. Elle était élevée au dedans comme l'enfant de la plus chaste et de la plus unie des nobles familles, avec les transes mortelles de plus et les angoisses jour et nuit.

Elle a raconté avec une simplicité naïve la fuite du 20 juin 1791 et le voyage de Varennes. Le roi et la reine s'étaient enfin décidés à fuir, et c'est dans la journée seulement qu'ils en prévinrent Madame Élisabeth. A cinq heures de l'après-midi, la reine alla se promener avec ses enfants à Tivoli. La jeune Marie-Thérèse avait remarqué que son père et sa mère avaient l'air très-agités et occupés dès le matin :

« Dans la promenade, dit-elle, ma mère me prit à part, me dit que je ne devais pas m'inquiéter de tout ce que je verrais, et que nous ne serions jamais longtemps séparés, que nous nous trouverions bien vite. Mon esprit était bouché, et je ne compris rien du tout à tout cela : elle m'embrassa, et me dit que si ces dames (les dames de l'intérieur et de la suite) me demandaient pourquoi j'étais si agitée, je devais dire qu'elle m'avait grondée et que je m'étais raccommodée avec elle. Nous rentrâmes à sept heures, je retournai chez moi bien triste, ne comprenant rien du tout à ce que ma mère m'avait dit. »

C'est dans cette suite de transes, d'énigmes et de cauchemars pénibles que se passèrent pour elle les années et le songe d'ordinaire si léger de l'enfance.

En entrant au Temple, il n'y avait plus d'énigme, et le voile tout entier se déchira. Le monde, pour elle, se présentait comme partagé nettement en deux, les bons et les méchants : les méchants, c'est-à-dire tout ce que l'imagination humaine, dans les heures de paix et de régularité sociale, ose à peine se représenter à nu, la brutalité dans toute sa grossièreté et sa bassesse, le vice et l'envie dans toute l'ivresse ignoble de leur triomphe et dans la cruauté de leurs raffinements : les bons, c'est-à-dire quelques-uns, touchés, pleurant, timides, adoucissant le mal à la dérobée et se cachant.

Pour que le jeune cœur de Madame Royale ne prît point à cette heure une haine irréconciliable et un mépris sans retour pour la race humaine, pour qu'elle conservât sa sérénité, sa candeur, sa foi, son espérance au bien, il fallut les divins exemples et les secours qu'elle trouva autour d'elle, surtout dans sa tante Élisabeth, cette personne céleste ; il fallut cette religion précise, pratique, dont nul esprit fort n'aura jamais le droit de sourire, puisqu'elle seule est de force à soutenir et à consoler de telles douleurs. Un jour (20 avril 1793) le misérable Hébert, avec quelques municipaux, arriva dans la prison à dix heures du soir : les prisonniers venaient de se coucher :

« Nous nous levâmes précipitamment, dit Madame Royale. Ils nous lurent un arrêté de la Commune qui ordonnait de nous fouiller à discrétion, ce qu'ils firent exactement jusque sous les matelas. Mon pauvre frère dormait ; ils l'arrachèrent de son lit avec dureté pour fouiller dedans ; ma mère le prit tout transi de froid. Ils ôtèrent à ma mère une adresse de marchand qu'elle avait conservée. un bâton de cire à cacheter qu'ils trouvèrent chez ma tante, et à moi ils me prirent un Sacré-Cœur de Jésus et une Prière pour la France. Leur visite ne finit qu'à quatre heures du matin... Ils étaient furieux de n'avoir trouvé que des bagatelles. »

Ce Sacré-Cœur de Jésus et cette Prière pour la France se tiennent plus étroitement qu'il ne semble, et il fallait peut-être avoir toute la foi à l'un pour pouvoir à ce moment prier pour l'autre.

On a dit quelquefois que Madame la duchesse d'Angoulême avait une rancune contre la France, et qu'en rentrant en 1814 et en 1815 elle marqua involontairement cette disposition dans quelques-unes de ses paroles; car, pour des actes, il serait impossible d'en trouver un seul à lui reprocher. Mais les personnes qui l'ont le mieux connue, et qui sont le plus dignes de foi, assurent qu'une telle disposition était bien loin d'être la sienne. Elle était franche et vraie; elle était même un peu rude et brusque d'accueil, comme son père. Incapable d'une mauvaise pensée, mais aussi d'une feinte, si elle ne vous aimait pas, il lui était impossible de vous dire ou de vous laisser croire le contraire. « C'était le plus loyal gentilhomme, me dit-on, et qui n'a jamais menti. » Elle aimait ses amis, elle pardonnait à ses ennemis; mais, dans la religion de sa race et de son malheur, elle croyait aux fidèles et aux infidèles, aux bons et aux méchants : peut-on s'en étonner?

Le récit qu'elle a tracé des événements du Temple fut écrit au Temple même dans les derniers mois de sa détention et quand on se fut relâché de l'extrême rigueur. Elle ne craint pas d'y indiquer quelques-uns des officiers municipaux qui, étant de garde à leur tour, entraient dans les chagrins de la famille royale et les adoucissaient par leurs égards et leur sensibilité :

« Nous connaissions de suite à qui nous avions affaire, dit-elle, ma mère surtout, qui nous a préservés plusieurs fois de nous livrer à de faux témoignages d'intérêt... Je connais tous ceux qui s'intéressèrent à nous ; je ne les nomme pas, de peur de les compromettre dans l'état où sont les choses, mais leur souvenir est gravé dans mon cœur ; si je ne puis leur en marquer ma reconnaissance, Dieu les récompensera ; mais si un jour je puis les nommer, ils seront aimés et estimés de toutes les personnes vertueuses. »

Cette jeune fille royale, qui croit naturellement au droit de sa race, veut exprimer par là que la fidélité à ses rois dans le malheur est un devoir et une vertu ; mais, même quand il n'en serait pas tout à fait comme elle le pense, son expression droite et naïve ne l'a point trompée ; elle dit vrai encore : car ce qui n'était plus un devoir de fidélité peut-être, en était un pour le moins d'humanité, et quiconque a passé le seuil du Temple en ces trois années et y a paru compatissant à de telles infortunes, mérite l'estime, de même que quiconque y a passé sans être touché au cœur ni serviable, a une mauvaise marque.

Dans ce récit exact, méthodique, sensé et touchant, Madame donne la mesure de sa raison précoce et de son bon jugement dans les choses de l'âme. Elle s'y montre très-frappée de la dignité de sa mère qui, aux paroles de diverse sorte qu'on adressait aux nobles captifs, n'opposait le plus souvent que le silence : « Ma mère, comme à l'ordinaire, ne dit mot, écrit Madame à propos d'une nouvelle insultante qu'on leur annonçait, et elle n'eut pas même l'air d'entendre ; souvent son calme si méprisant et son maintien si digne en imposèrent : c'était rarement à elle qu'on osait adresser la parole. » Ce n'est que le premier jour du procès de Louis XVI, quand elle le voit emmené pour être interrogé à la barre de la Convention, ce n'est que ce jour-là que Marie-Antoinette succombe à son inquiétude et qu'elle rompt son silence généreux : « Ma mère avait tout tenté auprès des municipaux qui la gardaient pour apprendre ce qui se passait ; c'était la première fois qu'elle daignait les questionner. » Dans ce récit tout simple et que nul ne lira sans larmes, il y a des traits qui font une impression profonde, et dont la plume qui écrit ne se doute pas. Madame a un mal au pied (les engelures par suite du froid), et qui se complique d'un mal plus intérieur. Louis XVI, sur ces entrefaites, est condamné. Sa famille, qui avait espéré le revoir une dernière fois, et l'embrasser le matin même de sa mort, est dans la désolation qu'on peut concevoir :

« Mais rien, écrit Madame, n'était capable de calmer les angoisses de ma mère ; on ne pouvait faire entrer aucune espérance dans son cœur : il lui était devenu indifférent de vivre ou de mourir. Elle nous regardait quelquefois avec une pitié qui faisait tressaillir. *Heureusement le chagrin augmenta mon mal, ce qui l'occupa.* On fit venir mon médecin... »

Heureusement, ce mot échappé par mégarde dans cette image de douleur fait un effet étrange et qu'une parole à la Bossuet n'égalerait pas.

C'est en songeant à ces scènes douloureuses du Temple que M. de Chateaubriand, qu'il ne faut pourtant pas confondre ici (comme on l'a fait trop souvent) avec Bossuet, a dit dans *Atala*, par la bouche du Père Aubry : « L'habitant de la cabane et celui des palais, tout souffre, tout gémit ici-bas ; les reines ont été vues pleurant comme de simples femmes, et l'on s'est étonné de la quantité de larmes que contiennent les yeux des rois. »

Un poëte populaire, faisant allusion à cette phrase célèbre, mais continuant de mettre en opposition les classes, a dit :

De l'œil des rois on a compté les larmes ;
Les yeux du peuple en ont trop pour cela.

Une pareille idée d'opposition ne se présentera jamais,

je puis l'assurer, à celui qui viendra de relire le simple récit chrétien et humain de Madame Royale au Temple. Tout esprit de parti se désarme et expire en le lisant, et il n'y a place qu'à une compassion et à une admiration profondes. La douceur, la piété, la pudeur, animent ces pages de la jeune fille si froissée. Elle passe seule, avec Madame Élisabeth, l'hiver de 93-94 : « On nous tutoya beaucoup pendant l'hiver, dit-elle. Nous méprisions toutes les vexations, mais ce dernier degré de grossièreté faisait toujours rougir ma tante et moi. » Le plus cruel moment pour elle fut celui où, après la mort de son père, après la disparition de sa mère, de sa tante, ignorant le sort définitif de ces deux têtes si chères, dans les semaines qui précédaient le 9 thermidor, elle entendait de loin son frère, déjà en proie aux corrupteurs, et à qui le cordonnier Simon faisait chanter des chansons atroces :

« Pour moi, dit-elle, je ne demandais que le simple nécessaire ; souvent on me le refusait avec dureté. Mais au moins je me tenais propre ; j'avais du savon et de l'eau ; je balayais la chambre tous les jours ; j'avais fini à neuf heures que les gardes entraient pour m'apporter à déjeuner. Je n'avais pas de lumière ; mais, dans les grands jours, je souffrais moins de cette privation. On ne voulait plus me donner de livres : je n'en avais que de piété, et des voyages que j'avais lus mille fois. »

Enfin la Convention, après le 9 thermidor, s'adoucit : l'opinion publique se fit jour, et la pitié osa murmurer. Un des commissaires chargés de visiter la jeune princesse au Temple l'a représentée dans son attitude digne, souffrante et appauvrie ; tricotant, assise près de la fenêtre et loin du feu (car elle ne voyait pas assez clair pour son travail près de la cheminée), les mains enflées par le froid et pleines d'engelures (car on ne lui donnait pas assez de bois pour la chauffer à cette distance). On lui marqua pour la première fois des égards et le désir d'adoucir son sort. Son premier mouvement fut d'être incrédule, silencieuse, et de s'y refuser. A une question qui lui fut faite sur un piano qui était dans la chambre et qu'on supposait pouvoir la distraire : « Non, monsieur, répondit-elle, ce piano n'est pas à moi, c'est celui de la reine; je n'y ai pas touché, et je n'y toucherai pas. » A une autre question sur sa bibliothèque, qui se composait de l'*Imitation de Jésus-Christ* et de quelques livres de piété, et qui était peut-être insuffisante pour la désennuyer : « Non, monsieur, répondit-elle encore ; ces livres sont précisément les seuls qui conviennent à ma situation. »

Ce moment qui s'écoula entre le 9 thermidor et la délivrance de la princesse aux derniers jours de l'année 1795, fut celui où toute une littérature royaliste essaya d'éclore autour d'elle. On lui fit des romances sentimentales qu'on lui chantait de loin, et dont le refrain l'avertissait que des amis veillaient désormais sur son sort. On y célébrait la chèvre et le chien qu'on lui avait accordés dans les derniers temps, et que, des fenêtres voisines, on apercevait avec elle dans le jardin de la prison. Madame la duchesse d'Angoulême a été ou a pu être le centre de toute une littérature contemporaine qu'on suivrait à la trace, depuis la romance de M. Lepitre, qui se chantait sous les murs du Temple, jusqu'au roman d'*Irma* ou *les Malheurs d'une Jeune Orpheline, Histoire indienne, avec des romances*, publiée par Madame Guénard en l'an VIII, jusqu'à l'*Antigone* de Ballanche qui couronne plus noblement cette littérature allégorique et mythologique en 1814. Mais un trait distinctif de Madame la duchesse d'Angoulême est d'être restée complétement étrangère à cette invasion un peu tardive de la sentimentalité publique. Son honneur est de n'avoir à aucun degré laissé la littérature, le roman, le drame, s'introduire dans le sanctuaire, à jamais voilé, de sa douleur. « Je n'aime pas les scènes, » dit-elle un jour un peu brusquement à une femme qui, aux Tuileries, se jetait à ses pieds sur son passage pour la remercier d'un bienfait. Les scènes, elle en avait trop vu et de trop affreusement réelles pour en supporter l'image. La sincérité profonde de son deuil et de son affliction filiale eut en cela le même effet qu'aurait pu désirer le goût le plus éclairé et le plus sévère. Toute cette littérature plus ou moins exaltée, et dans le goût de Madame Cottin, qui s'agitait autour de la jeunesse de Madame Royale, ne l'atteignit évidemment en rien, et le récit qu'elle a tracé en 1795 des événements du Temple serait la critique de tous ces autres récits et de ces faux tableaux d'alentour, si on pouvait songer seulement à les rapprocher. Elle fit preuve d'un grand bon sens jusque dans l'extrême douleur.

Sortie de France, à Vienne, puis à Mittau où on la marie à son cousin, partout, dans les exils divers où la ballotta la fortune, elle est la même : la vie du Temple est là comme dans le fond de son oratoire, pour dominer chacune de ses journées et lui en dicter l'emploi. Soumise à son oncle, dans lequel elle voit à la fois un roi et un père, elle ne songe qu'à réunir toutes ses religions et à les pratiquer fidèlement. Une scène des plus touchantes et qui est très-bien racontée par un de ses historiens (M. Nettement), c'est lorsqu'à Mittau, en mai 1807, elle veut soigner et assister jusqu'à la fin l'abbé Edgeworth de Firmont, ce même prêtre qui avait accompagné Louis XVI jusqu'à l'échafaud. Une fièvre contagieuse s'était déclarée parmi les prisonniers français amenés à Mittau par suite des événements de la guerre. L'abbé Edgeworth, en leur donnant ses soins, avait contracté cette maladie, une espèce de typhus; et c'est en ces circonstances extrêmes que Madame d'Angoulême ne voulut jamais l'abandonner : « Moins il a connaissance de ses besoins et de sa position, disait-elle, plus la présence d'une amie lui est nécessaire... Rien ne m'empêchera de soigner moi-même l'abbé Edgeworth; je ne demande à personne de m'accompagner. » Elle voulait lui rendre, autant qu'il était en elle, ce qu'il avait apporté de consolation et de secours à Louis XVI mourant. Madame la duchesse d'Angoulême vécut et habita continuellement dans cet ordre de pensées, sans s'en laisser distraire un seul jour.

Madame d'Angoulême eut-elle jamais un vrai jour de bonheur depuis sa sortie du Temple? Y eut-il jamais place, dans ce cœur qui avait été saturé d'agonie dès sa tendre jeunesse, à une pure et véritable joie? Il est difficile, malgré tout, qu'elle n'en ait pas ressenti comme une source imprévue et jaillissante dans les grands moments de 1814, dans cette année qui devait lui sembler à chaque pas toute remplie des prodiges et des témoignages éclatants de la Providence. Cette sorte d'ivresse pourtant, si elle en ressentit quelque chose, ne résista point aux événements de Bordeaux, et à cette nouvelle épreuve si amère qu'elle fit de la fragilité et de l'infidélité humaines.

Elle était, on le sait, dans cette ville au moment où l'on apprit le débarquement de Napoléon en Provence (mars 1815). Madame d'Angoulême, obéissant à l'impulsion du sang maternel, eut l'idée d'une résistance; et, pour l'organiser, elle fit tout ce qu'on pouvait attendre d'un noble et viril caractère. L'opinion de la ville lui était toute favorable et dévouée; c'étaient les troupes et la garnison qui semblaient incertaines, du moment que l'aigle et le grand capitaine reparaissaient. Mais elle, bien qu'avertie par les généraux, elle ne pouvait croire que cette fidélité fût douteuse, puisque, la veille encore, elle avait reçu de ces hommes, qu'elle considérait comme des braves, des hommages réitérés et des serments. Les historiens de la Restauration ont très-bien raconté ces scènes où figure Madame d'Angoulême, et tous s'accordent à louer son courage actif et son attitude. Elle parcourut les casernes, elle essaya d'électriser les soldats, elle les piqua d'honneur, rien n'y fit; elle trouvait les cœurs fermés et repris par leur vieil amour. Tous les efforts épuisés, et au moment de partir, se tournant vers les généraux qui l'avaient suivie, elle leur dit qu'elle comptait sur eux du moins pour garantir les habitants contre toute réaction : « Nous le jurons ! » s'écrièrent les généraux en levant la main. — « Je ne vous demande pas de serments, répliqua-t-elle avec un geste de pitié dédaigneuse; on m'en a fait assez, *je n'en veux plus* (1). » Ce mot altier, elle avait droit de le dire, et certes peu de personnes ont vu de leurs yeux plus qu'elle jusqu'où peuvent aller, selon les temps, ou la méchanceté ou la versatilité des hommes.

Mirabeau avait dit de Marie-Antoinette : « Le roi n'a qu'un homme, c'est sa femme. » Madame la duchesse d'Angoulême mérita que Napoléon dît quelque chose de pareil pour sa conduite à Bordeaux. Ces éloges, même en ce qu'ils ont d'un peu exagéré, servent d'indication de loin et s'enregistrent dans l'histoire.

La seconde Restauration ne put lui rendre aucune ivresse; en rentrant aux Tuileries, elle y voyait Fouché, un régicide, ministre du roi. Sa religion droite et inviolable ne pouvait admettre un seul instant ces transactions monstrueuses que la politique elle-même a peine à comprendre, et que certainement elle n'exigeait pas. Depuis ce moment de 1815, on ne saurait rencontrer Madame d'Angoulême dans aucun acte politique proprement dit, et toute sa vie fut de famille et d'intérieur.

J'ai interrogé sur son compte des hommes qui l'ont

---

(1) *Histoire des deux Restaurations*, par M. de Vaulabelle.

beaucoup approchée, et voici ce qui m'a été répondu. Chaque jour pour elle se ressemblait, excepté les jours funèbres et marqués par les plus douloureux anniversaires. Elle se levait de grand matin, à cinq heures et demie par exemple; elle entendait vers six ou sept heures une messe pour elle seule. On conjecture qu'elle y communiait souvent, mais on ne la voyait pas communier, si ce n'est peut-être aux grands jours. Rien de solennel, aucun apparat; elle était toute en humble chrétienne à l'acte religieux; elle faisait discrètement et secrètement les choses saintes.

Elle vaquait de grand matin aux soins de son appartement et de sa chambre, aux Tuileries presque comme elle faisait au Temple.

Elle ne parlait jamais des choses pénibles et saignantes de sa jeunesse, sinon à très-peu de personnes de son intimité. Le 21 janvier et le 16 octobre, jours de la mort de son père et de sa mère, elle s'enfermait seule, ou quelquefois elle faisait demander, pour l'aider à passer ces journées cruelles, quelque personne avec laquelle elle était à l'unisson de deuil et de piété (feu madame de Pastoret, par exemple).

Elle était aumônière à un degré qu'on ne sait pas, et qu'il est difficile d'approfondir; ceux qui étaient le plus au fait de ses charités et de ses œuvres en découvrent chaque jour qui sortent de dessous terre, et qu'on n'avait pas connues. Elle était en cela de la véritable lignée directe de saint Louis.

Sa vie était la plus régulière du monde et la plus simple, soit aux Tuileries, soit depuis dans l'exil. La conversation de son intérieur était fort naturelle. Dans les moments où le malheur faisait trêve autour d'elle, on remarquait qu'elle aurait eu volontiers dans l'esprit ou dans l'humeur une certaine gaieté dont elle n'eut, hélas! à faire que trop peu d'usage. Mais, dans l'intimité, aux meilleurs jours, elle se laissait quelquefois aller sinon à dire, du moins à écouter des choses assez gaies. Quand elle se sentait en pays sûr et ami, une certaine plaisanterie ne l'effrayait pas. Lorsqu'aux jours de fête il lui arrivait de faire représenter des pièces pour son spectacle, elle ne choisissait pas les plus sérieuses.

Même à travers l'habitude des peines, une sorte de joie enfin surnageait comme il arrive aux âmes austères et éprouvées que la religion a guidées et consolées dans tous les temps.

La politique n'était point son fait, elle n'aimait point les affaires. On n'influait pas sur elle. Sa politique, qui d'elle-même eût été sensée, se réglait toute en définitive sur les désirs du roi. Elle pensait que quand le roi voulait décidément quelque chose, il n'était pas permis d'y résister, si bon royaliste qu'on fût d'ailleurs. MM. de Villèle et Corbière, en résistant au roi, lui déplaisaient autant qu'auraient pu faire les libéraux eux-mêmes.

Elle était instruite, dans le genre d'instruction de Louis XVI; elle lisait des livres d'histoire, de voyages, de morale, de religion. S'il manquait à ces lectures ce qui les eût vivifiées dans le sens mondain et littéraire, dans le sens politique et profane, si l'intelligence et le souffle du nouveau siècle ne pénétraient pas dans ces horizons tracés, peut-on s'en étonner? peut-on l'en plaindre? et n'y gagnait-elle pas bien plus qu'elle n'y perdait, par la foi constante et la stabilité de la confiance du côté du Ciel?

Les lettres qu'on a citées d'elle, et probablement toutes celles qu'elle a écrites, sont simples, sensées, un peu sèches au fond, et ne présentent rien de remarquable.

On cite peu de mots d'elle. Son cœur pourtant lui en fit trouver quelques-uns. A propos de la guerre d'Espagne, quand elle apprit la délivrance du roi Ferdinand par l'armée française, elle s'écria : « Il est donc prouvé qu'on peut sauver un roi malheureux ! »

Dans son dernier exil à Frohsdorf, visitée en décembre 1848 par un voyageur français (M. Charles Didier), celui-ci se hasarda à lui dire : « Madame, il est impossible que vous n'ayez pas vu dans la chute de Louis-Philippe le doigt de Dieu. » — « *Il est dans tout,* » répondit-elle avec simplicité, avec un tact qui vient de la religion et du cœur.

C'est cette même délicatesse morale qui, dans son union avec M. le duc d'Angoulême, lui fit oublier constamment ce qu'il pouvait y avoir d'inégal, et à son avantage. Elle avait le soin de le laisser toujours en avant sur le premier plan : délicatesse d'autant plus vraie qu'on ne sait même si elle en a eu conscience.

J'ai dit l'ordre de sentiments où il faut se borner à la chercher et à l'admirer. Ne demandez à cette âme, de bonne heure froissée et dépouillée, ni coquetterie d'esprit ni grâce légère. Elle aurait considéré comme une profanation et comme un sacrilége l'idée de faire de son malheur et de celui des siens, de sa vertu et de l'intérêt respectueux qu'elle inspirait, un moyen de politique, de succès et d'attrait, même pour ce qu'elle croyait la bonne cause. Elle s'en serait accusée devant Dieu ; et, quand le souvenir direct de ce qu'elle avait perdu de cher lui apparaissait, elle ne savait que se voiler, se dérober en pleurant et sangloter.

C'est assez indiquer cette auguste physionomie que nul n'est tenté de méconnaître : solidité, bon sens, bonté, un certain fonds de gaieté, je l'ai dit, une simplicité parfaite, tels sont les traits dont se composait cette nature. La religion avec la charité y a mis le sceau sublime. Elle a eu la religion la plus pratique, la plus unie et la plus étrangère à tout effet sur autrui et à toute considération mondaine. On n'a jamais porté plus simplement, plus chrétiennement et plus naturellement à la fois un plus grand malheur.

Madame la duchesse d'Angoulême est morte à Frohsdorf le 19 octobre 1851, à l'âge de soixante-treize ans moins deux mois, et dans la vingt et unième année de son dernier exil. Son précédent exil avait duré dix-huit ans (sans compter les Cent-Jours). Il avait été précédé d'une prison au Temple de plus de trois ans, et d'une résidence forcée aux Tuileries de près de trois autres années au sein de l'émeute. C'est là le cadre de cette destinée de douleur et de sacrifice, sur laquelle l'Antiquité eût versé aussitôt la poésie et l'idéal, mais qui ne nous laisse entrevoir qu'une beauté intérieure, à demi voilée, comme il sied au Christianisme.

Lundi, 10 novembre 1851.

LA HARPE

La vie de ce premier lieutenant de Voltaire, qui appelait Voltaire *papa*, que Voltaire appelait *mon fils*, et qui, en mourant converti, saluait le *Génie du Christianisme* de Chateaubriand et en bénissait presque l'auteur, est des plus diverses et des plus compliquées. Elle exigerait tout un volume si on voulait la suivre de point en point. Heureusement le caractère de La Harpe est beaucoup plus simple, et, converti ou non, on le trouve le même. C'est ce caractère de l'homme et du littérateur que nous tâcherons d'établir et de mettre en vue.

Doué d'une grande facilité à produire et d'une grande aptitude à juger, d'une ardeur d'amour-propre qui paraît inhérente au tempérament littéraire, et d'une excessive irritabilité dans les matières de goût, La Harpe, en entrant dans le monde, se fit des ennemis dont il accrut le nombre durant le cours de ses variations si peu ménagées, et leur animosité a tout fait pour empoisonner sa vie et pour en noircir ou en travestir bien des circonstances. Sa naissance, tout d'abord, a été le sujet de bien des récits. On a dit qu'il était le fils naturel d'un invalide et d'une cuisinière. On ajoutait que sa mère l'avait mis au monde au coin d'une borne dans la rue de La Harpe, faisant entendre que c'était de là que lui venait son nom. Les pièces positives répondent à ces inventions ou à ces insinuations de la calomnie. Dans les utiles et scrupuleuses recherches qu'il a faites à l'Hôtel-de-Ville sur les naissances des Parisiens plus ou moins célèbres, M. Ravenel a extrait des registres officiels les notes suivantes relatives à La Harpe, et qui sont ce qu'on peut désirer de plus exact et de plus précis : « Jean-François *Delaharpe* est né à Paris, sur la paroisse de Saint-Nicolas-du-Chardonnet, le 20 novembre 1739. Il est le seul des enfants de J.-F. *Delharpe*, et de Marie-Louise Devienne, dont le nom, sur l'acte de baptême, soit orthographié *Delaharpe*. Le père signe toujours *Delharpe*, et sur l'acte de décès d'une fille morte âgée de dix ans, le 3 novembre 1751, il prend les qualités de *gentilhomme* et *officier suisse*. » Il est très-vrai d'ailleurs qu'une sœur de La Harpe était mariée à un vitrier de Paris. L'extrême pauvreté à laquelle étaient réduits les parents de La Harpe recouvrait de beaucoup la veine de noblesse qu'il pouvait y avoir dans son extraction. « Il n'avait pas dix ans quand son père mourut (6 mai 1749) : il en avait un peu plus de seize lorsqu'il perdit sa mère (16 février 1756) morte *à l'Hôtel-Dieu.* »

La Harpe ne parla qu'assez tard de sa naissance; soit mépris réel pour des propos à demi calomnieux, soit difficulté d'aborder ce point délicat, il ne s'expliqua pour la première fois qu'en 1790, et il le fit sur un ton qui nous montre assez son caractère. *L'Année littéraire* avait appelé La Harpe un *enfant du hasard*. Un homme honorable, illustré depuis par une heure de grand courage, Boissy-d'Anglas, son ami, prit la plume pour le défendre, et il écrivit, dans le *Mercure de France* du 20 février 1790, une lettre dans laquelle il rétablissait à l'honneur de La Harpe les faits qu'on dénaturait et qui se rapportaient à sa première jeunesse ou à sa naissance. Mais, dans une note qu'il ajouta à la lettre de son ami, La Harpe, l'un des rédacteurs du *Mercure*, le prit de plus haut : S'il s'est tu jusqu'à présent, disait-il, c'est par mépris :

« Mais aujourd'hui que l'on voudrait infirmer l'hommage que je rends à la liberté, et faire croire que ma haine pour l'aristocratie n'est que le sentiment de jalousie que l'on suppose aux conditions inférieures, *je suis obligé de déclarer qu'en effet le hasard m'a fait un assez bon gentilhomme*, d'une famille originaire de Savoie et établie dans le Pays de Vaud, remontant en ligne directe jusqu'à l'année 1389, où l'un de *mes ancêtres* était gentilhomme de la chambre de Bonne de Bourbon, comtesse de Savoie. »

Et il continue de s'étendre sur sa noblesse; il parle de ses nobles cousins de Suisse dont l'un l'a visité autrefois à Ferney, et dont l'autre était venu à Paris, il y avait quelques années, pour entrer au service de France :

« Sur ma recommandation, dit La Harpe, M. le comte d'Affry (commandant des troupes suisses) eut la bonté de le recevoir sur-le-champ parmi les cadets gentilshommes de l'un de ses régiments, et ce respectable vieillard, qui connaissait ma famille, n'exigea pas de mon jeune parent d'autre preuve que d'être reconnu par moi pour m'appartenir. Voilà ce que je suis par ma naissance... »

D'être reconnu par moi pour m'appartenir, un Montmorency parlerait-il autrement? Ce ton nous fait sentir déjà ce que devient aisément l'amour-propre de La Harpe quand sa tête se monte et qu'il s'irrite de la contradiction même. Il a tout à fait oublié en ce moment sa sœur la vitrière, à l'acte de mariage de laquelle (31 mars 1764) il se garda bien de signer. Quelques années après pourtant, La Harpe, converti et gardant beaucoup de ses défauts, fit du moins sur cet article de sa naissance un acte d'humilité qui, de sa part, a du prix. Dans une prière ou Élévation à Dieu, on l'entend s'écrier : « A qui aviez-vous fait plus de bien qu'à moi, ô mon Dieu? A qui aviez-vous donné plus de marques d'une bonté toute paternelle? Qui a pris soin de moi quand mon père et ma mère m'ont été enlevés?... Pauvre et orphelin, j'ai été nourri du pain de votre charité. » Et il ajoute cette note de peur qu'on en ignore : « L'auteur, à l'âge de neuf ans, a été nourri six mois par les sœurs de la Charité de la paroisse Saint-André-des-Arcs, et l'on sait que, jusqu'à l'âge de dix-neuf ans, il a été élevé et nourri par charité. »

J'ai insisté sur ce premier point qui avait son importance, et parce que, tout examen fait, nous en pouvons déjà conclure la méchanceté et la malice des ennemis de La Harpe, sa vanité qui s'exalte aisément, et aussi son fonds de générosité et de sincérité, « un de ces fonds propres à porter le repentir, » a très-bien dit de lui Chateaubriand.

Admis au Collége d'Harcourt en qualité de boursier, grâce à la bonté du principal, M. Asselin, La Harpe y fit de brillantes études, et l'on a conservé ceux de ses discours latins qui obtinrent deux ans de suite le prix d'honneur. Ses ennemis lui ont reproché d'avoir gardé toute sa vie quelque chose de l'outrecuidance d'un *Empereur de rhétorique*. Vers ce temps, le jeune élève, ou qui cessait à peine de l'être, fut accusé d'une action odieuse qu'on a souvent réveillée contre lui : il eut l'imprudence de faire, en société avec quelques-uns de ses camarades, plusieurs couplets contre divers membres du Collége d'Harcourt; mais ce n'était *ni contre ses maîtres ni contre ses bienfaiteurs*, assure Boissy-d'Anglas : « Cette plaisanterie était l'ouvrage de plusieurs jeunes gens, et M. de La Harpe fut le seul puni parce qu'il était pauvre, sans appui, sans état, sans protecteur, et parce qu'il eut le courage de garder à ses compagnons le secret le plus inviolable. » Ce récit, qui est selon la vraisemblance, réduit cette peccadille de jeunesse à sa juste proportion. Mais que penser d'un régime dans lequel le pauvre jeune homme fut enfermé pour cette faute à Bicêtre d'abord, puis, par grâce spéciale, au For-l'Évêque, où il demeura plusieurs mois? C'est de sa prison qu'il adressait une certaine *Épître à Zélis*, qu'on nous donne pour la première en date de ses compositions poétiques; il finissait en invoquant la nuit pour remède à ses maux et en appelant quelque songe consolateur :

>O Zélis, tu ne m'entends pas,
>Mais j'oublierai mon infortune
>En la pleurant entre tes bras!

La Harpe était galant, et il eut des succès presque autant que des prétentions. Petit de taille et même exigu, « haut comme Ragotin, » disait Voltaire, ses ennemis l'avaient surnommé *Bébé,* en lui appliquant le sobriquet d'un nain du roi Stanislas (j'omets les autres sobriquets de *Harpula, Psaltérion, Cithara,* qui ne sont que des traductions ou des travestissements de son nom). Madame Suard, qui lui avait voulu du bien dans un temps, a dit de lui : « Il avait une belle tête et d'une expression aimable; mais sa taille était petite et sans aucune élégance. » Certaine inégalité d'épaule semblait même indiquer une vague intention première de la nature de pousser plus loin l'irrégularité; mais cette velléité primitive s'était arrêtée à temps. Toute sa personne avait de la roideur, de l'audace, un air de décision et de certitude auquel il manqua toujours quelque chose pour être de l'autorité entière et véritable.

>De La Harpe, a-t-on dit, l'impertinent visage
>Appelle le soufflet. . . . .

Le vers est de Le Brun. le mot est de Piron. Dans le monde on pouvait sourire quand on le voyait arriver d'un air de conquête, « bien poudré, en habit de velours noir, avec sa veste dorée et ses manchettes de filet brodé, » dans sa double coquetterie d'homme galant et de bel esprit, comme il était enfin quand il allait faire une de ces cent lectures de son drame de *Mélanie*, pour lesquelles on se l'arrachait. Les mésaventures et les déchirures qui lui survenaient parfois en chemin (et il en eut beaucoup dans sa vie) faisaient la joie et le régal des médisants, surtout de ses confrères les gens de lettres moins bien traités. Sa faveur eut bien des retours et même des éclipses totales. Il eut ses jours d'émeute, même avant d'être une puissance. Mais lorsque, plus tard, dans sa chaire du Lycée, ayant trouvé sa fonction et sa vraie place, il lisait avec physionomie, avec feu, ses leçons en général judicieuses et élégantes, on s'étonnait de sentir en lui le maître, on le reconnaissait et on l'applaudissait sans effort, sans révolte. Dans son bon temps, durant les premières années de cet enseignement alors tout nouveau, et avant que la déclamation politique s'y fût mêlée, il exerçait sur son auditoire une action puissante et même un charme Ce La Harpe du Lycée, dans les années 1786-87-88, et les services sans mélange qu'il rendit alors à la raison littéraire et à la culture publique, doivent être toujours présents à ceux qui le jugent, et arrêter les plaisanteries qu'il est trop aisé de répéter quand il s'agit de lui.

Il commença par bien des tâtonnements et des faux-pas avant d'atteindre au plein exercice de sa vocation véritable. Destiné à être un critique et un professeur de littérature, il aspirait à être poëte. Le genre des héroïdes était en vogue pour le moment; Colardeau l'avait mis à la mode par son *Epître d'Héloïse à Abélard*. La Harpe débuta donc par des héroïdes (1759); mais il fit précéder les siennes de quelques pages intitulées *Essai sur l'Héroïde*, dans lesquelles, parlant de ses prédécesseurs, il disait de Fontenelle : « M. de Fontenelle, estimable sans doute à bien des égards, a tenté presque tous les genres de poésie parce qu'il n'était né pour aucun. » Ce jugement, et la forme sous laquelle il est exprimé, valent mieux que tous les vers qui suivent.

L'héroïde n'était pour La Harpe qu'un degré pour arriver à la tragédie. Son premier ouvrage dans ce genre fut un succès. *Warwick*, représenté en novembre 1763, eut une sorte de triomphe que l'auteur ne retrouva jamais depuis. La Harpe n'avait que vingt-quatre ans. En publiant sa pièce, il la fit précéder d'une Lettre à Voltaire, dans laquelle il discourait et discutait même de cet art qui leur était commun, et il le faisait d'un ton de disciple déjà mûr et presque de maître, qui choqua beaucoup dans le temps, mais qui ne fait que nous confirmer les précoces inclinations critiques de La Harpe. Voltaire lui répondit par des éloges. Il disait, et je ne sais s'il le pensait, que le jeune auteur « avait pris un vol d'aigle dans *Warwick*. » C'est ce vol précisément et ce coup d'aile qui manquait à La Harpe. Il mène son Pégase au *petit pas,* disait Le Brun ; il *rampe avec art dans ses timides vers.* Le feu qu'il avait dans sa personne ne se communiquait en rien à sa poésie. Dans sa Lettre à Voltaire, La Harpe se plaignait d'avoir des ennemis : « Il est également triste et inconcevable, disait-il, d'être haï par une foule de personnes qu'on n'a jamais vues. » A quoi Voltaire répliquait : « Il y a eu de tout temps des Frérons dans la littérature ; mais on dit qu'il faut qu'il y ait des chenilles, pour que les rossignols les mangent afin de mieux chanter. » La recette était singulière. La Harpe en usa trop ; il eut trop affaire aux chenilles de la littérature, et il n'en devint pas plus rossignol pour cela, ni plus poëte.

D'ailleurs, à cette date, il n'était pas juste encore d'accuser Fréron. Le compte que rendit de *Warwick* l'*Année littéraire* se composait surtout de deux lettres adressées au rédacteur, l'une de Dorat et l'autre d'un anonyme, et l'on ne peut dire que La Harpe n'y reçût point une part d'éloges très-suffisante. Sur cette prétention que témoignait La Harpe d'être haï d'une foule de personnes, on faisait, dans l'une de ces deux lettres, cette remarque assez spirituelle :

 « Un jeune petit-maître se vante par air d'être aimé de beaucoup de femmes ; les jeunes poëtes ont la même vanité, ils se supposent beaucoup d'ennemis. L'amour-propre de M. de La Harpe en sera peut-être mortifié, mais je l'assure qu'il n'a point d'ennemis ; je n'en veux d'autre preuve que le succès de sa tragédie. »

La Harpe n'eut point le bon esprit de ne se point choquer des critiques modérées, ni de fermer les yeux sur les injures et les méchants procédés que l'envie oppose à tout succès, à toute célébrité naissante ; et sa vie dès lors se composa de deux parties qui se mêlèrent sans cesse, et dans la confusion desquelles sa dignité d'homme et d'écrivain reçut de cruelles et irréparables blessures. Il engagea une guerre ou plutôt mille petites guerres avec la foule des amours-propres des auteurs du temps, se posant comme leur juge et comme leur fléau ; et à la fois il aspira à l'honneur d'un restaurateur du goût et d'un modèle dans ses œuvres et ses productions de poëte. Et ici il était tout à fait insuffisant.

Poëte, La Harpe mérite peu qu'on le suive et qu'on l'étudie. Il eut dans son temps des succès ou des demi-succès mérités. Pourtant les esprits éclairés d'alors, Grimm, Diderot, les autres esprits aiguisés par la rivalité et par la pratique de l'art, tels que Le Brun, distinguent très-bien ses côtés faibles, communs dans leur fade élégance, et nous dénoncent en détail ses défauts que le temps en marchant a confondus aujourd'hui dans un seul, l'insipidité mortelle et l'ennui. Je dis cela de tous les ouvrages de La Harpe en vers, soit qu'ils s'intitulent *Warwick* ou *Mélanie,* soit même qu'ils aient, comme dans *Philoctète,* une intention de goût plus sévère, mais à laquelle la vraie simplicité savante a manqué ; soit que l'auteur se joue d'un air plus léger, et qui vise au gracieux, dans des poëmes tels que *Tangu et Félime,* genre de poésie dans lequel Voltaire est à la fois, chez nous, le seul maître et le seul supportable ; car on ne peut lire que lui. M. Daunou, qui a composé sur La Harpe un morceau excellent, mais au point de vue strictement classique, se rabat à citer de lui, comme chef-d'œuvre dans le genre lyrique, une petite romance fort connue de nos mères : *O ma tendre musette!* et en cela il me paraît encore se hasarder beaucoup trop.

Voltaire avait adressé une Épître à Horace dont tout le monde sait les derniers vers délicieux ; La Harpe fit la *Réponse d'Horace* ; mais, en faisant parler l'aimable Romain, il se souvient trop de Linguet, de Maupertuis, de Fréron, de tous ces importuns du jour : il n'a que des idées de métier et de tracasserie littéraire, et le rayon qu'avait eu Voltaire en finissant lui a manqué.

C'est comme journaliste que, dès ses débuts, La Harpe se montre d'abord le plus remarquable, et avec une verve propre qui se produit moins dans son style que dans la suite de sa conduite même et de son zèle. Son goût n'est ni très-rare ni très-curieux, ni même exquis ; mais, dans son ordre d'idées, ce goût est pur, sain et judicieux ; il est prompt et n'hésite pas. Tel je trouve La Harpe dans la plupart des articles du *Mercure* qui lui ont valu tant de représailles et de rancunes ; tel dans la *Correspondance avec le Grand-Duc de Russie,* où il se donne toute carrière en fait de décisif. Dès qu'on veut entrer à son tour dans ce genre de littérature un peu convenu et circonscrit du dix-huitième siècle pour en juger en détail et avec proportion, on ne saurait mieux faire que d'entendre La Harpe; j'en ai mille fois profité. N'oublions pas qu'une grande partie de l'originalité de ses critiques a péri; joignons-y toujours la personne même de l'Aristarque qui y faisait commentaire, sa véhémence de geste et de ton, ce qu'il y avait de piquant (et même de choquant) à le voir se retourner sur des amis, des camarades de la veille, du moment qu'il y croyait le bon goût intéressé. Ses articles nous semblent assez froids aujourd'hui; mais les plaignants et les blessés appelaient cela des satires pleines de fiel, et si on le lui reprochait, comme l'honnête Dorat le fit un jour, il répondait naïvement : « *Je ne puis m'en empêcher, cela est plus fort que moi.* » Voilà le critique, celui à qui Voltaire n'avait pas besoin de crier *Macte animo,* comme il fit tant de fois, celui dont il a eu tort de dire que « *son courage était égal à son génie,* » mais égal, et même supérieur à son goût, c'est ce qu'il eût fallu dire. La Harpe, comme tous les vrais critiques destinés à agir en leur temps, tels que Malherbe, Boileau, Samuel Johnson, a eu le courage de ses jugements, il en a eu l'intrépidité et jusqu'à la témérité imprudente, en face de la cohue des petits auteurs offensés. Chabanon nous le montre tout jeune, à l'âge de vingt-sept ans, installé chez Voltaire à Ferney, où il passa toute une année (La Harpe y était avec sa femme, une assez jolie femme, la fille d'un limonadier, qui faisait elle-même des vers et qui jouait la comédie). Eh bien! La Harpe à Ferney, tout jeune, critiquait Voltaire, relevait ses vers faibles dans les pièces où il jouait un rôle, les lui corrigeait quelquefois sans l'en avertir. Voltaire le plus souvent cédait et criait de sa place, en s'apercevant du changement : « Le petit a raison; c'est mieux comme cela. » Tel il était jeune à Ferney près de Voltaire, tel près de Chateaubriand à la fin de sa carrière, quand il disait à l'auteur du *Génie du Christianisme* : « Enfermez-vous avec moi pendant quelques matinées, et nous ôterons tous ces défauts qui les font crier, pour n'y laisser que les beautés qui les offensent. » Je tiens à bien marquer en La Harpe cette nature essentielle de critique qui, à travers tous ses écarts, est son titre respectable ; qui fait que Voltaire a pu l'appeler à un certain moment « un jeune homme *plein de vertu* » (ce que les Latins auraient appelé *animosus infans*), et qui fait aussi que Chateaubriand l'a défini, « somme toute, un esprit droit, éclairé, impartial au milieu de ses passions, capable de sentir le talent, de l'admirer, de pleurer à de beaux vers ou à une belle action. » J'aime à citer ici ces paroles reconnaissantes et à les opposer à tant d'autres récits moqueurs et dénigrants, parce qu'en effet, malgré bien des fautes et des emportements qui prêtaient au ridicule, j'ai cru sentir un fonds généreux chez La Harpe, et que nul n'a été plus cruellement exposé à la férocité des amours-propres, que le sien, du reste, ménageait si peu.

L'année 1778 fut la plus pénible de sa vie d'écrivain, et il faut dire quelque chose des épreuves et tribulations qu'il eut à y supporter. Voltaire venait de mourir à Paris (30 mai), et la foule des petits auteurs, ennemis de La Harpe, n'attendait qu'une occasion pour tomber sur le disciple que la protection du maître ne couvrait plus. La Harpe faisait son métier de critique dans le *Mercure*, et à la fois il poursuivait péniblement sa carrière dramatique. Sa tragédie des *Barmécides* était à la veille d'être représentée au Théâtre-Français. Le Gouvernement, afin d'éviter les querelles indécentes, avait désiré que les journaux gardassent le silence sur Voltaire, lorsque, cinq semaines environ après sa mort, La Harpe, rendant compte dans le *Mercure* (5 juillet 1778) des pièces que venait de jouer la Comédie-Française, *Tancrède* et *Bajazet*, se permit quelques observations sur cette dernière tragédie, regardée généralement, disait-il, comme l'une des plus faibles de Racine. Il en indiquait les défauts, il en montrait les beautés toutefois, et remarquait que Voltaire, qui s'était essayé sur un sujet à peu près semblable dans *Zulime*, était loin d'avoir réussi à égaler Racine : « C'est donc une terrible entreprise, concluait-il, que de refaire une pièce de Racine, même quand Racine n'a pas très-bien fait. »

Que La Harpe, lié comme il était à Voltaire par les liens d'une reconnaissance presque filiale ; à qui Voltaire écrivait : « Mes entrailles paternelles s'émeuvent de tendresse à chacun de vos succès; » que La Harpe eût pu choisir un autre moment et une autre circonstance pour parler de Voltaire dans cette trêve de silence qui s'observait depuis sa mort, on le conçoit aisément : mais, quand on a lu le judicieux et innocent article dans le *Mercure* même, on a peine toutefois à comprendre la colère et l'indignation factices qu'il excita au sein de la coterie voltairienne. Une confrérie de moines, troublée dans l'œuvre de canonisation de son saint, n'eût pas été plus outrée et plus intolérante. Condorcet (car il paraît que c'est bien lui), avec cette acrimonie réfléchie qui était un de ses talents, fit insérer dans le *Journal de Paris* une lettre, dans laquelle l'article était dénoncé à la vindicte des frères et amis, et que signa le marquis de Villevieille. La publication de cette lettre, le 10 juillet, tombait juste à la veille de la première représentation des *Barmécides* qui avait lieu le lendemain. On conçoit le trouble où un tel éclat dut mettre l'âme irritable de La Harpe. Il n'eut que le temps d'écrire une première lettre où se trahit son émotion violente ; il s'excuse, il se justifie ; il a parlé de Voltaire, dit-il, comme il eût parlé d'un classique, d'un Ancien ; il a parlé de *Zulime* comme il eût fait de *l'Othon* de Corneille, sans prétendre rabaisser le génie du poëte lui-même. Il avait mille fois raison, sauf un léger coin de convenance peut-être et d'à-propos, sur lequel il faisait, tout le premier, son *Mea culpa* d'assez bonne grâce. Il était évident que, dans ce cas comme dans bien d'autres, l'instinct du critique, de l'homme qui se sent une idée juste et qui ne résiste pas à la dire, l'avait emporté chez lui sur les considérations secondaires.

Cette querelle, dont je ne fais que signaler l'occasion et le prétexte, ne s'arrêta pas sitôt ; elle eut des suites et des ricochets sans nombre. La Harpe fut obligé de renoncer à la rédaction en chef du *Mercure ;* il avait eu le tort et s'était donné le ridicule d'y louer lui-même sa propre tragédie des *Barmécides.* Il était coutumier de ce fait de louange sur ses propres ouvrages. L'irritation où le jeta cette querelle, injuste à l'origine, l'engagea dans une série de disputes et de chamailleries indignes, où il se compromit de plus en plus. Il avait alors trente-neuf ans. Ceux qui ont été habitués dès l'enfance à entendre parler de La Harpe comme d'un oracle, d'un dictateur du goût, et du *Quintilien français*, seront étonnés de voir à quel degré de discrédit il était tombé à ce moment. Il justifiait ce joli mot de l'abbé de Boismont, son confrère à l'Académie : « Nous aimons tous infiniment M. de La Harpe notre confrère, mais on souffre en vérité de le voir arriver toujours l'oreille déchirée. » L'abbé Maury écrivait cette année même (9 décembre 1778), dans une lettre à Dureau de La Malle, la page suivante sur La Harpe ; elle en dit plus que toutes nos réflexions ; il est impossible de peindre d'une manière plus expressive le décri qui le poursuivait en ce moment, et l'injustice publique soulevée par de pures imprudences, mais dont il faillit demeurer victime :

« Il n'est pas vrai, écrit l'abbé Maury, qu'on ait ôté à La Harpe le *Mercure*; il n'est plus chargé de la rédaction de ce journal, et on a réduit ses honoraires à mille écus, en bornant son travail à un article de littérature et à la partie des spectacles. Un de ses amis fut arrêté dernièrement en vertu d'un décret des Consuls (le Tribunal du Commerce). On le conduisait en prison, et il pria les gens du Guet de l'accompagner chez M. de La Harpe, son ami, qui le cautionnerait et payerait peut-être les deux mille francs qui avaient donné lieu à ce décret de prise de corps. Il vint, en effet, à neuf heures du matin, et La Harpe se vit entouré de vingt *recors* (1) qui gardaient toutes les avenues de sa maison. On alla chez le créancier, qui vint recevoir ses deux cents pistoles; mais la scène dura plus de deux heures, et une bonne âme qui passait dans la rue Saint-Honoré répandit le bruit que La Harpe avait battu sa femme, et qu'une escouade du Guet, conduite par le commissaire du quartier, avait rétabli la paix dans le ménage. Cette calomnie a été imprimée et accueillie de tout Paris avec l'intérêt que l'on prend au pauvre diable qui en est l'objet. On n'a jamais été plus cruellement puni d'une bonne action. L'expulsion de l'Académie, le voyage de Londres, etc., n'ont pas de meilleur fondement. Il faut pourtant avouer que la lettre de La Harpe, insérée dans *le Courrier de l'Europe* du 27 octobre (une lettre d'injures en réponse à d'autres injures), lui a fait un tort irréparable, et lui nuit beaucoup plus que tous les libelles dont il est assailli. C'est une sottise inexcusable, mais il ne veut consulter personne, et, s'il écrit une seule ligne contre ses ennemis, il est perdu sans ressource. Le déchaînement du public est tel, qu'il n'est plus permis à La Harpe d'avoir raison. Je le lui ai dit avec tout le courage et peut-être toute la brutalité de l'amitié : on le bafouera, on lui crachera au visage, on le chassera de l'Académie et de Paris, s'il ne renonce pas absolument au pugilat qui lui a si mal réussi. Je ne lui connais plus, à présent, qu'un seul ennemi, c'est le public en corps qui se réunit en ce seul point, et qui ne veut ni écouter ses apologies ni lire ses ouvrages. »

Il y avait pour La Harpe à revenir de bien loin, comme on voit; il sut en revenir, et il lui fallut pour cela toute son énergie d'esprit et tout son courage. Sept ans sont écoulés : nous sommes au Lycée qui vient de s'ouvrir en 1786, au coin de la rue Saint-Honoré et de la rue de Valois, là même où est aujourd'hui (ô vicis-

(1) Ceux qui prendront la peine de lire l'original de cette lettre à la Bibliothèque nationale, trouveront ici un autre mot (*pousse-c...*) que j'ai remplacé par un équivalent. L'abbé Maury, en causant ou en écrivant familièrement, ne haïssait pas le gros mot ou même le mot grossier.

situdes des choses humaines!) l'*Estaminet des Nations*. Le Lycée alors était une fondation à la fois scientifique et littéraire, une élégante Sorbonne à l'usage des gens du monde. La Harpe monte dans sa chaire vers deux heures de l'après-midi. L'élite des jeunes dames, des gens d'esprit et des littérateurs, tout ce qu'il y a de plus brillant à cette florissante époque de Louis XVI, entoure sa chaire. Il s'y assied avec calme, avec assurance, avec dignité. Par son attitude, par son excellent débit de lecture comme par la qualité de sa parole, il justifie bien ce mot de Voltaire : « Vous avez toujours été fait pour le noble et l'élégant, c'est votre caractère. » Nous avons là un La Harpe critique encore, mais non plus polémiste, professeur et non plus journaliste. Pour la première fois en France, l'enseignement tout à fait littéraire commence et se met en frais d'agrément; pour la première fois, quand on n'est ni frivole, ni érudit, et qu'on cherche une juste et moyenne culture, on voit se dérouler des cadres faciles qui étendent et reposent la vue de l'esprit, même quand le professeur n'a pas réussi complétement à les remplir. Sur l'Antiquité, il ne fait que courir sans doute, il est léger; pour un homme aussi instruit et dont c'est le métier de l'être, il a des ignorances singulières et des oublis; il n'en a pas de moins fortes et de moins frappantes à nos yeux sur les époques intermédiaires qu'il franchit rapidement, et où son auditoire ne lui demandait du reste que des esquisses, très-suffisantes alors. Mais, à mesure qu'il approche des belles époques de la littérature française, ses jugements se fixent et s'affermissent; le dix-septième siècle, en quelques-unes de ses parties et de ses œuvres, n'a jamais été mieux analysé. On n'a jamais mieux parlé de la tragédie de Racine et selon Racine. Entendons-nous bien : ne demandons à La Harpe aucune de ces vues supérieures qui sortent de certaines habitudes et de certaines limites, et qui supposent des comparaisons neuves et étendues. Il y a des régions pour les esprits et les talents : celle de La Harpe, c'était la région moyenne des esprits cultivés de son temps ; et c'est pour s'y être tenu et y avoir rassemblé toutes ses forces, qu'il a si utilement agi et si réellement influé autour de lui. Dès ce temps-là il n'était pas très-rare de trouver de libres et hardis causeurs qui, parlant de La Harpe à propos de son *Éloge de Racine*, disaient : « L'*Éloge* de M. de La Harpe manque d'idées et de vues…. Un coup d'œil neuf et profond porté sur la tragédie et sur l'art dramatique, voilà par où il fallait honorer la cendre du grand Racine (1). » De telles vues, de telles questions, qui allaient jusqu'à Sophocle et à Shakspeare, pouvaient être particulières alors à quelques esprits ; elles eussent excédé la portée d'un auditoire à cette date, et encore durant les trente ou trente-cinq années suivantes. Mais, dans son *Cours de Littérature*, en reprenant une à une les pièces de Racine, La Harpe développe d'heureuses ressources d'analyse, et il fait l'éducation de ses auditeurs. L'ancienne tragédie française (je dis *ancienne*, parce qu'elle n'existe plus) avait ses règles, ses artifices, ses convenances, que Racine surtout avait connus et portés à la perfection, et dont il était devenu l'exemplaire accompli. La Harpe, après Voltaire, les entendait et les sentait plus que personne, et il est le meilleur guide en effet, du moment qu'on veut entrer dans l'économie même et dans chaque partie de ce genre de composition pathétique et savante. Nous aujourd'hui, même quand nous voyons *Phèdre*, nous ne sommes guère sensibles qu'aux trois ou quatre grandes scènes et à l'admirable style ; mais l'ordre de la pièce, la suite des

---

(1) Correspondance de Grimm.

scènes intermédiaires, leur arrangement et une foule de détails ne nous arrivent plus ; nous n'y entrons plus complétement. Nous savons trop bien ce que fait ce même arrangement, quand il n'est plus entre les mains de Racine : cette illusion-là est détruite comme tant d'autres. L'admiration pour Racine subsiste à jamais ; mais la religion pour le genre de Racine est atteinte, et plus qu'atteinte. Elle était entière du temps de La Harpe, et nul n'a plus que lui contribué à l'environner de raisons justes et lumineuses.

Sur d'autres sujets voisins de Racine, il est incomplet ; il sent peu Molière, et ne fait pas à la grande comédie la part qu'elle mérite. Sur Bossuet, sur Bourdaloue, sur La Rochefoucauld et Retz, on est allé depuis plus avant que lui : il n'exprime guère sur leur compte que ce qu'une première lecture courante peut suggérer d'impressions et d'idées à un esprit facile, abondant, éloquent en ces matières. N'importe ; il est bon que cette première impression se donne, dût-on ensuite la pousser plus loin ; il est bon de se laisser faire avec lui, d'accueillir et de ressentir ce premier jugement, situé, si je puis dire, dans le vrai milieu de la tradition française ; il est bon en un mot d'avoir passé par La Harpe, même quand on doit bientôt en sortir.

Ce n'est pas un critique curieux et studieusement investigateur que La Harpe, c'est un professeur pur, lucide, animé. Il étend, il développe et il applique les principes de goût de Voltaire ; et sans avoir de son imprévu ni de son piquant, il a quelque chose de son agrément clair, aisé et naturel. Dans l'expression comme dans les idées, il trouve ce qui se présente d'abord et ce qui est à l'usage de tous. Il a l'élégance facile, celle qui, jusqu'à un certain point, s'enseigne ; il n'a pas l'élégance exquise et suprême. Il était excellent pour donner aux esprits une première et générale teinture.

Telle est ma pensée sur les bonnes et saines parties du *Cours de Littérature*. Il arriva à ce Cours un grave accident, il fut coupé en deux par la Révolution française. Il en fut extrêmement troublé (bien d'autres choses le furent), et ce trouble s'est accusé par des contradictions flagrantes. On ne saurait s'en étonner, et il convient à ceux qui vivent en des temps plus calmes, mais qui n'ont point su échapper eux-mêmes à quelques contradictions et rétractations littéraires, de montrer pour celles de La Harpe quelque indulgence.

Dans le *Cours de Littérature*, c'est le dix-huitième siècle surtout qui a été le théâtre et comme l'arène des luttes et des combats de La Harpe lorsqu'il se convertit un jour et qu'il se retourna contre lui-même. Il avait été très-avant dans les idées de la Révolution; il ne s'était guère arrêté qu'en 93, et lorsqu'il s'était vu averti personnellement par la violence et jeté en prison. Le voile alors tomba de ses yeux, et la violence générale lui apparut dans tout ce qu'elle avait d'odieux et de criminel. L'idée religieuse aussi l'illumina en ce moment comme dans un éclair : il tomba à genoux et il pleura. Cette conversion soudaine de La Harpe, ce qu'elle laissa subsister du vieil homme en lui, ce qu'elle y modifia peut-être par endroits, mériterait toute une étude morale. Jamais converti ne se contraignit moins en apparence dans ses humeurs ni dans son caractère, ni même dans ses sensualités (au moins en ce qui était de la bonne chère). Mais ses animosités surtout n'avaient fait, ce semble, que changer de direction et de sens, en s'exaspérant. Quand il sortit de prison à cinquante-cinq ans, on le vit plus ardent, plus enflammé que jamais, incandescent comme un jeune homme, ou peut-être déjà comme un vieillard. Son cerveau n'avai plus évidemment sa santé parfaite ni son équilibre; i avait reçu un ébranlement. Sa vanité était continuellement surexcitée, et elle se combinait avec des effusions d'humilité singulières. Il remonta, dès le 31 décembre 1794, dans sa chaire du Lycée, y déclarant une guerre courageuse aux *tyrans*, à peine abattus et encore menaçants, de la *raison*, de la *morale*, des *lettres* et des *arts*; il y invectiva la langue révolutionnaire dans un langage qui s'en ressentait quelque peu à son tour. Il oubliait que dans cette même chaire, environ deux ans auparavant, il avait paru, lui, La Harpe, en bonnet rouge. Cette guerre qu'il déclarait aux oppresseurs politiques de la veille, il ne la poursuivit pas moins dans l'ordre littéraire contre les propagateurs des idées philosophiques, qu'il en était venu à considérer comme les premiers auteurs du mal. Au milieu des excès déclamatoires et qui sentent la réaction, cette seconde moitié du *Cours de Littérature* offre des morceaux pleins de verve et d'une chaude sincérité, et il y subsiste des parties de bon jugement.

Le tort de La Harpe, ce n'est pas d'avoir varié, mais de s'être exprimé dans la disposition nouvelle de son esprit avec la même confiance aveugle et despotique, avec bien plus de confiance encore qu'il n'en avait montré dans sa première forme de pensée. Il n'avait fait qu'abonder de plus en plus et se confirmer chaque jour dans son penchant naturel à imposer à soi et aux autres, quand il parlait, une conviction invariable. Il semblait que l'expérience ne lui eût pas appris « que ce qui nous a paru vrai dans un temps, peut ensuite nous sembler faux dans un autre (1). » Il continua de vivre quelques années dans cette exaltation honorable, mais un peu maladive, dont se ressentent ses derniers écrits, et il mourut le 11 février 1803, à l'âge seulement de soixante-quatre ans.

(1) Volney, dans sa *Réponse au docteur Priestley.*

Avec tous ses défauts et toutes ses imperfections de nature, donnant en mourant la main à Chateaubriand, à Fontanes, à tout ce jeune groupe littéraire en qui était alors l'avenir, il transmit le flambeau vivant de la tradition, et il justifia le premier pronostic de Voltaire à son égard : « Quelque chose qui arrive, je vous regarde comme le restaurateur des Belles-lettres. » C'est le mot magnifique, mais juste après tout (si l'on considère l'ensemble du rôle et de l'influence), qu'il faudrait graver sur son tombeau.

Je dirai ici, comme je l'ai dit précédemment à propos du cardinal de Retz : ce n'est là qu'une esquisse et comme un premier article, qui en demanderait un second pour fixer bien des particularités et pour y développer mes jugements.

Lundi, 17 novembre 1851.

LA HARPE

ANECDOTES.

Il y a tant à dire sur La Harpe, que je ne puis m'empêcher d'en venir reparler encore. Je n'ai fait qu'effleurer le La Harpe converti; mais, avant de le développer sous cet aspect, je demande à rappeler devant des générations qui les ont oubliées, ou qui même peut-être ne les ont jamais sues, quelques-unes des anecdotes qui couraient le monde littéraire il y a cinquante ans, et qui ne sont pas toutes sans agrément.

Tout homme de lettres proprement dit, s'il a été célèbre et s'il a eu de l'action sur son temps, s'il a été *centre* à quelque degré, excite plus de curiosité et soulève plus de propos et d'intérêt en divers sens que souvent il n'en mérite. Sur ceux qui ont beaucoup écrit et surtout qui ont jugé les écrivains, on écrit beaucoup. La plume appelle la plume, et les amours-propres intéressés ont beaucoup de babil. Sur Malherbe, sur Boileau, sur Pope, sur Johnson, non content de les juger par leurs ouvrages, on a fait des livres, on a recueilli leurs moindres mots; on les a étudiés et poursuivis jusque dans le détail domestique de leur vie. La Harpe, qui n'est pas à beaucoup près au premier rang de ce groupe de critiques-poëtes, mais qui y appartient à quelque degré, a partagé cet honneur et cet inconvénient. Dès ses débuts, bien qu'il semblât aspirer avant tout à la gloire du poëte tragique, il avait quelque chose qui décelait le juge et l'arbitre, et qui excluait l'idée de camarade : cela déplaisait, et, même avant qu'il eût pris le sceptre ou la férule au *Mercure* et ailleurs, on le traita sans aucune indulgence et presque comme un ennemi commun.

Il se fit à l'instant toute une suite d'historiettes et comme une légende sur ses premières années. On allait jusqu'à dire que, le jour de son baptême, et pendant la cérémonie, il avait annoncé par ses cris son caractère irascible, et présagé son goût pour les futurs vacarmes littéraires. A la veille de son début au théâtre, quand on allait représenter sa tragédie de *Warwick* (novembre 1763), il avait déjà, grâce à ses bons amis les auteurs, une réputation affreuse; on racontait, en l'exagérant, l'histoire des couplets satiriques composés au sortir du collége : « Cette petite horreur, nous dit Collé dans son *Journal,* m'a déjà été confirmée par deux ou trois personnes, et je n'ai encore vu qui que ce soit qui ait contredit ou nié le fait. » Lorsque cette tragédie de *Warwick,* qui, malgré tout, avait fort bien réussi, fut reprise en janvier 1765, les ennemis s'arrangèrent si bien, que le cinquième acte fut *hué :* « Je n'ai jamais vu de ma vie, nous dit encore Collé, arriver un pareil échec à une reprise; le contraire arrive plus ordinairement, les applaudissements redoublent au lieu de diminuer. Il faut que M. de La Harpe ait un secret particulier pour se faire plus d'ennemis qu'un autre. » En tête de sa seconde tragédie, *Timoléon,* lorsqu'il l'imprima, La Harpe se crut obligé de mettre une justification expresse sur les couplets de collége qui lui étaient imputés à crime, et il ajouta quelques réflexions sensées qui nous peignent très-bien le moment où il parut :

« La mode dominante, disait-il, est aujourd'hui d'avoir de l'esprit... Tandis qu'un petit nombre d'écrivains illustres honore et éclaire la nation, un bien plus grand nombre d'écrivains obscurs, possédés de la manie d'être littérateurs, sans titres et sans études, ont fait une espèce de ligue pour se venger du public qui les oublie, et des véritables gens de lettres qui ne les connaissent pas. Ils sont convenus de se trouver du génie les uns aux autres, et de le répéter jusqu'à ce qu'on le croie. Ils ont établi que *l'honnêteté de l'âme* consistait à louer tout ce qui n'était pas louable, à applaudir de toutes ses forces lorsqu'on s'ennuyait. Ils ont décidé que celui qui aurait l'audace de n'être pas tout à fait aussi épris de leurs ouvrages qu'ils le sont eux-mêmes, serait un homme *d'un caractère affreux, sans douceur, sans aménité, sans respect pour les lois de la société :* en un mot, *sans honnêteté ;* c'est le terme. »

On ne peut mieux voir ni mieux dire. Il est fâcheux seulement que cette juste sévérité contre la petite littérature du temps s'affiche en tête d'une tragédie sifflée, et assez digne de l'être, et non en tête d'une excellente satire à la Despréaux. Quand on vise au rôle de Despréaux, il ne faut le compliquer en rien de celui de Pradon. La Harpe n'eut pas dans le goût la fermeté et la force de sentir cela, ni de se retrancher net ses prétentions contestables, pour se tenir à sa seule et véritable vocation.

Cette tragédie de *Timoléon*, dès le premier jour (1er août 1764), « fut écoutée, jugée et condamnée par le public avec beaucoup de tranquillité, » sauf deux ou trois endroits applaudis. Une indisposition de Le Kain arrêta la pièce avant la seconde représentation ; on rit beaucoup d'apprendre que cette indisposition était une entorse que Le Kain s'était donnée justement dans la *rue de La Harpe*. La vie ou la légende littéraire de notre auteur, brodée par ses ennemis, est semée de ces à-propos et de ces enjolivements.

Ce fut un autre contre-temps pour La Harpe pauvre, et « qui est, dit Collé, un des auteurs les plus mal à l'aise, » de prendre femme vers ce moment de *Timo-*

léon. « Il vient de se marier, dit Grimm, avec la fille d'un limonadier, qui fait des vers. Une mauvaise tragédie et un mariage, c'est faire deux sottises coup sur coup. »

En commettant cette imprudence, La Harpe témoignait pourtant de sa probité et de sa générosité. La demoiselle Marie-Marthe Monmayeux, fille d'un limonadier de la rue des Quatre-Vents, chez qui il logeait, était enceinte de lui, et il paraît qu'il ne lui avait rien promis. Il s'exécuta toutefois en galant homme et se maria à vingt-cinq ans (22 novembre 1764) sans avoir, elle ni lui, la moindre fortune. Ce mariage d'amour et de poésie fut d'ailleurs des moins heureux; La Harpe eut de sa femme deux enfants qui ne vécurent pas. Lorsqu'à l'époque de la Révolution, trente ans après, la dissolution du mariage fut devenue possible, La Harpe demanda le divorce pour incompatibilité d'humeur, et l'obtint le 29 mars 1793. Moins de deux ans après, madame Monmayeux mourut à Saint-Germain-en-Laye (11 novembre 1794), et le bruit public fut qu'elle s'était tuée. La Harpe ne s'en tint pas à cette première épreuve; il se remaria à l'âge de cinquante-huit ans (9 août 1797) avec une jeune et jolie personne de vingt-trois ans; mais, cette fois, ce fut cette jeune personne qui demanda le divorce, et qui se retira après trois semaines d'essai conjugal ou même, dit-on, de résistance.

Pour en revenir à La Harpe jeune, nouvellement marié et assez souvent sifflé, on conçoit que cette existence inégale et nécessiteuse n'était pas propre à fonder la considération ni à imprimer le respect. Dépendant du monde, des salons et même des libraires, il lui aurait fallu un grand art, un esprit d'adresse et de conciliation pour s'élever insensiblement au degré d'autorité où il aspirait, et il n'avait pour lui qu'une grande âpreté et rigueur de caractère :

Impiger, iracundus, inexorabilis, acer,

a-t-on dit de lui comme d'Achille. Un inconvénient très-réel encore pour le rôle auquel il visait, était sa taille. Ces qualités qui tiennent à la personne physique ont beaucoup plus d'influence au moral qu'on ne l'imagine. Les hommes sont ainsi faits : le ton qu'on passe aisément à un homme de haute taille, on ne le pardonne pas de même à un petit. Pope, en son temps, en sut quelque chose. La Harpe de même. Les auteurs critiqués par lui (j'en ai honte pour eux) en vinrent bien souvent à la menace : « On se moque d'un nain qui se piète pour se grandir, écrivait Dorat, et, quand il importune, une chiquenaude en débarrasse. » Un méchant auteur du temps, Blin de Sainmore, passe même pour en être venu aux voies de fait en pleine rue contre La Harpe (février 1774). Cette brutalité amusa fort la galerie et passa pour un tour de carnaval.

Nos mœurs littéraires (sans être excellentes) sont devenues, j'aime à le remarquer, plus convenables et plus dignes. Au fond, les amours-propres des auteurs critiqués ne sont pas moindres sans doute qu'au temps de Blin de Sainmore. Tel auteur tragique de cinq pieds six pouces pourrait être quelquefois tenté d'écraser un critique qui n'en aurait que cinq : mais il ne l'oserait. La galerie ne rirait plus comme autrefois, et l'homme de lettres, en cessant d'être une espèce à part, a gagné en égalité véritable.

Ce qui était plus dangereux pour La Harpe que les grossièretés de Blin de Sainmore, c'étaient les bons vers et les bonnes épigrammes dont il se vit plus d'une fois l'objet et dont sa mémoire, jusqu'à un certain point, demeure victime. Jamais, par exemple, à son propos on n'oubliera ces vers de l'*Apologie* de Gilbert, lorsque ce poëte de verve et d'avenir, se justifiant de nommer les masques par leur nom, s'écriait :

> SI j'évoque jamais du fond de son journal
> Des sophistes du temps l'adulateur banal;
> Lorsque son nom suffit pour exciter le rire,
> Dois-je, au lieu de La Harpe, obscurément écrire :
> *C'est ce petit rimeur de tant de prix enflé,*
> *Qui sifflé pour ses vers, pour sa prose sifflé,*
> *Tout meurtri des faux pas de sa muse tragique,*
> *Tomba de chute en chute au trône académique?*
> Ces détours sont d'un lâche et malin détracteur...

De tels vers sont des flèches que le blessé, bon gré mal gré, emporte avec soi dans l'avenir. Mais de tous ceux qui ont pris La Harpe à partie, nul ne l'a fait avec autant de plaisir et de délectation vengeresse que Le Brun. Le Brun était un vrai poëte, et de la race des lyriques. Ami et précurseur d'André Chénier, il sentait tout ce qu'il y avait de faible, d'incomplet et de court dans le goût de La Harpe, lorsque celui-ci prétendait juger des vers. Dans une Épître *sur la bonne et la mauvaise plaisanterie,* traçant la limite de ce qui est permis ou interdit en ce genre, il arrivait à prendre La Harpe pour exemple dans ce passage excellent, dont je n'ai cité l'autre jour que le début :

> De La Harpe, a-t-on dit, l'impertinent visage
> Appelle le soufflet. Ce mot n'est qu'un outrage.
> Je veux qu'un trait plus doux, léger, inattendu,
> Frappe l'orgueil d'un fat plaisamment confondu.
> Dites : Ce froid rimeur se caresse lui-même ;
> Au défaut du public, il est juste qu'il s'aime ;
> Il s'est signé grand homme, et se dit immortel
> Au *Mercure!* — Ces mots n'ont rien qui soit cruel.
> Jadis il me louait dans sa prose enfantine ;
> Mais, dix fois repoussé du trône de Racine,
> Il boude ; et son dépit m'a, dit-on, harcelé.
> L'ingrat! j'étais le seul qui ne l'eût pas sifflé.

Le Brun, dans l'orgueil de sa conscience solitaire, souriait de pitié lorsqu'il entendait dire que La Harpe avait en vers quelque chose du « style de Jean Racine; » mais, si La Harpe, s'autorisant de Voltaire, en venait à parler à la légère de ce grand Corneille, « le raisonneur ampoulé, » comme on le voit qualifié dans la Correspondance de Ferney, oh! alors Le Brun, qui était de la lignée de Malherbe, se sentait saisi d'indignation, et il faisait justice de l'irrévérence dans cette épigramme, l'une des plus belles que je connaisse :

SUR LA HARPE,

Qui venait de parler du grand Corneille avec irrévérence.

> Ce petit homme, à son petit compas,
> Veut sans pudeur asservir le génie ;
> Au bas du Pinde il trotte à petits pas,
> Et croit franchir les sommets d'Aonie.
> Au grand Corneille il a fait avanie ;
> Mais, à vrai dire, on riait aux éclats
> De voir ce nain mesurer un Atlas,
> Et redoublant ses efforts de Pygmée,
> Burlesquement roidir ses petits bras
> Pour étouffer si haute renommée.

Le Brun n'a jamais mieux prouvé son élévation de talent que par ce court dizain, et l'on a pu dire qu'il a porté de la grandeur jusque dans l'épigramme.

On se relève du Dorat et des traits que peuvent lancer des adversaires de ce calibre ; mais on reste abîmé sous des coups comme ceux que Le Brun vient de frapper. Les grands critiques complets, Horace, Despréaux, Pope, n'ont jamais laissé de si bons vers se faire en dehors d'eux ni contre eux. S'ils n'ont pas fait tous les beaux vers de leur temps, ils les ont du moins favorisés, aidés et protégés ; surtout ils n'ont laissé à personne l'occasion et la gloire d'en trouver de sanglants et d'immortels contre eux-mêmes.

Il y eut un jour où ce ne fut ni Le Brun, ni Gilbert, mais le public en masse qui fit l'épigramme contre La Harpe : ce fut le jour même de sa réception à l'Académie française (20 juin 1776). Nous avons vu de notre temps plus d'une de ces réceptions académiques dans lesquelles le directeur s'est plu à traiter un peu trop peut-être le récipiendaire comme un novice ou comme un patient. Dans ce cas, le public est toujours de moitié pour le moins dans l'épigramme; quand il se mêle une fois d'être malin, il l'est impitoyablement. La Harpe l'éprouva. Il succédait à Colardeau : Marmontel, chargé de le recevoir, fit naturellement l'éloge du prédécesseur. Il montra Colardeau semblable à ses écrits, doux, sentimental, modeste, affligé de la critique et se promettant bien de ne l'exercer jamais contre personne : « *Voilà, Monsieur, dans un homme de lettres un caractère intéressant!* » Ce simple mot devint le signal de l'applaudissement universel, et, à partir de là, tout le discours de Marmontel fut pris comme un persiflage, et tourné contre le nouvel élu : « L'homme de lettres que vous remplacez, — *pacifique*, — *indulgent*, — *modeste*, — ou du moins *attentif à ne pas rendre pénible aux autres l'opinion qu'il avait de lui-même*, — s'était annoncé par des talents heureux... » A chacun de ces mots flatteurs pour le défunt, on interrompait Marmontel, qui devenait malin à son tour, plus malin encore sans doute qu'il n'avait pensé l'être, et qui, par ses pauses marquées, se laissait très-bien interrompre. La Harpe cependant faisait bonne contenance, bien qu'il ait dit depuis qu'à un moment il fut tenté de prendre la parole et d'apostropher le public. La scène alors eût été complète. Telle qu'elle se passa, cette réception à l'Académie fut une espèce d'exécution. De telles disgrâces n'arrivent jamais aux guides supérieurs de l'opinion; dans les circonstances décisives ils retrouvent tous leurs alliés, et ils ont le public de leur bord.

Nous sentons de plus en plus, ce me semble, en quoi La Harpe, avec des parties si estimables et si utiles, n'a pas atteint les hauteurs de son art et a toujours prêté le flanc. Il n'a pu à aucun moment, ou du moins ce n'est qu'à de rares moments qu'il a pu saisir toute l'autorité du rôle de critique, même en ce que ce rôle a de passager et de viager. J'arrive aux circonstances singulières qui marquèrent sa conduite dans la Révolution, et qui achèvent de prouver qu'au moral aussi il lui a manqué quelque chose, quelques lignes de plus pour être de la taille de ceux dont le courage domine les événements et ne s'y laissent point entraîner.

Duclos a terminé son *Histoire de Louis XI* en disant : « Tout mis en balance, c'était un roi. » Gaillard, en rappelant ce mot, essaye de l'appliquer à La Harpe, et il dit « qu'à tout prendre, c'était un homme. » Certes, à tout prendre, et surtout pour les contemporains, c'était *quelqu'un* que M. de La Harpe, et je crois l'avoir assez fait sentir dans mon premier jugement. Pourtant plusieurs des qualités essentielles à former un caractère d'homme, la modération, l'équilibre, un juste temps d'arrêt, un retour sage, la mémoire du passé, lui firent faute, et ses onze ou douze dernières années accusèrent cette impossibilité de mûrir qui est l'infirmité de quelques organisations vives.

Voltaire, au milieu de tous les éloges qu'il prodigue à son disciple, a lâché un mot terrible, en ce qu'il va dans La Harpe au fond de l'homme même : « *C'est un four qui toujours chauffe et où rien ne cuit.* » Le fait est que, chez La Harpe, il y eut de tout temps une dépense de chaleur tout à fait stérile, et hors de proportion avec le résultat.

Il se laissa d'abord entraîner par la Révolution ; rien de plus simple ou même de plus légitime et de plus excusable dans les commencements. Mais La Harpe ne s'arrêta pas aux beaux jours ou à ce qui pouvait passer pour tel : son enthousiasme survécut au 10 août, au 2 septembre, au 21 janvier. On a recueilli une suite de textes pris dans ses articles du *Mercure*, desquels il résulte que jusqu'en 93, et même jusqu'au commencement de 1794 (1), il égala en déclamation extravagante tout ce qu'on pouvait désirer alors. Il ne cessait de dénoncer, dans des phrases dignes de l'ancien et fougueux Raynal, « la superstition, disait-il, qui *transforme l'homme en bête*, le fanatisme qui *en fait une bête féroce*, le despotisme qui *en fait une bête de somme.* » Mais une fois jeté en prison (avril 1794), détenu au Luxembourg, La Harpe, avec cette âpre personnalité qu'on lui connaît, s'étonna plus qu'un autre d'avoir été atteint; l'idée de la mort lui apparut, son imagination lui fit tableau; il fut en proie à un grand tumulte, et, dans ce bouleversement de tout son être, il sentit une

(1) Le *Journal de la Librairie*, du samedi 14 décembre 1833, contient l'indication suivante qui est due à M. Ravenel :

« Dans le Catalogue des livres de M. Laya, sous le n° 285, était comprise l'*Histoire de la Révolution française*, par M. Thiers; l'exemplaire était couvert de notes au crayon dont quelques-unes m'ont paru curieuses; j'en citerai une qui concerne La Harpe. On sait qu'après avoir professé les principes du plus exagéré républicanisme, La Harpe en devint l'un des plus fougueux adversaires. Son *Cours de Littérature* est rempli de violentes diatribes contre des hommes dont les opinions avaient longtemps été les siennes. C'est à Robespierre surtout qu'il s'attache à porter les plus rudes coups : « Un Robespierre ! s'écrie-t-il, un Robespierre (puisqu'il faut descendre à ce nom infâme, que je ne puis prononcer sans faire une sorte de violence au profond mépris que j'ai toujours eu pour lui, *et qu'il n'a pas ignoré*)! un Robespierre ! etc. » S'il faut en croire Laya, et rien ne permet de révoquer en doute son assertion, La Harpe se targue ici d'un courage qu'il n'eut pas. On trouva en effet, dans les papiers saisis chez Robespierre, une lettre, pleine de flagorneries, que lui avait adressée La Harpe à l'occasion du discours prononcé, le 20 prairial an II, en l'honneur de l'Être-Suprême. Cette lettre ne figure point au nombre de celles qui furent imprimées dans le Rapport de Courtois (rédigé par Laya), parce que ce représentant, dit la note, *eut la faiblesse de la rendre à La Harpe.*

« Ce fait, déjà révélé par M. Garat (*Mémoires historiques sur la Vie de M Suard*, t. II, p. 339), acquiert un nouveau degré de certitude du témoignage de Laya. »

révolution s'opérer en lui : il éut le coup de foudre, ce qu'on appelle le coup de la Grâce, qui le renversa et le retourna. Cette révolution intérieure, si brusque qu'elle ait paru, avait été préparée depuis quelques semaines par des compagnons de captivité; on cite, pour y avoir contribué, deux évêques, l'évêque de Montauban et celui de Saint-Brieuc, sans oublier « la belle et intéressante veuve du comte Stanislas de Clermont-Tonnerre. » Sous ces influences combinées, La Harpe s'était mis à lire pour la première fois les livres saints, les Psaumes, l'*Imitation de Jésus-Christ*, lorsqu'il reçut la secousse intérieure décisive dont il a rendu compte en ces termes :

« J'étais dans ma prison, seul dans une petite chambre et profondément triste. Depuis quelques jours, j'avais lu les Psaumes, l'Évangile et quelques bons livres. Leur effet avait été rapide, quoique gradué. Déjà j'étais rendu à la Foi, je voyais une lumière nouvelle, mais elle m'épouvantait et me consternait en me montrant un abîme, celui de quarante années d'égarement. Je voyais tout le mal et aucun remède. Rien autour de moi qui m'offrît les secours de la Religion. D'un côté, ma vie était devant mes yeux, telle que je la voyais au flambeau de la vérité céleste, et de l'autre la mort, la mort que j'attendais tous les jours, telle qu'on la recevait alors. Le prêtre ne paraissait plus sur l'échafaud pour consoler celui qui allait mourir : il n'y montait que pour mourir lui-même. Plein de ces désolantes idées, mon cœur était abattu et s'adressait tout bas à Dieu que je venais de retrouver, et qu'à peine connaissais-je encore. Je lui disais : Que dois-je faire? Que vais-je devenir? J'avais sur ma table l'*Imitation*, et l'on m'avait dit que, dans cet excellent livre, je trouverais souvent la réponse à mes pensées. Je l'ouvre au hasard, et je tombe, en l'ouvrant, sur ces paroles : *Me voici, mon Fils! je viens à vous parce que vous m'avez invoqué.* Je n'en lus pas davantage; l'impression subite que j'éprouvai est au-dessus de toute expression, et il ne m'est pas plus possible de la rendre que de l'oublier. Je tombai la face contre terre, baigné de larmes, étouffé de sanglots, jetant des cris et des paroles entrecoupées. Je sentais mon cœur soulagé et dilaté, mais en même temps comme prêt à se fendre. Assailli d'une foule d'idées et de sentiments, je pleurai assez longtemps sans qu'il me reste d'ailleurs d'autre souvenir de cette situation, si ce n'est que c'est, sans aucune comparaison, ce que mon cœur a jamais senti de plus violent et de plus délicieux, et que ces mots : *Me voici, mon Fils!* ne cessaient de retentir dans mon âme et d'en ébranler puissamment toutes les facultés. »

Quelque jugement qu'on porte sur ce genre d'émotion singulière que confesse ici La Harpe et qui rappelle beaucoup d'autres exemples analogues dans l'ordre spirituel, on n'en saurait suspecter la sincérité, et il est dommage que sa conduite n'ait pas mieux répondu dans la suite à une révolution de cœur décrite d'une manière si touchante. Mais, au lieu d'en conclure qu'après s'être si violemment trompé, il n'avait rien de mieux à faire qu'à se repentir et à se taire, La Harpe ne songea pas seulement à s'imposer cette mortification du silence, la plus pénible de toutes pour l'amour-propre, et on le vit, au sortir de sa prison, se lancer avec plus de ferveur que jamais dans toutes les mêlées; son ardeur n'avait fait que changer de signal et de drapeau. Il s'engagea dans une polémique nouvelle avec Marie-Joseph Chénier, organe de la Convention; il fit la guerre à la Convention elle-même. A la veille du 13 vendémiaire, il a mérité d'être cité dans les *Mémoires de Napoléon* en tête des orateurs les plus virulents qui occupaient les tribunes des quarante-huit Sections de Paris et qui chauffaient l'insurrection royaliste. On le vit se multiplier en ces années orageuses, retrouver au Lycée, aux Écoles normales où il avait été nommé professeur, quelques-unes de ses inspirations littéraires faciles et lucides, et à la fois se disperser et s'exalter de plus en plus dans la politique des journaux. Le 18 Fructidor, en le frappant et en l'obligeant de se cacher à la campagne, le rendit pour quelque temps au calme et à une meilleure santé du corps et de l'esprit. Quand La Harpe était à Paris, il ne résistait pas au monde qui le reprenait, et, en homme qui se gouvernait peu lui-même, il se laissait aller à ses goûts, à son faible pour la table, sauf ensuite à se repentir de ses rechutes. On peut penser si ses ennemis se réjouissaient de ces disparates. Colnet, dans un petit volume spirituel et gai qu'il a écrit sur les chutes et les rechutes de La Harpe (*Correspondance turque*), nous l'a ainsi montré à table, en flagrant délit de gourmandise, et s'en repentant pour y retomber tout aussitôt. C'est toute une petite scène de comédie très-bien exécutée. La Harpe nous est représenté à dîner chez un riche banquier, un peu avant le dessert; il est dans cette disposition heureuse de cœur et d'estomac qui porte à l'indulgence : rien de ce qu'il aimait n'avait manqué au repas; il était réconcilié avec les hommes; il aurait trouvé de l'esprit à Saint-Ange, du jugement à Mercier, de la décence à Rétif, de la douceur de caractère à Blin de Sainmore; enfin, il aurait accordé du talent à d'autres qu'à lui, quand tout à coup il se lève de table et disparaît :

« Après une assez longue absence, la maîtresse de la maison le fait chercher : on ne le trouve point. Surprise, inquiète, elle se lève, parcourt la maison dans la crainte qu'il ne lui soit arrivé quelque accident (il y était fort sujet); elle trouve enfin M. de La Harpe dans une petite chambre écartée, à genoux devant une console sur laquelle brûlaient deux bougies. Étonnée de l'attitude de cette douleur profonde, elle en demande la cause ; c'est à travers mille sanglots que le saint homme lui dit :

« Madame, comment n'aurais-je pas le cœur brisé ? comment ne
« gémirais-je pas en songeant au dîner excellent que j'ai eu le mal-
« heur de faire ? J'ai mangé d'un succulent potage, deux côtelettes
« panées à la minute, l'œil et les abat-joues de cette tête de veau si
« blanche, ce morceau de brochet du côté de l'ouïe que vous m'avez
« servi vous-même : je n'ai rien refusé parce qu'il faut que la volonté
« de Dieu et des jolies femmes soit faite ; j'ai fait honneur aux trois
« services : en un mot, j'ai dîné, moi indigne, comme aurait pu le
« faire un ancien prélat, et voilà cependant (*ici les pleurs redoublent*)
« que je songe à quelles cruelles privations sont exposés tant de pau-
« vres prêtres sans dîmes, de chanoines sans bénéfices, qui n'ont
« peut-être pas une omelette au lard, et qui dîneront mal d'ici à
« l'éternité, si la Providence ne vient à leur secours. (*Madame se dis-*
« *pose à sortir.*)

« Mais sans doute on vous attend pour le dessert : hélas! mon
« Dieu! je parie qu'il sera superbe; car vous êtes d'une bonté, d'un
« soin, — un Ange de consolation dans cette vallée de misère! Fau-
« dra-t-il donc que je mange encore quelque compote, des massepains,
« des fruits : que sais-je, moi? il faudra boire peut-être de ces mal-
« heureux vins (vous en avez des meilleurs crus), tandis que ces
« pauvres prêtres... — Mais le Seigneur n'abandonnera pas les
« siens. — Vous me forcerez peut-être à prendre le café (c'est du
« moka, sans doute) : au moins qu'il soit servi bien chaud... Les
« malheureux, s'ils savaient combien je partage leurs peines!...
« Mais, je vous en conjure, seulement un doigt de liqueur (vous en
« avez des Iles)... Je prie Dieu de leur donner tous les jours la même
« patience qu'à moi : elle est devenue bien rare pour supporter tant
« de tribulations... De la crème des Barbades, si vous voulez bien...
« J'en connais de bien respectables... — Au reste, la vie du Chré-
« tien n'est que tribulation, et je ne dois pas murmurer contre la
« volonté du Ciel : je vous suis. »

La scène est bonne; elle est chargée : mais qu'importe? c'est de la comédie pure. J'en dirai ce que j'ai dit des vers de Gilbert et de Le Brun contre La Harpe : il est fâcheux à lui d'y avoir prêté, et jamais un grand critique ni un esprit judicieux du premier ordre ne s'arrangera de telle sorte d'avoir ainsi les rieurs, gens d'esprit, contre soi.

Quand on apprit que La Harpe, divorcé et veuf, venait de se remarier le 9 août 1797 avec une jeune et jolie personne (mademoiselle de Hatte-Longuerue), et presque aussitôt quand on sut que la jeune femme demandait le divorce et se disait trompée par sa mère dans le choix du mari, je laisse à penser si les rieurs se tinrent pour battus. La Harpe, au reste, prit ce second échec conjugal et cet affront en toute humilité. J'ai sous les yeux une lettre écrite par lui à madame Récamier, qui, avec sa bonne grâce de tous les temps, avait essayé de se porter médiatrice :

« Vous savez mieux que personne, lui écrivait La Harpe, combien, dans cette malheureuse affaire, mes intentions étaient pures, quoique ma conduite n'ait pas été prudente. Ma confiance a été aveugle, et on en a indignement abusé. J'ai été trompé de toutes manières par celle à qui je ne voulais faire que du bien, et Dieu s'est servi d'elle pour me punir du mal que j'avais fait à d'autres. Que sa volonté soit faite ! »

Cette lettre, tout humble et pacifique, attesterait, au besoin, le ton et les sentiments religieux de La Harpe dès qu'il avait le temps de faire un retour sur lui-même et de s'avertir. Mais le plus souvent, dans sa conduite, la pétulance de l'humeur l'emportait et faisait échec au converti.

Voici une histoire très-vraie que j'ai entendu plus d'une fois raconter de la bouche même de l'aimable personne qui en avait été témoin et un peu complice. On y trouvera une nouvelle preuve de la sincérité de La Harpe dans son incomplète mais réelle conversion. C'était au château de Clichy où madame Récamier passait l'été : La Harpe y était venu pour quelques jours. On se demandait (ce que tout le monde se demandait alors) si sa conversion était aussi sincère qu'il le faisait paraître, et on résolut de l'éprouver. C'était le temps des mystifications, et on en imagina une qui parut de bonne guerre à cette vive et légère jeunesse. On savait que La Harpe avait beaucoup aimé de tout temps les dames, et que c'avait été un de ses grands faibles. Un neveu de M. Récamier, neveu des plus jeunes, et apparemment des plus jolis, dut s'habiller en femme, en belle dame, et, dans cet accoutrement, il alla s'installer chez M. de La Harpe, c'est-à-dire dans sa chambre à coucher même. Toute une histoire avait été préparée pour motiver une intrusion aussi imprévue : « On arrivait de Paris, on avait un service pressant à demander, on n'avait pu se décider à attendre au lendemain, etc. » Bref, M. de La Harpe, le soir, se retire du salon et monte dans son appartement. De curieux et mystérieux auditeurs étaient déjà à l'affût derrière les paravents pour jouir de la scène. Mais quel fut l'étonnement, le regret et un peu le remords de cette folâtre jeunesse, y compris la soi-disant dame, assise à un coin de la cheminée, de voir M. de La Harpe, en entrant, ne regarder à rien et se mettre simplement à genoux pour faire sa prière, une prière qui se prolongea longtemps! Lorsqu'il se releva et qu'approchant du lit il avisa la dame, il recula de surprise. Mais celle-ci essaya en vain de balbutier quelques mots de son rôle, M. de La Harpe y coupa court, lui représentant que ce n'était ni l'heure ni le lieu de l'entendre, et il la remit au lendemain en la reconduisant poliment. Le lendemain il ne parla de cette visite à personne dans le château, et personne aussi ne lui en parla.

Il y avait pourtant quelque chose qui tenait plus avant au cœur de La Harpe converti que l'amour des belles dames et que le goût de la bonne chère, c'était la passion littéraire proprement dite, la démangeaison du critique, et il n'y put jamais résister. On en eut la preuve lorsqu'en 1801 on le vit publier les quatre volumes de la *Correspondance* secrète qu'il avait entretenue autrefois avec la Cour de Russie, du temps de ce qu'il appelait ses erreurs. Il y donna pêle-mêle au public ses erreurs mêmes, ses jugements sur le prochain, toutes ses médisances de libre critique, en y retranchant très-peu de chose. Il ne voulait rien perdre de ses papiers. Le littérateur en lui survivait à tout et ne se laissait pas sacrifier même par le chrétien. Ces volumes, en paraissant, firent un bruit épouvantable et eurent un succès à demi scandaleux. Bons et commodes encore à consulter pour les gens du métier, le sel en est évaporé il y a longtemps.

La publication de cette *Correspondance* réveilla toutes les hostilités contre l'auteur en rappelant à la fois toutes ses contradictions. Palissot publia pour le 1er jan-

vier 1802 un petit pamphlet intitulé : ÉTRENNES A M. DE
LA HARPE, *à l'occasion de sa brillante rentrée dans le sein
de la philosophie.* (Il lui adressait, comme dans un bouquet satirique, un choix de ses plus piquantes palinodies.) Marie-Joseph Chénier, vers ce temps aussi, publia sa satire, *Les nouveaux Saints*, dans laquelle La Harpe joue un grand rôle, et où on lui fait dire :

Avant Dieu, j'ai jugé les vivants et les morts.

Il semblait, en effet, que, comme cet empereur romain qui voulait mourir debout, La Harpe se fût dit dans sa passion littéraire : « Il convient qu'un critique (même converti) meure en jugeant. »

Depuis une quinzaine de jours que je vis avec La Harpe, je me suis demandé (à part les bonnes parties du *Cours de Littérature* qui sont toujours utiles à lire dans la jeunesse) quelles pages de lui on pourrait aujourd'hui offrir à ses amis comme à ses ennemis, quel échantillon incontestable de son talent de causeur, d'écrivain, d'homme qui avait, au moins en professant, un certain secret dramatique, et qui savait attacher. Nous sommes devenus difficiles et de haut goût ; nous aimons les choses fortes, fortes en couleur, sinon en nature et en sentiment. Tout bien considéré, et après avoir beaucoup cherché, il m'a semblé que ce que La Harpe a écrit de plus fait pour trouver grâce aujourd'hui devant tous est cette *Prophétie de Cazotte*, quelques pages restées dans ses papiers et qu'on en a données après sa mort. Invention et style, c'est bien, selon moi, son chef-d'œuvre, et l'on me permettra d'en rappeler ici le cadre, le dessin et le mouvement :

« Il me semble que c'était hier, et c'était cependant au commencement de 1788. Nous étions à table chez un de nos confrères à l'Académie, grand seigneur et homme d'esprit. La compagnie était nombreuse et de tout état, gens de Cour, gens de robe, gens de lettres.

académiciens, etc. On avait fait grande chère comme de coutume. Au dessert, les vins de Malvoisie et de Constance ajoutaient à la gaieté de bonne compagnie cette sorte de liberté qui n'en gardait pas toujours le ton : on en était alors venu dans le monde au point où tout est permis pour faire rire. Chamfort nous avait lu de ses Contes impies et libertins, et les grandes dames avaient écouté, sans avoir même recours à l'éventail. De là un déluge de plaisanteries sur la religion ; l'un citait une tirade de *la Pucelle;* l'autre rappelait ces vers *philosophiques* de Diderot... La conversation devient plus sérieuse, on se répand en admiration sur *la Révolution* qu'avait faite Voltaire, et l'on convient que c'est là le premier titre de sa gloire : « Il a donné le ton à son siècle, et s'est fait lire dans l'antichambre comme dans le salon. » Un des convives nous raconta, en pouffant de rire, que son coiffeur lui avait dit, tout en le poudrant : « Voyez-vous, *Monsieur, quoique je ne sois qu'un misérable carabin, je n'ai pas plus de religion qu'un autre.* » On conclut que *la Révolution* ne tardera pas à se consommer ; qu'il faut absolument *que la superstition et le fanatisme fassent place à la philosophie,* et l'on en est à calculer la probabilité de l'époque et quels seront ceux de la société qui verront *le règne de la raison...*

« Un seul des convives n'avait point pris de part à toute la joie de cette conversation, et avait même laissé tomber tout doucement quelques plaisanteries sur notre bel enthousiasme. C'était Cazotte, homme aimable et original, mais malheureusement infatué des rêveries des Illuminés. Il prend la parole, et du ton le plus sérieux : « Messieurs, dit-il, soyez satisfaits, vous verrez tous cette *grande et sublime Révolution* que vous désirez tant. Vous savez que je suis un peu prophète ; je vous le répète, vous la verrez. »

Ici les convives se récrient; on plaisante Cazotte; on le harcèle, on le force à dire qu'il sait, dans cette Révolution future, ce qui en arrivera pour chacun. Condorcet, tout le premier, le provoque; il reçoit sa réponse mortelle :

« Ah ! voyons, dit Condorcet avec son air et son rire sournois et niais, un *philosophe* n'est pas fâché de rencontrer un *prophète.* » — « Vous, Monsieur de Condorcet, vous expirerez étendu sur le pavé d'un cachot ; vous mourrez du poison que vous aurez pris pour vous dérober au bourreau, du poison que le *bonheur* de ce temps-là vous forcera de porter toujours sur vous. »

On s'étonne un peu du genre de plaisanterie dite d'un ton si sérieux, puis on se rassure, sachant que le bonhomme Cazotte est sujet à rêver. Cette fois, c'est Chamfort qui revient à la charge avec *le rire du sarcasme* (car le caractère et le ton de chaque interlocuteur sont très-bien observés), et il reçoit sa réponse à son tour :

« Vous, Monsieur de Chamfort, vous vous couperez les veines de vingt-deux coups de rasoir, et pourtant vous n'en mourrez que quelques mois après. »

Ensuite, c'est le tour de Vicq-d'Azyr, de M. de Nicolaï, de Bailly, de Malesherbes, de Roucher, tous présents : chaque convive curieux qui vient toucher Cazotte reçoit l'étincelle à son tour, et cette étincelle est toujours le coup de foudre qui le tue. Le mot d'*échafaud* est le perpétuel refrain.

« — Oh ! c'est une gageure, s'écrie-t-on de toutes parts, il a juré de tout exterminer. » — « Non, ce n'est pas moi qui l'ai juré. » — « Mais nous serons donc subjugués par les Turcs et les Tartares ? » — « Point du tout, je vous l'ai dit : vous serez alors gouvernés par la seule *philosophie*, par la seule *raison*. »

Le tour de La Harpe, l'un des convives, arrive cependant; il s'était tenu un peu à l'écart :

« Voilà bien des miracles, dit-il enfin, et vous ne m'y mettez pour rien. » — « Vous y serez (lui réplique Cazotte) pour un miracle tout au moins aussi extraordinaire : vous serez alors *chrétien*. »

Sur ce mot de chrétien, on peut se figurer l'exclamation et le rire; les figures s'étaient rembrunies, elles se dérident :

« Ah ! reprit Chamfort, je suis rassuré; si nous ne devons périr que quand La Harpe sera chrétien, nous sommes immortels. »

Puis vient le tour des femmes. La duchesse de Grammont, présente au dîner, prend la parole :

« Pour çà (dit-elle), nous sommes bien heureuses, nous autres femmes, de n'être pour rien dans les *révolutions*. Quand je dis pour rien, ce n'est pas que nous ne nous en mêlions toujours un peu; mais il est reçu qu'on ne s'en prend pas à nous, et notre sexe... » — « Votre sexe, Mesdames (c'est Cazotte qui parle), ne vous en défendra pas cette fois; et vous aurez beau ne vous mêler de rien, vous serez traitées tout comme les hommes, sans aucune différence quelconque. »

On voit la suite de la scène et du dialogue. Ici il devient de plus en plus dramatique et terrible. Cazotte arrive par gradations à faire sentir que de plus grandes dames encore que la duchesse iront à l'échafaud, des princesses du sang et de plus grandes que ces princesses elles-mêmes. Cela passe le jeu; toute plaisanterie a cessé :

« Vous verrez (essaye encore de dire avec ironie la duchesse de Grammont) qu'il ne me laissera seulement pas un confesseur? » — « Non, Madame, vous n'en aurez pas, ni vous, ni personne. Le dernier supplicié qui en aura un par grâce, sera... »

« Il s'arrêta un moment : — « Eh bien ! quel est donc l'heureux mortel qui aura cette prérogative? » — « C'est la seule qui lui restera, et ce sera le roi de France! »

« Le maître de la maison se leva brusquement, et tout le monde avec lui... »

Il faut tout lire de cette *Prophétie*, jusqu'au dernier mot où Cazotte se prédit à lui-même sa fin et en style plus poétique et figuré. J'ai retranché à regret bien des détails qui font liaison. La scène est admirablement conduite de tout point; il n'y a pas un mot inutile et qui ne tende à l'effet. Il ne faut pas même oublier le *post-scriptum* qu'on a le tort de supprimer quelquefois, et qui donne au récit son vrai sens et toute sa moralité. La Harpe suppose que quelqu'un lui demande si cette prédiction est véritable, si tout ce qu'il vient de raconter est bien vrai.

— « Qu'appelez-vous vrai? ne l'avez-vous pas vu de vos yeux? » — « Oui, les faits; mais la prédiction, une prophétie si extraordinaire!... »

— « C'est-à-dire que tout ce qui vous paraît ici de plus merveilleux, c'est la prophétie. Vous vous trompez. »

Et, en effet, le miracle là-dedans, le *prodige réel* (selon La Harpe), ce n'est pas la prophétie de Cazotte, qui est supposée, c'est cet amas de faits inouïs et monstrueux qui se sont accomplis à la lettre, et qui doivent faire rentrer en soi quiconque en a été témoin :

« Si vous en êtes encore (conclut La Harpe) à ne voir dans tout ce que nous avons vu que ce qu'on appelle *une révolution;* si vous croyez que celle-là est comme une autre, c'est que vous n'avez ni lu, ni réfléchi, ni senti. En ce cas, la prophétie même, *si elle avait eu lieu*, ne serait qu'un miracle de plus perdu pour vous comme pour les autres, et c'est là le plus grand mal. »

Je n'examine pas le raisonnement, qui est hardi et qui tend à introduire le surnaturel parce qu'il y a eu de l'extraordinaire : la seule remarque que je veuille faire en ce moment, c'est que, le jour où La Harpe a écrit d'inspiration cette scène de verve et de vigueur, son talent pour la première fois s'est trouvé monté au ton de sa sensibilité émue et de son imagination frappée. Sa *Prophétie de Cazotte* à la main, il peut se présenter même auprès des générations rebelles pour qui son *Cours de Littérature* n'est plus une loi vivante : elles se contenteront de cette seule page mémorable, et, après l'avoir lue, elles le salueront.

Le 10 février 1803, la veille de sa mort, La Harpe ajouta une déclaration à son testament : « J'exhorte tous mes compatriotes, disait-il en terminant, à entretenir *des sentiments de paix et de concorde.* » Il était grand temps, et le conseil avait du naïf de la part du belliqueux vieillard qui avait disputé et bataillé jusqu'à extinction. Il léguait ainsi à ceux qui venaient après le soin d'exercer toutes les vertus dont il s'était si bien passé. Il était dit que jusqu'à la fin, et même à l'article du testament, il y aurait jour à un coin de plaisanterie dans la conduite et le langage de celui qui, en ayant bien des parties du juge, ne vient pourtant qu'au second rang des judicieux (1).

(1) La Harpe, dans les dernières années, faisait ses lectures, non plus au Lycée ou Athénée, mais à l'Hôtel de Bonneuil, rue de Provence, près la rue du Mont-Blanc. — Il logeait, à la fin, au Cloître Notre-Dame : c'est là que l'allaient voir Chateaubriand, Fontanes, Gueneau de Mussy. — M. Pasquier, qui avait suivi ses leçons au Lycée dès 1787, l'alla revoir et causa avec lui ; il le mit sur le *Génie du Christianisme*, en se donnant comme quelqu'un qui goûtait l'ouvrage. La Harpe lui dit : « Je ne suis pas si loin que vous le croyez de m'entendre avec vous. Pour juger d'un livre, il y a une épreuve sûre : quand vous en avez retranché tous les défauts, s'il y reste de grandes beautés, l'ouvrage mérite de vivre. Appliquez cette règle au *Génie du Christianisme*, et vous verrez qu'il résiste. » L'esprit de parti, chez La Harpe, ne nuisait pas à cette équité finale.

Lundi, 24 novembre 1851.

LE BRUN-PINDARE

Ce poëte original et incomplet n'est pas indigne d'un souvenir. Le temps et l'éloignement, en éteignant les préventions, affaiblissent malheureusement aussi l'intérêt qui s'attachait à de pures questions littéraires : cet intérêt pourtant peut se retrouver, et plus durable, dans toute étude vraie qui pénètre jusqu'à l'homme. Il y a vingt-cinq ans, lorsqu'une école lyrique nouvelle s'annonçait en France avec éclat, Le Brun pouvait être étudié comme un précurseur (1) : aujourd'hui que cette école lyrique a fourni sa course, et qu'elle a plus ou moins donné tout ce qu'on en pouvait attendre, Le Brun ne se présente plus que comme un mort qu'il s'agit de bien ressaisir en lui-même, sans préoccupation du présent et en toute impartialité.

A ceux qui douteraient de son talent, il suffit, ce me semble, de voir son buste pour comprendre à l'instant qu'une pareille tête ne saurait se joindre avec l'idée de facultés vulgaires. Il a du poëte mieux que le masque : sa physionomie est frappante, particulière et caractérisée. Long, maigre, décharné même, il a le front sé-

(1) C'est ce que j'ai fait dans un de mes premiers articles insérés dans la *Revue de Paris* en 1829 (voir au tome Ier des *Portraits littéraires*).

vère et beau, l'arc et la voûte du sourcil faits pour être le siége d'une pensée, le nez long, fin et mince, la lèvre mince également, et qui semble n'attendre que l'instant de décocher le trait cruel. Le menton est avancé et anguleux. Toutes les lignes de cette remarquable figure sont sèches, mais nettes et fermes. Quand on a peu lu Le Brun, et qu'on a simplement entendu parler de lui, puis quand on voit son buste, on accorde sans difficulté que c'était et que ce devait être un poëte. Il reste à savoir de quelle manière il l'a été.

Ponce-Denis Escouchard Le Brun naquit à Paris le 11 août 1729 à l'Hôtel de Conti (aujourd'hui l'Hôtel de la Monnaie). Il était fils d'un homme « qui était enfin parvenu à être valet de chambre du prince de Conti. » Sa famille appartenait au petit commerce de Paris et se composait d'honnêtes marchands. Il étudia au Collége Mazarin, tout proche l'Hôtel de Conti; il y fit de brillantes études, et s'annonça, de bonne heure, par son goût pour les vers français. On en a de lui dès ce temps-là. Il fit une pièce en 1749, à vingt ans, pour être lue à la distribution des prix. Camarade du jeune Racine, qui était petit-fils du grand poëte, il reçut les conseils de Louis Racine, auteur du poëme de *la Religion*, et il apprit à se rattacher à la tradition poétique du dix-septième siècle plus directement qu'on n'avait coutume de le faire de son temps. Les premières odes de Le Brun sont consacrées à ce jeune ami Racine, qui avait quitté la littérature pour le commerce, et qui bientôt périt à Lisbonne dans le tremblement de terre de 1755. Ce dernier événement inspira Le Brun, qui, à vingt-six ans, prit place parmi les lyriques. Il fit deux odes à cette occasion, et une particulièrement *sur les Causes physiques des tremblements de terre*. Il s'y annonçait comme un émule de Lucrèce, et il aspirait à être un peintre de la *Nature*. Jeune, il méditait sur ce sujet un grand poëme, dont on n'a que des fragments. Le Brun, de son vivant, ne recueillit point ses œuvres ; il ne publia jamais ses odes et poésies qu'en feuilles détachées. Celles qui le firent le plus connaître dans la première partie de sa vie furent les pièces qu'il adressa à Voltaire et à Buffon.

Le Brun, nommé secrétaire des commandements du prince de Conti et marié depuis un an, rencontra en 1760 une nièce de Corneille, réduite à la misère : on peut dire qu'il la découvrit, puisque ce fut lui qui la signala à Voltaire, et qui commença tout cet éclat dont on a vu les suites, et d'où sortit le Commentaire sur Corneille. Le Brun, qui avait dans le talent des côtés grandioses, et de qui l'instinct lyrique cherchait partout autour de lui des sujets, saisit avidement celui qui lui permettait d'évoquer l'Ombre de Corneille, et de la mettre en face de Voltaire. Il le fit dans des strophes inégales, mais senties, animées d'un souffle généreux et d'une assez belle emphase. Voltaire, ainsi interpellé, tressaillit et vibra : il appela sans retard auprès de lui la nièce de Corneille, et Le Brun resta, dans l'opinion, le médiateur honorable et comme le parrain qui avait amené cette adoption.

Dès lors, toutefois, des circonstances fâcheuses se mêlèrent à cette action digne, et vinrent trahir les côtés faibles du caractère de Le Brun. Il avait fait imprimer son ode (1760), en y joignant ses lettres à Voltaire et la réponse. Fréron, dans *l'Année littéraire*, ne manqua pas cette occasion de critique ; il y raillait l'enthousiasme lyrique du jeune poëte, méconnaissait les beautés réelles de son ode, et disait en propres termes : « Il m'est passé bien des odes par les mains ; je n'en ai point encore lu d'aussi mauvaise que celle de M. Le Brun. » Il finissait par le renvoyer comme un écolier à un cours de langue française, en lui indiquant l'adresse du professeur. Quant à ce qui était de Voltaire et de son entourage :

« Il faut avouer, concluait Fréron, qu'en sortant du couvent, mademoiselle Corneille va tomber en de bonnes mains. » Je laisse de côté la colère de Voltaire sur ce propos qu'il jugeait digne du *carcan;* mais celle de Le Brun ne fut pas moindre. Il conçut à l'instant l'idée de plusieurs pamphlets ou diatribes pour les opposer aux feuilles de Fréron (*la Wasprie, l'Ane littéraire*); il les écrivit ou les fit écrire par son frère, et s'occupa de les répandre partout pour démonétiser l'adversaire : « Ne serait-il pas heureux, écrivait-il à Voltaire, de venger à la fois le bon goût qu'il offense, et de réduire ce coquin à la mendicité, en attendant qu'il aille aux galères? » Le Brun, dans ces divers petits écrits, en revenait toujours à justifier et à venger son ode des critiques injustes; mais il y marquait un ressentiment outré, et il s'attira de Voltaire lui-même, si bon juge dès qu'il s'agissait d'un autre, cette leçon de tactique et de goût : « Il y a des choses bien bonnes et bien vraies dans les trois brochures que j'ai reçues. J'aurais peut-être voulu qu'on y marquât moins un intérêt personnel. Le grand art de cette guerre est de ne paraître jamais défendre son terrain, et de ravager seulement celui de son ennemi, de l'accabler gaiement. » C'est cette gaieté qui manqua toujours aux critiques de Le Brun; il y est amer, âcre, envenimé et aisément cruel (1).

Voilà donc un lyrique, un auteur d'odes, et avide d'inspirations élevées, qui, dès le premier pas, se détourne de sa voie parce qu'il a été critiqué un peu vive-

---

(1) Il parut, à la fin de 1762 et l'année suivante, une feuille littéraire qui s'annonçait pour vouloir faire concurrence et guerre à Fréron, *la Renommée littéraire*. Le Brun, que l'on supposait un des auteurs du journal et qui y était fort loué en même temps que ses ennemis y étaient bafoués, écrivit pour démentir le bruit de sa collaboration; mais il avait certainement part à cette feuille, qui contenait d'ailleurs des morceaux critiques distingués.

ment. Cette fâcheuse disposition de Le Brun sera son perpétuel échec, et elle finira par donner le change à son ambition, tellement que celui qui aspirait au rôle d'un Pindare et d'un chantre auguste des grandes pensées publiques ne sera, en définitive, qu'un épigrammatiste excellent.

Disons tout, et reconnaissons les difficultés de divers genres contre lesquelles il eut à lutter. Qu'est-ce que l'Ode, à la considérer dans toute son élévation? C'est un chant destiné à traduire et à exprimer l'ivresse publique, la gloire des vainqueurs, la pompe des noces solennelles ou le deuil des grandes funérailles, quelque sentiment général qui transporte à un moment une nation. Toute ode est, de sa nature, destinée à être chantée. Telles étaient essentiellement celles de Pindare, la couronne et la gloire des Jeux de la Grèce. L'Ode, dans Horace, a déjà perdu de ce caractère primordial : quelques-unes de celles où il célèbre les grandes choses romaines ont pu être chantées en effet, mais la plupart n'étaient que des odes de cabinet, et ce charmant Horace, le modèle et le trésor des esprits cultivés, n'est lui-même qu'un lyrique déjà éclectique. Chez les modernes, au Moyen-Age, il y eut un genre lyrique vrai, naturel et vivant. Les troubadours du Midi sortaient chaque année avec le printemps, et faisaient leur tournée dans les châteaux, accompagnés de quelques jongleurs ou musiciens qui les aidaient à mettre en action leur gai savoir. Hors de là, dans l'ordre religieux, l'Église eut aussi ses belles odes sacrées, ses *proses* : qu'est-ce que le *Dies iræ*, sinon une ode terrible et sublime? Mais après la Renaissance, et quand on se remit à faire des odes à l'instar des Anciens, on tomba dans l'artificiel, Ronsard en tête. Après lui, Malherbe lui-même, tout le premier, n'y put échapper. Quand Racine, dans *Esther*, nous fait entendre ses chœurs mélodieux, si bien placés dans la bouche des filles de Saint-Cyr, il retrouve un lyrique vrai, naturel, motivé. Mais quand Jean-Baptiste Rousseau s'échauffe dans son ode au comte Du Luc, ou sur une naissance ou sur une mort de prince du sang, il a beau produire quelques tons brillants et harmonieux, le vide des idées et des sentiments se fait aussitôt sentir; le factice du genre apparaît; cet auteur qui, de propos délibéré, entre en délire, trouve des lecteurs froids, et il les laisse froids. Là est l'écueil de l'Ode moderne. Le Brun le sentait bien; il aurait voulu associer le public à son inspiration et renouer à quelque degré la chaîne électrique des Anciens. Lorsqu'il envoya un exemplaire de son ode au grand tragédien Le Kain, il lui disait : « Quelle sensation n'eût point faite cette ode où parle l'Ombre de Corneille, si vous l'eussiez lue sur le théâtre après *Cinna* ou *les Horaces!* Cet usage de lire en public et sur la scène des ouvrages nouveaux existait chez les Grecs et les Latins : c'était une source de gloire et d'émulation; j'ai vu M. de Voltaire regretter qu'il soit aboli. »

Ce que je veux conclure de tout ceci, c'est que, pour être véritablement vivante, une ode politique ou religieuse ne doit être que la voix harmonieuse et vaste de tout un peuple assemblé, qui y reconnaît et y salue son âme, et s'y exalte en l'écoutant : tel était le chœur antique. Or, chez les modernes, à part de très-rares circonstances, une telle réunion de sentiments, un tel accord sympathique n'a guère lieu que dans le genre de la chanson, à table et au dessert. Le sublime peut s'y glisser (et on l'a vu), mais seulement à petite dose.

Ce n'était pas le compte de Le Brun, qui, sans dédaigner l'anacréontique, visait plus habituellement au sublime. De là un désaccord qui frappe tous les gens de bon sens. Ce coquin de Fréron n'avait donc pas tout à fait tort lorsqu'il montrait le poëte au moment où il avait imaginé d'attendrir, en faveur de la nièce de Corneille, *la belle âme de M. de Voltaire* : « Comme apparemment, disait-il, on n'émeut bien les poëtes que par des vers, M. Le Brun s'est frotté la tête, a dressé ses cheveux, froncé le sourcil, rongé ses doigts, ébranlé par ses cris les solives de son plancher, et, dans un enthousiasme qu'il a pris pour divin, a fait sortir avec effort de son cerveau rebelle une ode de trente-trois strophes seulement, qu'il a envoyée aux *Délices*. »

Il sera toujours difficile de répondre à ce genre de plaisanterie, et même de n'y pas prendre part, lorsqu'on relit de sang-froid les odes, même célèbres, des modernes, où il entre tant d'emphase, de grands mots, d'images fastueuses, en disproportion avec la réalité, et où il faut, pour se mettre au ton, imiter tout d'abord, en les récitant, ce qu'on a appelé le mugissement lyrique. « La poésie est tenue de faire ouvrir de grands yeux, » répétait souvent le célèbre lyrique italien Chiabrera, le type des modernes Pindares. Cela dit, acceptons le genre comme un genre littéraire artificiel, et voyons-y Le Brun.

Ses plus belles odes, selon moi, sont celles qu'il adresse à Buffon. Il avait de bonne heure, et par une sorte d'instinct qui l'honore, choisi cet illustre écrivain pour son grand homme de prédilection et pour l'objet de son culte. Il avait compris que « de tous les genres de poésie, c'était l'ode sûrement qui avait le plus droit de lui plaire, parce qu'elle avait plus de rapport avec l'élévation de ses idées et la hauteur de son style. » La solennité du genre devient en quelque sorte une convenance naturelle en s'appliquant à Buffon. S'agissait-il de célébrer, par exemple, le livre des *Époques de la Nature*, Le Brun avait droit de s'écrier :

> Au sein de l'Infini ton âme s'est lancée,
> Tu peuplas ses déserts de ta vaste pensée.

> La Nature, avec toi, fit sept pas éclatants ;
> Et, de son règne immense embrassant tout l'espace,
>   Ton immortelle audace
> A posé sept flambeaux sur la route des Temps.

Dans l'ode où on lit cette belle strophe, Le Brun déplore la maladie de Buffon, qui avait perdu madame de Buffon l'année précédente, et qui avait été lui-même en danger de la suivre. Cette ode se compose de trois parties, qui forment comme trois modes différents. Les sept ou huit premières strophes sont consacrées à peindre le Génie dans la profondeur de ses découvertes et dans la majesté de ses systèmes : *Tel éclatait Buffon...* — Puis paraît l'Envie, ameutant les puissances odieuses, et elles essayent de ravir ce favori et ce peintre auguste de la Nature à l'honneur de ses immortels travaux. Dans la troisième partie, l'Ombre de madame de Buffon, morte à la fleur de l'âge et de la beauté, nous est représentée s'adressant à la Parque pour la fléchir, et obtenant la guérison de son époux. Buffon, en entendant réciter cette ode, se surprit à verser des pleurs ; et il s'y mêle, en effet, une impression touchante à travers la machine lyrique et la magniloquence du ton.

Une autre ode de Le Brun à Buffon, fort belle, est celle où il l'exhorte à mépriser l'envie et à poursuivre sa carrière sans s'arrêter aux détracteurs. Il respire dans cette pièce un profond sentiment de la justice que la postérité accorde aux œuvres durables et aux monuments élevés avec lenteur :

> Flatté de plaire aux goûts volages,
> L'Esprit est le dieu des instants.
> Le Génie est le dieu des âges :
> Lui seul embrasse tous les temps.

Le Brun ne perd aucune occasion d'exprimer son dédain suprême pour le jargon des petits vers de société, si en vogue à son moment. « ces petits vers mièvres et délicieux dont on surcharge les sophas jonquille. » Il vise lui-même à remplir quelques-unes de ces conditions difficiles qu'il impose au génie; il sait qu'une muse n'atteindra jamais aux beautés sévères, « si elle n'a point le courage d'acquérir dans le silence littéraire cette mâle vigueur que ne sauraient énerver ni le *bon ton* ni la *bonne compagnie :*

> Ceux dont le présent est l'idole
> Ne laissent point de souvenir :
> Dans un succès vain et frivole
> Ils ont usé leur avenir.
> Amants des roses passagères,
> Ils ont les grâces mensongères
> Et le sort des rapides fleurs :
> Leur plus long règne est d'une aurore ;
> Mais le Temps rajeunit encore
> L'antique laurier des neuf Sœurs.

Il est fâcheux que ces *neuf Sœurs* viennent là finalement affaiblir d'une locution usée une pensée si ferme. —Après Buffon, celui que Le Brun admirait le plus dans son siècle, c'était Montesquieu : il l'a rangé quelque part avec Bossuet au premier rang des *génies lyriques*, si tous deux avaient voulu l'être. Peignant l'Envie s'attaquant à Montesquieu vivant, il ajoute :

> Mais quand la Parque inexorable
> Frappa cet homme irréparable,
> Nos regrets en firent un dieu.

Cet homme irréparable! c'est une de ces expressions neuves, de ces alliances hardiment heureuses, comme Le Brun les cherche toujours et les rencontre quelquefois. C'est ainsi qu'il a dit encore des *âmes de gloire effrénées*, des *navires effrénés*, et tant d'autres expressions qui lui ont été reprochées si souvent. Mais ici, en parlant de Montesquieu, il est à la fois dans le vrai de la poésie et de la langue. Il dira dans la même ode, et toujours dans le même sentiment :

> Vivant, nous blessons le grand homme ;
> Mort, nous tombons à ses genoux :
> On n'aime que la gloire absente ;
> La mémoire est reconnaissante,
> Les yeux sont ingrats et jaloux.

Voilà de beaux vers, surtout les derniers, et qui se gravent d'eux-mêmes. Le Brun, qui y vise tant, a trop peu de ces mots pleins, faciles et « amis de la mémoire. »

Honneur pourtant à lui, quoi qu'on puisse dire bientôt à sa charge, et quoi que nous allions dire nous-même, honneur au poëte pour avoir conçu, en ce siècle de raisonnement et de bel-esprit, à cette époque de cabale et d'enrôlement universel, une telle idée d'une vocation calme, sereine et recueillie! Il avait terminé en 1787 cette ode qu'on imprime d'ordinaire à la fin des siennes, et qu'il appelait son *Exegi monumentum*. Il s'y promet l'immortalité comme s'il devait sûrement y atteindre, et il a mérité, ne fût-ce que par ce cri énergique, de n'y pas demeurer étranger. Il sentait, du reste, tout ce qu'il y avait de discordant dans un tel vœu rapproché des circonstances où il le proférait : « Comment parler d'avenir, disait-il, à des gens que le présent dévore? »

Quand on n'a lu que ces quelques strophes de Le Brun, on s'explique peu la stérilité générale de son œuvre, l'avortement de tant de hauts desseins, et on a besoin d'en chercher les raisons autre part encore que dans son talent. Osons toucher et sonder ses plaies : elles sont dans sa vie et dans son caractère.

Il s'était marié, ai-je dit, en septembre 1759, avec une femme d'esprit (Marie-Anne de Surcourt), qu'il a célébrée dans ses élégies sous le nom de *Fanny*. Il avait alors trente ans. Mais une année à peine s'était écoulée, que les procédés de Le Brun envers sa femme dénotèrent des défauts et même des vices de nature, dont toute sa destinée s'est ressentie. Nous avons les détails de son intérieur, et quel intérieur !

« Né avec un caractère violent, infatué de son propre mérite, il comptait pour rien tout ce que sa femme faisait pour lui : c'était une dette dont il recevait le payement sans reconnaissance ; et, à la plus légère contradiction, il s'irritait comme d'un attentat à son autorité. Alors le mépris, la fureur, la haine éclataient : les expressions les plus avilissantes sortaient de sa bouche, et presque toujours étaient accompagnées de traitements barbares. »

J'extrais ces paroles d'un factum ou Mémoire publié par madame Le Brun en 1781, dans le procès qu'elle soutenait contre son mari depuis le mois de mars 1774. Accusée elle-même, elle se défend, et mon dessein n'est pas de pénétrer dans les particularités de cette triste et vilaine affaire, ni d'y établir les torts de part et d'autre : il me suffira d'en tirer quelques conséquences incontestables.

Ce qu'on ne lit nullement dans les pièces du procès et ce qui a été beaucoup dit dans le temps, c'est que Le Brun avait vendu sa femme au prince de Conti de qui il dépendait. Quand il serait vrai qu'un tel marché honteux eût été conclu, et que le prince eût, dans les premiers temps, acheté ou obtenu de Le Brun le droit du seigneur, toute allusion de la part du mari ou de la femme, dans le procès, devenait impossible à cause de l'inviolabilité du personnage sérénissime. Mais on n'a pas même besoin d'en venir à cette conjecture infamante pour juger Le Brun bien sévèrement ; il ressort du factum et des dépositions des témoins que, quels qu'aient pu être les torts de la femme, ceux du mari furent tels qu'aucun honnête homme, aucun homme bien né ne s'en permettra jamais de semblables, soit en paroles, soit en actes. La grossièreté, l'injure ordurière, les coups, étaient son procédé ordinaire dans le ménage, et ne cessèrent pas durant près de quatorze ans. Ce qui reste presque plaisant, et ce qui ne laisse pas de donner une petite leçon littéraire, c'est que les vers, les petites élégies galantes, s'entremêlaient fort bien aux injures, au moins dans les commencements :

« Dans les premiers temps, ses torts semblaient être involontaires. Revenu à lui-même, il affectait toute la vivacité du repentir le plus sincère. Voici des vers qu'il fit en 1760 à la suite d'une scène et pour obtenir son pardon :

A TOI.

Si nous versons des pleurs, si de légers nuages
Menacent de troubler nos destins les plus doux,
Un Zéphyr enchanteur, apaisant ces orages,
Calme aisément des flots qui grondaient sans courroux.
Qu'un regard de *Misis* dissipe tes alarmes,
Chère amante! crois-en *Misis* à tes genoux, etc.

« Mais bientôt il dédaigna de jouer un rôle qui coûtait à son amour-propre. Il se livra de nouveau à toutes ses fureurs, et il ne songea plus à les expier par des larmes. Déjà il n'est plus *Misis*, la dame Le Brun n'est plus *Fanny* (1). »

Notez que Le Brun, dans son Mémoire judiciaire, argumentait de ses vers et de ses chansons pour prouver qu'il rendait sa femme heureuse :

Qu'un enfant des neuf Sœurs est facile à tromper!

s'écriait-il ingénument. Je me suis demandé quelquefois, en lisant les Élégies de Le Brun, comment il se peut qu'elles soient si sèches, si dénuées de vraie sensibilité. On comprend maintenant pourquoi : il avait trop logé en lui la haine et l'injure pour laisser place à la tendresse et à l'accent d'une délicate volupté!

(1) Ceci est tiré, comme la citation précédente, du *Mémoire pour Marie-Anne de Surcourt, femme du sieur Le Brun*, plaidant pour la séparation de corps (1781). Il est démontré que Le Brun vivait avec la femme de chambre de sa femme, et chez sa femme même.

Dans ce fatal procès qui rompit la carrière de Le Brun et envenima son âme, une circonstance bien singulière et unique, ce fut de voir sa propre mère et sa propre sœur venir déposer en justice pour sa femme et contre lui. Aussi, rien n'égala la fureur du poëte, et il en a consacré l'expression dans une pièce atroce *à Némésis*, qu'on a placée à la fin du premier livre de ses Élégies. Il y ramasse tous les exemples mythologiques qui peuvent attiser sa colère : Méléagre, victime de *son effroyable mère*; le frère de Médée, massacré et mis en lambeaux par sa sœur; les époux des Danaïdes égorgés par leurs femmes, et il ajoute :

> Mais aucun d'eux n'a vu, dans ses derniers abois,
> Épouse, et mère, et sœur, le frapper à la fois.

Puisqu'il fait appel à l'Antiquité, nous dirons que Le Brun, dans ces vers odieux, nous rappelle un ancien poëte grec, d'un bien vilain nom, Hipponax, « dont la médisance, dit Bayle, n'épargna pas même ceux à qui il devait la vie, *qui etiam parentes suos allatravit.* » Ce qu'on a dit de cet affreux Hipponax se trouve vérifié de nouveau, à la lettre, dans Le Brun.

Ce qui manqua donc à Le Brun pour aider son génie lyrique naturel et pour le nourrir dignement, nous le voyons, ce fut une vie chaste et pure au sens poétique, une vie studieuse et recueillie au sein de laquelle il aurait invoqué dans le silence des nuits, non les Furies, mais les Muses. Un second coup d'un autre genre qu'il éprouva et qui acheva de rompre ses projets de poëmes et de longs travaux, fut la banqueroute du prince de Guémenée, chez qui il avait placé sa modique fortune (1783). Il y eut un moment où il se vit réduit à l'exacte pauvreté : même quand il allait dans le monde, il était vêtu misérablement. M. de Vaudreuil, homme d'esprit, ambitieux, généreux, et qui aspirait sous

Louis XVI à un rôle de Mécène, ayant rencontré Le Brun, s'éprit de son talent, comme il avait fait de celui de Chamfort. Commençant par l'essentiel, il lui envoya délicatement, « sans se faire connaître, un grand coffre rempli de linge et d'habits. » Il le prônait partout; il lut de ses vers à la reine; il le poussa auprès de M. de Calonne. Celui-ci, à son tour, s'enflamma pour le poëte, et, au moment où l'on convoqua l'Assemblée des Notables, il lui envoya le plan, non pas d'une réforme de finances, mais d'une ode ou d'un dithyrambe destiné à célébrer ce grand moment. Quand on a lu ce plan de poésie ministérielle, adressé « *au poëte vertueux que j'admire et que j'aime,* » c'est-à-dire à Le Brun, on trouve que celui-ci l'a exécuté presque avec indépendance, bien qu'il n'ait pu s'empêcher de comparer M. de Calonne à l'aigle :

> Le hibou peut-il voir de son regard timide
> Ce que l'*aigle* et *Calonne* ont vu d'un œil rapide?

Mais pouvait-il faire moins pour celui qui le saluait *vertueux?* Chose plus étrange ! Le Brun comparait aussi M. de Calonne à Sully, en même temps qu'il comparait Louis XVI à Henri IV :

> Digne sang de Henri, puis-je te méconnaître?
> Que dis-je? il vit encore, et *Sully* va renaître.

N'oubliez pas que, trois mois auparavant, il recevait 2,000 livres de pension du Contrôleur général, pour l'encourager dans cette bonne voie.

Cette pièce de vers de Le Brun dégoûta dans le temps par l'indécence de l'adulation. Il dut s'en justifier, et il le fit par une sorte de madrigal dans lequel il disait qu'en célébrant Calonne, il avait *au défaut du bonheur,* voulu chanter *l'espérance.*

C'est vers cette époque qu'eut lieu chez l'aimable peintre madame Lebrun (laquelle n'était nullement parente du poëte) un souper improvisé qui fit bruit, et où tout se passa à la grecque. Le *Voyage du jeune Anacharsis* venait de paraître, et le beau monde raffolait du brouet noir. Madame Lebrun, qui attendait ce soir-là de fort jolies femmes, imagina de costumer tout son monde à l'antique pour faire une surprise à M. de Vaudreuil : « Mon atelier, dit-elle, plein de tout ce qui me servait à draper mes modèles, devait me fournir assez de vêtements, et le comte de Parois, qui logeait dans ma maison rue de Cléry, avait une superbe collection de vases étrusques. » Chaque jolie femme qui entrait était à l'instant même déshabillée, drapée, coiffée en Aspasie ou en Hélène. « Le Brun-Pindare entre ; on lui ôte sa poudre, on défait ses boucles de côté, et je lui ajuste sur la tête, dit madame Lebrun, une couronne de laurier, avec laquelle je venais de peindre le jeune prince Henri Lubomirski en *Amour de la Gloire*. Le comte de Parois avait justement un grand manteau pourpre, qui me servit à draper mon poëte, dont je fis en un clin d'œil Pindare, Anacréon. Puis vint le marquis de Cubières, etc... » Ce n'était là qu'une fantaisie de femme artiste et l'amusement d'une soirée ; mais ce qui me frappe, c'est que, dans plus d'une ode de Le Brun, le travestissement est plus durable et subsiste encore. On sent trop jusque dans son talent cette parodie sérieuse et guindée de Pindare ou d'Anacréon.

Le Brun n'avait pas moins de soixante ans : la Révolution vint faire subir à son caractère une dernière épreuve, dont il sut moins que personne se tirer avec honneur et avec pureté ; il était en avance et en fonds du côté de la haine. Son talent sans doute, dans ces circonstances publiques enflammées, rencontra quelques vrais accents, et quatre ou cinq strophes de l'ode sur le vaisseau *le Vengeur* et sur ce *naufrage victorieux* sont ce qu'a produit poétiquement de mieux l'époque républicaine; mais à quel prix ces énergiques élans furent-ils achetés? Le Brun, comme le peintre David son ami, trempa son pinceau à plaisir dans les couleurs sanglantes et livides. Les strophes les plus exécrables qu'on puisse citer d'alors sont de lui, du chantre et du pensionné de Calonne : et à la fois, oubliant ces gages publics qu'il avait donnés si récemment encore, il se proclamait un républicain de tous les temps; il prenait son humeur invétérée pour des principes. Il avait fait autrefois un certain vers par lequel il qualifiait un roi

> L'insecte usurpateur qu'on nomme *Majesté !*

Il s'armait de ce méchant vers comme d'une preuve de sa conviction invariable depuis trente ans. Le Brun disait de Louis XVI captif, à la fin de 1792 :

> Venez voir, Conseillers sinistres,
> Un Roi sans peuple, sans amis !
> Vous seuls fûtes ses ennemis,
> Vils Courtisans, lâches Ministres !

Mais de quels ministres parlait-il donc, encore une fois, lui qui avait comparé Calonne à Sully? Il disait de Louis XVI au Temple, et en le dévouant à l'échafaud du 21 janvier :

> Il pouvait régner sur les cœurs,
> Ce monarque faible... et parjure !
> Il prétend régner sur des morts !
> Vainement la pitié murmure :
> *Le Ciel veut plus que des remords.*

Il poursuivait Marie-Antoinette en des vers non moins hideux, qu'il faut rappeler à jamais pour le flétrir :

> Oh! que Vienne aux Français fit un présent funeste!
> Toi qui de la Discorde allumas le flambeau,
> Reine que nous donna la Colère céleste,
> Que la foudre n'a-t-elle embrasé ton berceau!
>
> Combien ce coup heureux eût épargné de crimes!
> Ivre de notre sang, désastreuse Beauté,
> Femme horrible!...........

Et c'était le même qui, dans des vers adressés à Voltaire lors de son dernier voyage à Paris (1778), avait dit :

> Oh! qu'il te sera doux, aux jeux de Melpomène,
> De voir Aménaïde en pleurs
> Intéresser à ses douleurs
> *Les larmes de ta jeune Reine!*
> *Les Grâces, triomphant sur le trône des Lys,*
> Ont ramené les Arts à la Cour de Louis

C'était le même qui, le jour où il avait reçu sa pension de Louis XVI, rimait un remercîment qui finissait par ces deux vers :

> Larmes que n'avait pu m'arracher le malheur,
> Coulez pour la reconnaissance!

C'était le même enfin qui, dans ce fameux *Exegi monumentum*, parlant de la Seine, s'était écrié d'un ton de prophète :

> Mais tant que son onde charmée
> Baignera l'Empire des Lys,
> . . . .
> Elle entendra ma Lyre encore
> D'un Roi généreux qui l'honore
> Chanter les augustes bienfaits!

Honte et dégoût! De sa même trompette lyrique, en 92,

Le Brun demandait, dans une strophe infernale, que les tombes royales de Saint-Denis fussent violées :

> Purgeons le sol des patriotes,
> Par des rois encore infecté :
> La terre de la Liberté
> Rejette les os des despotes.
> De ces monstres divinisés
> *Que tous les cercueils soient brisés !...*

Mais qu'avons-nous à apprendre à ceux qui ont lu son ancienne invocation *à Némésis*, et quelle rage pourrait étonner de sa part après l'imprécation contre sa mère ?

J'ai cru devoir étaler la plaie sans réserve. Je ne sais si le talent poétique de Le Brun eût jamais été susceptible de se développer et de grandir en des régions plus heureuses; mais à coup sûr, par une telle habitude de sentiments et de pensées, il s'en était interdit les moyens; il avait tari en lui les sources jaillissantes et fécondes. Toute la douceur compatible même avec la puissance avait fui dès longtemps de son âme.

Comme lyrique, il a du souffle, mais aride; il a l'amour ou plutôt la recherche des beaux mots, il en a surtout la fatigue et l'abus. De la roideur, de l'inégalité, de la sécheresse et de la maigreur, nulle grâce ni mollesse, les rochers plus que les vallons du Parnasse (comme le disait de lui Bernardin de Saint-Pierre), le voilà dans l'ode. Il n'a pas le détail fertile ni riant aux yeux de l'esprit. Il manque d'idées. Il n'est pas nombreux avec suite ni d'une manière soutenue; ses jets de talent sont isolés et attestent une force ingrate, à laquelle le Ciel ni les parents n'ont jamais souri... *Cui non risere parentes.*

Ce jugement général souffrirait quelque exception, si l'on examinait son ode intitulée *le Triomphe de nos Paysages*, où il y a des peintures assez fraîches, et celle qui a pour titre *Mes Souvenirs ou les deux Rives de la Seine*, où il a mis quelque sensibilité, mais de cette sensibilité où l'on n'a que soi-même pour objet (1).

Le Brun, vieillissant et presque aveugle, avait obtenu du Gouvernement un logement au Louvre en face le pont des Arts, tout à côté du peintre David. Il contracta, sous le Directoire, un second mariage, ignoble et malheureux, qui le punit des torts qu'il avait eus dans le premier. Sa servante devint sa femme; elle le trompait (2) et le maîtrisait. Lorsque le Gouvernement retira aux gens de lettres les logements du Louvre, Le Brun alla (3) se loger au Palais-Royal, maison du café de Foy, dans les combles. Il réunissait volontiers chez lui quelques gens de lettres, même quelques femmes sensibles à l'esprit. Sa conversation était toute littéraire et sur les matières de poésie : l'histoire, la politique l'occupaient peu, ou, s'il touchait à la politique, c'était uniquement pour en tirer quelque occasion d'ode ou d'épigramme. Comme tant de poëtes vieillissants, il aimait à parler de lui-même et s'y renfermait. Galant de

---

(1) Dans l'ode sur *le Triomphe de nos Paysages*, où le poëte a déployé un si ingénieux abus de la mythologie, je trouve pourtant quelque mollesse heureuse d'expression, dans cette strophe par exemple :

> Serait-ce l'onde du Pénée,
> Qui serpente dans ces vallons,
> *Tivoli, Blanduse, Albunée,*
> *Vous n'êtes plus que de vains noms...*

J'indique aussi, dans ce ton de suavité et de mollesse qui est si rare chez Le Brun, la neuvième strophe de l'ode XXIe du livre premier : *Par elle un berger de Sicile...* On compte chez lui ces aimables endroits.

(2) Avec le chevalier Du Puy-des-Islets, un ancien chevau-léger, qui sema longtemps de ses petits vers les Almanachs des Muses.

(3) Il alla ou retourna loger au Palais-Royal ; car il y logeait déjà au moment de la Révolution, après qu'il eut quitté l'Hôtel de Conti. C'est là que le chevalier de Chateaubriand visitait Le Brun en 1789.

tout temps auprès des femmes, il avait le madrigal (1) aussi prompt que l'épigramme. Sa vraie, son incomparable supériorité était dans ce dernier genre. Il en a trop fait; mais on tirerait des siennes un choix varié et excellent. Je n'en citerai aucune après celle que j'ai rappelée l'autre jour à l'occasion de La Harpe (*Ce petit homme à son petit compas...*) : c'est ce qu'on peut appeler la reine des épigrammes.

Si Le Brun en faisait de bonnes et même de médiocres ou de mauvaises, il en essuyait aussi, et qui n'étaient pas des pires. Dans son duel prolongé avec le poëte-grammairien Urbain Domergue ou avec Baour-Lormian, il n'eut pas toujours l'avantage; il avait appris son secret à ses adversaires. Un jour qu'il avait été tout simplement grossier en disant et redisant sur tous les tons :

> Sottise entretient la santé :
> Baour s'est toujours bien porté.
>
> —
>
> Sottise entretient l'embonpoint :
> Aussi Baour ne maigrit point.

Baour-Lormian ripostait plus gaiement et avec plus d'esprit, cette fois, que de coutume :

> Le Brun de gloire se nourrit;
> Aussi voyez comme il maigrit !

---

(1) Sa cécité n'était elle-même pour lui, le plus souvent, qu'une occasion de madrigal. Un jour que, voulant reconduire une dame dans un escalier sombre, il s'aperçut qu'il avait trop présumé de son reste de vue, il improvisa à l'instant ces vers :

> Las! j'y vois peu; l'Amour qui n'y voit guère
> Veut me guider. Dans ce péril commun,
> Conduisez-nous, bel Ange de lumière :
> Vous conduirez deux aveugles pour un.

Il avait de la galanterie plus que du sentiment, mais souvent une galanterie fort ingénieuse et délicate (lire de lui, au premier livre des Épigrammes, *la Méprise, ou les Flambeaux changés*).

Le Brun, qui s'appelait l'homme des revanches, n'eut pas la sienne ce jour-là (1).

Ces jeux d'esprit trouvaient beaucoup de curieux et d'oisifs qui s'en amusaient chaque matin sous le Consulat et sous l'Empire. On se serait cru revenu aux beaux jours de la petite guerre d'épigrammes entre Scarron et Gilles Boileau, et c'était le temps d'Austerlitz ! J'allais oublier de dire que Le Brun s'était tout à fait, et dès le premier jour, rallié à Bonaparte, qui lui avait accordé une grosse pension (6,000 fr.). Il a loué le héros, comme il avait loué déjà indifféremment Louis XVI, Calonne, Vergennes, Robespierre (2), sans préjudice des petites épigrammes qu'il se passait dans l'intervalle et qui ne comptaient pas.

Le Brun mourut le 2 septembre 1807, à l'âge de soixante-dix-huit ans. Comme presque tous ses confrères de l'Institut avaient été plus ou moins atteints par lui, c'était à qui n'irait pas à ses funérailles. Le cardinal Maury fut plus généreux, et, bien qu'un des plus blessés, il donna le signal de l'oubli des injures. Pendant que le cortége s'avançait, Andrieux qui en faisait partie remarquait avec étonnement qu'il était le seul peut-être des membres présents contre qui Le Brun n'eût pas fait d'épigrammes, et il le disait à son voisin, quand celui-ci lui repartit aussitôt : « Eh quoi ! vous ne savez pas la vôtre ?

> Sœur Andrieux, contez, contez, entendez-vous ?
> Si vous ne dormez pas, ma sœur, endormez-nous. »

(1) On trouve tout le menu de ces querelles littéraires dans l'*Acanthologie* ou Recueil d'Épigrammes (1817), que l'on doit à M. Fayolle, littérateur instruit et bienveillant, et qu'il nous a été très-bon de consulter personnellement sur ce temps-là. — Il est mort à Sainte-Périne, où il était la dernière fois que nous le vîmes.

(2) L'Éloge que Le Brun a fait de Robespierre se trouve dans un avant-propos en prose qu'il avait mis à son ode *sur l'Être-Suprême*, lorsqu'elle fut publiée pour la première fois.

C'était, cette fois, bien innocent. On ajoute qu'Andrieux, qui voulait faire un discours sur la tombe, garda son cahier en poche; mais je n'en crois rien (1).

Lorsque Ginguené, ami de Le Brun dans tous les temps, se chargea de faire le recueil des Œuvres du poëte, il trouva, dit-on, dans les papiers jusqu'à dix épigrammes contre lui-même, et il s'y piqua : ce qui ne l'empêcha point d'accomplir très-fidèlement sa mission d'éditeur. Mais il n'eut pas le suprême bon goût de donner une au moins des dix épigrammes.

Une des choses auxquelles il est le plus difficile de s'accoutumer en jugeant les hommes, c'est de maintenir la part de leurs talents ou de leurs qualités, après qu'on a reconnu celle de leurs défauts ou de leurs vices. On éprouve une impression pénible de ce genre à propos de Le Brun. Cette élévation qu'il n'avait ni dans le cœur ni dans le caractère, il faut bien pourtant reconnaître qu'elle s'était par moments réfugiée dans son imagination. Il avait de certaines idées qui pouvaient être vagues ou exagérées, mais qui n'étaient ni petites ni basses. Dans le seul voyage qu'il fit, il était allé jusqu'à Marseille et y avait vu la mer : « J'ai donc vu la mer, écrivait-il, ou plutôt je n'ai fait que la revoir, car mon imagination me l'avait mille fois représentée, même plus imposante et plus vaste. *L'homme a dans sa pensée le coup d'œil de l'Univers.* » Jusqu'au terme de sa vieillesse, il conserva une fermeté rare; la cécité,

---

(1) Il y a une autre épigramme de Le Brun contre Andrieux, et qui, également innocente, paraîtra plus juste, car les Contes de cet homme d'esprit n'ont jamais endormi personne ; la voici :

   Dans ces Contes pleins de bons mots
   Qu'Andrieux lestement compose,
   La rime vient mal à propos
   Gâter le charme de la prose.

C'est moins une épigramme qu'un demi-éloge.

quand il en fut totalement menacé, ne l'affligeait pas, et il en a parlé avec sérénité et presque avec magnificence dans son ode sur *la Vieillesse :*

> **La nuit jalouse et passagère**
> **Dont le voile ombrage mes yeux,**
> **N'est qu'une éclipse mensongère**
> **D'où l'esprit sort plus radieux.**

Il croyait donc au triomphe de l'esprit et à une immortalité, au moins poétique et terrestre. *Je ne meurs pas,* disait-il, *je sors du temps.* Dans cette absence de tout principe d'honneur et de dignité, il poursuivait encore avec fierté je ne sais quels fantômes et quelles idoles qui lui parlaient d'un monde supérieur. C'est par ce seul côté qu'il subsiste et qu'il mérite aujourd'hui le regard.

Lundi, 1ᵉʳ décembre 1851.

MADAME DE MOTTEVILLE

Reposons-nous un moment avec madame de Motteville, l'auteur des judicieux Mémoires, avec cet esprit sage et raisonnable qui a vu de près les choses de son temps, qui les a appréciées et décrites dans une si parfaite mesure, avec une si agréable justesse. Lorsque les Mémoires de madame de Motteville parurent pour la première fois en 1723, les journalistes et critiques du temps, en y louant le ton de sincérité, jugèrent qu'il y avait trop de détails minutieux, trop de petits faits. Ce n'était pas seulement l'opinion du *Journal de Trévoux* ou du *Journal des Savants*, c'est celle de Voltaire lui-même. Aujourd'hui, nous ne pensons plus ainsi. Ces petits faits, qui appartiennent à un ancien monde disparu, et qui nous le représentent dans une entière vérité, nous plaisent et nous attachent : à une distance médiocre, ils pouvaient sembler surabondants et superflus; à une distance plus grande, ils sont redevenus intéressants et neufs. Et d'ailleurs, si madame de Motteville, se tenant à son rôle de femme, ne disant que ce qu'elle a appris par elle-même ou de bonne source, n'essaye pas de pénétrer les secrets du cabinet (dont elle devine pourtant très-bien quelques-uns), elle nous peint au naturel l'esprit général des situations et le caractère moral des personnages : c'est ce côté durable que le temps a dégagé en elle, et qui la place désormais à un rang si distingué et si bien établi.

Madame de Motteville, née vers 1621, était de son nom Françoise Bertaut, nièce du poëte-évêque, illustre en son temps et encore remarquable pour le sentiment et l'élégance, de ce Bertaut que Boileau a loué de sa retenue, et que Ronsard avait jugé un *poëte trop sage*. Je relève tout d'abord ce fonds de sagesse, qui semblait appartenir à la race : madame de Motteville avait une sœur cadette que, dès son enfance, on appelait *Socratine* à cause de sa sévérité, et qui finit par se faire carmélite. Cette sévérité, très-adoucie et très-ornée chez la sœur aînée, ne méritait que le nom de raison et de bon esprit. C'est ainsi qu'en parlaient tous ceux qui ne la connaissaient que de réputation : « *Mélise* peut passer pour une des plus raisonnables précieuses de l'île de Délos, » est-il dit dans *le Grand Dictionnaire des Précieuses*. Mademoiselle Bertaut avait reçu une éducation très-soignée et très-littéraire. Son père, Pierre Bertaut, était gentilhomme ordinaire de la Chambre du Roi. Sa mère, qui tenait à une noble maison d'Espagne et qui avait jeune habité ce pays, fut distinguée de la reine Anne d'Autriche, dans les premiers temps que cette princesse était en France; sachant l'espagnol comme sa propre langue, elle fut d'abord employée par elle à ses correspondances de famille, et traitée comme une amie. Elle profita de cette faveur pour *donner*, comme on disait alors, c'est-à-dire pour attacher à la reine sa fille dès l'âge de sept ans (1628). Mais le cardinal de Richelieu, qui s'inquiétait de l'entourage de la jeune reine, et qui voulait lui couper les communications avec l'Espagne, éloigna cette jeune enfant : ce dont Anne d'Autriche se plaignit fort. A toutes ses plaintes, « on lui répondit, nous dit madame de Motteville, que ma mère était demi-Espagnole, qu'elle avait beaucoup d'esprit, que déjà je parlais espagnol, et que je pouvais lui ressembler. » Madame Bertaut emmena donc sa fille, âgée de dix ans, en Normandie, où elle acheva de l'élever avec soin. La jeune personne gardait toujours une pension de 600 livres de la reine, et en 1639 elle mérita, pour sa beauté et sa bonne réputation, d'être mariée à M. Langlois de Motteville, premier président de la Chambre des Comptes de Normandie, qui l'épousa en troisièmes noces. « Ce mariage était mal assorti, lit-on dans le *Journal des Savants* (janvier 1724) ; le président avait quatre-vingts ans, et elle n'en avait que dix-huit. Aussi dit-on qu'elle s'ennuyait quelquefois de la moitié du lit, et que, quand le bonhomme était endormi, elle faisait prendre sa place à une femme de chambre, et que le vieux président ne s'apercevait de rien. » Si ce détail, consigné dans le grave Journal, est exact, ce fut là la plus vive espièglerie de madame de Motteville. Sa nature calme et peu passionnée ne paraît point avoir souffert d'ailleurs d'une telle union : « En l'année 1639, ayant épousé M. de Motteville, dit-elle, qui n'avait point d'enfants et avait beaucoup de biens, j'y trouvai de la douceur avec une abondance de toutes choses ; et si j'avais voulu profiter de l'amitié qu'il avait pour moi, et recevoir tous les avantages qu'il pouvait et voulait me faire, je me serais trouvée riche après sa mort. » Mais elle négligea ces vues d'intérêt, et, comme tous les exilés de la Cour, elle n'était occupée en ce moment qu'à espérer la fin prochaine du cardinal de Richelieu, d'où elle attendait le retour de la faveur. A la mort du cardinal et du roi, l'un des premiers soins de la reine fut de rappeler auprès d'elle ses anciens amis disgraciés pour l'amour d'elle, et madame de Motteville fut du nombre ; elle fut dès lors attachée à la reine moins encore comme femme de chambre (elle en avait le titre) que comme l'une des personnes de sa conversation et de son intimité.

Sage, secrète, régulière, d'un esprit doux et enjoué avec nuances, d'une curiosité à la fois sérieuse et amusée, d'un coup d'œil observateur qui ne cherchait pas à être perçant ni profond et qui se contentait de bien voir ce qui se faisait autour d'elle, elle passa ainsi vingt-deux années bien diverses, et dont quelques-unes furent agitées des plus violents orages. Fidèle et dévouée sans se piquer d'être héroïque, elle sut accommoder les timidités de son sexe avec les obligations et les devoirs de son état, et traverser à la Cour tant d'écueils visibles ou cachés, sans se détourner de sa voie, et en restant dans les règles et les délicatesses d'une exacte probité : femme en bien des points, mais la plus raisonnable des femmes, personne essentielle et aimable tout ensemble. Elle ne paraît pas avoir songé jamais à se remarier, ni avoir connu de tendres faiblesses. Dans cette agréable discussion qu'elle soutint par lettres avec la grande Mademoiselle sur les conditions d'une vie parfaitement heureuse, elle lui écrivait : « Je n'avais que vingt ans quand la liberté me fut rendue; elle m'a toujours semblé préférable à tous les autres biens que l'on estime dans le monde, et, de la manière que j'en ai usé, il semble que j'ai été habitante du village de Randan, » — un village d'Auvergne où les veuves ne se remariaient pas. Ce nom de douairière, qu'elle eut de bonne heure, ne l'effarouchait en rien. Elle jouissait de l'amitié, de la conversation : elle savait au besoin « goûter les douceurs des solitaires, qui sont les livres et les rêveries. » Une religion vraie et pratique, qui n'excluait pas, mais qui ramenait à elle les réflexions mêmes de la philosophie, la soutenait et l'affermissait dans sa vertu et dans sa prudence. Ainsi pour cette âme égale et tempérée se passa la vie, sans grand éclat, sans trouble intérieur, et dans une maturité constante.

On se demande d'abord de madame de Motteville,

comme de toute femme, si elle était belle, et il paraît bien qu'elle l'était. « Son portrait, qui est à Motteville, dit le *Journal des Savants*, la représente comme une brune fort jolie. » Le seul portrait gravé que j'aie vu d'elle, et que chacun peut voir au Cabinet des Estampes, nous la montre coiffée à la mode d'Anne d'Autriche, n'étant déjà plus de la première jeunesse, le visage plein, avec un double menton, l'air tranquille et doux. Le bas de la figure, pourtant, est peu agréable, et l'ensemble n'a rien qui appelle une attention marquée. C'est dans son esprit qu'il faut chercher les traits fins et charmants qui la distinguent.

La figure principale autour de laquelle se déroule le récit de madame de Motteville, est celle de la reine Anne d'Autriche, sa maîtresse. L'auteur ne se pique point d'être un politique ni un historien : c'est une femme qui raconte ce qu'elle a été à même de voir par ses yeux ou d'apprendre des personnes les mieux informées. Et très-sensée et très-sûre comme elle était, les plus honnêtes gens d'entre les initiés et les habiles, ceux que Retz appelle les d'Estrées et les Senneterre, aimaient à causer avec elle en passant. Elle se tient d'ordinaire dans le cabinet, c'est-à-dire dans la chambre royale; elle en fait son centre et s'étend le plus volontiers sur les scènes qui s'y sont présentées à son observation. Cependant elle ne néglige pas, à la rencontre, les narrations plus considérables, telles que l'épisode sur la révolution d'Angleterre qu'elle a recueilli de la bouche de la reine d'Angleterre elle-même, et dont elle fait un récit à part; elle s'étend aussi sur la révolution de Naples, qui eut lieu vers ce même temps. « C'est un *lambeau* que je veux laisser tomber en marchant mon chemin, dit-elle de quelqu'un de ces épisodes de rencontre; il trouvera sa place avec les autres de même nature : et, comme il ne sera pas traité avec plus d'ordre et de suite, il n'aura pas aussi plus de prix ni de valeur. » Le bon esprit de madame de Motteville, qui l'a portée à ne consulter sur ces choses éloignées que de bons témoins et qui faisait que les plus dignes de foi aimaient à s'en ouvrir avec elle, donne à ces parties accessoires et à ces hors-d'œuvre plus d'intérêt qu'elle n'ose en prétendre.

Elle commence par un abrégé de la vie de la reine, depuis son arrivée en France jusqu'à la mort de Louis XIII et à la Régence. Mais la partie originale de ces Mémoires est celle qui prend à partir de là, et qui traite de ce qui s'est passé à portée de vue de l'auteur. Lorsqu'elle revient à la Cour en 1643, madame de Motteville nous décrit les divers personnages en scène, les divers intérêts des cabales; elle se montre à nous au milieu de ces grandes intrigues comme un simple spectateur placé dans un coin de la meilleure loge et parfaitement désintéressé : « Ainsi je ne songeais pour lors qu'à me divertir de tout ce que je voyais, comme d'une belle comédie qui se jouait devant mes yeux, où je n'avais nul intérêt. » — « Les cabinets des rois, dit-elle encore, sont des théâtres où se jouent continuellement des pièces qui occupent tout le monde; il y en a qui sont simplement comiques; il y en a aussi de tragiques dont les plus grands événements sont toujours causés par des bagatelles. » Assistant à toutes ces choses avec un esprit clairvoyant et non acharné, n'y prenant plaisir d'abord que pour se désennuyer, elle a en elle de bonne heure une ressource qui lui vient de famille, c'est d'écrire; aux moments que les autres dames donnent au jeu ou à la promenade, elle s'enferme et elle note ce qu'elle a vu, ce qu'elle a entendu, pour se le rappeler un jour.

Les premiers temps de la régence d'Anne d'Autriche sont exposés et démêlés par madame de Motteville, de manière à nous y faire assister avec elle. Tous les anciens amis de la reine sont revenus après une disgrâce plus ou moins longue : chacun d'eux compte sur la même faveur qu'autrefois, et ils ne s'aperçoivent pas d'abord que cette reine, qu'ils avaient laissée opprimée par Richelieu, sans enfants et encore Espagnole de cœur, est devenue mère, toute aux intérêts du jeune roi, et une reine toute française. Ils ne distinguent pas non plus que le cœur est déjà gagné par le Mazarin, et qu'elle a fait choix de lui dans son affection et dans sa paresse pour être le ministre qui la *désoccupera* des affaires et qui la fera régner. Madame de Senecé, madame de Chevreuse, madame de Hautefort, en revenant à la Cour, ont donc beaucoup à rapprendre, beaucoup à deviner. Plusieurs de ces exilés d'autrefois, au moment où ils croient se ressaisir de la fortune, vont, à leurs dépens, provoquer son caprice encore et son inconstance : « Voilà donc la Cour belle et grande, mais bien embrouillée, nous dit madame de Motteville qui ne peut s'empêcher de jouir du spectacle. Chacun pensait à son dessein, à son intérêt et à sa cabale. Le cardinal, d'un esprit doux et adroit, allait travaillant à se gagner les uns et les autres. » Mais un bon nombre, se croyant sûrs du terrain, résistent aux avances; madame de Motteville nous montre dans cet intérieur les revers imprévus d'où vont résulter pour les présomptueux et ceux qui font les importants de nouvelles disgrâces. A propos de madame de Hautefort qui, avec sa fermeté sans douceur et *son esprit attaché à son sens*, résiste âprement à la reine, madame de Motteville nous expose toute sa morale de Cour à elle-même, une morale tempérée et non relâchée : « Nous pouvons dire nos avis à nos maîtres et à nos amis, pense-t-elle ; mais quand ils se déterminent à ne les pas suivre, nous devons plutôt entrer dans leurs inclinations que suivre les nôtres, quand nous n'y connaissons point de mal essentiel, et que les choses par elles-mêmes sont indifférentes. » Le genre d'adresse du cardinal Mazarin, sa dissimulation, la grâce et la finesse de son jeu, cet esprit de cabinet où il excellait, et « qui fait jouer tant de grandes machines, » nous est rendu avec fidélité et vie par une personne qui, sans avoir à se louer de lui, a le mérite d'apprécier avec équité ses parties supérieures. Plusieurs de ces disgraciés de Mazarin étaient des amis de madame de Motteville; elle ne les abandonne pas au moment où ils tombent; elle les visite, les console, et essaye même, dans quelques cas, de les défendre auprès de la reine. Par cette droiture de procédé, elle se fait tort auprès du ministre; mais la reine a dans le cœur assez d'élévation pour lui pardonner ces témoignages de probité et, la première froideur passée, pour ne pas lui en garder de rancune.

Si la reine Anne d'Autriche était pour nous plus intéressante qu'elle ne nous paraît en somme d'après l'histoire, nous pourrions emprunter à madame de Motteville des variétés de portraits qu'elle a tracés d'elle et qui sont pleins de beauté noble et de majesté. La femme de chambre (car ici madame de Motteville l'est bien un peu) nous montre avec admiration et avec amour sa royale maîtresse depuis l'instant où elle s'éveille, depuis celui où elle se lève et où on lui présente la chemise, jusqu'à son souper et à son coucher :

« Après avoir mis son corps de jupe avec un peignoir, elle entendait la messe fort dévotement; et, cette sainte action finie, elle venait à sa toilette. Il y avait alors un plaisir non pareil à la voir coiffer et habiller. Elle était adroite, et ses belles mains en cet emploi faisaient admirer toutes leurs perfections. Elle avait les plus beaux cheveux du monde : ils étaient fort longs et en grande quantité, qui se sont conservés longtemps sans que les années aient eu le pouvoir de détruire leur beauté. Elle s'habillait avec le soin et la curiosité permise aux personnes qui veulent être bien sans luxe, sans or ni argent, sans fard et sans façon extraordinaire. Il était néanmoins aisé de voir à travers la modestie de ses habits qu'elle pouvait être sensible à un peu d'amour-propre. Après la mort du feu roi, elle cessa de mettre du rouge, ce qui augmenta la blancheur et la netteté de son teint... »

Le grand deuil séyait à la reine, et elle perdit à le quitter. Elle était à cet âge de quarante ans, « si affreux pour notre sexe, » dit madame de Motteville; mais elle en triomphait par sa représentation de souveraine et de mère. Un jour elle conduisait le jeune roi au Parlement (septembre 1645) :

« Elle mit des pendants d'oreilles de gros diamants, mêlés avec des perles en poire fort grosses. Elle avait au-devant de son sein une croix de même sorte d'un très-grand prix. Cette parure, avec son voile noir, la fit paraître belle et de bonne mine, et en cet état elle plut à toute la Compagnie. Plusieurs la regardèrent avec admiration : tous avouèrent que, dans la gravité et la douceur de ses yeux, on connaissait la grandeur de sa naissance et la beauté de ses mœurs. »

Ce sont là de beaux portraits et faits presque sans y songer. Dans les troubles qui s'élevèrent bientôt, madame de Motteville nous montre la reine avec des qualités qu'il serait injuste de lui refuser au milieu de ses fautes : elle avait le courage et la fierté; « le sang de Charles-Quint lui donnait de la hauteur » et bouillonnait dans ses veines. A ces peintures un peu partiales, mais non point fausses, d'Anne d'Autriche, il faut pourtant mettre toujours et sous-entendre la petite *voix aigre* qu'elle avait dans sa colère, et dont Retz nous a si bien rendu l'accent.

La reine d'Angleterre, si magnifiquement célébrée par Bossuet, nous a été peinte plus familièrement par madame de Motteville, qui l'avait beaucoup connue; et, cette fois, c'est elle qui met à cette figure, solennisée dans l'oraison funèbre, le grain de réalité :

« Cette princesse était fort défigurée par la grandeur de sa maladie et de ses malheurs, et n'avait plus guère de marques de sa beauté passée. Elle avait les yeux beaux, le teint admirable, et le nez bien fait. Il y avait dans son visage quelque chose de si agréable, qu'elle se faisait aimer de tout le monde ; mais elle était maigre et petite : elle avait même la taille gâtée ; et sa bouche, qui naturellement n'était pas belle, par la maigreur de son visage était devenue grande. J'ai vu de ses portraits, qui étaient faits du temps de sa beauté, qui montraient qu'elle avait été fort aimable, et, comme sa beauté n'avait duré que l'espace du matin et l'avait quittée avant son midi, elle avait accoutumé de maintenir *que les femmes ne peuvent plus être belles passé vingt-deux ans.* Pour achever de la représenter telle que je l'ai vue, il faut avouer qu'elle avait infiniment de l'esprit, *de cet esprit brillant qui plait aux spectateurs.* Elle était agréable dans la société, honnête, douce et facile ; vivant, avec ceux qui avaient l'honneur de l'approcher, sans nulle façon. Son tempérament était tourné du côté de la gaieté ; et parmi les larmes, s'il arrivait de dire quelque chose de plaisant, elle les arrêtait en quelque façon pour divertir la Compagnie. »

On aura remarqué ce trait d'observation et de malice féminine, que la reine d'Angleterre n'ayant été belle que jusqu'à l'âge de vingt-deux ans, assignait involontairement ce terme à la beauté de toutes les femmes. Madame de Motteville a beaucoup de ces traits fins qui sont bien de son sexe.

A l'occasion de l'arrivée d'un ambassadeur de Suède (septembre 1646), madame de Motteville nous rend la première idée qu'on avait en France de la reine Christine, et, en se faisant l'écho de ces louanges extraordinaires, elle y mêle une légère et douce ironie comme cela lui arrive quelquefois :

« La Renommée, ajoute-t-elle, est une grande causeuse : elle aime souvent à passer les limites de la vérité ; mais cette vérité a bien de la force : elle ne laisse pas longtemps le monde crédule abandonné à la tromperie. Quelque temps après, on connut que les vertus de cette reine gothique étaient médiocres : elle n'avait alors guère de respect pour les chrétiennes ; et, si elle pratiquait les morales, c'était plutôt par fantaisie que par sentiment. »

En parlant ainsi, madame de Motteville, qui reste

essentiellement femme, vengeait doucement son sexe un peu outragé par les manières brusques et fantasques de cette reine bizarre, qui affectait le genre et les qualités d'un homme.

Cette Renommée qui *est une grande causeuse* me rappelle une des grâces du style de madame de Motteville, style simple, assez uni, assez peu correct dans l'arrangement des phrases, retouché peut-être en bien des endroits par l'éditeur, mais excellent et bien à elle pour le fond de la langue et de l'expression. Elle a quelques-unes de ces agréables métaphores qui en égayent le tissu. Voulant dire, par exemple, que les rois ne voient jamais le mal et le danger qu'à la dernière extrémité, et qu'on le leur déguise au travers de mille nuages : « La Vérité, dit-elle, que les poëtes et les peintres représentent toute nue, est toujours devant eux habillée de mille façons ; et jamais mondaine n'a si souvent changé de mode que celle-là en change quand elle va dans les palais des rois. » A propos du chapeau de cardinal qu'on avait promis depuis des années à l'abbé de La Rivière, favori de Monsieur, et que réclamait tout à coup le prince de Condé pour son frère le prince de Conti, elle dira que « la Discorde vint jeter une *pomme vermeille* dans le cabinet. » Montrant Mazarin, habile à tirer parti de l'excès même des accusations et des haines, à les neutraliser et à les tourner à son profit : « Le cardinal Mazarin, dit-elle, avait fait des injures *ce que Mithridate avait fait du poison*, qui, au lieu de le tuer, vint enfin, par la coutume, à lui servir de nourriture. Le ministre, de même, semblait par son adresse faire un bon usage des malédictions publiques ; il s'en servait pour acquérir auprès de la reine le mérite de souffrir pour elle... » On sent, dans ces passages et dans tout le courant du style de madame de Motteville, une imagination naturelle et poétique, sans trop de saillie, et telle qu'il séyait à la nièce de l'aimable poëte Bertaut. Dans quelques endroits même on trouverait quelque luxe d'images, de *fleurs* de *roses* et d'*épines*, quelque trace du mauvais goût de Louis XIII ; mais ce ne sont que des instants, et le bon sens chez elle règle d'ordinaire le langage comme le jugement et la pensée.

Madame de Motteville est bien une contemporaine de Corneille, et un peu des romans de cette époque ; elle en a quelque chose dans son langage. En parlant de Cinq-Mars, elle l'appelle « cet aimable criminel ; » en racontant les disgrâces de ceux que frappe la Fortune, elle s'attendrit sur « tant d'illustres malheureux ; » même jeune, elle regrette légèrement le temps d'autrefois. Parlant du vieux maréchal de Bassompierre que raillaient les jeunes gens, elle dira, après avoir loué sa générosité, sa magnificence et ses galantes manières : « Les restes du maréchal de Bassompierre valaient mieux que la jeunesse de quelques-uns des plus polis de ce temps-là (1646). » Elle aimait, dans les pièces de Corneille, surtout la morale élevée et les nobles sentiments qui avaient épuré le théâtre. Quand la comédie italienne s'introduisit sous les auspices de Mazarin, elle se plaisait peu à ces pièces en musique : « Ceux qui s'y connaissent, disait-elle, les estiment fort ; pour moi, je trouve que la longueur du spectacle en diminue fort le plaisir, et que les vers, répétés naïvement, représentent plus aisément la conversation et touchent plus les esprits que le chant ne délecte les oreilles. » Tout cela sent un esprit juste, un cœur noble plutôt que disposé à la tendresse ou à la passion. Cette comédie italienne, représentée chez le cardinal, excita l'enthousiasme de quelques courtisans tels que le maréchal de Grammont ou le duc de Mortemart qui paraissait enchanté au seul nom des moindres acteurs;

« et tous ensemble, afin de plaire au ministre, faisaient de si fortes exagérations quand ils en parlaient, qu'elle devint enfin ennuyeuse aux personnes modérées dans les paroles. » Madame de Motteville était de ces personnes modérées, et elle nous donne là le ton de son âme. Ainsi, quand je dis qu'elle était, par le goût, un peu contemporaine de Corneille, on voit dans quel sens il faut l'entendre, et qu'elle y corrigeait l'exagération.

Bien que madame de Motteville aimât à se rappeler et à citer ces vers galants de son oncle :

> Et constamment aimer une rare beauté,
> C'est la plus douce erreur des vanités du monde,

elle avait le cœur plus fait pour l'amitié que pour l'amour; elle était faite en tout pour les sentiments réguliers et justes, et pour une égalité heureuse; elle en a exprimé le vœu en plus d'un endroit. Elle avait puisé dans sa belle Normandie l'amour de la campagne et de la nature, mais elle n'en savait pas jouir en courant : « La campagne, disait-elle, n'est belle qu'avec le repos et la solitude, quand on y peut goûter les plaisirs innocents que la beauté de la nature nous fournit dans les bois et auprès des rivières. » Elle disait encore en parlant des rois : « J'estime bien heureux celui qui ne les connaît que par le respect qu'on doit à leur nom, et qui peut jouir de la vie douce et tranquille d'un bon citoyen qui est homme de bien, qui a de quoi vivre, et qui n'est point empoisonné par l'ambition. Voilà où toute âme raisonnable doit chercher la véritable félicité, obscure, il est vrai, mais tranquille et innocente. » Ce vœu de vie privée revient bien des fois chez elle, et avec un accent de sincérité qui ne se peut méconnaître. Elle conclurait volontiers sur le chapitre de la Cour comme a fait La Bruyère : « Un esprit sain puise à la Cour le goût de la solitude et de la retraite. »

Elle aime dans ses Mémoires à moraliser, à donner des réflexions sérieuses qu'elle relève de citations agréables; elle cite volontiers les poëtes espagnols ou italiens, quelquefois Sénèque, plus souvent l'Ecriture. On a trouvé ces réflexions trop multipliées et trop longues, ce qui peut être vrai pour la dernière partie des Mémoires; mais elle sait d'ordinaire les entremêler aux circonstances mêmes qui les lui inspirent. Dans de très-belles pages sur le caractère, les artifices et les talents du cardinal Mazarin, elle le représente, pendant un séjour qu'il fait à Paris (mai 1647), s'enfermant pour le travail et faisant attendre les plus grands du royaume dans son antichambre, sans qu'ils puissent pénétrer jusqu'à lui. Le murmure éclatait de toutes parts; mais le ministre sort et tout se tait :

> « Lorsqu'il monta en carrosse pour s'en aller, toute la cour du Palais-Royal était pleine de cordons bleus, de grands seigneurs, de gens de cette qualité, qui, par leur empressement, paraissaient s'estimer trop heureux de l'avoir pu regarder de loin. Tous les hommes sont naturellement esclaves de la fortune ; et je puis dire n'avoir guère vu personne à la Cour qui ne fût flatteur, les uns plus, les autres moins. L'intérêt qui nous aveugle nous surprend et nous trahit dans les occasions qui nous regardent ; il nous fait agir avec plus de sentiment que de lumières, et il arrive même assez souvent qu'on a honte de ses faiblesses ; mais on ne le peut apercevoir que par la sage réflexion que chacun se doit à soi-même, et après que l'occasion de mieux faire est passée. »

Elle sait ce que signifient trop souvent ces grands airs d'indépendance que prennent ceux que la faveur repousse, ces bruyantes fiertés qui se fondent à la moindre avance et tournent à la bassesse. Madame de Sénecé, que le cardinal avait jusque-là maltraitée et qui faisait la haute, est choisie par lui pour garder ses nièces lorsqu'elles arrivent d'Italie, et la voilà tournée en un jour :

> « Tel paraît vaillant contre le favori qui, au moindre adoucissement de sa part, devient poltron ; et d'ordinaire cette hauteur se termine à une véritable bassesse que la rage d'en avoir été méprisé lui a fait colorer de générosité, de vertu et d'amour du bien public. »

Mazarin, qui ne peut faire de madame de Motteville, auprès de la reine, la créature à lui qu'il aurait voulue, la chicane, l'inquiète quelquefois, la tient sur le *qui-vive?* c'est sa maxime quand il ne se croit pas sûr des gens :

> « Comme il ne connaissait pas mes intentions, et qu'il jugeait de moi sur l'opinion qu'il avait de la corruption universelle du monde, il ne pouvait s'empêcher de me soupçonner de me mêler de beaucoup de choses contraires à ses intérêts. Il me dit un jour qu'il était persuadé de cela, parce que je ne lui disais jamais rien des autres, que j'écoutais parler les mécontents, que j'étais dans leur confidence... »

Et en effet, plus d'un mécontent ne craignait pas de se confier à madame de Motteville sans même qu'il y eût intimité, et on lui parlait « comme à une personne *qui était en réputation de savoir se taire.* » C'était précisément ce qui déplaisait à Mazarin et ce qui le faisait se plaindre : « Ce reproche, ajoute-t-elle, marquait assez de défiance naturelle, et combien nous étions malheureux de vivre sous la puissance d'un homme qui aimait la friponnerie, et avec qui la probité avait si peu de valeur qu'il en faisait un crime. » A ces reproches du cardinal, qui ne laissaient pas de transpirer, elle tâchait de remédier par quelque bonne parole de la reine, qui en réparât les impressions devant tous ; « car à la Cour, remarque-t-elle, il est aisé d'éblouir les spectateurs, et il ne leur faut jamais donner le plaisir de savoir que nous ne sommes pas si heureux qu'ils se l'imaginent, ou que nous sommes si malheureux qu'ils le souhaitent. »

Dans toutes ses remarques sur la Cour, sur ce *délicieux et méchant* pays, « que l'on hait souvent par raison, mais que l'on aime toujours naturellement, » je crois, en écoutant madame de Motteville, entendre parler Nicole, mais un Nicole femme, plus agréable et adouci.

Elle rencontre pourtant des expressions bien belles de vigueur et d'énergie morale. A un bal que donne le cardinal Mazarin aux jours gras de 1647, elle nous décrit, l'une après l'autre, les principales beautés et reines de la fête, après quoi elle fait défiler les comparses, et qui ne sont pas les moins prétentieuses ni les moins bruyantes : « Les filles de la reine, Pons, Guerchy et Saint-Mégrin, tâchèrent de faire quelques conquêtes naturelles, par le soin qu'elles eurent de s'embellir par toutes sortes de voies; heureuses si, parmi tant d'amants, elles eussent pu attraper des maris selon leur ambition et le dérèglement de leurs désirs! » Ce n'est là qu'un trait piquant; mais bientôt, parlant plus en détail de mademoiselle de Pons, aimée du duc de Guise, qui va conquérir Naples à son intention, et, avec cela, non contente ni rassasiée d'une telle proie : « Cette âme *gloutonne de plaisirs*, dit-elle, n'était pas satisfaite d'un amant absent qui l'adorait, et d'un héros qui, pour la mériter, voulait se faire souverain... L'ambition et l'amour ensemble n'étaient pas des charmes assez puissants pour occuper son cœur; il fallait, pour la satisfaire, qu'elle allât se promener au Cours, et qu'elle reçût de l'encens de toutes ses nouvelles conquêtes. » Une *âme gloutonne de plaisirs!* c'est le sentiment de l'honnêteté qui communique ici au style de madame de Motteville cette expression de dégoût.

Ses nuances habituelles sont plus ménagées : l'âcreté n'approche pas de cette plume décente. Si, auprès de la reine, elle et ses compagnes sont privées par l'avarice du cardinal de bien des résultats effectifs et positifs de la faveur, elle se borne à en plaisanter avec une légère et souriante ironie. Il n'y a rien dans ces Mémoires de madame de Motteville qui rappelle ces autres Mémoires si distingués, mais si amers, de madame de Staal-De Launay, femme de chambre de la duchesse du Maine; c'est qu'aussi la situation était toute différente. Madame de Motteville était dans une grande et véritable Cour, auprès d'une reine qui, avec un esprit de médiocre étendue, mais commode et agréable, avait un cœur noble et généreux, et qui payait les services par l'estime. S'il fallait trouver une parenté historique à madame de Motteville, je la trouverais plutôt dans les Mémoires du sage chambellan Philippe de Commynes qu'elle aime à citer, et dont elle rappelle parfois les fruits de saine et judicieuse expérience.

Ses Mémoires deviennent plus sérieux et prennent un caractère historique plus élevé à mesure qu'on avance dans le mouvement des agitations civiles et dans les troubles de la Fronde. Madame de Motteville les a bien jugés, et, en ne se donnant que le rôle d'une femme timide, elle a des réflexions qu'il serait à souhaiter qu'eussent faites alors beaucoup d'hommes. Les longues conversations particulières qu'elle avait eues avec la reine d'Angleterre, l'avaient éclairée sur la portée de ces périls qui souvent ne semblent au début qu'une ébullition folle et un sujet à risée. Marquant avec une vigoureuse justesse l'illusion des gens du Parlement et leur insatiable exigence qui les faisait résister à toutes les offres premières d'accommodement et de conciliation, elle en conclut hardiment « que la corruption des hommes est telle, que, pour les faire vivre selon la raion, il ne faut pas les traiter raisonnablement, et que, pour les rendre justes, il faut les traiter injustement. » Elle montre les gens de bien, par leur obstination à crier contre les impôts et ceux qui en abusent, venant en aide aux turbulents et leur prêtant main-forte comme il arrive si souvent : « Les gens de bien, sans considérer que c'est un mal quelquefois nécessaire, et que tous les temps à cet égard ont été quasi égaux (1), espéraient par le désordre quelque plus grand ordre; et ce mot de *réformation* leur plaisait autant par un bon principe, qu'il était agréable à ceux qui souhaitaient le mal par l'excès de leur folie et de leur ambition. » Il y a des moments où tout concourt au désordre et à la ruine, et où la sédition est dans l'air. *L'étoile*, dit madame de Motteville, *était alors terrible contre les rois.*

Les premières scènes de la Fronde sont racontées par elle de manière à ne point pâlir, même à côté des récits du cardinal de Retz. Ce dernier nous donne le spectacle de la rue, du Palais-Royal quand il y pénètre, et de l'intérieur de l'archevêché. Madame de Motteville nous montre le dedans du cabinet de la reine, dans lequel elle se voit presque la seule d'abord qui soit sérieusement effrayée. La première journée des Barricades se passe presque toute en plaisanteries contre elle : « Comme j'étais la moins vaillante de la compagnie, toute la honte de cette journée tomba sur moi. » Pour une personne de cet intérieur, elle comprend très-bien du premier coup la nature de la révolte dans la ville, et ce désordre si vite et si bien ordonné : « Les bourgeois, dit-elle, qui avaient pris les armes fort volontiers pour sauver la ville du pillage, n'étaient guère

(1) « Les révolutions n'ont jamais corrigé ni détruit les abus; elles ne font que les déplacer. » Ce n'est pas madame de Motteville, c'est M. Daunou, revenu et trop revenu des révolutions, qui disait cela dans l'intimité.

plus sages que le peuple, et demandaient Broussel d'aussi bon cœur que le crocheteur ; car, outre qu'*ils étaient tous infectés de l'amour du bien public*, qu'ils estimaient être le leur en particulier,... ils étaient remplis de joie de penser qu'ils étaient nécessaires à quelque chose. » Cette parole, *infectés de l'amour du bien public*, a souvent été citée ; mais il n'y faudrait pas voir une naïveté de madame de Motteville : elle savait ce qu'elle disait en parlant ainsi, et en qualifiant de maladie et de peste le faux amour dont cette population séditieuse était éprise en ce moment. Madame de Motteville n'est point une royaliste aveugle : elle croit au droit des rois, mais aussi à la justice qui en est la règle, et que Dieu, selon elle, leur inspire souvent, et qu'il leur a presque toujours suggérée dans ce royaume de France. Son idéal de monarque est Charles V. Le jour où le Parlement s'appuie de je ne sais quelle ordonnance de Louis XII pour demander « que nul ne puisse être mis en prison sans être renvoyé vingt-quatre heures après à ses juges naturels, » elle ne peut s'empêcher de remarquer que cet article de garantie individuelle, comme nous dirions, « était agréable à toute la France. L'amour de la liberté, ajoute-t-elle, est fortement imprimé dans la nature. Les plus sages, qui jusqu'alors avaient désapprouvé les entreprises de cette Compagnie, ne pouvaient dans leur cœur haïr cette proposition ; ils la blâmaient en apparence, parce qu'il était impossible de la louer à la vue du monde, mais ils l'aimaient en effet, et ne pouvaient s'empêcher d'estimer cette hardiesse, et de souhaiter qu'elle eût un favorable succès. » On voit que c'eût été une royaliste assez libérale que madame de Motteville ; mais cette femme d'esprit et de sens, qui assiste à ces scènes terribles, et qui les raconte, n'est pas dupe des grands mots, ni des apparences ; elle y mêle de ces remarques qui honorent l'historien, et que les politiques ne désavoueraient pas : « Quand les sujets se révoltent, dit-elle, ils y sont poussés par des causes qu'ils ignorent, et, *pour l'ordinaire, ce qu'ils demandent n'est pas ce qu'il faut pour les apaiser.* » Elle nous montre ces magistrats mêmes, qui avaient été les premiers à émouvoir le peuple, s'étonnant bientôt de le voir se retourner contre eux et ne les pas respecter : « Ils se reconnaissaient la cause de ces désordres, et n'y auraient pu remédier s'ils avaient voulu l'entreprendre; car, quand le peuple se mêle d'ordonner, il n'y a plus de maître, et chacun en son particulier le veut être. » Rentrons un peu en nous-mêmes, et demandons-nous si ce n'est pas là encore notre histoire.

Mais je m'aperçois que j'ai choisi le sujet de madame de Motteville pour me distraire un moment, moi et, s'il se peut, mes lecteurs, du spectacle pénible de nos dissensions présentes, et je ne veux pas y retomber par les allusions qu'elle me fournirait trop aisément. Madame de Motteville, durant la première Fronde, courut quelque danger dans Paris. N'ayant pu suivre dans les premiers jours de 1649 la reine fugitive à Saint-Germain et l'ayant voulu rejoindre ensuite, elle fut arrêtée avec sa sœur à la porte Saint-Honoré par une populace furieuse, et elle dut se réfugier au pied du maître-autel à Saint-Roch, où il fallut que quelques-uns de ses amis, avertis au plus tôt, vinssent la délivrer. Elle rejoignit plus tard la reine et la quitta encore quelquefois, car cette personne distinguée n'était pas, elle nous le dit humblement, une amazone ni une héroïne ; elle avait peine à se mettre au-dessus des terreurs ou même des incommodités de son sexe. Présente ou absente d'ailleurs, sa fidélité ne se démentit jamais. Lorsque la paix fut rétablie, madame de Motteville reprit auprès de la reine les habitudes de cette vie régulière, douce et grave, qui lui convenait si bien Sa vertu, sa délicate probité, en ce pays d'embûches et de perfidies, l'exposa pourtant jusqu'à la fin à quelques tracasseries dont sa prudence et son calme, soutenus de l'estime de la reine mère, l'aidèrent à triompher. La religion prit de plus en plus d'empire dans cette âme toute faite pour l'accueillir et si naturellement ordonnée. Cette religion éclairée et soumise lui a dicté dans ses Mémoires quelques pages qu'on peut dire charmantes autant qu'elles sont solides et sensées, sur les querelles du temps, sur les disputes du Jansénisme et du Molinisme, auxquelles les femmes n'étaient pas les moins pressées de se mêler : « Il nous coûte si cher, dit-elle en se souvenant d'Ève, d'avoir voulu apprendre la science du bien et du mal, que nous devons demeurer d'accord qu'il vaut mieux les ignorer que de les apprendre, particulièrement à nous autres qu'on accuse d'être cause de tout le mal... Toutes les fois que les hommes parlent de Dieu sur les mystères cachés, je suis toujours étonnée de leur hardiesse, et je suis ravie de n'être pas obligée de savoir plus que mon *Pater*, mon *Credo* et les *Commandements de Dieu*. » Madame de Motteville suit exactement la ligne que Bossuet traçait en ces matières. Il faut lire toute cette page, que l'aimable auteur couronne par de très-beaux vers italiens qui montrent qu'en se soumettant, son esprit ne renonçait point à s'orner raisonnablement et à s'embellir. Cette personne rare, cette honnête femme de tant de jugement et d'esprit, mourut en décembre 1689, vers l'âge de soixante-huit ans. On ne peut l'apprécier à toute sa valeur qu'en l'accompagnant dans tout le cours de ses Mémoires, en la suivant dans son développement et sa continuité : des citations et une analyse ne sauraient donner qu'une bien imparfaite idée de cette lecture lente, pleine, tranquille et attachante.

Mardi, 9 décembre 1851.

SIEYÈS

Étude sur Sieyès, par M. Edmond de Beauverger.

1851.

Sieyès est une des figures les plus considérables de la Révolution, et à la fois il en est peut-être la plus singulière. Son influence a été grande, réelle, positive, et sur bien des points elle reste encore voilée de mystère : il y a de l'inconnu en lui et de l'occulte. Des historiens, des biographes éminents l'ont abordé par ses côtés publics. M. Mignet, qui de tout temps avait paru très-frappé de ce génie original et systématique, l'a apprécié dans une équitable Notice. Un jeune docteur en droit, M. de Beauverger, a publié, il y a quelques mois, une Étude dans laquelle il expose et discute avec talent les idées de Sieyès sur la constitution et l'organisation sociale. Mais on peut dire, malgré ces résumés substantiels et judicieux, que, si le personnage public a donné sa formule, l'homme, chez Sieyès, ne nous apparaît que dans une sorte d'éloignement et d'ombre. Une publication du genre de celles qui ont fait récemment connaître Mirabeau et Joseph de Maistre lui manque jusqu'ici. Non-seulement on n'a jamais recueilli en corps ses œuvres politiques, ses rares discours ; mais ses lettres, ses papiers, ses études particulières et silencieuses qu'il accumulait depuis tant d'années, et qu'il continua plus longtemps qu'on ne le suppose, rien de tout cela n'est sorti, et pourtant tout cela existe : nous le savions ; mais quand on nous a dit que ce précieux dépôt de famille était confié à M. Hippolyte Fortoul (aujourd'hui ministre de l'Instruction publique et l'un de nos anciens amis), et qu'il préparait, avec ces matériaux de première main, une histoire complète de Sieyès, nous lui avons demandé de nous initier à l'avance à quelque portion de ce travail. Il l'a fait avec une entière générosité, et j'ai pu passer plusieurs matinées, seul et entouré de notes manuscrites, d'essais philosophiques, de projets de Constitutions, et surtout de lettres intimes, de confidences familières, de celles que le plus confiant ne fait qu'à soi-même et que le plus méfiant n'épanche sur le papier qu'en ses heures de grande amertume. En un mot, j'ai pénétré dans le secret de Sieyès, et c'est pourquoi j'ose en venir parler.

Je m'attacherai avant tout à montrer l'homme et à bien dessiner cette forme d'esprit, l'une des plus hautes et des plus absolues qui soient sorties des mains de la nature. Emmanuel-Joseph Sieyès, que nous avons vu mourir le 20 juin 1836, à l'âge de quatre-vingt-huit ans, était né à Fréjus, dans le Var, le 3 mai 1748, ce qui lui donne quarante ans accomplis lorsque la Révolution de 89 éclata. A quoi se passèrent ces quarante premières années de méditation et de réforme solitaire? — Sa famille était d'honnête bourgeoisie; il était le cinquième des enfants. Il fit ses premières études dans la maison paternelle et aux Jésuites de sa ville natale, et il les acheva chez les Doctrinaires à Draguignan. Il eût désiré entrer, comme plusieurs de ses camarades, dans l'artillerie ou le génie militaire; mais la faiblesse de sa santé et de sa complexion le fit destiner et, selon lui, condamner par sa famille à l'état ecclésiastique. Il fut envoyé à Paris pour y faire ses études de philosophie et de théologie à Saint-Sulpice ; il avait tout au plus quinze ans. Il y étudia beaucoup et sur d'autres matières encore que celles qu'on y enseignait, ou du moins il les prit dans un tout autre sens, et s'annonça dès cet âge comme un esprit philosophique et indépendant. Je dis indépendant, car il ne s'asservit à aucun des maîtres du jour, ni aux Encyclopédistes, ni à Condillac, ni à Rousseau. Politiquement même, on ne peut dire que Sieyès ait été un disciple de Rousseau ; il l'a jugé de bonne heure et réfuté. Sieyès était un esprit *né maître*, si on peut ainsi parler ; et il refaisait la plume à la main chacun des ouvrages de métaphysique ou d'économie politique qu'il lisait. On possède tous ses manuscrits de cette époque de Saint-Sulpice ou des années qui suivirent, et l'on conçoit aisément que ses supérieurs, en parcourant de telles ébauches hardies, en aient pris quelque ombrage. Sieyès, avant la fin de son cours d'études, fut amicalement invité à se retirer dans un autre établissement, et il alla terminer le temps voulu pour la licence de Sorbonne au séminaire de Saint-Firmin, dans le quartier Saint-Victor. Après quoi, en 1772, il entra dans le monde à vingt-quatre ans ; mais le monde paraît s'être borné longtemps pour lui à quelques relations particulières assez rares. Même jeune, il vivait très-renfermé, bien qu'il fît preuve, assure-t-on (et je le crois sans peine), de l'esprit le plus fin et le plus gracieux, lorsqu'il consentait à s'ouvrir et à se développer.

Il avait appris la musique à Saint-Sulpice. Il avait une voix charmante, « un peu faible et voilée dans la conversation, mais douce et expressive dans le chant (1). »

J'ai eu sous les yeux quantité de réflexions de lui sur

---

(1) Notice de M. Fortoul.

la musique, des airs notés de sa main, et ce qu'il appelait le « Catalogue de ma petite musique, » c'est-à-dire de toutes les ariettes, ambigus ou romances tirées des opéras-comiques en vogue, et qu'il s'était procurées : on voit même une liste de celles qu'il désirait acquérir. Je lis à la première page de ce Catalogue :

AIRS FUGITIFS :

D'Albanèse : « *Bergère légère, je crains...* » N° 55.
De Trial : « *Il faut voir Annette pour...* » N° 19.
De La Borde : « *Vois-tu ces coteaux se noircir...* » N° 109, etc.

Puis viennent les *Ambigus :*

« *Aimez-vous, aimez-vous sans cesse...* » N° 168.
« *Jeunes amants, imitez le zéphire...* » N° 170, etc., etc.

Mais si, dans ce Catalogue, on ne peut entrevoir que le jeune abbé virtuose, celui dont une femme un jour dira : « Quel dommage qu'un homme si aimable ait voulu être profond ! » tout à côté, dans ses réflexions sur la musique, le Sieyès philosophe reparaît : il est « à la recherche d'une langue philosophique *universelle*, mélodieuse, harmonique et instrumentale. » De bonne heure il rapporte tout, même la musique, à ses idées de réforme et de perfectionnement social, et il se promet bien de lui faire jouer un grand rôle dans les fêtes publiques, quand cette société idéale qu'il aime à concevoir sera établie.

La suite de ces réflexions écrites de 1772 à 1775 sur toutes les matières et sur tous les livres dont il s'occupe, qu'il réfute ou qu'il refait, sur Condillac, sur Bonnet, sur Helvétius, sur les Économistes, demanderait une suite de chapitres, et je ne puis ici donner qu'un aperçu général. Mais je remarque d'abord que, dans cette masse d'études de Sieyès, il est question de tout : de métaphysique, d'économie politique, de langues, de mathématiques, de musique, — oui, de tout, hormis de l'*histoire*. Celle-ci en effet fut toujours en défaveur auprès de cet esprit absolu qui visait à tout tirer de la raison. Voici un morceau qui porte la date de 1772 et qui est inscrit sous le titre d'*Économie politique;* tout le dédain des faits existants, tout ce premier dessein de politique idéale qui occupa et passionna si longtemps l'intelligence de Sieyès, s'y déclarent et s'y accusent sans détour :

« Je laisse les nations formées au hasard. Je suppose que la raison tardive va présider à l'établissement d'une société humaine, et je veux offrir le tableau analytique de sa Constitution.

« On me dira que c'est un *roman* que je vais faire. Je répondrai : Tant pis! j'aurais mieux aimé trouver dans la suite des faits ce qu'il m'a fallu chercher dans l'ordre des possibles. Assez d'autres se sont occupés à combiner des idées *serviles*, toujours d'accord avec les événements. Quand on les médite plein du seul désir de l'intérêt public, on est obligé à chaque page de se dire que la saine politique n'est pas la science de *ce qui est*, mais de *ce qui doit être*. Peut-être un jour se confondront-elles, et l'on saura bien alors distinguer l'histoire des sottises humaines de la science politique.

« Si nous donnons le nom de *roman* au plan d'un édifice qui n'existe pas encore, un roman est à coup sûr une folie en physique : ce peut être une excellente chose en politique. Je ne devine pas pourquoi on a voulu prescrire une même marche à toutes les sciences, sans consulter la différence essentielle de leur objet et de leur génie. Que le physicien se contente d'observer, de recueillir des faits, rien de plus sensé. Il a pour objet de connaître la nature, et, puisqu'il n'a pas été appelé à mettre la main au plan de la machine du monde, qu'elle existe et se maintient indépendamment de ses méditations *correctrices*, il faut bien qu'il se borne à l'expérience. La physique ne peut être que la connaissance de *ce qui est*. Mais l'*art*, dont l'objet est de plier et d'accommoder les faits à nos besoins et à nos jouissances, l'*art* est à nous. La spéculation et l'opération nous appartiennent également. Il est bon non-seulement d'observer, mais de prévoir les effets et de les gouverner, soit en rapprochant ou séparant les causes, soit en les fortifiant ou les affaiblissant. Convenez qu'ici l'agent le plus utile n'est pas celui qui ne sait et ne veut pas voir au delà de *ce qui est*. »

Voilà qui est formel. Il est curieux de remarquer qu'une partie de ce morceau, écrit dès 1772, a été inséré par Sieyès quinze ans après, en 1788, dans sa première brochure intitulée : *Vues sur les moyens d'exécution*, dans laquelle il traçait leur marche et leur code aux États-Généraux prochains. Il y ajouta alors une note, pour dire qu'il ne niait pas « que le tableau historique des peuples ne pût fournir d'utiles sujets de méditation. » Il y faisait une sorte de réserve pour l'histoire étudiée sans superstition. Mais ce n'était là qu'une politesse du métaphysicien et un coup de chapeau pour la forme. Sieyès ne croyait guère plus à l'histoire qu'à la théologie ou à la mythologie :

« Il me semble, disait-il nettement, que juger de ce qui se passe par ce qui s'est passé, c'est juger du connu par l'inconnu. Il est plus juste de juger le passé sur le présent, et de convenir que les prétendues vérités historiques n'ont pas plus de réalité que les prétendues vérités religieuses. »

Aussi rien ne fut d'abord plus opposé que sa méthode à celle de Montesquieu, toute fondée sur des considérations historiques, et qui tient compte de tous les *précédents* de l'humanité.

Sieyès, qui se sépare si décisivement de Montesquieu, ne se rapproche-t-il point par cela même de Jean-Jacques Rousseau ? Pas autant qu'on le croirait. Il accorde de prime-abord à la société tout ce que Rousseau lui refuse; il l'accorde, non pas à la société telle qu'on l'avait alors sous les yeux, et qu'on la subissait dans tous les développements de la vie, mais à une société vraiment moderne qu'il concevait, et où l'art du réformateur eût présidé. Il a écrit plus tard, en 1794, au sortir de la Terreur, en parlant de Rousseau :

« Hélas ! un écrivain justement célèbre, qui serait mort de douleur s'il avait connu ses disciples, un philosophe aussi parfait de sentiment que faible de vues, n'a-t-il pas, dans ses pages éloquentes, riches en détails accessoires, pauvres au fond, confondu lui-même les *principes* de l'art social avec les *commencements* de la société humaine ? »

Tout ce qu'imprime un écrivain grave a de la valeur, mais ce qu'il écrit pour lui à l'état de simple note en a plus encore, en ce que j'y saisis sa pensée sans aucune forme de précaution ou de politesse. Or, voici la note que je lis dans les papiers de Sieyès, et qu'il écrivit du temps de la Convention, en vue des abus et des excès du système :

> « Rousseau. — Ils prennent les *commencements* de la société pour les *principes* de l'*art social*, de l'art social dont les Français n'avaient pas d'idée il y a peu d'années, et dont le nom a été hasardé pour la première fois dans les *Moyens d'exécution* (c'est sa première brochure de 1788). Que diraient-ils si l'on entreprenait la construction d'un vaisseau de ligne avec la seule théorie employée par les Sauvages dans la construction de leurs radeaux? Tous les arts se perdraient en reculant ainsi à leur origine. L'art en toutes choses est venu fort tard. Il suppose de grands progrès depuis leur premier âge. »

Cet art social, que Sieyès se piquait d'avoir découvert, ou du moins professé le premier, consistait surtout dans la division du travail, appliquée aux diverses fonctions et aux divers pouvoirs de la société. Sieyès, cet ennemi de tout privilége et de toute aristocratie, n'avait pas moins d'éloignement pour la démocratie pure, et il croyait que l'*art* consistait précisément à rendre la force populaire raisonnablement applicable aux nations modernes, moyennant un système de représentation qu'il combine avec une ingéniosité infinie.

La Machine de Marly ou encore la Machine arithmétique de Pascal ne sont pas plus compliquées que ne l'était la Constitution finale de Sieyès. Celle-ci me fait l'effet d'une horloge savante à mettre sous verre et à placer dans un Conservatoire comme curiosité. Elle est toute conçue en vue d'élever et de transformer le principe populaire, d'en extraire et d'en faire redescendre dans tous les sens une action de raison pure. Elle prouve, du moins, en quoi l'art de Sieyès diffère de la logique élémentaire et *à bout portant* de Rousseau.

Un jour, le 25 janvier 1791, après un dîner che
madame de Staël, l'Américain Gouverneur Morris, qu
était des convives, écrivait le soir dans son Journal :

« A trois heures, je vais dîner chez madame de Staël. J'y trouve
l'abbé Sieyès ; il disserte avec beaucoup de suffisance sur la science
du Gouvernement, méprisant tout ce qui a été dit sur ce sujet avant
lui. Madame de Staël dit que les écrits et les opinions de l'abbé formeront une nouvelle ère en politique comme ceux de Newton en
physique. »

Sieyès un Newton en politique ! voilà un bien grand
mot ; mais ce qui me paraît certain, et ce qui le serait,
je le crois, pour tous ceux qui auraient jeté les yeux
sur cette suite de pensées neuves et hardies, produites
par lui dès sa première jeunesse, c'est qu'il y avait en
Sieyès du Descartes, c'est-à-dire de l'homme qui fait
volontiers table rase de tout ce qui a précédé, et qui
recommence en toute matière, sociale, économique et
politique, une organisation nouvelle et *une*.

Cette unité, il y tenait essentiellement, et ne faisait
cas que de ce qui s'y rapportait. Une des raisons du
peu d'estime qu'il faisait de Buffon, qu'il appelle « un
brillant déclamateur, » c'est que, dans la suite des vues
de ce grand naturaliste, il y en a qui ne concordent
pas entre elles, et qui même, si on les rapproche,
pourraient paraître contradictoires (1). Sieyès ne voyait
donc souvent, dans les généralités majestueuses de
Buffon, qu'une fausse unité, dont le défaut se déguisait sous l'ampleur des mots. Pour lui, il songe à réformer la langue comme le reste ; et même c'est par là,
selon lui, qu'il faudrait commencer ; car une découverte qu'il croit avoir faite, c'est que « nos langues

(1) Si j'osais dire une chose singulière, j'avancerais que Buffon est
à la fois *spiritualiste* et *athée*. Le premier de ses chapitres sur l'Homme
est d'un idéaliste. Ses discours sur la Nature et ses *Époques* sont d'un
naturaliste qui se passe aisément de Dieu.

sont *plus savantes que nos idées*, c'est-à-dire annoncent des idées, des connaissances qui n'existent pas, et qui cependant fixent tous les jours les efforts d'une quantité prodigieuse de scrutateurs. » Ces scrutateurs se repaissent tant bien que mal de ce qui leur apparaît sous forme d'expressions consacrées. Sieyès exprime cette méprise, trop naturelle à l'homme, par une image un peu bizarre, mais très-ingénieuse : « Je crois que la tête de l'homme est une somme de petites *cases* ressemblant à des *estomacs;* elles veulent se remplir n'importe comment, et tout y est bon (on les dirait à l'épreuve du poison). Dès qu'elles sont pleines de sottises ou de vérités, elles sont contentes. » Il y a des sciences entières fausses, c'est-à-dire fondées sur ce qui n'est pas (on voit bien qu'il en veut surtout à la théologie et à l'ancienne métaphysique), et ces sciences doivent leur origine à de *faux rapports* revêtus de *mots* dont se paye ensuite le vulgaire et même la foule des lettrés :

« Les signes restent, dit-il, et portent dans les générations suivantes l'existence des chimères et l'épouvante qu'elles causent. La révision des connaissances ou la vérification des leçons reçues ne se fait plus dans les générations éduquées, si leur malheur a permis que ces signes *postiches* s'opposassent à cette opération, la montrassent comme périlleuse, ou même comme impossible. L'ignorance est alors répandue sur la surface de la terre, et les malheureux humains ne peuvent plus espérer qu'une vie chargée des poids horribles du désordre. »

On croit entendre dans ces passages le poëte romain Lucrèce ou quelque austère épicurien de l'ancienne Rome, déplorant mélancoliquement, du haut de sa morne sagesse, les erreurs des humains égarés hors de la voie (1).

(1) Et cette autre pensée sur la Religion, c'est du Lucrèce encore :
« L'homme arrivé sur la terre observe pour jouir; il commence à se

Telle est pour moi l'attitude du méditatif Sieyès durant ces années d'étude solitaire. Son erreur, à lui, comme celle de presque tous les solitaires, si puissants qu'ils soient, est de croire qu'une réformation radicale est possible, et que le genre humain, ne fût-ce que dans son élite, peut obéir une fois pour toutes à la raison. Sieyès voudrait tout d'abord une langue simple, philosophique, sans prestige :

« La langue la plus raisonnable, dit-il, devrait être celle qui se montre le moins, *qui laisse passer*, pour ainsi dire, *le coup d'œil de l'entendement* et lui permet de ne s'occuper que des choses ; et point du tout cette langue coquette qui cherche à s'attirer les regards ; ou, si vous aimez mieux, la langue, ne devant être que le *serviteur* des idées, ne peut point vouloir représenter à la place de son *maître*. Pourquoi donc ces longues dissertations sur l'harmonie, sur la période et sur toutes les qualités du style? Il y a bien du faux dans toutes ces prétentions. »

Plus tard, quand il aura vu l'abus du langage et de l'éloquence dans les grandes assemblées, et les déviations d'opinion qui en résultent, il le dira avec un sentiment bien vif encore; et, quoique le passage suivant ne paraisse s'appliquer qu'au style académique, il a trait à plus d'un genre d'éloquence dans la pensée de Sieyès :

« Pourquoi notre style oratoire et académique est-il si apprêté?...

former la science des causes. La Religion vient arrêter ses recherches et pose (?) les causes dans le Ciel. Dès cet instant la perfectibilité de l'homme est arrêtée ; et ses efforts détournés, au lieu d'accroître ses connaissances et ses jouissances sur la terre, sont transportés et égarés dans les cieux. La Religion fut donc la première ennemie de l'homme. » — J'ai marqué ailleurs l'abîme qui séparait Sieyès de Chateaubriand qu'il appelait tout net un *charlatan*. Il ne pouvait lire jusqu'au bout un seul de ses livres. Je le crois bien : ils étaient de deux familles directement opposées et antipathiques ; l'un métaphysicien et tout interne, l'autre tout en dehors ; Sieyès iconoclaste des fausses idées, Chateaubriand adorateur et réinventeur des brillantes idoles. Ce dernier a entravé l'œuvre des Sieyès et des Condorcet ; il a voué le siècle renaissant à l'imagination extérieure et au culte des images.

Véritablement nous n'avons plus d'objet ; l'auditoire auquel s'adresse mon discours assiste à un jeu où il est désintéressé... Il veut bien en examiner les formes, juger le talent. C'est tout. Je voudrais bien savoir si dans la Grèce, si dans Rome libre, les orateurs s'occupaient d'un autre art que de celui d'aller à leur but. Nous, qui n'en avons point, nous ornons, nous faisons de la musique pour les sens, des images, etc. Nous avons de beaux arts, nous produisons des effets sensitifs, nous communiquons des émotions vagues ou particularisées, mais nous ignorons l'art d'éclairer un parti, et de pousser à le prendre... Les discours qui se tiennent au Parlement d'Angleterre ont un but ; ils ne ressemblent point à notre style oratoire ; il n'y a point cette emphase, ce ton de dignité... Ce sont des gens qui ont des affaires ; nous sommes oiseux et nous nous arrêtons à faire les beaux. Ils marchent, nous dansons ; nous avons de beaux arts, et nous négligeons l'*art*, parce que nous n'en avons que faire.

« Vous me parlez des genres démonstratif, judiciaire, etc. Soit. — Ces genres doivent-ils se ressentir des inégalités féodales, des préjugés du bon ton ? Faut-il *dorer* sa pensée afin d'employer une couleur de style digne de gens qui auraient honte d'avoir rien de commun avec le peuple ? Faut-il ôter aux fleurs leurs couleurs naturelles pour les colorier avec plus de noblesse ? »

Mais ici il est trop facile de lui répondre : L'homme est ainsi fait. Croire que le peuple aime moins la *parole dorée* que le beau monde ne l'aime, est une erreur. Ces orateurs de Rome et de la Grèce, qu'invoque de loin Sieyès à l'appui de sa pensée, n'étaient souvent eux-mêmes que de brillants ou de généreux séducteurs. Les hommes, jusque dans les questions où ils sont le plus intéressés, veulent être séduits, charmés ou entraînés encore plus que redressés et convaincus. « Il faut être *fou* ou *ivre* pour bien parler dans les langues connues, » écrit quelque part Sieyès. Soit. Il en faudrait seulement conclure que le monde est plein de gens légèrement fous ou enivrés. Et Sieyès lui-même, ce puissant cerveau, doué au plus haut degré de l'intensité de la conception, accorderait-il ainsi à l'idée pure le premier rôle, s'il était également en possession de cette langue dorée et de ces chaînes électriques dont l'éloquence se plaît à jeter le réseau autour d'elle (1).

Sieyès nous apparaît sous sa première forme, tel qu'il sera plus tard et jusqu'à la fin, tout d'une pièce quant à la pensée, voulant la liaison exacte, rigoureuse, le parfait enchaînement et l'ordre *un* dans tous les objets de chaque science, et même dans la somme totale de nos connaissances : « Sans cela, dit-il, on n'a que des cerveaux *décousus* dont les connaissances ne tiennent à rien : ils ne savent rien, quoiqu'il y ait beaucoup dans leur mémoire, et ne sont d'aucun usage. » Rien n'égale son mépris pour ces cerveaux *décousus* qui constituent malheureusement l'immense majorité des hommes, et même des hommes distingués. Il les compare à des pièces de musique qui manquent de *l'unité de mélodie :* « Les gens de lettres ressemblent trop à la musique sans unité. » Pour lui, dans toute cette première partie de sa vie, et quand on le surprend comme je l'ai pu faire, grâce à cette masse de témoignages de sa main, dans l'intimité de sa méditation et de son intelligence, on le reconnaît et on le salue tout d'abord (indépendamment de ses erreurs) un grand *harmoniste* social, un esprit qui a sincèrement le désir d'améliorer l'hu-

---

(1) L'esprit humain, en définitive, ne fait jamais que ce qu'il est obligé et mis en demeure de faire. Bossuet, par exemple, doué d'une parole naturelle puissante, abondante, qui se verse d'elle-même et tombe, comme les fleuves, *du sein de Jupiter*, n'a pas besoin de chercher des idées, ni un ordre de choses autre part qu'autour de lui. Aussi n'est-il, à le bien prendre, et comme on l'a dit, que « le sublime orateur des idées communes. » Au contraire un esprit à parole difficile comme Hégel (ou à parole rare comme Sieyès) s'ingénie, cherche midi à quatorze heures et creuse. L'un creuse des puits dans le rocher neuf : l'autre fait des tableaux et des fresques sur toutes les murailles et sous toutes les coupoles connues. — Je ne sais pas d'esprits qui soient plus à l'opposite et aux antipodes que Bossuet, le panégyriste et l'apologiste magnifique de toutes les choses établies, de toutes les doctrines reçues et dominantes, — un esprit qui n'a jamais eu un doute ! et Sieyès réédifiant, réinventant la société et l'entendement humain de la base au sommet, de fond en comble !

manité et d'en perfectionner le régime; qui a en lui, sinon l'amour qui tient à l'âme et aux entrailles, du moins le haut et sévère enthousiasme qui brille au front de l'artiste philosophe pour la grande architecture politique et morale.

Cependant on n'est pas du Midi impunément, et un coup d'œil positif et pratique, prompt à saisir les occasions, ne laisse pas de se mêler chez Sieyès à ce qui, chez un philosophe du Nord, deviendrait aisément du rêve. Si timide, si fier et si ombrageux qu'il fût, le jeune abbé cherchait à se faire sa place dans ce vieux monde si mal ordonné. Ses hautes facultés, appréciées de tous ceux qui l'avaient vu dès l'enfance, le firent attacher en qualité de chanoine (1775) à l'évêque de Tréguier, et il le suivit dans son diocèse. Durant ces années, il assista comme député de ce diocèse aux États de Bretagne, et il en rapporta une horreur profonde contre la classe privilégiée qu'il y avait vue en plein exercice dans cette rude province. Plus tard, nommé par le diocèse de Chartres conseiller-commissaire à la Chambre supérieure du Clergé de France, il vécut à Paris, hautement estimé dans son Ordre pour sa capacité administrative, allant dans les meilleures sociétés sans s'y prodiguer, et poursuivant les études profondes auxquelles les événements allaient donner un soudain à-propos.

Bertrand de Moleville, dans une note du premier volume de son *Histoire de la Révolution*, semble dire qu'il ne tint qu'à une abbaye de 12,000 livres de rente, et à une étourderie de moins de la part du ministre Brienne, archevêque de Sens, que l'abbé Sieyès ne fût un des apôtres les plus zélés de l'ancien régime. Sieyès s'était fait remarquer en 1787, à l'Assemblée provinciale d'Orléans, par son opposition continuelle et souvent embarrassante aux vues du Gouvernement; on en parla au ministre comme d'un adversaire très-dangereux, et dont il importait de s'assurer. Voici le dialogue supposé entre le ministre et l'informateur officieux :

« — Mais quel moyen de s'en assurer ? — Il n'y en a qu'un, c'est de l'enchaîner, non avec du fer, mais avec des chaînes de bon or. — Quoi ! vous croyez qu'on pourrait le gagner? — Je n'en doute pas ; il n'est pas riche, il aime la dépense, la bonne chère, et par conséquent l'argent. — Combien faudrait-il lui donner? Croyez-vous qu'une pension de six mille livres sur une abbaye fût assez ? — Non, il vaut mieux que ça.—Eh bien ! douze.—Fort bien ; mais au lieu de les lui donner en pension, donnez-lui une abbaye de la même valeur. »

L'affaire ainsi commencée, puis bientôt négociée auprès de l'abbé Sieyès, qui y donna les mains, n'aurait manqué, selon Bertrand de Moleville, que par une distraction du ministre qui, deux fois, ne se souvint ni de sa promesse ni de celui qui en était l'objet. Rien n'empêche d'admettre en gros cette anecdote, sans pour cela qu'on soit obligé d'en tirer la même conséquence. Croire que l'homme qui, dès 1772, réformait solitairement la société et préparait en silence ce qu'il appelait ses *délinéaments* politiques, aurait subitement changé de vue et de marche à l'aurore de 1789, et se serait retourné de fond en comble au gré de la Cour, c'est une méprise qui tient à l'ignorance complète du fond. Chez Sieyès, à cette date, il y avait tout autre chose qu'un homme délicat et dégoûté, aimant les aises de la vie et la bonne chère; il y avait le philosophe artiste, ardemment préoccupé de son œuvre, de son plan chéri, et qui ne pouvait résister bientôt à le produire, eût-il dû être un peu gêné et retardé un moment par une grâce du ministre. Son orgueil et sa conviction d'inventeur, et j'ose ajouter, son amour du bien public à ce début, l'auraient bien vite fait sauter à pieds joints sur cette difficulté-là.

Trois brochures capitales de Sieyès parurent dans l'intervalle qui s'écoula entre la dissolution de l'Assemblée des Notables et la réunion de l'Assemblée constituante : 1° la brochure intitulée *Vues sur les Moyens d'exécution*, 1788...; 2° l'*Essai sur les Priviléges*, 1788; et 3° la fameuse brochure : *Qu'est-ce que le Tiers-État?* janvier 1789. Par ces trois écrits, Sieyès fut un des précurseurs de la Révolution de 89, de cette même Révolution que, dix ans après, il congédiait, pour ainsi dire, en la remettant, au 18 Brumaire, entre les mains de Bonaparte; car il eut cette singulière destinée d'être le même à l'ouvrir et à la fermer, et de jouer un premier rôle le premier jour comme le dernier.

On n'attend pas que j'analyse en détail ces brochures; et tout d'abord je dirai en quoi il me semble que Sieyès a échoué et erré, et en quoi il a réussi. Il a complétement erré en croyant que la raison pouvait s'enseigner en masse aux hommes et devenir la loi des sociétés à venir. Parlant de l'ancien régime et de l'ancien monde, il écrivait, vers 1774 : « Le genre humain est un corps gangrené d'une part; et dont les mouvements sont convulsifs de l'autre. Les hommes qui pensent sont la partie vive et libre qui redonnera la vie à tout le corps. Si la pensée était perdue, adieu le genre humain! » Il s'est trompé en posant si absolument le problème, en condamnant, comme il l'a fait, tout le passé, et en se promettant tout de la pensée pour les âges futurs. Il a bien plus erré lorsqu'il s'est figuré que le bonheur du monde allait tenir à telle ou telle forme de Constitution qu'il ne cessait de méditer dans ses veilles législatrices, et qu'il demandait à la mécanique sociale la plus rationnelle et la plus compliquée. Un moment il s'est cru, comme madame de Staël le disait de lui, le grand promulgateur de la loi de l'avenir. Ce sont des ambitions gigantesques et que la nature des choses a bientôt déjouées. Mais là où il a complétement réussi, c'est dans sa guerre à mort aux privilèges, c'est dans la conception d'une société qui en serait entièrement purgée et chez qui l'égalité civile ferait loi. Cette conquête de 89, à laquelle Sieyès a pour jamais attaché son nom, subsiste : elle a traversé les différentes formes de Gouvernement depuis 89, et elle semble destinée à les traverser encore, comme une condition désormais inhérente de tout ce qui veut durer.

Je ne sais si Descartes a réellement fondé une philosophie, et, quoique quelques-uns de ses soi-disant disciples me l'assurent, j'en doute; mais je sais bien qu'il a fait main basse sur les derniers empêchements que la Scolastique mettait à l'esprit humain, et c'est là sa gloire. Je dirai la même chose de Sieyès par rapport aux privilèges que, plus que personne alors, il a combattus et contribué à détruire.

Historiquement, comme Descartes, il est injuste; il ne daigne pas se rendre compte du passé; il considère tout d'abord les privilèges comme d'informes *excroissances* du Corps social, et que la barbarie seule a pu considérer comme des beautés. Il méconnaît l'élément généreux que la Noblesse, vue à son jour et à son heure, introduisit dans la Constitution de l'État. Il la poursuit en toute rencontre d'une âcre et dénigrante ironie. Chose remarquable! toutes les fois qu'il a à parler du Clergé, il est plus sage. Lui qui méprise tant les faits, ici il en tient compte. C'est que les faits du Clergé le touchent, et qu'en cette matière l'intérêt personnel l'avertit de ne pas s'en remettre à la théorie pure.

Un des principaux titres de Sieyès, avec l'abolition des privilèges, et qui n'en est qu'une application et une conséquence, ç'a été la destruction des barrières des provinces, la nouvelle division égale du territoire par départements, d'où est sortie plus entière et définitive l'unité de la France; il en a été le promoteur et l'un des grands coopérateurs.

Je ne prétends pas dans ce court espace suivre Sieyès dans sa vie politique; je m'attacherai seulement à noter les variations et les crises de ce grand esprit, sans répéter ce qu'on peut lire ailleurs.

Mis en contact avec l'expérience, il fut prompt à se désabuser; il avait, je l'ai dit, le sens juste, « des aperçus utiles et lumineux dans les crises les plus sérieuses; » il en fit preuve aux moments les plus décisifs de la Révolution, là où il y avait place au conseil (1). Ce ne sont pas ses amis seulement qui pensent de la sorte à son sujet, ce sont ses adversaires.

« Ceux qui ne l'ont considéré, dit Mallet du Pan, que sous le rapport d'un métaphysicien politique et d'un manufacturier de Constitutions, ne le connaissaient que de profil. Fertile en découvertes d'exécution, sachant se taire et attendre, ne concevant point de plans chimériques, et alliant la dextérité à la constance, personne ne sait mieux, lorsqu'un grand intérêt l'exige, conserver de l'empire sur lui-même et en obtenir sur les autres. »

Il ne faut pas confondre Sieyès avec Condorcet, son premier disciple : disciple de Sieyès dans la seconde partie de sa vie comme il l'avait été de Turgot dans la

---

(1) Remarquez comme Sieyès a compris, présagé tous les temps principaux de la Révolution, et les a marqués par des mots qui restent :

A la veille de la convocation des États-Généraux, il demande : *Qu'est-ce que le Tiers-État?* et il répond hardiment : *C'est tout.*

Au moment de la scission des deux Ordres avec les députés du Tiers, il trouve pour ceux-ci la dénomination d'*Assemblée nationale* qui tranche le conflit et annule les privilégiés.

Quand l'Assemblée constituante, en proie aux passions et aux intrigues, s'égare décidément dans son œuvre, il laisse échapper ce mot qui constate l'ère des déviations : « *Ils veulent être libres, et ils ne savent pas être justes!* »

Sous la Terreur, il prononce le seul mot du sage : *J'ai vécu!* comme qui dirait : *Cache ta vie!*

A la fin du Directoire, lui qui représente l'idée, il est le premier à sentir son impuissance, et il s'écrie : *Il me faut une épée.*

Ce sont là de ces mots décisifs qui nomment et, si j'ose dire, qui *baptisent* chaque situation

première, Condorcet se noyait, quand il tenait la plume, dans les exposés théoriques et les déductions analytiques qui portaient souvent sur des utopies arides. Il n'était, auprès de Sieyès, qu'un vulgarisateur abstrait; mais celui-ci, outre l'originalité de l'invention, avait des vues et quelquefois des pratiques d'homme d'État.

On sait les magnifiques paroles par lesquelles Mirabeau, dans la séance de l'Assemblée constituante du 20 mai 1790, où se discutait la motion sur le droit de paix et de guerre, invoqua les lumières et l'avis d'un homme « dont je regarde, dit-il, le silence et l'inaction comme une calamité publique. » J'ai sous les yeux la série des lettres ou billets de Mirabeau à Sieyès, depuis le jour où il lui accuse réception et le remercie de ses deux brochures sur les *Priviléges* et le *Tiers-État* (23 février 1789) : « Il y a donc un homme en France! s'écriait-il dès lors, et certes un homme appelé à nous servir de guide dans l'Assemblée nationale qui va décréter notre destinée. » Ce sentiment très-profond de déférence, Mirabeau ne cesse de le lui exprimer dans chaque billet, où il l'appelle en toute occasion *le maître :* — « *Mon maître,* car vous l'êtes, même malgré vous! » Il essaye, à plus d'une reprise, de nouer alliance avec lui, il lui propose l'union : « Il devient bien important que je vous parle, que mon audace se réunisse à votre courage, et ma verve à votre admirable logique. » Mais Sieyès, selon son habitude, se réserve et se tient sur ses gardes. Un jour, à l'Assemblée, pendant une séance orageuse, ils échangent sur un petit billet, à demi énigmatique pour nous, des questions et des réponses. Mirabeau s'y plaint de cette méfiance naturelle à Sieyès; celui-ci écrit sur le billet : « A qui faut-il s'en fier pour se sauver des événements? » Et Mirabeau lui répond au bas : « A qui faut-il s'en fier? *à ceux qui ont un grand intérêt et une grande responsabilité de gloire : à vous et à moi, par exemple!* » Lui envoyant, en juin 1790, le discours prononcé à l'occasion du droit de paix et de guerre, et dans lequel se trouvait cette solennelle apostrophe sur la *calamité* de son silence; y joignant de plus la motion qu'il venait de faire le jour même sur le deuil solennel qu'il avait fait décréter à l'Assemblée pour la mort de Franklin, il lui écrivait ce billet plein d'effusion et d'hommages :

« Le 11 juin 1790. — Voici, mon très-cher maître, mon *Droit de la guerre*, qui vous sera un éternel monument (si toutefois vous ne le brûlez pas) de mes sentiments et de mes reproches.

« Voici ma Motion d'aujourd'hui, dont le succès vous aura fait plaisir. Notre nation de singes à larynx de perroquets, et qui sera telle tant que vous ne l'aurez pas refaite par un système d'éducation publique tel qu'il n'en existe point encore, prostituera cette nouvelle formule de respect (*la solennité d'un deuil national*) : autrement les législatures à venir porteront aussi votre deuil. Puisse cette époque être dans un demi-siècle ! *Vale et me ama.* »

Notez pourtant cette parole injurieuse et sanglante : *notre nation de singes à larynx de perroquets*, et mesurez l'abîme qu'il y a entre une telle idée et les théories législatives auxquelles en même temps on s'efforçait d'associer cette même nation.

Sieyès n'en était pas à s'apercevoir pour la première fois de cette contradiction, et il commençait à se retrancher dans la méfiance qui était naturelle à son esprit(1).

(1) Dans une note manuscrite de lui, écrite vers 1788, et peut-être plus tôt, on lit cette espèce de description intime qui nous livre le fond de son humeur morale : c'est le point de départ de son caractère avant la Révolution :

« Héraclite, Démocrite.

« Je ne suis exclusivement ni Démocrite ni Héraclite. Le sentiment intérieur, l'amour des hommes, appellent l'intérêt, les larmes ; bientôt je m'indigne, je frémis, j'en veux aux tyrans, et je finis, non par m'apaiser, mais par me distraire. Le sentiment de l'indignation est le plus fréquent ; en revenant sur le même objet, ce n'est plus contre la

Il était de ceux dont parle Juvénal et qui ont aisément la passion du silence :

Rarus sermo illis et magna libido tacendi.

Quand il vit la Révolution emportée comme un char, et qui échappait à tous les calculs, à tout l'art des conducteurs, il s'abstint. Il entra dans ce qu'il appelait *le silence philosophique*. Nommé membre de la Convention, témoin des luttes intérieures de cette formidable Assemblée, sa disposition au mépris et au dédain ne fit que s'accroître, et j'en ai saisi plus d'un témoignage tracé de sa main dans des notes intimes. On sait qu'à ceux qui lui demandaient ce qu'il avait fait durant ces mois terribles de la Terreur, il répondait : *J'ai vécu*. Je lis dans une page de lui une traduction indirecte, plus expressive et plus émue, de la même pensée :

« Maucroix, dit-il par une sorte d'allusion à cette situation menacée et précaire, et où nul ne pouvait se promettre un lendemain ; Maucroix, mort en 1708, fit à l'âge de plus de quatre-vingts ans ces vers charmants :

Chaque jour est un bien que du Ciel je reçois ;
Jouissons aujourd'hui de celui qu'il nous donne :
Il n'appartient pas plus aux jeunes gens qu'à moi,
Et celui de demain n'appartient à personne. »

A la suite de ces vers, où l'on reconnaît l'ami de La Fontaine, je lis, écrites de la main de Sieyès également, des pensées latines extraites de Salluste et surtout de Lucain ; entre autres : *Jusque datum sceleri* (Le crime eut force de loi), dont il a fait usage dans la Notice qu'il publia sur sa propre vie en l'an III, et cet autre

tyrannie qu'il est dirigé, j'en veux à la lâcheté, à la bassesse des victimes, je les méprise ; je vois qu'elles ne souffrent pas tout ce qu'elles méritent, qu'elles n'en ont pas encore assez ; je les vois qui s'enorgueillissent de leur abjection, de leur malheur, et je ris, non de gaieté, mais de mépris ; et tout de suite je détourne les yeux comme pour ne pas les souiller d'un spectacle honteux. »

passage :... *Ruit irrevocabile vulgus*, qui exprime la force fatale de la démocratie triomphante.

Un passage très-significatif encore, et qui s'était vérifié à ses yeux dans les luttes et les sanglantes défaites de parti dont il avait été témoin, est celui-ci :... *Semper nocuit differre paratis* (Quand on est prêt, c'est toujours un danger que de remettre un coup d'Etat).

A l'occasion de je ne sais quelle séance de comité à laquelle il assista vers ce temps de pleine anarchie, il écrivait pour lui, sur un bout de papier, ces notes inachevées, mais qui rendent au vif l'impression répulsive d'une noble intelligence à la vue de procédés si déshonorants pour une nation et pour l'esprit humain :

« Comité du 20 mars. — Paillasse (Chalier?), demi-ivre, dissertant sur le plan de la guerre, et examinant le ministre par interrogats et censure ;

« Les auditeurs ne s'apercevant même pas combien cela est ridicule et à quel point de perfection l'orateur porte la bêtise ;

« Le malheureux ministre, échappant aux questions par une réponse de café et l'historique des campagnes ;

« Ce sont là les hommes chargés de conduire les affaires et de sauver la République ! »

— « Brillant de ses succès, H. de S. (quelque autre sans-culotte, Hérault de Séchelles peut-être), dans sa distraction, il avait l'air d'un drôle bien heureux qui sourit au coquinisme de ses pensées. »

Ce sont les croquis révolutionnaires de Sieyès. Et si, dans quelque séance pareille, il suppose cette question qui revient si souvent à son sujet : « Vous vous taisez? » — « *Qu'importe!* se répond-il à lui-même, *qu'importe le tribut de mon verre de vin dans un torrent de rogomme?* »

Mais c'est dans les pensées suivantes que se répand et déborde en toute plénitude l'amertume de cet esprit supérieur déchu d'un espoir immense et désespérant à jamais des hommes. Il y a dans cette douleur et cette expression de mépris de Sieyès un excès maladif, et le Lycurgue, qui s'est brisé contre l'expérience humaine, a tourné au misanthrope. Il suppose que quelqu'un lui adresse ce reproche :

« On abuse de tout. Vous auriez dû voir que les vérités les plus certaines, que les meilleures idées ouvrent aux fripons et aux coquins de nouveaux moyens d'exercer leurs funestes passions. »

Voici sa réponse :

« Avec le jugement le plus réfléchi, on n'est pas dupe deux fois, mais on peut l'être une. Cet effet de nouvelles vérités a été frappant, et cependant il (*Sieyès*) l'a aperçu longtemps avant vous, et *il a fermé sa main*. Vous qui l'accusez, vous avez deux torts plus que lui. Après avoir partagé sa première méprise, l'avoir partagée avec tout votre pays, vous avez concouru vivement à abuser (1), à gâter, à renverser jusqu'aux antipodes les principes offerts ; enfin, vous qui exigez une expérience que vous étiez loin d'avoir vous-même, vous trouvez mauvais aujourd'hui qu'on profite de l'expérience acquise, et qu'on ne veuille pas s'exposer de nouveau à vos reproches.

« Taisons-nous ! »

Ce *taisons-nous* est le refrain perpétuel. Lui qui croyait tenir la vérité et n'avoir qu'à la distribuer aux hommes, il la retire et il ferme la main.

Il dira encore, en continuant d'exhaler pour lui seul sa méfiance des hommes, et en ressentant avec ulcération leurs calomnies :

« Aucun d'eux ne dit : Il voit mieux que nous. Ils disent tous : Il voit autrement, donc c'est un homme dangereux, etc. Vous en tenez un, et vous lui parlez raison. S'il entend, il vous dit bientôt de bonne foi : Que ne fais-tu quelque chose ? Que n'imprimes-tu ? Il faut instruire... — *Malheur à qui instruit ! Les hommes veulent, souffrent qu'on leur plaise ; ils ne souffrent pas qu'on les instruise.* Voir plus loin, plus profondément qu'eux, leur faire part de meilleures idées, raisonner, etc., ne leur paraît qu'un commencement de confidence d'un homme qui a tramé plus profondément. Vous êtes pour eux un coquin plus habile. Ils vous suspectent, vous êtes dangereux. Les pas scientifiques, la profondeur du raisonnement sont pour eux des tentatives, des projets, des trahisons certaines. Ils se méfient du mouvement intellectuel qui résout un problème politique, comme d'une

---

(1) En transcrivant textuellement ces notes, j'en respecte les incorrections grammaticales.

machination scélérate. *S'enfoncer dans les allées de l'Académie, c'est
à leurs yeux se cacher dans un bois.* C'est donc folie que de parler
avec eux, et surtout que de chercher à les instruire. Ils vous diraient
volontiers que, pour eux, ils se contentent d'être honnêtes gens : ils
vous ont regardé comme voulant les attirer dans une conjuration. »

Dans la Notice qu'il a publiée sur lui-même, Sieyès
a reproduit quelques-unes de ces idées, mais nulle part
avec cette verve et cet épanchement d'amertume.

Après avoir rendu de grands services diplomatiques
à la République française dans son ambassade de Berlin
et ailleurs, et avoir influé à l'intérieur sur beaucoup
d'actes importants de comité ou de cabinet, nommé
membre du Directoire, Sieyès se vit une puissance reconnue et fut recherché de toutes parts. J'ai parcouru
une masse de lettres de tout genre qui lui furent adressées à cette époque par tout ce que la France avait de
plus distingué, et l'Allemagne y joignait aussi de ces
hommages enthousiastes qu'elle n'accorde qu'à ses
grands philosophes. Rien de tout cela n'adoucissait ni
ne guérissait cette âme, dont je surprends encore à
cette date le cri douloureux, échappé du sein même
de la puissance :

« Ils me recherchent !!!

« Je déteste la société, parce qu'on n'y croit pas à la bonté morale.
Si l'on parle des mesures qui ont eu du succès, de quelque intrigue
habile, de quelque projet momentanément applaudi, ils vous regardent avec un air fin et d'intelligence ; ils vous louent presque et vous
caressent comme voulant mériter auprès de vous d'entrer en participation de l'habile dessein qu'ils vous supposent ; ils *croyent* à votre
infamie, parce qu'eux s'en revêtiraient comme d'un honneur. C'est de
leur part moitié immoralité, moitié ignorance. Mais ils me choquent,
et mon premier mouvement, si je m'y livrais, serait de leur dire : *Fi!*
parce que vous êtes des misérables, des hommes vils, vous supposez
bien aisément qu'on vous ressemble ! Je finirai par les haïr. Quoi !
j'aurai passé ma vie entière dans le travail le plus forcé, dans le
malheur pour moi, et dans les sentiments les plus généreux, les plus
ardents pour le bonheur des autres, et ma récompense sera d'être
regardé par eux comme un homme à talents capable d'être adopté

par des coteries de vils coquins! Les hommes, je le répète, ne croient ni à la probité ni à la bonté morale. Tout esprit public leur est étranger. Ils se partagent en coteries d'intrigants, complices de quelque lâcheté ou d'une suite de lâchetés distinctive de chaque société. Les moins bien placées pour combiner en ce genre, celles qui en sont réduites à l'avidité, à l'ambition de voler quelques sous, de tromper son voisin pour le plus petit intérêt, celles-là sont ce que l'on appelle les bonnes gens de la campagne, les classes probes ou vertueuses! »

On voit à quel degré de pessimisme et véritablement d'injustice il en est venu. Et il continue d'agiter ce même problème personnel comme aurait fait Alceste ou Jean-Jacques, et à tourmenter sa plaie irritée.

« Ils ne se sont jamais approchés de moi qu'avec l'intention et l'espoir de me tromper. Comment se fait-il que, leur ayant toujours parlé le langage de la vérité, et, en ce sens, ayant toujours été complétement dupe, j'aie pourtant échappé si souvent à leurs piéges? C'est qu'ils n'ont jamais cru que ma réponse fût celle que je devais ou voulais faire. Ils ne m'ont jamais attendu que sur un chemin différent de celui que j'annonçais. Ils m'ont trompé en mentant : je le leur ai rendu sans le vouloir en disant vrai. »

On n'écrit pas de telles pages pour soi seul, quand on n'est pas profondément convaincu de la vérité de ce qu'on écrit. J'en conclus que Sieyès, en effet, avait été beaucoup calomnié, que son sentiment moral élevé en avait souffert, que sa délicatesse orgueilleuse s'éta' révoltée, et qu'il en était résulté dans la partie la plus sensible de son être une maladie du genre de celle dont Rousseau et d'autres grands esprits solitaires se sont vus atteints (1). Ceci m'explique encore comment plus tard Sieyès rendit si aisément les armes à Bonaparte, et (sous forme de récompense nationale) se laissa enrichir et combler par lui. Il avait bu dès longtemps la calomnie, et il se dit finalement qu'il serait bien dupe,

---

(1) Dans l'ironie de Sieyès, dans son égoïsme final, dans son mépris consommé pour les hommes, il y avait du Swift. Celui-ci exprimait sa misanthropie sous forme satirique et humoristique, l'autre sous forme de réflexion morale directe.

là où son repos le conviait, de s'inquiéter désormais des propos des humains en quelque chose.

Danton, dans sa grossièreté énergique, disait : « *Je suis saoul des hommes.* » Sieyès en était au moins saturé.

Cet esprit altier, puissant, profond, ingénieux et fin, un peu bizarre, mais toujours original, en tombant du haut de cette idée de réforme première et radicale qu'il méditait dans toutes les branches de la connaissance, de la condition et, comme il disait, de la *socialité* humaine, en était venu (étrange extrémité!) à penser « que ce qu'on appelle le *sens commun*, loin d'être *commun* en effet, est une anomalie, une *difformité* dans la nature humaine. » Il méprisait cet esprit humain qui avait si peu répondu à ses vues. Il méconnaissait lui-même la conquête réelle, la seule, mais si importante, à laquelle il avait atteint et que rien désormais ne pouvait ravir, une société sans privilèges.

Toutes ses illusions étaient perdues, qu'il en nourrissait peut-être une encore : c'était qu'on adopterait enfin cette Constitution-modèle qu'il avait de longue main élaborée, qui devait rompre le flot de la démocratie en le divisant, et triompher des passions des hommes en les balançant et les contre-pesant l'une par l'autre. Les premières séances consultatives qui suivirent le 18 Brumaire firent évanouir cette illusion dernière de l'artiste plus encore que du philosophe. Il vit qu'on ne prendrait jamais ses idées qu'en les tronquant et en les altérant, c'est-à-dire en les rendant indignes d'être avouées et reconnues par lui. Car, pour lui, homme d'unité, une idée morcelée perdait tout son prix : *Tout ou rien!* c'était sa devise.

Enseveli dans le silence et dans une méditation morose sous l'Empire, plus tard exilé pendant quinze ans en Belgique sous la Restauration, nous l'avons vu, après 1830, revenir isolé et finir parmi nous comme un témoin oublié d'un autre âge. L'oracle avait cessé; il était accoutumé à se taire, mais non pas également peut-être à n'être plus même consulté. Vers la fin, Sieyès habitait plus que jamais au dedans et au fond de lui, et il n'en sortait plus. Quand on le pressait, pendant son exil de Bruxelles, de fixer ses souvenirs, de raconter et de dicter ce qu'il avait vu, il répondait :

« *Cui bono?* à quoi bon? Notre œuvre est assez grande pour se passer de nos commentaires; nos actes instruiront ceux qui auront la curiosité de connaître nos pensées, et tous nos avertissements seraient inutiles pour mettre en garde contre nos fautes les hommes qui, venus après nous, n'acquerront notre sagesse qu'au prix des mêmes malheurs (1). »

Des personnes qui l'ont approché dans ses dernières années (et le nombre en est petit) me le peignent immobile, renfermé, pratiquant plus que jamais cette opiniâtre passion de se taire : « Je ne vois plus, disait-il, je n'entends plus, je ne me souviens plus, je ne parle plus; je suis devenu entièrement négatif. »

Il s'arrêtait quelquefois au milieu d'une phrase commencée, et disait : « Je ne trouve plus le mot, il se cache dans quelque coin obscur. »

Il revenait pourtant encore avec quelque plaisir sur ses anciens jours, et y rectifiait quelques points de récit qui appartiennent à l'histoire.

« Le premier, disait-il, qui cria : *Vive la Nation!* et cela étonna bien alors, ce fut moi. »

Il niait avoir prononcé les paroles qu'on lui prête après le 18 Brumaire : « *Messieurs, nous avons un maître; ce jeune homme sait tout, peut tout et veut tout.* » Le mot d'ailleurs est beau, et digne d'avoir été prononcé. Mais il dit seulement à Bonaparte, qui lui demandait pour-

(1) Notice de M. Fortoul.

quoi il ne voulait pas rester Consul avec lui, et qui insistait à lui offrir cette seconde place : « Il ne s'agit pas de Consuls, et je ne veux pas être votre aide de camp. »

Il niait aussi avoir prononcé, dans le jugement de Louis XVI, ce fameux mot : *La mort sans phrase*. Il dit seulement, ce qui est beaucoup trop : *La mort*. Il supposait que, quelqu'un s'étant enquis de son vote, on aurait répondu : *Il a voté la mort, sans phrase;* ce qui a passé ensuite pour son vote textuel.

Il a dû regretter ce vote fatal, sans lequel il aurait eu droit en effet de dire ce qu'il écrivait un jour à Rœderer dans l'intimité : « Vous me connaissez; vous ne m'avez jamais vu prendre part au mal, vous m'avez vu quelquefois prendre part au bien qui s'est fait. »

Il s'indignait qu'on attribuât à ce mot : *J'ai vécu*, qu'il avait dit pour résumer sa conduite sous la Terreur, un sens d'égoïsme et d'insensibilité qu'il n'y avait pas mis.

Il souriait de pitié aux injures dont il avait été l'objet à l'époque du 18 Brumaire. On avait débité des calomnies sur l'emploi des sommes restées dans la caisse du Directoire. Ces calomnies sont réfutées par les pièces mêmes de la comptabilité officielle : elles le sont mieux encore par les *Mémoires* de Napoléon, qui reconnaît à la fois le faible de l'homme et son fonds d'intégrité; il y est dit : « Il aimait l'argent, mais il était d'une probité sévère, ce qui plaisait fort à Napoléon; c'était la qualité première qu'il estimait dans un homme public. »

Il fut, en 1832, assez malade de la grippe pour que sa tête s'en ressentît. Il dit un jour à son valet de chambre : « Si M. de Robespierre vient, vous lui direz que je n'y suis pas. » Et le valet de chambre, dans sa simplicité, avait transmis la consigne à un autre domestique. Robespierre était son cauchemar et son délire dans ses dernières années, et on l'a entendu répéter : « Éloignez de moi cet infâme! »

Dénoncé à la société des Jacobins peu de temps avant le 9 Thermidor, il aimait à raconter qu'il avait été sauvé par son cordonnier qui se leva et dit : « Ce Sieyès, je le connais, il ne s'occupe pas du tout de politique, il est toujours dans ses livres : c'est moi qui le chausse, et j'en réponds. »

D'une stricte économie pour lui-même, il n'était pas aussi peu secourable que quelques personnes l'ont cru. Il donnait sans paraître. Son neveu, sa nièce, faisaient de belles et grandes libéralités auxquelles il n'était pas étranger.

Il inspire à quiconque l'aborde d'un peu près et en est digne, une curiosité profonde, du respect plutôt que de la sympathie. Il vous fait ressouvenir de ce mot, qui est de lui, mais qu'au milieu de toutes ses lumières il n'a pas assez réalisé par son exemple : « Il est des sciences qui tiennent à l'âme autant qu'à l'esprit. » Pourtant sa mémoire devra gagner considérablement à la publication de ses œuvres secrètes et de ses papiers : Sieyès y apparaîtra non-seulement à titre de haute puissance intellectuelle, mais à titre d'homme qui a sincèrement voulu pendant longtemps l'amélioration des hommes (1).

---

(1) La mort de M. Fortoul a mis à néant l'espoir que nous exprimions ici. Ce doit être un sujet de peine pour tous les amis de la science et de la pensée que cet ajournement indéfini et, peut-être, cet ensevelissement définitif de l'OEuvre promise et un moment entrevue de Sieyès. Le voilà encore une fois rentré, et peut-être pour toujours, dans ce silence qu'il aimait.

Lundi, 15 décembre 1851.

M. FIÉVÉE

CORRESPONDANCE ET RELATIONS AVEC BONAPARTE.

(3 vol. in-8°. — 1837.)

M. Fiévée n'est pas de ces hommes dont il faille, je crois, écrire la vie bien en détail, mais il est de ces écrivains distingués qui méritent qu'on s'occupe de leurs opinions et de leurs livres. On l'a laissé mourir, il y a une douzaine d'années, en mai 1839, sans lui accorder assez d'attention : il avait, deux ans auparavant, en 1837, réglé en quelque sorte ses comptes avec le public en faisant imprimer les Lettres et Notes adressées par lui, dans le cours de onze années, à Bonaparte premier consul et empereur; il y a joint une Introduction qui est un des meilleurs et des plus piquants morceaux d'histoire contemporaine. J'ai lu autrefois ces volumes avec beaucoup de profit et d'intérêt : en y revenant aujourd'hui, je n'y chercherai aucun genre d'allusion, mais je suis sûr du moins de ne pas tomber dans un contre-temps.

Disons pourtant un peu ce que c'était que M. Fiévée. Né à Paris le 10 avril (1) 1767, fils d'un riche restau-

---

(1) Ou plutôt le 9 avril, d'après les Registres de l'État civil. La date du 10, que lui-même indique, est celle du baptême.

rateur qui tenait de plus un somptueux hôtel garni, et d'une mère fort belle, le septième de seize enfants, il put voir, dès son enfance, l'ancien grand monde de fort près, et il s'accoutuma à l'observer d'autant mieux qu'il était à la fois tout à côté et en dehors : il le voyait passer devant lui. Il fut élevé à la campagne d'abord, puis à Paris au Collége Mazarin ; mais, malgré de bonnes études, il se plaît à remarquer qu'il n'eut en définitive « que l'instruction qu'il se donna. » Il n'eut en rien la religion des Anciens ni celle des classiques ; il se piquerait plutôt de les ignorer ou de les avoir oubliés que de les posséder ; une citation latine lui fait l'effet d'une incongruité. Vrai moderne, il se forma directement par la pratique de la société. Il lisait, réfléchissait, comparait, et il eut de bonne heure ses *petites idées* à lui.

Doué d'une taille avantageuse et de qualités physiques auxquelles il mit toujours du prix, il sut, dès ses premiers pas, se faire compter dans le monde par sa tenue, son calme, par une manière d'être qui annonçait déjà un caractère arrêté, par beaucoup d'aperçus dans l'esprit, « d'autant plus originaux que la plupart étaient sans solution ; » il les faisait valoir encore par une tournure d'expression précise et neuve. Il se donne à nous comme dénué de toute ambition, de tout intérêt personnel : « Mon grand défaut, mon imperturbable défaut est l'antipathie pour le mouvement. » Il avait pour principe qu'il y a de bons défauts, et qu'il ne s'agit que de savoir en prendre son parti et s'en arranger pour y trouver du bonheur. Il paraît s'être très-bien accommodé des siens. Il poussait très-loin cette doctrine d'accommodement avec les penchants, et on l'a entendu dire : « Quand on a un vice, il faut savoir le porter. »

Avant d'être ce que nous l'avons connu, c'est-à-dire

une espèce d'amateur en politique, assis à l'orchestre, jugeant la pièce, et consulté même souvent par les auteurs ou acteurs, avant de s'être établi dans son habitude d'observer le monde « comme s'il ne remuait que pour son instruction, » M. Fiévée eut ses vivacités et ses entraînements : il fut debout et assez actif au parterre. Au commencement de la Révolution, il était devenu imprimeur; il imprimait la *Chronique de Paris*, rédigée par Condorcet et autres de ce bord, et il y glissait au besoin quelques petits articles. Il avait fait avec Berton un opéra-comique, *les Rigueurs du Cloître* (août 1790), dans le goût philosophique du jour. Le sujet est une religieuse qu'on a contrainte dans ses vœux, qui va être punie par l'abbesse pour avoir voulu les violer, et que vient délivrer son amant en uniforme de grenadier de la garde nationale, avec l'officier en tête et toute la compagnie. Le chœur général chante en finissant :

> O Liberté ! déesse de la France !
> Plutôt mourir que de vivre sans toi !...

Les ennemis de M. Fiévée lui ont souvent reproché cette peccadille de jeunesse. Pour lui, l'expérience de la Révolution le corrigea vite. Il fut arrêté à diverses reprises, la première fois en 1793, et bientôt relâché, faute de charges et même de prétextes. Il raconte ces arrestations avec une sorte de gaieté ironique, qu'il n'y a pas mise après coup et qui était bien dans sa nature. Celui qui s'opposait le plus à sa sortie de prison en 93 était un ancien éditeur très-ignorant, dont il avait, huit ou dix ans auparavant, comme correcteur typographe, relevé quelques bévues, dans l'imprimerie où il faisait son apprentissage. Cette rancune de fautes d'orthographe sortait après dix ans de silence. M. Fiévée était libre depuis plusieurs mois, lorsqu'au 9 Thermidor, obéissant à un élan courageux, il fut le premier qui décida sa Section (celle de l'Odéon, dite *de Marat*) à faire acte d'adhésion et à se réunir à la Convention soulevée contre Robespierre. Il fut orateur de club ce jour-là, et il triompha d'un léger défaut de prononciation qui n'était pas désagréable en causant, mais qui ne le désignait pas nécessairement pour la parole publique.

Arrivé à la barre de la Convention, qu'il trouva tout en désordre, puis admis aux honneurs de la séance dont il profita peu, il raconte qu'un gros et joyeux Conventionnel lui dit, en le voyant sortir :

« Prenez le plus long pour retourner vers vos commettants, et, toutes les fois que vous passerez devant une Section, entrez; parlez de la mission que vous venez de remplir, et de l'accueil que vous avez reçu... Vantez surtout l'assurance que vous avez vue parmi nous. » — « Sans doute, lui répondis-je ; cela me formera si je veux un jour écrire l'histoire. »

M. Fiévée fut de tout temps l'homme qui se paya le moins des solennités de *convention* et des déclamations historiques. On lui disait un jour que, dans l'ordre de ses études politiques habituelles, il devait beaucoup lire l'histoire. « J'attends pour la lire de l'avoir écrite, » répondit-il. On sait sa jolie définition de la politique : « La politique, même dans les Gouvernements représentatifs, est *ce qu'on ne dit pas.* »

Il a parfaitement jugé Robespierre et ce prétendu talent de parole qu'on lui a accordé de nos jours ; ce sont de ces découvertes qui ne coûtent rien à l'esprit de système. Et quant au moral de l'homme, il a dit : « On l'avait surnommé l'incorruptible ; il l'était en effet comme ceux qui veulent tout prendre à la fois. »

Il a rendu avec une entière vérité, comme témoin et comme acteur, le mouvement impétueux et confus, le sentiment d'explosion de cette jeunesse thermidorienne qui savait ce dont elle ne voulait plus, mais pas encore ce qu'elle voulait, qui avait appuyé la Convention contre Robespierre, et qui prétendait chasser la Convention devant une opinion qui n'était pas mûre encore : « Jamais peut-être, nous dit Fiévée, l'ancienne royauté ne fut plus complétement oubliée qu'à cette époque; nous n'étions pas encore assez difficiles pour y penser. » Pour lui, paresseux, une fois sorti de ses habitudes, il est précis, prudent, prévoyant, très-hardi les jours d'action. Il se montra tel le 13 Vendémiaire, et tel encore dans les mois qui précédèrent le 18 Fructidor, « un factieux de sang-froid et en toute connaissance de cause. » Forcé de sortir de Paris en Vendémiaire, il raconte très-spirituellement sa fuite et les divers incidents du voyage, la patache de ce temps-là, la patache primitive en plein vent, et dans toute sa rusticité originelle : « J'en ai vu depuis, dit-il, mais corrompues par le luxe qui nous envahit; elles sont couvertes. » Les dialogues qui égayent le chemin sont d'excellentes scènes de mœurs. Arrivé en province, à Moulins, il s'aperçoit aisément que la proscription ne l'y atteindra pas : il aurait même pu se montrer sans danger et reparaître, s'il n'y avait pas vu une espèce de bravade, et par conséquent un défaut de convenance : « Mais, ajoute-t-il, il faut être poli, même avec les révolutions.» On doit déjà saisir le ton de cet esprit fin, ironique, épigrammatique, et légèrement impertinent jusque dans les choses sérieuses : son mérite est de renfermer bien du bon sens et des vues justes sous cette forme-là.

Retiré à la campagne, à Buzancy, après le 18 Fructidor, M. Fiévée eut l'heureuse idée de se distraire en écrivant *la Dot de Suzette*, ou *Histoire de Madame de Senneterre racontée par elle-même* (an VI), un de ces petits romans qui font, en France, la réputation d'un homme grave plus vite que ne feraient vingt brochures sérieuses. Sans la Révolution, M. Fiévée croit qu'il aurait fait surtout des romans, et qu'il aurait eu assez d'imagination pour cela, mais que la Révolution, en y substituant en lui *les passions de l'esprit* et le goût des réflexions qu'elles font naître, changea par là même sa destination. Quoi qu'il en soit, *la Dot de Suzette* fut une heureuse quinzaine dans sa vie.

Pour expliquer le succès et la vogue de ce petit livre, il faut se rappeler qu'on commençait à être las des monstrueux romans anglais dans le genre d'Anne Radcliffe, qui se succédaient depuis trois ou quatre ans, et où les souterrains, les spectres, les chaînes jouaient un grand rôle. Le public, après s'en être vivement épris, n'attendait qu'une occasion pour les rejeter. *La Dot de Suzette*, qui ne semblait qu'une anecdote vraie, racontée avec intérêt et délicatesse par une femme (car la première édition était anonyme), donna satisfaction à ce désir d'un goût plus simple. Une grande dame, madame de Senneterre, après avoir, dans le temps de son opulence, doté une jeune paysanne orpheline, et s'être hâtée de la marier à un homme du commun, pour empêcher son fils, qui en était amoureux, de l'épouser, est ruinée par la Révolution et réduite elle-même à servir. Elle doit se présenter avec une lettre de recommandation chez une jeune femme riche qui demande une espèce de dame de compagnie. Le moment où madame de Senneterre se voit munie de cette lettre de recommandation, son étonnement involontaire en la retournant machinalement entre ses mains, sa préoccupation de l'accueil qui lui sera fait, son inquiétude pour sa toilette qu'il faut proportionner à la modestie de sa condition nouvelle, tout cela est pris dans la nature et devait rappeler à plus d'une lectrice des circonstances trop réelles et trop récentes :

« Extrêmement fatiguée de ne pouvoir m'arrêter à rien, racontait madame de Senneterre, je me couchai. Pas un instant de sommeil. Une femme, la veille d'être présentée à la Cour, n'était pas plus occupée de sa toilette que moi de la mienne. Je craignais d'inspirer la pitié ; je craignais encore plus de ne pouvoir adoucir un air de dignité que la nature et l'habitude de commander avaient répandu sur toute ma personne. Je redoutais surtout de ne pouvoir supporter avec résignation les questions auxquelles il fallait m'attendre. Le jour me surprit, et je n'avais encore rien résolu... »

On devine que cette femme riche, chez qui va se présenter madame de Senneterre, n'est autre que Suzette, qui a changé de nom. J'indique cet endroit comme le plus réellement touchant de l'ouvrage, et même comme le seul naturellement touchant. On y trouve aussi quelques scènes vraies, où sont peintes les mœurs licencieuses et grossières des enrichis, des fournisseurs, des parvenus et des femmes qui les recherchent. Il y a un certain concert de Feydeau qui sert de cadre à une suite de portraits satiriques. Hors de là, dans la partie sentimentale, le roman n'est pas exempt des défauts ni de la manière de l'époque. Les principaux personnages y sont *vertueux, sensibles, intéressants*, et l'on y a affaire à une nature humaine d'Opéra-Comique ou de Gymnase, non pas à la vraie et sincère nature. En un mot, *la Dot de Suzette* n'est pas un chef-d'œuvre, mais ç'a été un très-agréable livre à son moment.

Combien de fois ce petit roman n'a-t-il pas été rappelé et objecté à M. Fiévée dans le cours de sa carrière ! Dans la première entrevue qu'il eut avec Bonaparte, il y fut fait allusion par une phrase gracieuse du maître. D'un autre côté, ceux qui s'arment de ce qu'un homme d'esprit a fait pour en conclure qu'il ne saurait faire autre chose, ces personnes-là, sous l'Empire, ne manquaient pas de répéter, quand on leur parlait des écrits sérieux de M. Fiévée et de ses vues en politique : « Ah !

oui, l'auteur de *la Dot de Suzette!* » — « C'était à craindre, dit le malin auteur, qu'on ne m'en fît un *majorat.* »

Un autre roman de M. Fiévée, plus travaillé, mais moins agréable, est *Frédéric* (an VIII). Frédéric est un jeune homme, fils d'une grande dame déjà vieille et d'un jeune et beau valet de chambre : cela sent son Directoire à chaque page. Il y a pourtant d'assez belles scènes et très-vraies d'observation et d'analyse quand ce jeune homme, à qui l'on a caché sa naissance, paraît pour la première fois dans la maison de sa bienfaitrice, et que celle-ci l'observe avec amour, jalousie et honte, tandis que le père, debout et respectueux, placé derrière, le regarde avec fierté. L'analyse de ces sentiments compliqués et divers qui sont aux prises au sujet de cet enfant mystérieux, ces trois situations de la mère, du fils et du père, sont démêlées avec une rare finesse et indiquées avec une sûreté de trait un peu sèche, mais curieuse et bien sentie. Le roman se termine par une triste parole. Philippe (c'est le nom du valet de chambre, qui, indépendamment de toutes ses qualités, est studieux, instruit, amateur de lecture), Philippe, retiré du service et vivant auprès de son fils, a pris l'habitude de jeter ses pensées sur le papier ; et comme on lui proposait un jour de se faire imprimer : « Non, vraiment, répondit-il, je craindrais de trahir les secrets de l'humanité; on sent le besoin de les cacher quand on connaît les hommes. »

Vers le temps où, retiré en Champagne, à l'abri de la proscription, il écrivait sa *Dot de Suzette*, M. Fiévée recevait en secret une visite de la part du roi Louis XVIII, qui l'avait distingué parmi les journalistes d'avant le 18 Fructidor. M. Becquey vint lui proposer de s'attacher au service du roi exilé par quelque correspondance, et M. Fiévée, comme M. Royer-Collard alors, y consentit. Cette correspondance cessa peu après l'époque du

18 Brumaire. M. Fiévée, qui n'était qu'un royaliste d'opinion, et qui ne tenait pas essentiellement aux personnes, voyant un Gouvernement ferme s'inaugurer par l'ascendant d'un seul, se délia du côté de l'exil, et se tint prêt à servir ou à conseiller le pouvoir nouveau.

Bonaparte, qui, à cette heure de formation sociale, cherchait partout des hommes, de bons instruments ou d'utiles informateurs, avait l'œil sur M. Fiévée. Tandis que M. Rœderer le désignait au premier Consul, Fouché travaillait à l'écarter. Fouché, qui ne l'aimait pas et qui voulait lui nuire, trouva moyen de l'impliquer dans une affaire, et le fit mettre au Temple. Cette prison amena précisément un résultat heureux, et M. Fiévée n'en sortit que pour entrer en relation personnelle et directe avec le Consul. Pour couper court aux insinuations secrètes, il se hâta de lui donner des gages publics d'adhésion. Dans une brochure qu'il publia alors, et qui avait pour titre : *Du 18 Brumaire opposé au Système de la Terreur* (1802), il posait un principe qui ne pouvait déplaire : « Si le Terrorisme n'a été, disait-il, qu'une folie destructive, l'esprit militaire fut, au contraire, à toutes les époques de la Révolution, un moyen de conservation. » Il faisait le procès au Directoire, qu'il accusait de s'être chargé de « régulariser les effets de la Terreur. » Entre la Convention et le Directoire, M. Fiévée ne mettait de différence que celle qui se trouve entre *tuer* et *laisser mourir*. Il disait du Directoire, mis en présence des triomphes de nos armées : « On ne règne pas dans un pays à la fois couvert de gloire et d'ignominie, quand on n'a pour soi que l'ignominie. Les États en révolution ne se sauvent point par des Constitutions, mais par des hommes. » On voit assez le sens de cette brochure. Lorsque plus tard, sous la Restauration (1817), elle fut reprochée à M. Fiévée par ses adversaires politiques et constitutionnels d'alors, il faisait remarquer qu'il n'avait jamais vanté le *Gouvernement militaire*, mais l'*esprit militaire*, ce qui était bien différent, et il se couvrait du mot de M. de Bonald : « Les nations finissent dans les boudoirs, elles recommencent dans les camps (1). »

Bien qu'il ne fût qu'une seule fois nommé dans cette brochure, Bonaparte sentit bien qu'elle lui était tout entière dédiée ; il fit venir aux Tuileries M. Fiévée, se montra avec lui « simple, spirituel, coquet et confiant, » comme il savait l'être quand il voulait séduire, et, pour conclusion, il l'envoya en Angleterre, avec ordre d'observer ce pays, avec qui on était nouvellement en trêve, et de lui en écrire. C'était un stage politique qu'il faisait faire à M. Fiévée avant de l'essayer de plus près. Il en résulta les *Lettres sur l'Angleterre* (1802), dans lesquelles l'auteur, qui combat l'anglomanie et toutes ses conséquences, avait mêlé des réflexions très-vives et très-acérées sur la philosophie du dix-huitième siècle : il la considérait et la dénonçait comme antipathique à tout établissement social et comme hostile à tout principe stable de gouvernement. A la manière dont il y jugeait Rousseau, Voltaire, Mably, Raynal, Helvétius et *tutti quanti*, on sentait un esprit singulièrement dégagé de toute superstition envers les grandes illustrations littéraires : « Heureux, disait-il en concluant, heureux ceux qui n'ont pas fermé les yeux sur les événements pour ne les ouvrir que sur les livres ! »

A son retour d'Angleterre, M. Fiévée, après avoir vu Bonaparte, reçut par l'intermédiaire de M. de Lavalette

---

(1) M. Fiévée ajoutait : « Il en sera de même des nations qui s'obstinent à finir dans les *bureaux* » (les bureaux ministériels du Directoire) ; et nous dirions de même des nations qui s'obstinent aux intrigues parlementaires, qu'il y a pour elles une manière de finir dans les *couloirs*.

l'invitation de lui écrire dans une série de Notes ses impressions et ses vues sur les événements et les choses. En publiant, en 1837, ces Notes ou rapports, qu'il intitule assez improprement *Correspondance*, M. Fiévée ne peut se défendre de quelque mouvement qu'il faut bien appeler de fatuité. Il se pose trop à nos yeux sur le pied d'égalité avec celui qu'il informe et devant qui il cause : « On ignorait ce que contenait cette Correspondance, dit-il, mais on savait qu'elle existait; *il* ne s'en cachait pas, ni moi non plus. Quand *nous l'eussions voulu*, cela aurait été impossible. » Ce *nous* revient plus souvent qu'il ne convient. Que M. Fiévée, en causant avec Bonaparte, fasse preuve de tout son esprit, et en use en toute liberté et franchise, rien de plus simple et de mieux entendu. Un homme ne doit jamais s'effacer devant un homme, et surtout quand c'est son esprit que l'on consulte. Mais la dignité ne consiste pas à maintenir et à concerter si soigneusement, dans les préfaces et récits, ce semblant d'égalité plus que jamais impossible quand on écrit trente ans après et devant la majesté de l'histoire. M. Fiévée a manqué, sur ce point, du goût qui tient au sentiment du respect et à celui des proportions.

Les premières parties de ces Notes sont pleines, d'ailleurs, d'excellentes observations et d'aperçus dont un chef d'État pouvait faire son profit. A cette époque du lendemain de Brumaire, où tout est en question et où tout recommence, M. Fiévée montre au premier Consul la société telle qu'elle est véritablement au fond, lasse, épuisée, se reprenant à une espérance précaire sitôt que quelques bons symptômes reparaissent : « On peut dire des peuples qui sont entrés dans la carrière des révolutions, qu'après s'être fatigués d'idées et d'espérances, ils retombent lourdement sous le joug de leurs besoins. » Il montre cette situation favorable à tout pouvoir qui s'élève, mais bien difficile à ménager :

« La Révolution ayant exagéré toutes les espérances populaires et n'ayant produit qu'un plus grand malaise, le peuple, toujours dupe de ceux qui l'exaltent, attendait tant de ses flatteurs qu'on ne peut rien faire pour lui qui approche de ce qu'on lui avait promis.

« Il espère cependant que chaque Gouvernement qui survient réalisera le bonheur dont on l'avait flatté. Aussi, huit jours après la Paix générale (la Paix d'Amiens), se demandait-on déjà à Paris quel bien il en résultait. Tel est le peuple que la Révolution a formé. »

Pour lui, il se fait auprès du Consul le représentant et l'organe des anciennes forces conservatrices de la société, par antagonisme à ce qu'il y a, dans un autre sens, de forces et d'intérêts purement révolutionnaires. Bonaparte était entouré d'hommes de la Révolution qu'il apaisait ou comprimait tour à tour : M. Fiévée insiste pour que, malgré l'influence de ces hommes et les ménagements qu'on leur doit, le Gouvernement en vienne le plus tôt possible à condamner hautement les faux principes. Le scandale qui eut lieu à Saint-Roch lors du refus de sépulture de la danseuse, mademoiselle Chameroi, lui fournit l'occasion de remarques politiques relativement à la religion : « Elle aura longtemps encore, dit-il, plus besoin d'être soutenue que contenue. » Il établit très-bien la différence qu'il y a entre ces deux supports de l'ancien régime, la noblesse qui est véritablement finie, et l'établissement religieux qui doit se transformer et subsister. Quant à la noblesse, la grande preuve qu'elle est finie en tant que privilégiée, et que l'égalité triomphe, c'est « cette vérité, dit M. Fiévée, qu'on oserait moins contester de nos jours qu'à une autre époque : *Il n'est personne qui ne soit apte à recevoir de l'argent.* Or, dans tout pays où il n'y a plus de service qui ne soit soldé, il y a réellement *égalité politique* en dépit des prétentions et des souvenirs. » Mais cette vérité de fait ne l'empêche pas de remarquer que l'opinion a gardé pourtant des restes bien légitimes de religion historique : « Des hommes qui ont leur nom dans l'histoire, qui se lient à tout le passé d'une nation, ne sont jamais nuls dans leur patrie. »

Dans toutes ces Notes de début, M. Fiévée pousse le premier Consul à la politique qui rallie. Il met une grande importance à ce que le pouvoir se tienne en accord avec l'opinion publique ; il insiste « sur la nécessité de la soigner, de faire quelques frais pour se l'attacher. » Il était lui-même, à cette époque, un très-bon et très-fidèle indicateur à consulter sur cette opinion sage. Dans son but constant de pousser à la restauration des anciens principes, il va au-devant d'une objection qu'il sent qu'on devait lui faire. Les hommes sortis de la Révolution et rangés autour du Consul dénonçaient ces tendances monarchiques comme menant droit à une restauration des Bourbons; M. Fiévée nie que ce soit là une exacte conséquence : « Il serait fort extraordinaire, dit-il, que quatorze siècles de monarchie ne puissent plus servir en France qu'à faire opposition même au Gouvernement d'un seul. » Il montre qu'entre ce retour aux vrais principes de gouvernement et un retour à l'ancien régime, il y a toujours un énorme obstacle qui s'interpose, à savoir la masse d'intérêts créés par la Révolution. Il montre le royalisme tel qu'il était dès lors dans cette société de plus en plus positive :

« De nos jours, le royalisme n'est ni une passion, ni un enthousiasme, moins encore un fanatisme : c'est une opinion ; et les hommes qui n'agissent qu'en conséquence d'une opinion torturée par toutes les crises dont nous avons été acteurs et victimes, ne sacrifient pas la tranquillité de leur vie à des projets dont ils sentent que l'exécution est au-dessus de leur pouvoir. »

Tel est le sens général des observations que M. Fiévée présentait et développait en chaque occasion à Bonaparte. Si, en imprimant, il n'a rien ajouté ni arrangé à sa Correspondance, il a vraiment du mérite d'avoir dit au premier Consul, en l'engageant à se conserver pour mener à bonne fin et accomplir toute sa destinée : « Que l'homme de nos jours ne ressemble pas aux hommes fameux de l'Antiquité, qui n'ont fait que donner au monde une grande secousse dont le monde s'est ensuite tiré comme il a pu. » Cette Correspondance, dans ces premières pages, résume ce qu'il y a eu d'honorable et de digne de souvenir dans la vie de M. Fiévée.

Il est loin de déconseiller la méthode de ralliement et d'absorption appliquée aux anciens Conventionnels et aux révolutionnaires, mais c'est à condition de les réduire à l'inaction et à la nullité d'influence :

> « Qu'on puisse dire du premier Consul que, s'il engraisse les vieux philosophes et les vieux révolutionnaires, c'est pour les mettre hors de cause, à peu près comme les athlètes dans la Grèce étaient forcés de renoncer aux combats quand ils avaient trop d'embonpoint. »

S'inquiétant des générations à venir, il est des premiers à conseiller de recueillir les débris de l'ancienne Université, et d'en tirer quelque parti à l'égard de la jeunesse qui est en proie aux charlatans et qui s'élève au hasard. Il signale, à cette date, l'absence de toute règle et de toute direction dans les écoles du Gouvernement : « En ne considérant que les résultats, on trouverait que le Gouvernement paye aujourd'hui pour que l'on instruise des hommes qui deviendront de plus en plus difficiles à gouverner. » Toutes ces idées de M. Fiévée n'étaient que des indications qu'il appartenait à une tête plus gouvernante de féconder et de coordonner.

Nous qui nous contentons de le lire sans y chercher autre chose que des esquisses pleines de netteté et de finesse, nous y relèverions quantité de pensées dignes de souvenir. Un certain M. Graner ou Grauer, de Berlin, un utopiste, avait conçu le projet d'une association destinée à assurer (ni plus ni moins) *la prospérité et la sûreté de tous les États de l'Europe*, et il était venu à Paris pour y organiser son idée. M. Fiévée, qui sait le monde, se méfie même des plus grandes folies, comme pouvant avoir action sur les cerveaux :

« On a pris l'habitude, dit-il, de monter les esprits si haut par de grands projets et d'incroyables découvertes, que, si demain les journaux annonçaient qu'on a trouvé le secret de refaire le monde sur un plan tout neuf, la moitié de l'Europe ajouterait foi au miracle, et se soulèverait pour en hâter l'accomplissement. »

Aussi ce projet du Berlinois l'inquiète en un sens :

« Si les têtes légères françaises parviennent à trouver un point de contact avec les têtes creuses allemandes, il est sûr qu'il faudra une société cosmopolite pour gouverner l'Europe ; les chefs de nation n'y pourront plus suffire. »

Faisant sentir le danger des sociétés libres et des Clubs qui, nés en Angleterre et sans inconvénient dans leur pays natal, en ont beaucoup dans le nôtre :

« L'établissement des Clubs en France, dit-il, a précédé la Révolution de quelques années. Pour s'exalter, les hommes n'ont besoin que d'un point de réunion : quand ils l'ont, ils bravent, ils dominent l'opinion publique... Les héros de ces rassemblements finissent trop souvent par être plus amis du genre humain que de leur patrie, plus amis de leurs systèmes que du genre humain. L'enthousiasme d'un homme peut aisément être combattu ; l'enthousiasme qui s'empare d'une réunion d'hommes, pour quelque objet que ce soit, brave le ridicule et séduit presque toujours la multitude. »

Sur ce chapitre du ridicule il a des observations fines et qui sont d'un vrai moraliste. On disait autrefois qu'en France personne ne résistait au ridicule ; cela a bien changé depuis : « Est-ce qu'il y a du ridicule, en effet, quand il n'y a plus de mœurs fixées ? *Le ridicule serait aujourd'hui un moyen de succès s'il aidait un homme à sortir de la foule.* »

Qualifiant l'influence alors régnante, la double influence inverse, mais également dangereuse, de Rousseau et de Voltaire, il dit :

« Les Français vivant sur deux opinions également dangereuses l'une formée par un éloquent écrivain qui a grandi toutes les petites choses, l'autre formée par un écrivain railleur qui s'est plu à dégrader tout ce qui était grand, il faut s'écarter avec soin de l'une et de l'autre route, pour refaire l'opinion publique et en revenir, comme au vieux temps, à la simplicité et au sérieux. »

Il a donné quelque part le taux, et pour ainsi dire, le *cours* de la réputation de Voltaire, laquelle est en hausse ou en baisse, selon qu'on est dans un état régulier de société ou dans une veine d'humeur frondeuse :

« Voltaire a été véritablement le chef spirituel de l'Europe pendant le dix-huitième siècle. Pour séduire une société en dissolution, il fallait plus d'esprit, d'ironie, d'immoralité, que de raisonnements dogmatiques ou profonds. Cet écrivain tombera à mesure que les choses sérieuses reprendront de l'ascendant et autant que la société se trouvera bien gouvernée ; mais toutes les fois qu'elle entrera en opposition contre le Gouvernement, quel qu'il soit, Voltaire retrouvera tout son crédit, parce qu'il est fort amusant à lire pour ceux qui sont mécontents. »

Cette sorte de loi qui préside à la réputation de Voltaire s'est assez vérifiée jusqu'ici : il était très en hausse sous la Restauration, il est en baisse pour le moment, depuis qu'on sait où mènent les oppositions et les Frondes. Au reste, dans toutes ces citations, je ne prétends pas endosser les passages que j'emprunte : je m'attache, comme toujours, à faire valoir et à faire connaître l'auteur que j'analyse par ses meilleurs côtés, laissant au lecteur la balance du tout et l'arbitrage.

Toutes les parties de cette Correspondance ne sont pas également intéressantes et dignes de mention. M. Fiévée est quelquefois subtil et tortillé d'expression, et par là obscur. Il a des raffinements de pensées et de tour. La Correspondance en avançant se gâte un peu ; l'inconvénient de n'être qu'un homme d'esprit se montre. Cette qualité de correspondant de l'Empereur devient un peu une prétention et une profession. Enfin, au lieu de sa liberté des premières années, l'auteur se *classe* dans la hiérarchie; il devient maître des requêtes, préfet. Aussi les Notes les plus vraiment remarquables qu'il ait écrites sont celles de 1802 à 1804.

M. Fiévée avait le goût et la spécialité des correspondances. Lors de la première Restauration, en 1814, on le voit en entretenir une du même genre avec le comte de Blacas, ministre et favori de Louis XVIII. On regrette que le premier Consul auquel il avait eu le mérite de s'adresser avec tant de bon sens, et qui lui faisait l'honneur de l'écouter, devienne alors, sous sa plume presque injurieuse, *Buonaparte* au lieu de Bonaparte. M. Fiévée fut pris en 1814, et surtout en 1815, d'une fièvre de royalisme plus vive que celle même qu'il avait sentie sous le Directoire. Sous prétexte de vouloir toujours les mêmes choses fondamentales, telles que l'institution des libertés communales qu'il oppose à la monarchie administrative, il entra dans toutes les ardeurs et les agressions violentes des partis. Il y porta toujours beaucoup d'esprit, un ton de raison froide et piquante, un grain de gaieté, d'agrément ou même d'impertinence dans le raisonnement, qui contrastait avec les furieuses colères d'alentour. Il fit la guerre en volontaire des plus actifs dans *le Conservateur*, sous le drapeau de M. de Chateaubriand. Il eut son procès de presse en 1818, et sa condamnation à quelques mois de prison qu'il fit dans une maison de santé. Il ne lui manqua rien de ce qui constituait alors un royaliste comme il faut, et il s'arrêta à temps pour pouvoir ensuite reparaître un constitutionnel libéral. Sans doute plus d'une des causes secrètes qui le firent agir alors et varier, lui qui se pique toujours si fort d'indépendance et de paresse, nous échappe aujourd'hui : tenons-nous à l'ensemble des idées.

M. Fiévée appartenait à cette bourgeoisie éclairée qu'on pouvait appeler le tiers-état royaliste. Il préférait la forme monarchique comme donnant à la société plus de garantie. Jugeant la noblesse avec indifférence, sans l'envier, sans l'aimer ni la haïr, il se mit à la servir très-activement durant ces premières années de la Restauration. Aspirait-il, lui homme de plume et de dialectique, à être le publiciste, l'organe, le chef spirituel écouté de cette noblesse de province qui n'avait pas son représentant dans la presse? Il est permis sans injure de lui supposer une telle ambition; il avait contre la centralisation administrative et sur le gouvernement des Communes par elles-mêmes une doctrine qui allait naturellement à cette armée de gentilshommes de province. Mais à un moment, et lorsque le parti royaliste *ultrà*, dont il était un des libres meneurs, arriva au pouvoir avec MM. de Villèle et Corbière, M. Fiévée s'aperçut qu'il avait travaillé pour d'autres, et que le ministère tombait sous la domination d'une coterie politique et d'une congrégation religieuse, auprès desquelles il avait peu de chances de se faire écouter et compter pour ce qu'il valait. « Ces gens-là s'imaginent que nous sommes des palissades, » disait-il de ceux qui s'étaient rangés derrière lui dans la mêlée, et qui passaient outre après la victoire.

M. Fiévée fit donc comme plusieurs membres influents du parti royaliste, M. de Chateaubriand en tête. il se retourna. Il se souvint de ce mot profond du cardinal de Retz, « qu'il faut souvent changer d'opinion pour rester toujours de son parti. » Lui, au contraire, il changea de parti, apparemment pour rester fidèle au gros de ses opinions. Il passa à une coalition avec les libéraux, avec les Benjamin Constant, les Casimir Périer, et finalement nous l'avons vu collaborateur du journal *le Temps* avec M. Coste, et même du *National* sous Carrel (1).

Jugeant la politique, absurde selon lui autant qu'ingrate, qui avait scindé et désaffectionné les royalistes vers 1823, il disait : « Je ne suis jamais trop sévère contre les bassesses du cœur humain, je le connais trop pour cela, mais je ne pardonne jamais la bassesse quand elle est en dehors de l'intelligence, quand elle est stupide. » Il avait fini par se détacher complétement des personnes en fait de gouvernement, et il ne se souciait plus, disait-il, que des peuples : « Les peuples vont, non parce qu'on les gouverne, mais *malgré qu'on* les gouverne. »

Son bon moment de royalisme avait été lorsqu'il venait le matin dans le cabinet de M. de Chateaubriand aux Affaires étrangères : il y rencontrait M. Bertin l'aîné et quelques autres amis intimes. Étendu sur un canapé (tandis que M. de Chateaubriand était censé travailler), M. Fiévée y donnait cours à toute sa veine. Il essayait, il trouvait sur la situation quantité de mot fins, épigrammatiques, de ces définitions commodes et vives

---

(1) Les articles de M. Fiévée au *National* sont continuels dans les derniers mois de 1830 et pendant les années 1831-1832. Veut-on que j'en cite quelques-uns au hasard : *Faire du pouvoir* (6 janvier 1831). — « *Le système politique qui règne aujourd'hui est tout à fait dans le genre classique*, etc. » (12 janvier 1831). — *Commerce, crédit public, amortissement* (14 janvier). — *L'opposition doit vouloir rester minorité* (18 janvier). — *Juste milieu* (10 février). — *Qu'est-ce qu'un député sans mandat?* (27 mai). — « *Quand on réfléchit sur le sort de toutes les constitutions*, etc. » (6 juillet 1831). — Et précédemment : *Intervention morale* (9 novembre 1830). — *De la modération en politique* (21 novembre). — *Naïveté* (24 novembre), etc., etc. Il aime ces titres un peu piquants et même un peu pointus, il en met même à de simples entre-filets.

qui circulaient et qu'on répétait ensuite, qu'il répétait lui-même. En l'écoutant, il était aisé de voir qu'il aimait l'esprit avant tout; c'est encore ce qu'il aimait le mieux dans le monde.

Après 1830, sous sa forme dernière et toute désintéressée, sous sa forme que j'appellerai quasi-républicaine, il était le même. Il avait besoin tous les matins d'avoir son avis, son mot sur les choses, et de le dire : c'est comme le thermomètre qui ne peut s'empêcher de marquer la température. C'était sa manière, à lui, d'être et de produire. Quand sa réflexion n'allait pas jusqu'au volume d'une brochure, il lui fallait un journal pour y verser son courant et son trop-plein, « pour y confondre, comme il disait, ses pensées du moment avec les circonstances du moment. » Vers la fin, tout ne portait pas, il y avait du triage à faire. Il ne se fâchait pas qu'un autre fît le choix. Par penchant et par habitude, il était encore plus homme de presse qu'il ne l'avait été de consultation et de cabinet : « Comme écrivain, disait-il, entre m'adresser au public ou à un souverain, fût-il dix fois plus élevé que la colonne de la place Vendôme, je n'hésiterai jamais à préférer le public; c'est lui qui est notre véritable maître. »

En laissant dans l'ombre les côtés faibles et ce qui n'est pas du domaine du souvenir, et à le considérer dans son ensemble et sa forme d'esprit, je le trouve ainsi défini par moi-même dans une note écrite il n'y a pas moins de quinze ans :

« Fiévée, publiciste, moraliste, observateur, écrivain froid, aiguisé et mordant, très-distingué ; une Pauline de Meulan en homme (moins la valeur morale); sans fraîcheur d'imagination, mais avec une sorte de grâce quelquefois à force d'esprit fin ; — de ces hommes secondaires qui ont de l'influence, conseillers-nés mêlés à bien des choses, à trop de choses, meilleurs que leur réputation, échappant au mal trop grand et à la corruption extrême par l'amour de l'indépendance, une certaine modération relative de désirs, et de la paresse; — travaillant aux journaux plutôt par goût que par besoin, aimant à avoir action sur l'opinion, même sans qu'on le sache; — Machiavels modérés, dignes de ce nom pourtant par leur vue froide, ferme et fine; assez libéraux dans leurs résultats plutôt que généreux dans leurs principes; — sentant à merveille la société moderne, l'éducation moderne par la société, non par les livres; n'ayant rien des Anciens, ni les études classiques, ni le goût de la forme, de la beauté dans le style, ni la morale grandiose, ni le souci de la gloire, rien de cela, mais l'entente des choses, la vue nette, précise, positive, l'observation sensée, utile et piquante, le tour d'idées spirituel et applicable; non l'amour du vrai, mais une certaine justesse et un plaisir à voir les choses comme elles sont et à en faire part; un coup d'œil prompt et sûr à saisir en toute conjoncture la mesure du possible; une facilité désintéressée à entrer dans l'esprit d'une situation et à en indiquer les inconvénients et les ressources : gens précieux, avec qui tout Gouvernement devrait aimer causer ou correspondre pour entendre leur avis après ou avant chaque crise. »

C'est ainsi que m'apparaît encore aujourd'hui M. Fiévée, un peu embelli peut-être, mais ressemblant; tel il se dessine surtout quand on se borne à le connaître par sa Correspondance avec Bonaparte (1).

(1) Comme il m'est arrivé de parler bien des fois des mêmes hommes et que c'est par suite de ce commerce réitéré que je me hasarde ainsi à les juger en définitive, j'indiquerai encore quelques lignes de moi sur la nature de talent et d'esprit de M. Fiévée, à l'occasion d'une de ses brochures, dans le journal *le Globe* du 31 août 1830.

Lundi, 22 décembre 1851.

LE CARDINAL DE RETZ

(MÉMOIRES, ÉDITION CHAMPOLLION.)

Je voudrais revenir sur le cardinal de Retz et sur ses Mémoires, dont j'ai déjà parlé une fois (1). Je suis étonné qu'on y ait surtout cherché des excitations au trouble et à l'intrigue séditieuse; bien lus, ils seraient plutôt faits pour en dégoûter. Mais chacun lit avec son humeur et avec son imagination encore plus qu'avec son jugement, et ce qui est si bien raconté séduit, bien que la chose racontée soit fort laide, et que le narrateur, après le premier moment d'enthousiasme passé, ne prétende pas à l'embellir.

Ne nous en tenons pas au début des Mémoires de Retz comme beaucoup de gens le font : allons plus avant et suivons l'habile factieux au delà de cette lune de miel de la Fronde. Que d'embarras! que d'impossibilités! que de misères et de hontes! Le lendemain des Barricades, la reine, le jeune roi et Mazarin avec la Cour une fois enfuis de Paris (janvier 1649), que va faire le Coadjuteur, tribun du peuple, maître du pavé, ayant pour allié d'un côté le Parlement, cette machine peu commode à conduire, et de l'autre ceux des princes du

(1) Voir au présent volume, page 40.

sang et des grands du royaume (les Bouillon, les Conti, les Longueville) qui se sont engagés dans la faction avec des vues toutes personnelles?

Parmi les nombreux pamphlets publiés à cette date, il en est un assez curieux, et d'un caractère officiel, qui a pour titre : *Contrat de Mariage du Parlement avec la Ville de Paris*. C'est une espèce de Charte sous forme de contrat, et en style de notaire. On y lit le vœu et le programme de ces premiers moments. *Au nom de Dieu le Créateur*, il est déclaré « qu'illustre et sage seigneur le Parlement de Paris y prend pour sa femme et légitime épouse puissante et bonne dame la Ville de Paris, comme pareillement ladite dame prend, etc., etc., pour être lesdits seigneur et dame joints et unis perpétuellement et indissolublement. » Les conjoints se promettent, à cet effet, d'être dorénavant « uns et communs en tous leurs désirs, actions, passions et intérêts généralement quelconques, » le tout pour le plus grand bien de l'État et la conservation du roi et du royaume. Suit une liste des principaux articles convenus entre les contractants :

« Que Dieu sera toujours servi et honoré, craint et aimé comme il se doit.

« Que les athées, impies, libertins et sacriléges seront punis exemplairement et exterminés incessamment.

« Que les vices, les péchés et les scandales seront corrigés autant qu'il se pourra, etc.

« Que le bien de l'État et la conservation du roi et du royaume, etc., etc. »

J'abrége. Mais derrière ces premiers articles, qui sont d'affiche et de montre, arrivent les autres plus essentiels, à savoir qu'en la tendresse de l'âge du jeune roi, le Parlement de Paris présentera pour le gouvernement de l'État des personnes illustres, tirées des ordres du clergé, de la noblesse et de la magistrature, qui seront, après les princes du sang, les conseillers naturels et les ministres de la Régence. En un mot, il résulte de la suite des articles que le Parlement gouvernera durant la minorité; que, lorsqu'il demandera la destitution de quelque ministre ou conseiller, il n'y sera apporté aucune contradiction; qu'une réforme exemplaire sera introduite dans le maniement des finances, dans la distribution des bénéfices, dans la nomination aux charges, dans l'imposition et la levée des taxes; bref, « que le pauvre peuple sera soulagé réellement et effectivement, que l'ordre en toutes choses sera remis, et le règne de la Justice pleinement rétabli dans toutes les provinces du royaume. »

La conclusion et le but où il en fallait venir est que, le cardinal Mazarin étant incompatible avec cet âge d'or et ce règne de la Justice sur la terre, « il sera incessamment poursuivi jusques à ce qu'il soit mis entre les mains de la Justice pour être publiquement et exemplairement exécuté. »

La cause finale est selon la formule :

« Car ainsi l'ont promis et juré ledit seigneur Parlement et ladite dame Ville de Paris sur les saintes Évangiles, devant l'Église de Notre-Dame, au mois de janvier l'an mil six cent quarante-neuf, et ont signé. »

C'est Retz en personne qui, en sa qualité de Coadjuteur, avait donné la bénédiction à ce fameux mariage qui se présentait sous de si magnifiques auspices; mais qu'en pensait-il lui-même?

Dès les premières semaines, on peut voir l'idée qu'il se faisait de l'état réel du parti par les conversations très-belles et très-sérieuses qu'il tint avec le duc de Bouillon, le frère aîné de Turenne, et la meilleure tête entre tous ces grands qui s'étaient mis de la faction. Retz, qui sait mieux que personne son ménage de Paris, étale à nu au duc de Bouillon toutes les divisions et les causes probables de ruine : « Le gros du peuple qui est ferme, dit-il, fait que l'on ne s'aperçoit pas encore de ce démanchement des parties. » Mais lui, il sent ce *démanchement* très-prochain si l'on n'y prend garde, et il le fait toucher au doigt dans ses paroles meilleures que ses actes. Moins de six semaines après l'entrée en jeu de la première Fronde, il le dit énergiquement : « Les peuples sont las quelque temps devant que de s'apercevoir qu'ils le sont. La haine contre le Mazarin soutient et couvre cette lassitude. Nous égayons les esprits par nos satires, par nos vers, par nos chansons ; le bruit des trompettes, des tambours et des timbales, la vue des étendards et des drapeaux réjouit les boutiques ; mais au fond paye-t-on les taxes avec la ponctualité avec laquelle on les a payées les premières semaines ? » Les taxes, c'est là le point délicat et auquel il faut toujours revenir dès qu'on veut organiser un ordre quelconque au lendemain d'une révolte, et le premier cri de toute révolte est de se faire au nom d'un soulagement le plus souvent impossible.

Retz expose au duc de Bouillon toute sa politique sous la première Fronde, et il faut lui rendre cette justice que, s'il était séditieux, il ne l'était qu'à demi. Il s'est rendu maître du peuple, de concert avec M. de Beaufort, qu'il tient entre ses mains et qui n'est qu'un fantôme ; il est l'idole des paroisses comme l'autre l'est des Halles. Mais il ne veut pas abuser « de cette manie du peuple, dit-il, pour M. de Beaufort et pour moi. » Il résiste absolument à l'idée de se passer du Parlement ou de l'écraser par le peuple, de le *purger* violemment comme quelques-uns le conseillaient. Ces procédés du temps de la Ligue lui font horreur ; il les laisse aux Seize et aux ambitieux sanguinaires. Il n'en a pas moins d'horreur que de Cromwell, dont il repoussera les avances, de même qu'il répugne de tout temps à une trop étroite et entière union avec l'Espagne. Ce n'est pas qu'il se dissimule les dispositions secrètes du Parlement et les procédés de cette Compagnie : malgré ces belles paroles qui se disent aux grands jours, « le fond de ,esprit du Parlement est la paix, et il ne s'en éloigne jamais que par saillies, » qui sont vite suivies de retours. Il sait que cette Compagnie, esclave des règles et formaliste, n'entend faire la guerre que par arrêts et par huissiers ; que les plus grands tonnerres d'éloquence aboutissent à des conclusions d'enquête et à des décrets pour informer ; que rien n'empêcherait le Parlement de lever séance quand l'heure de midi ou de cinq heures, l'heure sacramentelle du dîner ou du souper, a sonné. Retz a beau avoir pour lui les *lanternes*, qui étaient les tribunes de ce temps-là, il a beau avoir les jeunes têtes du Parlement, le banc des Enquêtes qui est tout à sa dévotion : cette *sainte cohue*, comme il l'appelle, qui sait si bien crier quand elle a le mot d'ordre, ne suffit pas, et le premier président Molé ne se laisse pas faire. Ce que Retz voudrait pour agir sur l'esprit de la Compagnie, pour l'exciter suffisamment sans l'opprimer, ce serait d'avoir, non à Paris, mais hors de Paris, une armée, une véritable armée au service de la Fronde ; il s'écrierait volontiers comme l'abbé Sieyès : *Il me faut une épée.* Un moment il espéra avoir trouvé celle de M. de Turenne ; on pouvait plus mal choisir ; mais elle lui manqua. Selon lui, une armée à quelque distance et un général de renom agiraient à point sur le Parlement et lui rendraient l'énergie nécessaire sans le menacer, tandis que l'action du peuple à Paris est trop dangereuse, trop immédiate. Retz, qui en dispose, craint de l'employer, car ces sortes de forces aveugles frappent avant d'avertir : « Voilà le destin et le malheur, remarque-t-il, des pouvoirs populaires. Ils ne se font croire que quand ils se font sentir, et il est très-souvent de l'intérêt et même de l'honneur de ceux entre les mains de qui ils sont, de les faire moins sentir que croire. »

Les autres inconvénients des guerres civiles qu'on a soi-même allumées, Retz nous les confesse sans réserve : un des premiers articles du Contrat de mariage entre le Parlement et la Ville de Paris avait été, nous l'avons vu, que les athées et libertins fussent réprimés et punis ; mais un des plus sûrs effets de la Fronde fut précisément de déchaîner ce libertinage, mortel à tout état de choses qui prétend s'établir et se consolider. Parlant des débauches des Fontrailles, des Matha et autres esprits forts : « Les chansons de table, dit-il, n'épargnaient pas toujours le bon Dieu ; je ne puis vous exprimer la peine que toutes ces folies me donnèrent. Le premier président (Molé) les savait très-bien relever, le peuple ne les trouvait nullement bonnes, les ecclésiastiques s'en scandalisaient au dernier point. Je ne les pouvais couvrir, je ne les osais excuser, et elles retombaient nécessairement sur la Fronde. » Et plus loin : « Nous avions intérêt de ne pas étouffer les libelles ni les vaudevilles qui se faisaient contre le cardinal, mais nous n'en avions pas un moindre à supprimer ceux qui se faisaient contre la reine, et quelquefois même contre la religion et contre l'État. L'on ne peut imaginer la peine que la chaleur des esprits nous donna sur ce sujet. » C'est ainsi qu'on observait les premiers articles du Contrat de mariage. Enfin, chaque page des Mémoires de Retz nous confirme cette vérité, « que le plus grand malheur des guerres civiles est que l'on y est responsable même du mal que l'on n'y fait pas. »

Et, une fois engagé, l'on est bien obligé d'en faire. En plus d'un cas, Retz se voit compromis et manque de se décréditer parmi le peuple et parmi les exalté-

du Parlement en s'opposant à des mesures absurdes ou à des actes de rapine et de vandalisme, tels que la vente de la bibliothèque du cardinal Mazarin. Il est vite obligé de réparer ces bons accès en faisant à son tour quelque proposition bien folle; c'est ce qui marque très-naturellement, dit-il, « l'extravagance de ces sortes de temps, où tous les sots deviennent fous, et où il n'est pas permis aux plus sensés de parler et d'agir en sages. »

Après que la première Fronde fut apaisée, et avant que la seconde éclatât, Retz semble avoir eu par moments des intentions sincères de se ranger, de redevenir honnête homme et fidèle sujet; mais sa réputation passée pesait sur lui autant que les habitudes prises, et le rengageait bientôt dans les voies de la sédition. On se méfiait de lui à la Cour, et ce soupçon par suite le provoquait à justifier derechef cette méfiance. Dans toutes ses relations avec la reine Anne d'Autriche, il arriva un peu à Retz ce qui arriva à Mirabeau dans ses relations avec la reine Marie-Antoinette. Il sentait qu'on ne faisait pas fond en lui, qu'on ne le prenait que par une nécessité d'occasion; il eût été homme à ressentir un procédé tout généreux de la reine et même de Mazarin, et un de ses plus vifs griefs contre ce dernier était qu'avec beaucoup d'esprit il manquait absolument de générosité et d'âme, et que, supposant les autres à son image, il ne croyait jamais qu'on pût lui donner un conseil à bonne intention.

Comme Mirabeau, Retz ne pouvait rendre des services à la reine qu'en maintenant son crédit auprès de la multitude; et, pour maintenir ce crédit, il lui fallait faire ostensiblement des actes et tenir des discours qui sentaient la sédition, et qui semblaient en sens inverse des engagements qu'il venait de prendre. Il était trop aisé d'en tirer parti contre lui à la Cour et de le présenter comme traître et relaps, au moment même où il ne faisait qu'employer les moyens à son usage pour un but caché qui valait mieux.

Lors des conférences multipliées qu'il eut de nuit au Palais-Royal et ailleurs avec la reine, il est à croire que dans ces oratoires mystérieux, où elle le recevait pour conférer plus librement, il essaya s'il ne pourrait pas intéresser en elle la femme; qu'il regarda souvent ses belles mains, dont madame de Motteville nous a parlé; qu'il eut l'air par instants rêveur et distrait aux questions mêmes de la politique; mais la coquetterie de la reine ne prit pas à ce manége; son cœur était fixé. Retz sentit qu'il ne pourrait jamais décrocher le Mazarin. Mais il ne fut pas, ce semble, assez prompt à le sentir, et il continua d'agir au dehors comme s'il y avait eu espoir, en effet, de l'éloigner définitivement. Une plaisanterie qu'il laissa échapper contre la reine, et qui revint à celle-ci (il l'avait appelée *Suissesse*), irrita la femme, et contribua à la vengeance finale plus peut-être que ne l'auraient pu faire les seules infidélités politiques de Retz.

Il a toujours nié qu'il eût aspiré au ministère, et les raisons qu'il en donne sont assez énergiques pour nous frapper, sinon pour nous convaincre. A l'une de ces avances, vraies ou fausses, qui lui furent faites, il répondit « qu'il était très-incapable du ministère pour toutes sortes de raisons, et qu'il n'était pas même de la dignité de la reine d'y élever un homme *encore tout chaud et tout fumant, pour ainsi parler, de la faction.* » Ailleurs, il se livre à nous, sur ce point, avec un accent de vérité qui serait plus fait encore pour nous toucher : c'est à la fin de la seconde Fronde, dans laquelle il tint une conduite si différente de celle qu'il eut dans la première; mais cette première réputation d'ambitieux à main armée le poursuivait toujours : « Est-il possible, disait-on en lui supposant cette visée du ministère, est-il possible que le cardinal de Retz ne soit pas content d'être, à son âge (il avait trente-sept ans), cardinal et archevêque de Paris? Et comment se peut-il mettre dans l'esprit que l'on conquière à force d'armes la première place dans les Conseils du roi? » — « Je sais qu'encore aujourd'hui, ajoute-t-il, les misérables gazettes (qui traitent) de ce temps-là sont pleines de ces ridicules idées. » Et il montre ces idées comme alors très-éloignées de lui, « je ne dis pas seulement par la force de la raison à cause des conjonctures, mais je dis même *par mon inclination qui me portait avec tant de rapidité et au plaisir et à la gloire...* » Il en conclut que le ministère était encore moins à son goût qu'à sa portée : « Je ne sais si je fais mon apologie en vous parlant ainsi, écrivait-il en s'adressant à madame de Caumartin ; je ne crois pas au moins vous faire mon éloge. »

Cette gloire, ce point d'honneur dont Retz nous parle toujours, et qu'il ressentait à sa manière, c'était une certaine réputation populaire, la faveur et l'amour du public, c'était d'être fidèle aux engagements envers ses amis, de ne point paraître céder à un intérêt purement direct ; vers la fin, toute sa doctrine de résistance semble n'avoir plus guère été qu'une gageure d'honneur contre le Mazarin.

La seconde Fronde (1650-1652) éclata, comme on sait, au nom des princes de la maison de Condé que Mazarin avait fait mettre en prison, et qu'il fut obligé de rendre à la liberté. Dans cette seconde période des troubles, le cardinal de Retz, bien loin d'être un agitateur et un boute-feu, comme on le suppose trop généralement, est plutôt un négociateur et un modérateur peu écouté. Monsieur, duc d'Orléans, lieutenant général du royaume, s'était pris pour lui d'une grande confiance et se l'était donné pour intime conseiller. Mais quand on sait ce qu'était Monsieur, peureux, défiant, dissimulé, changeant d'avis plusieurs fois le jour, se mettant à siffler quand il ne savait plus que dire, et employant tout son esprit à cacher sa lâcheté par des faux-fuyants, on s'expliquera la perplexité et les embarras journaliers de Retz. La faiblesse de Monsieur avait bien des degrés et des *étages*, nous dit-il, et il nous les fait mesurer et compter un à un : « Il y avait très-loin chez lui de la *velléité* à la *volonté*, de la *volonté* à la *résolution*, de la *résolution* au *choix des moyens*, du *choix des moyens* à l'*application*. Mais ce qui était de plus extraordinaire, il arrivait même assez souvent qu'il demeurait tout court *au milieu de l'application*. » Placé entre un prince de cette nature et le Parlement, cette autre machine compliquée et non moins désespérante à mouvoir, primé dans le parti par le prince de Condé, son ennemi alors et dont il ne peut vouloir le triomphe, Retz se consume durant deux années dans les pourparlers, les expédients, les tentatives perpétuelles d'un *tiers-parti* impuissant à naître et toujours avorté. Que de maximes sages il sème en chemin à pure perte! Que de coups d'œil perçants sur le vrai des situations et la misère des partis! Combien de fois n'a-t-il pas occasion de s'écrier en sortant des séances du Parlement : « Rien n'est plus peuple que les Compagnies!... Les plus sages parurent aussi fous que le peuple, le peuple me parut plus fou que jamais. » La gaieté de certains endroits de son récit ne peut nous couvrir qu'incomplètement le dégoût de ce régime anarchique, contradictoire, et dont ceux qui y étaient plongés, par une illusion trop ordinaire, ne s'apercevaient pas.

Retz, à qui rien n'en échappe, en a maintes fois la nausée, et on se demande, en le lisant, comment un matin quelque bon sentiment, quelque accès de bon sens énergique et de droiture, ne fût-ce même qu'un accès d'impatience et d'ennui, ne l'a pas décidé à rompre une fois pour toutes avec cette complication inextricable d'intrigues, désormais sans but et sans issue. C'est ici que les vices de l'homme doivent entrer en ligne, car ils y trouvaient leur compte. Retz, en jugeant le fond des choses qu'il méprise, n'en haïssait pas le jeu et le tripot. Il s'était fait à cette manière de vivre déréglée et libertine. Chaque soir, l'hôtel de Chevreuse, ou quelque autre distraction clandestine, le consolait de ses propres ennuis du jour et de la perte de l'État. Tel est, chez les hommes de l'esprit le plus supérieur, le malheur des vices; ils éteignent les bonnes inspirations à leur source et les empêchent de naître. Nous avons vu de nos jours un homme de vertu pratique, d'intégrité et de foi, un archevêque de Paris comme l'était Retz, sincèrement ému des malheurs et des erreurs du peuple et de la dissension civile, aller droit avec simplicité au danger, ouvrir les bras et donner sa vie pour le bien de tous : et Retz, retiré vers la fin des troubles dans son cloître Notre-Dame, retranché à l'ombre des tours de sa cathédrale, et abrité, comme il disait, sous le chapeau, hésitait, avec toutes ses lumières et ses générosités mondaines, à faire un acte public qui hâtât l'issue et mît fin à la souffrance universelle. Il s'y décida toutefois, et fut un des principaux négociateurs de la rentrée de la Cour dans Paris.

On lui en sut peu de gré, et, sa réputation passée s'attachant à lui, non sans cause, on le traita purement en politique, c'est-à-dire qu'après s'être servi de lui dans le premier moment, on l'emprisonna dans le second.

Sa prison, sa fuite, son séjour à Rome, ses voyages et caravanes en divers lieux, ses obstinations dernières pour conserver son siége de l'archevêché de Paris, nous fourniraient trop de vues sur ses faiblesses et sur les côtés infirmes de sa nature. Un de ses conseillers

et domestiques, brouillé avec lui, Gui Joly, a donné
là-dessus, dans ses Mémoires, des détails honteux, qui
peuvent être très-vrais quant aux faits matériels, mais
qui sont faux en ce qu'ils sont uniquement bas et que
Retz ne l'était point. Il avait en lui des parties généreuses qui ne périrent jamais, et dont il a fait preuve
jusque dans sa vieillesse, après son retour en France.
Sa paix faite et son pardon obtenu, après un assez long
séjour à sa seigneurie de Commercy en Lorraine, il eut
la permission de reparaître à Fontainebleau et à Paris
en 1664. Il y revit tous ses amis et plusieurs de ceux
qui avaient été ses ennemis, et avec qui il se récon-
cilia avec franchise. Ici nous retrouvons un cardinal
de Retz tout différent (sauf la beauté de l'esprit) de ce
qu'il avait paru d'abord. S'il vécut en Catilina dans sa
jeunesse, a dit Voltaire, il vécut dans sa vieillesse en
Atticus.

Parmi ceux dont le cardinal de Retz se souvint à son
arrivée, il en est un que j'aime à distinguer, parce qu'il
était bel-esprit, poli, honnête homme et pauvre : c'est
le célèbre avocat Patru, l'un des premiers académiciens français, si prisé de Boileau, un de ceux qui, les
premiers, parlèrent le plus purement notre langue, un
de ces Parisiens spirituels et malins que Retz n'avait
pas eu de peine à rallier autour de lui pendant la
Fronde, avec les Marigny, les Montreuil, les Bachaumont. Patru l'avait servi de ses bons mots et de sa
plume au besoin, dans les rencontres. On a la lettre
de Patru, adressée à Retz, par laquelle il s'excuse, sur
les infirmités et sur la surdité qui l'affligent, de ne
pouvoir l'aller saluer à ce retour. On y voit que quelques amis avaient parlé au cardinal de la triste situation de Patru, et celui-ci en a regret; car il sait « quel
fardeau c'est à une âme magnanime que d'être obligée
de refuser :

« Lorsque je devins votre serviteur, ajoute-t-il, je ne regardai point à vos mains. Ce cœur que rien ne peut vaincre, cette bonté qu'on ne peut assez admirer, tous ces dons si précieux dont le Ciel vous a si heureusement comblé, me donnèrent à votre Éminence. Ce n'est, Monseigneur, ni votre pourpre, ni la splendeur ou les couronnes de votre maison, c'est quelque chose de plus grand, c'est vous-même, c'est votre vertu qui m'attache; et ces liens ne peuvent se rompre, qu'on ne perde ou la vie ou la raison. »

C'est plaisir d'opposer ce noble témoignage d'un homme d'esprit si estimable comme contre-poids aux imputations sans mesure de Gui Joly.

Mais c'est madame de Sévigné qui nous fait le mieux connaître le cardinal de Retz après son retour, et qui nous le fait aimer. Elle est inépuisable sur son compte. Retz l'avait gagnée par son faible en se prenant d'une affection particulière pour madame de Grignan. Quand il venait à Paris sans la voir, il ne s'en consolait pas : « Vous lui faites souhaiter la mort du pape, » écrivait madame de Sévigné. En effet, quand le pape mourait, le cardinal de Retz ne manquait pas d'aller au Conclave pour y servir avec application les intérêts de Louis XIV, et, à son passage en Provence, il pouvait voir madame de Grignan. Quoique d'un âge encore peu avancé et avant d'atteindre à la soixantaine, le cardinal de Retz était très-usé de santé. Madame de Sévigné travaillait de tout son pouvoir à le distraire : « Nous tâchons d'amuser notre bon cardinal (9 mars 1672) : Corneille lui a lu une pièce qui sera jouée dans quelque temps, et qui fait souvenir des anciennes; Molière lui lira samedi *Trissotin*, qui est une fort plaisante chose; Despréaux lui donnera son *Lutrin* et sa *Poétique :* voilà tout ce qu'on peut faire pour son service. » Siècle à jamais heureux et incomparable, où les illustres naufragés de la politique, quand ils s'appelaient Retz, avaient comme pis-aller, pour se consoler dans le courant d'une semaine, un Corneille, un Despréaux et un Molière en personne, leurs œuvres à la main, et madame de Sévigné sur le tout!

Cet homme qui, comme je l'ai dit, n'avait jamais été qu'un demi-séditieux, et non un Catilina, comme l'a nommé Voltaire, et qui, jusque dans ses plus grandes révoltes, avait toujours respecté, en ce qui regardait l'autorité royale, ce qu'il appelait *le titre du sanctuaire*, était devenu le plus réconcilié et le plus zélé des cardinaux français pour les intérêts de Louis XIV. Malgré ses infirmités croissantes, il fit par trois fois (1667, 1669 et 1676) le voyage de Rome pour y poursuivre et y faire prévaloir les intentions du roi dans les Conclaves.

En 1675 pourtant, il fut saisi d'une idée qui parut extraordinaire et qui causa une grande admiration à ses contemporains : c'était de renoncer au chapeau, et, se dépouillant de la dignité de cardinal, d'aller vivre en Lorraine dans une retraite absolue. La politique de Rome et celle de France s'unirent pour s'opposer à un genre de renonciation qui aurait pu devenir un précédent et, dans l'avenir, un moyen de politique aux mains des puissances. Retz dut se résigner à garder le chapeau et à rester pour ses amis « le très-bon cardinal. » Il réduisit d'ailleurs beaucoup sa dépense, dans le noble but d'arriver à payer tous ses créanciers; il y mettait son honneur. Cette dernière et brusque idée d'humilité solennelle, qui visait à la pénitence, fit beaucoup causer et en divers sens : « Je ne vois, Dieu merci, écrivait madame de Sévigné (24 juillet 1675), que des gens qui envisagent son action dans toute sa beauté, et qui l'aiment comme nous. Ses amis veulent qu'il ne se cloue point à Saint-Mihiel, et lui conseillent d'aller à Commercy et quelquefois à Saint-Denis. Il gardera son équipage en faveur de sa pourpre; je suis persuadée avec joie que sa vie n'est point finie. »

Chacun, à cette occasion, lui écrivit pour lui faire compliment de sa grandeur d'âme. L'exilé Bussy-Rabutin, qui en jugeait plus philosophiquement, lui en adresse cependant une lettre pleine d'éloge. Madame de Sévigné conseillait à sa fille de lui écrire également à ce sujet et de rentrer par là en correspondance avec lui : « Quand vous aurez écrit cette première lettre, croyez-moi, ne vous contraignez point; s'il vous vient quelque folie au bout de votre plume, il en est charmé aussi bien que du sérieux : le fond de religion n'empêche point encore ces petites *chamarrures*. »

C'était mieux pourtant ou pis que des *chamarrures* que les Mémoires où se complaisait en secret le cardinal de Retz, et qu'il venait d'achever à cette date, pour obéir à madame de Caumartin, qui lui avait demandé le récit de sa vie. Il est difficile d'admettre que celui qui les écrivait fût le moins du monde touché d'une pensée religieuse. Pourtant, comme on suppose que les dernières parties en ont été écrites vers cette époque de 1675-1676, il serait téméraire de dire qu'une pensée de ce genre n'ait pas fini par germer dans le cœur du cardinal de Retz. Il nous suffit que plusieurs de ses contemporains, et qui l'approchaient de près, aient paru croire à sa persuasion finale du christianisme et d'une autre vie, pour nous imposer la réserve et le respect sur ce point suprême.

Vers la fin, Retz s'amusait dans ses loisirs de Commercy à causer et à discourir de la philosophie de Descartes, qui était alors dans sa plus grande vogue. Un dom Robert Desgabets, prieur de l'abbaye de Breuil, située dans un faubourg même de Commercy, était un cartésien à demi émancipé et qui prétendait rectifier le maître. Dom Hennezon, abbé de Saint-Mihiel, à trois lieues de là, ne goûtait pas ces prétendues rectifications de dom Desgabets : de là, une dispute philosophique en règle, dans laquelle on prit pour arbitre le bon cardinal. M. Cousin a publié la sentence très-judicieuse et prudente de Retz. Sa conclusion sur la question fondamentale de cette métaphysique était, tout bien examiné, que *l'on ne savait ce qui en est.* C'est une conclusion qui s'applique ici-bas à bien des choses. Ce grand frondeur qui, dans sa jeunesse, avait cherché vainement à tenir la balance entre les partis, entre Monsieur, le Parlement et la Cour, et qui, à défaut de balance, avait pris l'épée, et même contre M. le Prince, en était venu dans sa vieillesse à cet arbitrage innocent.

Cette retraite du cardinal de Retz en Lorraine ne tint pas, et il revint à son abbaye de Saint-Denis. Les railleurs essayèrent d'en jaser et d'y voir une infraction à son grand dessein. Madame de Sévigné l'a pleinement justifié :

« Vous savez, écrit-elle à Bussy, qui ne demandait pas mieux que d'être des railleurs (27 juin 1678), vous savez qu'il s'est acquitté de onze cent mille écus. Il n'a reçu cet exemple de personne, et personne ne le suivra. Enfin il faut se fier à lui de soutenir sa gageure. Il est bien plus régulier qu'en Lorraine, et il est toujours très-digne d'être honoré. Ceux qui veulent s'en dispenser l'auraient aussi bien fait quand il serait demeuré à Commercy qu'étant revenu à Saint-Denis. »

Il mourut le 24 août 1678, tendrement regretté d'elle et loué dans des termes qui sont la plus belle oraison funèbre, laissant l'idée de l'homme le plus aimable et du commerce le plus aisé, et d'un délicieux et parfait ami. Ainsi finit avec douceur et dignité celui qui n'avait jamais eu en lui ce qu'il fallait pour être un révolutionnaire complet, et qui, dans ses plus grandes hardiesses, s'arrêta toujours plus qu'à mi-chemin en deçà de Machiavel ou de Cromwell. Je le remarque à la fois comme défaut et comme titre d'éloge.

Une idée me tient à l'esprit depuis quelques instants,

et je ne résisterai pas à la dire. Nous approchons d'une époque de vœux et de souhaits ; je ferai le mien :

Puissent tous les factieux, tous les agitateurs, tous ceux qui ont passé leur vie à remuer les parlements et les peuples, finir aussi doucement, aussi décemment que le cardinal de Retz, se ranger comme lui sous la loi de la nécessité et du temps, jouer comme lui en vieillissant au whist, au cartésianisme, à la philosophie de leur temps (s'il y a encore de la philosophie), rester ou redevenir parfaitement aimables, causer avec des Sévigné s'ils en rencontrent, et, en écrivant leurs Mémoires, les remplir des maximes de leur expérience, les rendre piquants, amusants, instructifs, mais pas tellement entraînants toutefois qu'ils donnent envie après eux de les imiter et de recommencer de plus belle!

Lundi, 29 décembre 1851.

CHARLES PERRAULT

(Les Contes des Fées, édition illustrée.)

Il y a un an qu'à pareil jour, en prenant congé de Florian, j'ai donné rendez-vous à Perrault pour les futures étrennes : c'est une promesse que j'aime à tenir aujourd'hui. Charles Perrault est, comme on sait, l'auteur, le rédacteur de ces sept ou huit jolis Contes vieux comme le monde, qui ont charmé notre enfance, et qui charmeront celle encore, je l'espère, des générations à venir, aussi longtemps qu'il restera quelques fées du moins pour le premier âge, et que l'on n'en viendra pas à enseigner la chimie et les mathématiques aux enfants dès le berceau ; mais Charles Perrault n'est pas seulement auteur de ces jolis Contes, il a été de son temps un homme à idées neuves, à inventions, fertile en projets et en entreprises, tourné vers l'avenir, confiant au génie moderne, et, dans sa querelle avec les plus illustres partisans de l'Antiquité, il n'a été qu'à demi battu. Que dis-je? à voir les résultats croissants de la civilisation dans les arts et dans l'industrie, on peut dire que Perrault triomphe.

Il nous a rendu compte lui-même, dans des Mémoires agréables et très-naturels, de ses premières années et d'une grande partie de sa vie. Né à Paris le 12 janvier 1628, dans une famille de bonne et riche bourgeoisie, sa mère lui apprit à lire; il eut son père pour premier précepteur et répétiteur; il fit ses études au Collége dit *de Beauvais*, et il revenait le soir à la maison paternelle. Plein de facilité, faisant des vers plus volontiers que de la prose, il aimait de plus à discuter, à demander la raison des choses, à trouver des arguments neufs pour soutenir son opinion. En philosophie, un jour que son professeur le fit taire, il se leva et sortit de la classe, suivi d'un camarade appelé Beaurain qui était en tout son second. Ils allèrent d'abord tous deux au jardin du Luxembourg, comme les séditieux de Rome se retiraient sur le mont Aventin ou sur le mont Sacré, et là ils décidèrent de ne plus retourner au collége qui leur était inutile, et d'étudier ensemble librement :

« Nous exécutâmes notre résolution, dit Perrault, et pendant trois ou quatre années de suite, M. Beaurain vint presque tous les jours deux fois au logis, le matin à huit heures jusqu'à onze, et l'après-dînée depuis trois heures jusqu'à cinq. Si je sais quelque chose, je le dois particulièrement à ces trois ou quatre années d'études. Nous lûmes presque toute la Bible et presque tout Tertullien, l'Histoire de France de La Serre (ou plutôt de Jean de Serres) et de Davila; nous traduisîmes le traité de Tertullien, *De l'Habillement des Femmes;* nous lûmes Virgile, Horace, Tacite, et la plupart des autres auteurs classiques, dont nous fîmes des extraits que j'ai encore. »

On voit quel amalgame de lectures cela faisait, et combien les extraits devaient être bigarrés. Cette retraite du jeune Perrault au Luxembourg est, je le répète, sa retraite du mont Aventin; il s'émancipe et se prépare à devenir bientôt une sorte de tribun des idées nouvelles.

S'il continuait de lire les Anciens pêle-mêle et à la diable, il ne les respectait guère; il les parodiait d'abord par instinct et divertissement avant que ce fût par calcul. C'était dans ce temps-là la mode du burlesque, dont Scarron avait donné le signal. Perrault, excité par son camarade Beaurain, se met à traduire en vers burlesques le sixième livre de *l'Énéide* (le plus admiré de tous, celui qui nous peint la descente d'Énée aux Enfers). Aux éclats de rire des deux rimeurs, un frère de Perrault, qui fut depuis docteur en Sorbonne, accourut et prit part à la plaisanterie. Son autre frère le médecin, depuis célèbre architecte, se mit aussi du jeu et fit de beaux dessins à l'encre de Chine pour illustrer le manuscrit. Virgile avait représenté dans ses Champs-Élysées les héros conservant les mêmes inclinations et les mêmes habitudes qu'ils avaient eues pendant leur vie; ce qui fit dire aux frères Perrault qu'on y voyait *l'Ombre d'un cocher*

>Qui, tenant l'Ombre d'une brosse,
>Nettoyait l'Ombre d'un carrosse.

Cette folle idée était du docteur de Sorbonne. On voit d'ici ce qu'était cette active, spirituelle et irrévérente famille. Boileau a dit qu'il y avait chez elle de la *bizarrerie* d'esprit. J'y vois surtout de l'originalité, et les hommes les plus compétents qui jugent aujourd'hui de Claude Perrault, médecin, physicien et architecte, lui accordent, sans hésiter, du génie pour ses vues dans l'anatomie comparée et la physiologie, dans la mécanique, et pour ses nobles conceptions dans les beaux-arts.

Quand vinrent les querelles de la Sorbonne sur la Grâce, dont tout le monde parlait sans y rien entendre, Charles et Claude Perrault et quelques autres amis voulurent « savoir à fond de quoi il s'agissait. » Toujours cette idée de tout comprendre, qui est le cachet de l'émancipation moderne. Ils prièrent leur frère le docteur de leur rendre raison de cette question si obscure; et, quand ils virent qu'elle se réduisait à si peu de chose, ils firent conseiller à Messieurs de Port-Royal par Vitart, cousin de Racine, de montrer clairement au public combien tout ce grand bruit qu'on faisait était pour rien. Huit jours après, Vitart leur apporta la première des *Lettres provinciales* de Pascal, en leur disant : « Voilà ce que vous m'avez demandé. »

Notre Charles Perrault se fait recevoir avocat; il plaide, mais sa vue sensée et naturelle va bien au delà des dossiers. En fait de législation, il a déjà de ces idées simples et unes qui de Colbert iront se rejoindre à l'Assemblée constituante, à la Convention et au Conseil d'État sous Bonaparte :

> « J'étudiai, dit-il, et appris sans maître les Institutes avec le secours des commentaires de Borcholten. Les Institutes sont un livre excellent et le seul que je voudrais que l'on conservât du Droit romain : car, hors ce livre qui est très-bon pour fortifier le sens commun, hors les Ordonnances et les Coutumes qu'il serait utile de *réduire à une seule pour toute la France*, si cela se pouvait, *de même que les poids et les mesures*, je crois qu'il faudrait brûler tous les autres livres de jurisprudence, Digestes, Codes avec leurs commentaires, et particulièrement tous les livres d'Arrêts, n'y ayant point de meilleur moyen au monde pour diminuer le nombre des procès. »

Mais Perrault s'ennuie bientôt de *traîner une robe dans le Palais*; d'avocat il devient commis de son frère aîné, receveur général des finances de Paris. Cette place lui laisse du loisir, et il fait des vers; il les fait dans le genre galant et précieux du jour. Son début poétique fut un certain *Portrait d'Iris*, que Quinault trouva si joli qu'il s'en fit honneur auprès d'une demoiselle dont il était amoureux :

> Ses cheveux longs et noirs, luisants et déliés,
> Par boucles épandus et galamment liés,
> Ombragent doucement la fraîcheur de sa joue...

Ce sont, en un mot, de ces vers à ravir Quinault et à mettre Boileau hors de lui.

Poésie d'opéra, peinture de décors, Perrault ne conçoit rien de plus beau : c'est le côté faible de son goût. L'art, le style, dans leurs aspects majestueux et sévères, ou dans leurs qualités exquises, lui échappent, et il est tenté de les confondre en tout avec le brillant de l'industrie. Pour admirer, il lui suffit qu'il y ait de l'esprit, de l'habileté, de l'éclat, et une appropriation heureuse aux circonstances et à la société du moment. Quinault lui paraît supérieur à Racine, et le peintre Le Brun (ô sacrilége!) est plus grand à ses yeux que Raphaël.

En même temps qu'il rime pour Iris, Perrault surveille et dirige un corps de logis qu'on bâtit à Viry, terre de son frère. Il se distingue tellement dans la construction de ce bâtiment de Viry, que le récit qu'on en fait à Colbert dispose ce ministre à songer à lui pour le faire son commis dans la surintendance des bâtiments du roi en 1664. Un homme entendu à tout, voilà Perrault. De nos jours, il eût construit tour à tour un chemin de fer et un vaudeville. Il aurait donné ses idées pour le palais de cristal de Londres, et aurait perfectionné le daguerréotype.

Il est membre, dès le commencement, avec l'abbé de Bourzeis, Chapelain, Cassagne, et lui quatrième, de la *petite Académie* destinée par Colbert à fournir des devises et inscriptions un peu érudites et jolies pour les bâtiments du roi; cela est devenu plus tard la docte et grave Académie des Inscriptions et Belles-Lettres. Avant d'en venir à déchiffrer les inscriptions égyptiennes ou phéniciennes, ce n'était d'abord qu'un quadrille de beaux-esprits dans la confidence du ministre pour la confection des devises royales.

Perrault excellait à ce genre d'esprit aussi bien qu'aux dessins et plans pour les sujets de tapisserie et de tenture que l'on commandait aux Gobelins, ou pour les sujets de sculpture que l'on destinait à la décoration de

Versailles. Il imaginait avec facilité et largeur des allégories plus ou moins mythologiques où il entrait toujours quelque chose à la gloire du roi : c'était le but final auquel il fallait tout rapporter. Chaque grande époque produit de ces esprits qui sont faits avant tout pour la servir, qui s'en enflamment, qui s'en enivrent, et qui ne datent que d'elle en quelque sorte. Tel est Charles Perrault par rapport au siècle de Louis le Grand. En tout ce qui est bâtiments et beaux-arts, il ne voit rien au delà. Versailles est son temple; toutes les merveilles du monde y sont pour lui rassemblées; il remarque seulement que ce qu'il appelle les Muses y tient moins de place que le reste, et il croit y suppléer avec des descriptions à la Scudéry et des madrigaux à la Benserade. Le premier recueil des Œuvres de Perrault avait été donné par lui dans un beau manuscrit et sous forme d'album à la bibliothèque du château de Versailles, comme pour y être *voué* à la divinité du lieu.

Cependant aucune idée grandiose ou utile du ministère de Colbert ne lui était étrangère. Il aidait de tout son pouvoir à l'organisation de l'Académie des Sciences qui se fit vers ce temps, et dans laquelle son frère entra l'un des premiers. Il donne de curieux détails sur cette création aussi bien que sur les autres actes de la libéralité du grand ministre. Pourtant toutes ces premières fondations de Colbert ne se maintinrent pas à un égal degré; il y eut quelquefois plus de façade que de fond, plus de tenture que de solide. Ainsi, à propos de ces gratifications et pensions distribuées à si grand fracas au nom de Louis XIV parmi tous les illustres de France et d'Europe, voici ce que nous apprend Perrault :

« Il alla de ces pensions en Italie, en Allemagne, en Danemark, en Suède et aux dernières extrémités du Nord : elles y allaient par lettres de change. A l'égard de celles qui se distribuaient à Paris, elles se portèrent la première année chez tous les gratifiés, par le *commis du trésorier des bâtiments, dans des bourses de soie d'or les plus propres du monde; la seconde année, dans des bourses de cuir. Comme toutes choses ne peuvent pas demeurer au même état et vont naturellement en dépérissant, les années suivantes, il fallut aller recevoir soi-même les pensions chez le trésorier en monnaie ordinaire. Les années bientôt eurent quinze et seize mois; et, quand on déclara la guerre à l'Espagne, une grande partie de ces gratifications s'amortirent.*

Mais l'idée, l'intention première surnagea, et la postérité, de loin, a fixé son jugement sur l'ensemble de l'apparence.

Perrault expose au long et il établit la vraie part qu'eut son frère le médecin au bâtiment de l'Observatoire et à la façade du Louvre. Quant à celle-ci, il ajoute : « La pensée du péristyle est de moi, et l'ayant communiquée à mon frère, il l'approuva et la mit dans son dessin, mais en l'embellissant infiniment. » Le charlatanisme du cavalier Bernin, qu'on fait venir exprès de Rome, est bien démasqué dans ces Mémoires, et l'on y entend même les rudes jurons dont l'accueillait tout bas Colbert, en dissimulant tout haut. L'habileté de courtisan, la tactique flatteuse de ce dur et âpre ministre n'y est pas moins trahie avec bonheur. On peut dire qu'on ne connaît bien Colbert que lorsqu'on s'est assis dans son cabinet avec Perrault.

Colbert demanda un jour des nouvelles de l'Académie française à Perrault, croyant qu'il en était. Il parut étonné quand celui-ci lui répondit qu'il n'avait pas cet honneur : « Il faut que vous en soyez, dit Colbert; c'est une Compagnie que le roi affectionne beaucoup, et, comme mes affaires m'empêchent d'y aller aussi souvent que je le voudrais, je serai bien aise de prendre connaissance par votre moyen de tout ce qui s'y passe. Demandez la première place qui vaquera. » Peu après, Gilles Boileau, frère aîné de Despréaux, et de l'Académie bien avant son frère, mourut (1669), et Perrault allait le remplacer ; mais le Chancelier (Séguier) avait promis la place. Il en fut une autre fois. A peine introduit, il y apporta le mouvement et une sorte de révolution, comme il aimait en toutes choses.

Le jour de sa réception (23 novembre 1671), il fit un remercîment qui fut très-goûté de la Compagnie ; mais ces remercîments, bien que déjà oratoires, se prononçaient jusqu'alors à huis-clos, et, comme on louait Perrault du sien, il répondit que, si son discours avait fait plaisir à Messieurs de l'Académie, il l'aurait fait à toute la terre si elle avait pu l'entendre ; il ajouta qu'il ne serait pas mal que l'Académie ouvrît ses portes les jours de réception, et qu'elle se fît voir dans toute sa parure. On crut que l'idée venait de M. Colbert, et l'Académie, qui, en ce temps-là, était très-docile aux puissances, s'empressa de modifier son usage et d'établir la publicité pour la cérémonie de réception (1). Ainsi, ces discours, qui devinrent plus châtiés, plus académiques, et qui firent un genre à part, du moment qu'ils se prononcèrent en public, sont une des nouveautés qu'on doit à Perrault, et une de ces nouveautés qui sont assez dans les mœurs françaises pour avoir gardé de leur attrait au milieu de tous les changements qui se sont succédé depuis (2).

(1) Fléchier fut le premier qui en profita (1673) et qui donna l'exemple de ce genre de menuet solennel et applaudi. — Vingt ans après (1693), le discours de réception de La Bruyère, qui fit bruit et même tapage, et qui parut excéder la mesure, amena un nouveau statut de l'Académie qui décida que le discours du récipiendaire serait lu désormais devant une commission avant d'être prononcé en séance publique.

(2) Les dames pourtant ne furent point admises tout d'abord : il fallut trente ans encore pour qu'elles pussent assister, et de côté seulement, à ces séances académiques qu'elles décorent et qu'elles envahissent aujourd'hui. On lit dans le *Journal* de Dangeau, à la date du 7 septembre 1702 : « M. l'évêque de Senlis fut reçu à l'Académie. M. Chamillart, son frère (alors ministre favori), était à la réception. L'on avait pratiqué dans un cabinet voisin de la salle où se font les réceptions une tribune pour les dames. Il n'y en avait jamais eu à

Encore une autre innovation de Perrault. Avant lui les élections académiques se faisaient comme à l'amiable, à haute voix, et sans qu'on allât au scrutin :

« Peu de temps après ma réception, je dis qu'il me semblait que Dieu avait bien assisté l'Académie dans le choix de ceux qu'elle avait reçus jusqu'alors, vu la manière dont elle les nommait, mais que ce serait le tenter que de vouloir continuer à en user de la sorte ; que ma pensée était qu'il faudrait dorénavant élire par scrutin et par billets, afin que chacun fût dans une pleine liberté de nommer qui il lui plairait. »

On crut encore voir une idée de M. Colbert sous la proposition de Perrault, et l'Académie adopta ce nouveau mode d'élire. La première boîte à scrutin fut construite à ses frais et sur le dessin même qu'il en donna. On voit qu'il y avait chez lui surcroît d'invention.

Cependant les guerres durent et s'étendent; Louvois l'emporte. Il faut que Colbert subvienne à cet extraornaire de dépenses; son humeur change :

« Nous remarquions, que jusqu'à ce temps, quand M. Colbert entrait dans son cabinet, on le voyait se mettre au travail avec un air content et en se frottant les mains de joie, mais que depuis il ne se mettait guère sur son siége pour travailler qu'avec un air chagrin et même en soupirant. M. Colbert, de facile et aisé qu'il était, devint difficile et difficultueux. »

Le crédit de Perrault décline près de Colbert, à proportion de celui de Colbert près du roi. Il est brusqué, il est blessé, il se retire.

Mais, à propos de ce crédit de Perrault et de ce rôle

aucune assemblée de l'Académie française, mais seulement à celles de l'Académie des Sciences et des Inscriptions. » Et Saint-Simon, annotateur de Dangeau, ajoute : « Cette nouveauté des femmes fut en faveur des filles de Chamillart et de leurs amies, qui y allèrent pour se moquer du pauvre Senlis, » lequel était, en effet, un sujet très-peu académique.

d'intermédiaire entre le ministre et les Académies, à en juger simplement, il m'est impossible, je l'avoue, de partager l'opinion plus que sévère d'un critique respecté (M. Daunou); je ne vois rien dans cette activité de Perrault qui sente le corrupteur; je ne vois pas plus en lui le courtisan qu'en bien d'autres de ce temps-là, qu'en Racine et en Boileau même. Et sans plus de réponse, je me borne à citer l'aimable anecdote suivante qui nous montre au vrai le caractère sincère et ingénu de Perrault, et je laisse l'impression s'en faire d'elle-même sur le lecteur :

« Quand le jardin des Tuileries fut achevé de replanter, et mis dans l'état où vous le voyez : « Allons aux Tuileries, me dit M. Colbert, en condamner les portes; il faut conserver ce jardin au roi, et ne le pas laisser ruiner par le peuple, qui, en moins de rien, l'aura gâté entièrement. » La résolution me parut bien rude et fâcheuse pour tout Paris. Quand il fut dans la grande allée, je lui dis : « Vous ne croiriez pas, Monsieur, le respect que tout le monde, jusqu'au plus petit bourgeois, a pour ce jardin; non-seulement les femmes et les petits enfants ne s'avisent jamais de cueillir aucune fleur, mais même d'y toucher. Ils s'y promènent tous comme des personnes raisonnables; les jardiniers peuvent, Monsieur, vous en rendre témoignage : ce sera une affliction publique de ne pouvoir plus venir ici se promener... » — « Ce ne sont que des fainéants qui viennent ici, » me dit-il. — « Il y vient, lui répondis-je, des personnes qui relèvent de maladie, pour y prendre l'air : on y vient parler d'affaires, de mariages, et de toutes choses qui se traitent plus convenablement dans un jardin que dans une église, où il faudra, à l'avenir, se donner rendez-vous. Je suis persuadé, continuai-je, que les jardins des rois ne sont si grands et si spacieux, qu'afin que tous leurs enfants puissent s'y promener. » Il sourit à ce discours, et dans ce même temps la plupart des jardiniers des Tuileries s'étant présentés devant lui, il leur demanda si le peuple ne faisait pas bien du dégât dans leur jardin : « Point du tout, Monseigneur, répondirent-ils presque tous en même temps, ils se contentent de s'y promener et de regarder. » — « Ces messieurs, repris-je, y trouvent même leur compte, car l'herbe ne croît pas si aisément dans les allées. » M. Colbert fit le tour du jardin, donna ses ordres et ne parla point d'en fermer l'entrée à qui que ce soit. J'eus bien de la joie d'avoir en quelque sorte empêché qu'on n'ôtât cette promenade au public. Si une fois M. Colbert eût fait fermer les Tuileries, je ne sais pas quand on les aurait rouvertes. »

Ces Tuileries ouvertes et publiques, qu'on dut à Perrault dès ce temps-là, cadrent bien avec l'idée aimable qu'on se fait de l'ami et de l'enchanteur des enfants, de l'auteur des *Contes de Fées*. Dirai-je une pensée qui m'est souvent venue en traversant ce jardin tout peuplé de statues ? J'aimerais à voir le buste en marbre de Perrault placé à l'ombre du grand marronnier.

Retiré des affaires, âgé de plus de cinquante ans, Perrault s'alla loger dans sa maison du faubourg Saint-Jacques, proche des colléges, pour surveiller l'éducation de ses fils, et, profitant du reste de son loisir, il y composa son poëme de *Saint Paulin*, qu'il dédia à Bossuet (1686).

Perrault, comme Desmaretz de Saint-Sorlin et comme d'autres adversaires de Boileau, pensait que la religion chrétienne est de nature à prêter à la poésie, et qu'elle fournit même son vrai fonds à l'imagination moderne. Mais ce n'était là qu'une théorie qui restait stérile entre leurs mains, et qui ne pouvait devenir florissante et vivante qu'à l'aide du génie d'un Milton ou de l'art d'un Chateaubriand.

Nous arrivons au moment des grandes guerres littéraires qui ont rempli la fin du dix-septième siècle, et qui ont donné une célébrité équivoque au nom de Perrault. Enthousiaste des beautés de son siècle, et recueillant en faisceau les admirations de sa jeunesse, il les consacra dans un petit poëme intitulé : *le Siècle de Louis le Grand*, qu'il lut à l'Académie le 27 janvier 1687, c'est-à-dire le jour où elle s'assemblait pour témoigner sa joie de la convalescence du roi, qui avait subi une opération. La plupart des vers de Perrault en ce petit poëme sont détestables ; bien des idées sont hasardées. Préférant hautement son siècle à tous les précédents, il y parlait légèrement d'Homère, de Ménandre, de tous les noms les plus révérés entre les classiques. Il y exprimait pourtant une idée très-philosophique, c'est qu'il n'y a pas de raison pour que la nature ne crée pas aujourd'hui d'aussi grands hommes qu'autrefois, et qu'il y a place, dans sa fertilité inépuisable, à un éternel renouvellement des talents. Voici en ce sens quelques vers qui ne me semblent nullement méprisables :

> A former les esprits comme à former les corps,
> La Nature en tous temps fait les mêmes efforts ;
> Son Être est immuable, et cette force aisée
> Dont elle produit tout ne s'est point épuisée :
> Jamais l'astre du jour qu'aujourd'hui nous voyons
> N'eut le front couronné de plus brillants rayons ;
> Jamais dans le printemps les roses empourprées
> D'un plus vif incarnat ne furent colorées :
> Non moins blanc qu'autrefois brille dans nos jardins
> L'éblouissant émail des lis et des jasmins,
> Et dans le siècle d'or la tendre Philomèle,
> Qui charmait nos aïeux de sa chanson nouvelle,
> N'avait rien de plus doux que celle dont la voix
> Réveille les échos qui dorment dans nos bois :
> De cette même main les forces infinies
> Produisent en tout temps de semblables génies.

On ne saurait se figurer la colère qui s'empara de quelques académiciens, en entendant exprimer ces doctrines. Boileau, furieux, se leva, et dit que c'était une honte à l'Académie de supporter une telle lecture. Il fallut que le savant Huet le rappelât à la modération, et lui fît sentir qu'il ne représentait pas à lui seul toute l'Antiquité. Racine, plus contenu et plus ironique, félicita Perrault de son tour de force, en lui disant qu'on voyait bien qu'il n'avait voulu, par ce jeu d'esprit, que rendre parfaitement le contraire de ce qu'il pensait. A partir de ce jour, Boileau ne cessa, dans ses écrits, de lancer des épigrammes contre Perrault et contre son illustre frère; et de son côté, sans témoigner une colère aussi personnelle, Perrault s'appliqua de plus en plus à développer ses doctrines avec esprit et un mélange de légèreté et de bon sens qui ne laissait pas de séduire les indifférents et de piquer les adversaires.

Le *Parallèle des Anciens et des Modernes* de Perrault (quatre volumes) commença à paraître en 1688, et se continua les années suivantes. La préface de son premier tome, d'abord, est fort spirituelle; il raconte de nouveau l'origine de la querelle, les injures que lui ont values les opinions exprimées dans le poëme du *Siècle de Louis le Grand*. Il prend d'ailleurs la chose sur un pied d'agrément, et trouve tout naturel qu'on soit d'un sentiment contraire au sien; « car rien n'est plus permis, ni plus agréable, dit-il, que la diversité d'opinions en ces matières. » Notez qu'une des premières conditions qu'il convient aux modernes d'apporter dans cette dispute (et Perrault le sent bien), c'est le dégagé. Ses adversaires ne plaisantent pas, eux; ils se fâchent rouge; les anciens orateurs ou poëtes, c'est toujours un peu comme s'il s'agissait d'Écriture Sainte ou de Conciles. Perrault ne le prend pas si à cœur; il en parle à son aise. Il est un pur amateur qui dit son avis; c'est son droit et son plaisir :

> L'agréable dispute où nous amusons
> Passera, sans finir, jusqu'aux races futures;
> Nous dirons toujours des raisons,
> Ils diront toujours des injures (1).

Contre les savants de profession et ceux qui pose l'autorité avant tout en matière de belles-lettres et d

---

(1) Depuis lors, pourtant, il faut convenir que la disposition a quelque peu changé, et que les partisans de la perfectibilité et les idolâtres de l'avenir sont devenus, à leur tour, des manières de grands prêtres, s'enflammant par toutes sortes de dithyrambes et prétendant imposer la loi future : il ne fait pas bon de parler en amateurs contre leur sens. Mais alors on commençait.

beaux-arts, il est clair, à la façon dont le combat s'engage et dès les premières lignes, que Perrault aura en bonne partie raison. Il réduit sa thèse à celle-ci : « En un mot, je suis très-convaincu que, si les Anciens sont excellents, comme on ne peut pas en disconvenir, les Modernes ne leur cèdent en rien et les surpassent même en bien des choses. » Dans l'entraînement de la dispute, il ira beaucoup plus loin ; mais à l'origine il ne prétend prouver que cela.

Contre les doctes de ses amis, Charpentier (1), Ménage, le couple Dacier et les pédants en *us* ; contre ces illustres traducteurs qui, à la moindre critique sur Platon ou sur Homère, se fâchent *comme s'ils en étaient descendus en ligne directe (car des collatéraux ne prendraient jamais la chose si fort à cœur)* ; contre eux tous, Perrault, ce me semble, a d'emblée gain de cause devant nous. Il les raille à merveille, et se joue de ces renommées de savants acquises à grand fatras. Il nous montre le procédé par lequel on les fabrique, et, si cette raillerie ne saurait en aucun temps atteindre les dignes et véritables érudits, elle frappait d'aplomb sur « un certain peuple tumultueux de savants » qui, à cette époque, se maintenait encore.

La Renaissance avait produit son effet ; elle avait inondé et pénétré toutes les branches de l'esprit ; elle les avait même encombrées. Il fallait se débarrasser de ses suites. Ce qu'avait fait Descartes en philosophie, d'autres le faisaient dans l'ordre des Lettres ; et ces hommes

---

(1) Je n'oublie pas que Charpentier était des amis et, jusqu'à un certain point, des partisans de Perrault, et que Ménage, en dehors de la question des Anciens, estimait Perrault *un de nos meilleurs poëtes!* mais je prends Charpentier comme représentant l'érudition lourde, et Ménage l'érudition pédantesque. Quant à M. et à madame Dacier, ils n'y entendaient pas raillerie.

d'un goût léger et scabreux, mais hardi, Perrault, Fontenelle, y concouraient vivement à leur manière.

En ce sens, Perrault applique expressément la méthode de Descartes à l'examen de la littérature et des arts; il la proclame hardiment un des premiers, et avec pleine conscience de ce qu'il fait :

« L'autorité, dit-il, n'a de force présentement et n'en doit avoir que dans la théologie et la jurisprudence... Partout ailleurs la raison peut agir en souveraine et user de ses droits. Quoi donc! il nous sera défendu de porter notre jugement sur les ouvrages d'Homère et de Virgile, de Démosthènes et de Cicéron, et d'en juger comme il nous plaira, parce que d'autres avant nous en ont jugé à leur fantaisie! Rien au monde n'est plus déraisonnable. »

Perrault sent bien, au reste, toute la portée de ce qu'il entreprend. D'autres viendront quand il aura rompu la glace; et il fait à l'avance comme un programme des conséquences qu'il prévoit. Bacon avait dit beaucoup de ces choses et beaucoup mieux. Perrault, qui croit les trouver le premier, les exprime et les divulgue spirituellement.

Sur toutes les branches d'art, de métier et de science, il a encore gain de cause assez aisément, du moins pour l'ensemble. Il ne reconnaît pas sans doute assez que sur bien des points de mécanique, de chimie et autres, les Anciens avaient trouvé par la pratique, par le tact et par un premier bonheur, des secrets qui valaient ou peut-être surpassaient les nôtres, et qui sont perdus. Les progrès de la chimie ne feront pas le moins du monde pâlir cette illustre pourpre de Tyr réputée incomparable dans la tradition. Mais, à ces détails près, il reste trop évident qu'en géographie, en astronomie, en mécanique, les Modernes ont un immense et croissant avantage. Perrault se rend très-bien compte que les méthodes en tout sont la grande supériorité des Modernes.

Quand il parle de Versailles, Perrault a toute la fierté légitime de celui qui fut le bras droit de Colbert dans les bâtiments; c'est à Versailles qu'il place la scène de ses Dialogues; c'est sur le grand escalier qu'il croit mieux démontrer l'irrésistible triomphe de son opinion. Trois personnes, en allant visiter les merveilles de Versailles, causent entre elles de cette question nouvellement à la mode, des Anciens et des Modernes : un Président, savant, un peu entêté et qui, en deux ou trois moments, se fâche; un Chevalier, léger, agréable, hardi, au besoin même impertinent, et qui fait lever les lièvres ; un Abbé entre les deux, instruit, mais pensant par lui-même, et qui est censé représenter le modérateur et le sage. Perrault leur fait tenir cinq Dialogues sur les arts, les sciences, l'éloquence, la poésie.

C'est sur ce dernier point qu'on pourrait surtout le prendre et l'arrêter net. Perrault n'entend pas la poésie.

Il ne l'entend pas, et pourtant il jette à ce propos mille pensées fort neuves, fort spirituelles, et que la science critique a depuis plus ou moins exploitées; il a des ouvertures imprévues et heureuses. Il entend donc certaines parties du moins de la poésie; mais ce qui en est le fond et le fin il ne l'entend pas.

Il croit qu'on peut juger des poëtes par les traductions; il parle d'Homère et de Théocrite sans prendre la peine de pénétrer dans leur génie de grandeur ou de délicatesse. De même en tout art. Il croit Versailles très-supérieur au Parthénon, et il cite le Val-de-Grâce pour écraser la fontaine des Innocents.

En le lisant, à chaque page, le vrai, le faux et l'incomplet se mêlent. Son impertinent Chevalier dira tout couramment : *Homère et Mademoiselle de Scudéry.* Il prétendra que les Anciens n'étaient que des brutaux en fait d'amour. Mais l'Abbé, plus judicieux, remarquera que les Modernes ont perfectionné l'analyse en tout genre, et que, « comme l'anatomie a trouvé dans le cœur des valvules, des fibres, des mouvements et des symptômes qui ont échappé à la connaissance des Anciens, la morale y a aussi trouvé des inclinations, des aversions, des *désirs* et des *dégoûts* que les mêmes Anciens n'ont jamais connus. » Il ne manquerait à ces distinctions, pour les vérifier et les éclaircir, que des exemples que chaque lecteur aujourd'hui peut alléguer, depuis l'*Hamlet* de Shakspeare jusqu'à *René*.

Dans ces assertions hardies de Perrault et dans les réponses que lui fit Boileau, ce qui me frappe, c'est à quel point ils ont raison l'un et l'autre, mais incomplétement et sans se répondre, sans presque se rencontrer. Ce sont des armées qui manœuvrent beaucoup pour n'en venir qu'à des combats partiels et à des escarmouches. Boileau sent les hérésies de Perrault en matière de poésie et s'en irrite. Pour venger Pindare que l'autre insultait, il s'avisa d'un singulier moyen de défense, ce fut de faire son Ode pindarique sur *la prise de Namur* (1693), qui prêta tant à la critique et qui compromit la cause. Lorsque Boileau eut fait son amère Satire contre *les Femmes*, Perrault, mieux avisé, se constitua leur vengeur et publia une pièce de vers avec préface, intitulée: *l'Apologie des Femmes* (1694). Il avait toujours fait grand cas de leur jugement, et il était d'avis que, dans les matières de goût, leur préférence est décisive : « On sait la justesse de leur discernement, pensait-il, pour les choses fines et délicates, la sensibilité qu'elles ont pour ce qui est clair, vif, naturel et de bon sens, et le dégoût subit qu'elles témoignent à 'abord de tout ce qui est obscur, languissant, contraint et embarrassé. » Dans la préface de *l'Apologie*, Perrault reprochait à Boileau, entre autres choses, que « les vers de sa Satire étaient plus durs, plus secs, plus coupés par morceaux, plus enjambants les uns sur les autres, plus pleins de transpositions et de mauvaises césures que tous ceux qu'il avait faits jusqu'ici. » Ceux qui ont assisté, il y a vingt-cinq ans, aux querelles romantiques de ce temps-ci, et qui s'en souviennent encore, souriront de voir Boileau accusé d'*enjambements* et de *mauvaises césures*.

Le vieil Arnauld, ou, comme on disait, le grand Arnauld, alors réfugié à Bruxelles, et âgé de quatre-vingt-deux ans, s'émut beaucoup de cette querelle sur les femmes entre son ami Boileau et Perrault, qui était le frère d'un de ses amis. Le fond de la question lui était plus étranger qu'à personne. Il prétendit que la Satire de Boileau était des plus morales, des plus exemplaires, et que les imputations de Perrault, à cet égard, étaient mal fondées et outrageuses. Comme Perrault lui avait envoyé son *Apologie des Femmes,* Arnauld se crut obligé de lui répondre par une longue lettre où il étalait ses arguments et ses raisons, et que la personne qu'il en avait chargée ne jugea point à propos de remettre, de peur d'aigrir encore plus les disputants que le vieux docteur voulait chrétiennement réconcilier. On finit par s'en rapporter dans cette grave affaire à l'avis de Bossuet, lequel donna moins de tort à Perrault que ne l'avait fait Arnauld ; et, sur ces entrefaites, Racine ménagea entre les deux adversaires une réconciliation qui, sans être jamais fort tendre, fut honnête du moins et suffisante.

C'était en bon mari et en père de famille, bien plutôt qu'en poëte, que Perrault avait répondu à Boileau, au satirique célibataire et valétudinaire, orphelin en naissant, et à qui jamais sa mère n'avait conté les Contes du coin du feu. Tout en les redisant à ses enfants, Perrault s'avisa de les écrire, et il les publia en janvier 1697, comme si c'était son jeune fils (Perrault d'Armancourt) qui les avait composés. *La Belle-au-Bois-Dormant*, le

Petit Chaperon rouge, *la Barbe-Bleue*, *le Chat botté*, *Cendrillon*, *Riquet-à-la-Houpe*, *le Petit Poucet*, qu'ajouter au seul titre de ces petits chefs-d'œuvre? Des savants ont disserté à ce sujet. Il est bien certain que pour la matière de ces Contes, de même que pour *Peau d'Ane* qu'il a mise en vers, Perrault a dû puiser dans un fonds de tradition populaire, et qu'il n'a fait que fixer par écrit ce que, de temps immémorial, toutes les *mères-grand's* ont raconté. Mais sa rédaction est simple, courante, d'une bonne foi naïve, quelque peu malicieuse pourtant et légère; elle est telle que tout le monde la répète et croit l'avoir trouvée. Les petites moralités finales en vers sentent bien un peu l'ami de Quinault et le contemporain gaulois de La Fontaine, mais elles ne tiennent que si l'on veut au récit; elles en sont la date. Si j'osais revenir, à propos de ces Contes d'enfants, à la grosse querelle des Anciens et des Modernes, je dirais que Perrault a fourni là un argument contre lui-même, car ce fonds d'imagination merveilleuse et enfantine appartient nécessairement à un âge ancien et très-antérieur; on n'inventerait plus aujourd'hui de ces choses, si elles n'avaient été imaginées dès longtemps; elles n'auraient pas cours, si elles n'avaient été accueillies et crues bien avant nous. Nous ne faisons plus que les varier et les habiller diversement. Il y a donc un âge pour certaines fictions et certaines crédulités heureuses, et, si la science du genre humain s'accroît incessamment, son imagination ne fleurit pas de même.

Il faut s'arrêter là avec Perrault, car c'est sa gloire. Quelques mois avant cette publication aimable et ce cadeau pour l'enfance, il donnait (1696) le premier tome in-folio intitulé : *les Hommes illustres qui ont paru en France pendant ce Siècle*, avec de magnifiques portraits gravés : le second tome, qui parut en 1700 complétait l'ouvrage et le nombre de *cent*, auquel Perrault s'était fixé pour ces portraits. La brièveté et la simplicité du texte contribuait à laisser au livre son caractère monumental. L'auteur y mêlait, par une diversité agréable et judicieuse, les princes, les cardinaux, les ministres d'État, les hommes de guerre, les savants, les poëtes, les ingénieurs, les artistes, ceux qu'on appelait encore à cette date les artisans. Par l'étendue et la générosité de cet assemblage, noble pensée d'un digne serviteur de Colbert, Perrault était fidèle encore à cette inspiration première qui ne cessa de l'animer jusque dans son idolâtrie pour la monarchie de son temps, je veux dire à l'idée de l'émancipation et de l'égalité moderne.

Un peu oublié et négligé, le bon Perrault mourut en mai 1703, à l'âge de soixante-quinze ans, léguant la meilleure partie de ses idées à Fontenelle, qui les fit valoir.

Lundi, 5 janvier 1852.

PATRU

Éloge d'Olivier Patru, par M. P. Péronne, avocat.

(1851).

Patru est un nom plus qu'un auteur; on ne le lit plus, et je ne viens pas ici conseiller de le lire; mais de loin, et par tradition, on l'estime; on se rappelle qu'au Barreau et à l'Académie, en son temps, il a été une autorité, un oracle; que Boileau, qui voyait si peu de maîtres en matière de langue et de goût, s'inclinait tout d'abord devant lui, qu'il a placé son nom en plus d'un vers devenu proverbe, et que, par un acte noble et délicat de reconnaissance, il l'a secouru pauvre dans sa vieillesse. Le portrait de Patru figure au Palais dans ce qu'on appelle la *Galerie des Douze*, où sont rassemblés les plus illustres représentants du droit, de la magistrature et du Barreau. Il est bon de temps en temps de repasser et de se redire ce que signifient ces gloires consacrées : il n'est jamais sans intérêt de ressaisir et de se représenter au naturel l'homme autrefois célèbre qui n'est plus resté pour nous qu'à l'état de nom et d'image.

Tandis que je m'interrogeais ainsi sur Patru, j'ai reçu, par une favorable rencontre, son Éloge tout récemment imprimé, et qu'a prononcé, le 30 novembre dernier, M. Prosper Péronne à la séance d'ouverture pour les Conférences de l'Ordre des avocats. Cet Éloge, bien étudié et conçu dans un esprit excellent, m'a rendu un bon nombre des particularités que de mon côté j'avais essayé de réunir, et m'en a appris quelques autres que j'ignorais. Je puis donc maintenant répondre à cette question : Qu'était-ce au vrai que Patru, cet académicien avocat, cet arbitre de la diction, si souvent cité au xviie siècle, dont on applaudissait les harangues solennelles, dont on répétait les bons mots, que Retz s'était acquis, que respectait Boileau, et qui mourut avec honneur dans l'indigence ?

Olivier Patru, né en 1604, était un enfant de Paris, un des enfants les mieux doués de cette bourgeoisie la plus aimable de l'univers : avec les qualités il en eut aussi plus d'un défaut, et tout d'abord le trop de mollesse. Sa mère le gâtait. C'était, dit-on, le plus bel enfant qu'on pût voir, et, plus tard, on ne l'appelait dans sa jeunesse que *le beau Patru.* « De l'esprit, des manières, du penchant à l'étude, pourvu néanmoins qu'on lui choisît une étude agréable ; » tel d'Olivet nous le peint dès les premières années, et tout ce début de la Notice de d'Olivet est à citer comme touchant déjà à fond le caractère :

« Patru fit excellemment ses humanités ; en philosophie, au contraire, la barbarie des termes le révolta. Sa mère qui, veuve d'un riche procureur au Parlement, voulait qu'il devînt un avocat célèbre, lui voyant de l'aversion pour ses cahiers, les jetait elle-même au feu, et lui donnait des romans à lire. Ensuite, un jour par semaine, elle invitait quelques-unes de ses voisines et, devant elles, lui faisait rendre compte de ses lectures, persuadée que cela lui donnerait de la hardiesse et de la facilité à parler. Il narrait avec une grâce infinie ; toutes ces femmes sortaient charmées ; et l'auditoire grossit enfin à un tel point que, n'y ayant plus de quoi recevoir tout ce qui se présentait, les assemblées furent rompues. »

Ce jeune homme, que la nature destinait aux études brillantes et littéraires et à l'art de la parole, se ressentira toujours, même sous sa forme grave, de ce peu de discipline première. Il se développa et se forma dans la sphère de l'éloquence proprement dite, et y apporta un excellent jugement; mais il sortait peu de cet ordre d'idées qui tiennent à la rhétorique. Il n'aimait pas les affaires. Tous les contemporains s'accordent à dire qu'il n'était pas homme de grand travail : « Il travaille peu parce qu'il veut trop bien faire, » disait Chapelain. « Il n'étudiait que lorsqu'il n'avait rien à faire de meilleur, et souvent il croyait avoir quelque chose de meilleur à faire que d'étudier, » ajoute Maucroix. Patru à l'origine, non pas l'austère Patru, comme je vois que quelqu'un de ce temps-ci l'a appelé, mais l'aimable Patru, bien doué, beau parleur, ayant un bon jugement dans ce qu'il traitait, et y mettant de l'esprit et un noble choix de termes, nous apparaît, par nature et par éducation, un peu paresseux.

A dix-neuf ans, en 1623, il voyagea en Italie et y séjourna. Ce voyage du jeune homme avait sans doute pour but de le perfectionner dans la jurisprudence, dont l'Italie était encore censée la terre classique. Mais Patru y apportait des dispositions bien plutôt littéraires et poétiques. D'Urfé, célèbre depuis près de quinze ans par la publication des premières parties de *l'Astrée*, était alors l'auteur à la mode, et ce roman pastoral, dont la conclusion n'avait point paru encore, passionnait tous ceux qui, en France et en Europe, se piquaient de galanterie et de politesse. Je ne puis mieux comparer la réputation de d'Urfé à cette date qu'à ce que fut pour nous Lamartine vers 1821, après ses *Méditations* en l'honneur de la mystérieuse Elvire. Un jeune homme de dix-neuf ans, qui, passant par Florence, y aurait rencontré l'harmonieux poëte, et aurait brûlé de l'interroger sur la réalité de ces tendres sentiments, si voilés de mysticité et de mélodie, peut nous donner quelque idée de ce qu'était Patru dans son pèlerinage auprès de d'Urfé :

« Lorsqu'en mon voyage d'Italie, raconte-t-il, je passai par le Piémont, je vis l'illustre d'Urfé, et je le vis avec tant de joie qu'encore aujourd'hui je ne puis penser sans plaisir à des heures si heureuses. Il avait cinquante ans et davantage; je n'en avais que dix-neuf; mais la disproportion de nos âges ne me faisait point de peur; bien loin de cela, je le cherchais comme on cherche une maîtresse, et les moments que je passais auprès de lui ne me duraient guère plus qu'ils ne me durent auprès de vous (c'est à une dame que Patru adresse ce récit); il m'aimait comme un père aime son fils. S'il avait le moindre loisir, j'avais aussitôt de ses nouvelles. Il me menait aux promenades; il me fit voir tout ce que je voulus voir du grand monde et de la Cour de Savoie; mais tout cela avec tant de témoignages de tendresse et de bonté que je serais un ingrat si je n'en gardais éternellement la mémoire. Je le vis donc fort souvent pendant trois semaines que je séjournai à Turin. Dans nos entretiens, il me parlait de diverses choses; mais, pour moi, je ne lui parlais que de son *Astrée*. »

D'Urfé, comme presque tous les romanciers, avait mis dans son roman les personnages de sa connaissance : il s'y était mis lui-même et les aventures de sa jeunesse; mais tout cela était combiné, déguisé et (le mot est de Patru) *romancé* de telle sorte, que lui seul pouvait servir de guide dans ce labyrinthe. Vaincu par les instances de l'aimable jeune homme, il promit de lui donner la clef et de lui mettre aux mains le fils d'Ariane, mais quand il serait un peu moins jeune et à son retour seulement :

« Je vous promets, me dit-il, qu'à votre retour je vous donnerai tout ce que vous souhaitez. » — « Et toutefois, lui répondis-je, je n'aurai alors que vingt ans. » — « Cela est vrai, reprit-il en m'embrassant, mais, avec les lumières et les inclinations que vous avez, ce n'est pas peu qu'une année de l'air d'Italie; et d'ailleurs, vous étonnez-vous si, avant que de mourir, je veux vous voir au moins encore une fois? »

Le malheur voulut que Patru, à son retour, dix-huit mois après environ, trouvât d'Urfé mort, et la clef de toutes ces belles aventures romanesques fut à jamais perdue pour nous. Mais on voit que le futur avocat ne se préparait point à sa profession par des études trop spéciales et trop exclusives.

A peine revenu d'Italie, et tandis qu'il lisait Cicéron et s'étudiait à sa forme oratoire, le beau Patru ne laissait pas de faire des ravages aux environs du Palais et du Châtelet. Tallemant des Réaux nous a raconté dans un singulier détail toutes ces amours de son ami. Les historiettes de Tallemant, intitulées *Madame Lévesque* et *La Cambrai*, eussent bien fourni matière à des Contes de La Fontaine. La Cambrai est une belle marchande, femme d'un orfèvre qui logeait vers le Châtelet, au bout du Pont-au-Change, « une femme aussi bien faite qu'il y en eût dans toute la bourgeoisie. » Un jour qu'il pleuvait fort, Patru se mit à couvert tout à cheval sous l'auvent de la boutique (on allait alors à cheval dans Paris comme on est allé depuis en cabriolet, comme on va maintenant en petit coupé) : mais, pour être plus commodément, Patru descendit de cheval et entra dans l'allée de la maison. « La Cambrai alors était toute seule dans la boutique, et, l'ayant aperçu, elle le pria d'entrer ; lui, qui la vit si jolie, y entra fort volontiers ; les voilà à causer. La dame, qui n'était pas trop mélancolique, se mit à chanter une chanson assez libre. » On peut voir le reste dans Tallemant. Le beau Patru, sur sa bonne mine, faisait ainsi des conquêtes parmi les plus jolies commères de la bourgeoisie. Il savait pourtant résister dans l'occasion, car il était amoureux ailleurs ; il l'était fort en ce temps-là d'une madame Lévesque, femme d'un avocat de ses confrères. Son ami, le célèbre traducteur Perrot d'Ablancourt, avec qui il menait jeunesse, le servit fort en cette intrigue, et il l'aidait à écarter, sans trop de peine, le mari plus incommode que jaloux. Cet ensemble d'anecdotes sur la jeunesse de Patru nous le montre bien dans la vérité primitive de son caractère, aimable, je le répète, liant et séduisant, un garçon d'esprit et de plaisir, honnête homme au milieu de ses distractions gauloises, désintéressé, déjà mal à l'aise et se méfiant de la fortune, ne se sentant pas assez de force pour la maîtriser et pour épouser courageusement la femme qu'il aime, du moment qu'elle devient veuve et qu'elle est libre. Il y a de la raison déjà, il y a de la philosophie en lui. Patru, en lisant *l'Astrée* de d'Urfé et en l'admirant, n'y avait pas puisé, ce semble, la constance ni l'élévation romanesque en matière d'amour; il était resté de la pure lignée de nos aïeux, peu platonique et médiocrement fidèle, un enfant de la Cité.

Les lettres que d'Ablancourt écrivait à Patru, et dont les premières sont à peu près de ce temps, nous le montrent toutefois sous un aspect plus relevé, et corrigent l'impression que pourrait faire le seul récit de Tallemant des Réaux. On y voit Patru partagé alors entre la volupté et la gloire, s'occupant du choix d'un genre de vie et du problème de la destinée, travaillé d'agitations, de nobles inquiétudes, de ces « divines maladies » qui sont également inconnues aux courtisans et au peuple; plein surtout d'un beau feu pour l'éloquence, *se mettant aux champs* dès qu'on n'en parle pas à son gré, critique déjà en ce point, très-docile sur tout le reste.

Cependant il débutait au Barreau avec éclat. Le célèbre avocat Antoine Le Maître, après avoir rempli le Parlement de l'ardeur et du retentissement de ses plaidoyers, se retirait à l'âge de trente ans du Palais, et allait vivre en pénitent à Port-Royal (1637). Patru, moins véhément que son ami Le Maître, et dont la voix, le geste et toute l'action portaient moins, se faisait remarquer par une élégance et une correction inaccoutumées alors au Barreau (1). Nous ne pouvons aujourd'hui que très-peu juger de ces pièces d'éloquence qu'il a repassées et polies tant de fois avant de les publier. Le Maître, avant de laisser imprimer ses plaidoyers (1656), les a remplis de citations de Pères de l'Église. Patru, en publiant les siens 1670), les a limés au point de les faire paraître comme usés. Daguesseau ne peut s'empêcher, en les lisant, d'y trouver de la sécheresse. Nous sommes donc réduits à nous en rapporter à l'impression des contemporains. Vers la fin de sa vie, les esprits positifs jugeaient assez sévèrement de Patru en tant qu'avocat :

« La meilleure partie de la vie de cet orateur, dit Vigneul-Marville, s'est passée à cet exercice de revoir et de retoucher ses écrits. Il ne venait guère au Palais pour y plaider, ni pour y être consulté, sinon sur les difficultés du langage, par un certain nombre d'admirateurs qui se rangeaient à son pilier. De mon temps, il ne passait pas pour un grand jurisconsulte, ni pour un avocat utile ni aux autres ni à lui-même. Ausanetz, Défita, Petitpied, avec leur vieux style, remportaient tous les écus du Palais, pendant que Patru n'y gagnait pas de quoi avoir une bonne soupe. »

Voilà comment en jugeait le bon sens un peu cru, et longtemps après que la première séduction était passée. Mais le rôle et la fonction de Patru, à son heure, avait été d'une rare distinction. Il avait eu, en plaidant, de la sobriété et du goût, au moins ce goût relatif qui suffit aux contemporains.

N'oublions pas l'état de la langue sous Richelieu et le

(1) Chapelain, remerciant Patru, qui lui avait envoyé le Recueil de ses Plaidoyers tardivement imprimés, lui écrivait le 22 février 1670 : « Combien ai-je pris de plaisir à y repasser quelques-uns de ces fameux plaidoyers dont feu M. Le Maître, notre commun ami, m'avait autrefois fait avoir copie lorsque vous étiez les deux lumières du Barreau ! »

travail qui était en train de s'accomplir. On sortait de la langue du seizième siècle : que cette prose de Rabelais, de Montaigne, de d'Aubigné et de tant d'autres, fût en partie très-regrettable et préférable même à celle qu'on essayait de former, ce n'était pas la question, puisque la société n'en voulait plus et prétendait, depuis Malherbe, s'en composer une moderne, plus choisie et toute réformée à son usage. Dans ce dessein, il fallut à cette époque intermédiaire des professeurs de grammaire et de rhétorique qui donnassent la loi et fixassent ses règles au langage nouveau. Balzac, et après lui Vaugelas, d'Ablancourt, Patru, furent, chacun dans son genre, de ces excellents professeurs, et ils se continuèrent jusqu'à Pellisson et à Fléchier.

C'est là le vrai point de vue sous lequel il faut considérer aujourd'hui et apprécier Patru quand on s'efforce de le relire. Relue à haute voix, plus d'une de ses harangues ou oraisons, telle que son Éloge du Premier Président de Bellièvre, ferait sourire et paraîtrait ridicule d'emphase, si l'on ne se rendait bien compte de quoi il s'agissait. Nous savons de quelle utilité sont les maîtres à danser qui, en vous faisant faire beaucoup de ronds de jambes, vous rompent, vous assouplissent et vous apprennent finalement à bien marcher. Patru, en son temps, dut faire de même; il fut un de ces maîtres à danser, je demande pardon de l'image. Il pensait peu hors du cercle des Lettres et de sa profession ; mais il était un habile ouvrier de la parole ; il avait ce que les Anciens appelaient l'*ore rotundo*, le tour cicéronien; il y visait en public. La première phrase de son seizième plaidoyer a été citée comme une des deux périodes françaises les plus régulières : nous pourrions la lire cent fois sans nous en douter. Malherbe passait des années à faire une ode et à retoucher une strophe : Patru était de cette école. Il donna, en 1638, une traduction de l Oraison si littéraire de Cicéron *pour le poëte Archias*. La première phrase de ce discours est difficile et délicate à traduire; Cicéron y dit : « S'il y a en moi quelque talent (et je sens combien ce talent est peu de chose, *quod sentio quam sit exiguum*), si j'ai quelque habitude de la parole... c'est à Archias que je le dois. » On assure que Patru mit quatre ans avant de se fixer sur la traduction qu'il donnait de cette première phrase; il y revint encore dans la seconde édition, qui ne parut que trente-deux ans après la première; et, dans les deux cas, il manqua le point essentiel, le *Sentio quam sit exiguum*, ce correctif que Cicéron apporte aussitôt à son propre éloge. Voilà de quoi nous égayer si nous voulions; mais respectons plutôt ces soins innocents et ces scrupules qui préparaient la plus noble des langues. Respectons Patru, ne fût-ce que comme Voltaire respecta toujours son professeur le Père Porée.

Il y avait deux hommes dans Patru, celui des jours solennels, des plaidoyers et des harangues, à qui l'on s'adressait quand on avait besoin d'une belle épître dédicatoire, d'une belle préface, d'une belle inscription laudative, d'un placet à la reine; on allait alors à Patru comme on irait à un écrivain public, à un calligraphe qui a une belle main : il avait une belle langue. Puis, à côté de ce Patru cicéronien et solennel, il y avait le Patru familier, piquant, point pédant le moins du monde, plein de bons mots et de sel. Sous la Fronde, Patru, qui appartenait à cette libre race de bourgeoisie naturellement railleuse et plus gaie que prévoyante, n'eut pas grand effort à faire pour se ranger de ce côté-ci des Barricades, je veux dire du côté du cardinal de Retz et du Parlement. Dans une circonstance délicate, Retz eut recours à sa plume pour répondre à un pamphlet que le poëte Sarasin avait lancé au nom du prince de Condé contre lui (1651). Patru répliqua.

J'ai lu ces deux pamphlets de deux gens d'esprit si en renom, et je n'en saurais rien extraire à notre usage. Mais Patru avait, à l'occasion, des mots dont on se souvient. Quand la grande Mademoiselle, avec mesdames de Fiesque et de Frontenac, ses *maréchaux de camp*, s'en alla faire son expédition d'Orléans, Patru disait « que, comme les murailles de Jéricho étaient tombées au son des trompettes, celles d'Orléans s'ouvriraient au son des violons. » Ce mot, qui portait moins encore sur ces dames que sur M. de Rohan qui les accompagnait, était, de près, beaucoup plus malin d'allusion qu'il ne nous semble. Pour exprimer la situation embrouillée de la seconde Fronde, dans laquelle il était impossible aux plus habiles de faire prévaloir un dessein et un plan quelconque de conduite, Patru disait qu'il n'y avait d'autre parti à suivre que de *brousser à l'aveugle,* c'est-à-dire de marcher à travers bois et broussailles, sans savoir où.

En aucune occasion, le contraste et l'opposition entre les deux Patru, entre le Patru solennel et le Patru homme d'esprit sans cérémonie, ne se fait mieux sentir que dans ce qui se passa à l'Académie lors des divers voyages de la reine Christine de Suède. Cette reine savante, qui ne parut pas comprendre que le plus bel et le plus haut usage qu'on peut faire de l'esprit, c'est de bien gouverner les hommes quand la naissance vous a mis en condition et en demeure de le faire, après avoir abdiqué le pouvoir, s'en vint amuser sa curiosité à Paris, où elle fit une entrée triomphante (8 septembre 1656). Tous les corps de l'État lui vinrent offrir leurs compliments, et l'Académie française, à laquelle, peu avant son abdication, elle avait envoyé son portrait, lui adressa une magnifique harangue par l'organe de Patru. Cette harangue rassemble tout ce qu'on peut imaginer de plus excessif en louanges. Exprimant la douleur de l'Académie, qui, au moment où il lui est donné de contempler cette *divine princesse*, sent qu'elle va perdre, et peut-être pour jamais, son *adorable présence :* « Cependant, Madame, ajoute en finissant l'orateur, votre tableau nous consolera si rien nous peut consoler dans notre infortune. Votre image, en votre absence, sera le plus cher objet de nos yeux : nous lui rendrons nos hommages, nos respects : *nous lui ferons nos sacrifices.* » Voilà le Patru officiel dans toute sa draperie et dans toute sa pompe.

Voici maintenant le Patru homme d'esprit dans son déshabillé et dans toute sa vivacité. Il écrit à son ami d'Ablancourt, et va lui raconter la visite que la reine Christine a faite à l'Académie dans un autre voyage, dix-huit mois après (11 mars 1658); mais tout d'abord il annonce à ce tendre ami, avec lequel il a autrefois été dans les plaisirs, une plus grave nouvelle :

« Il est vrai, mon cher, que, depuis un mois ou environ, j'ai pris la perruque, ou, pour parler plus exactement, une calotte de cheveux ; tellement que j'ai des cheveux plus que toi, et tu as des lunettes plus que moi. A deux de jeu ; l'un vaut bien l'autre. Ce n'est pas que je n'eusse la tête encore passablement garnie ; mais la garniture paraissait un peu trop antique, et je craignais qu'elle ne blessât enfin les yeux d'*Amarante :* c'est comme je nomme la belle qui maintenant tient mon cœur. »

Nous avons là Patru tel qu'il est quand il plaisante. Cette *Amarante*, malgré son nom idéal, n'est point une Iris en l'air. Patru y insiste assez pour nous montrer que, malgré ses cinquante-quatre ans, il a fait bien réellement cette conquête :

« Le bruit de mon éloquence, vrai ou faux, dit-il, a formé cette galanterie ; et ce beau fruit de mes veilles, à te dire vrai, me charme un peu plus que toute la réputation que je puis attendre de mes études. J'aime la gloire, à la vérité, mais je l'aime d'amitié et non pas d'amour ; et je préfère le cœur d'*Amarante* à toutes les langues de la renommée. Ne me va point dire : *Turpe senex miles* ; car en tout cas on peut être capitaine et conquérant à tout âge : et en amour, pourvu qu'on y réussisse, on y a toujours bonne grâce. »

Puis, cela dit, il arrive à la grande nouvelle du jour, à la visite que la reine Christine est venue faire à l'Académie, visite improvisée et qui prit l'illustre Compagnie un peu au dépourvu : on n'avait été prévenu que le matin même. Les séances de l'Académie se tenaient encore à l'hôtel du Chancelier Seguier, qui en était protecteur depuis la mort de Richelieu. Quelques rares académiciens arrivèrent; quelques autres manquèrent, et des meilleurs. Le poëte Gombauld y vint sans savoir de quoi il s'agissait; mais, dès qu'il eut appris qu'on attendait la princesse, il sortit; car il avait contre elle une rancune de poëte, de ce qu'ayant fait des vers où il louait le grand Gustave-Adolphe, père de Christine, elle ne lui avait pas écrit pour le complimenter :

« Le bonhomme que tu connais, écrit Patru, se fâche de cela tout de bon, quoiqu'il soit vrai qu'elle ait demandé de ses nouvelles plusieurs fois à ses deux voyages de Paris. J'aurais bien plus de sujet de m'en plaindre ; mais quand rois, reines, princes et princesses ne me feront que de ces maux-là, je ne m'en plaindrai jamais. »

Il paraît que Christine, malgré la beauté de la harangue de Patru, avait peu songé à lui depuis lors; il en prend son parti en philosophe, et nous le retrouvons dans sa nature véritable.

Dans la salle fort belle où l'on reçut la princesse, on n'avait oublié qu'une chose, c'était d'y faire mettre ce portrait d'elle qu'elle avait donné à la Compagnie et devant lequel, durant son absence, Patru avait juré à la romaine qu'on *ferait des sacrifices;* mais, en ce jour d'extraordinaire, la précipitation empêcha d'y songer.

Dès que la reine parut, une question d'étiquette s'éleva tout d'abord, c'était de savoir si la Compagnie se tiendrait debout ou s'asseoirait devant elle. Tout philosophe qu'elle était, la reine s'inquiéta de ce point la première, et, dans les instants qui précédèrent la séance, elle s'en entretint tout bas auprès du feu avec le Chancelier. Le Chancelier tint conseil ; on appela un ou deux académiciens pour savoir les précédents :

« M. le Chancelier appela M. de La Mesnardière qui, sur cette proposition, dit que, du temps de Ronsard, il se tint une assemblée de gens de Lettres et de beaux-esprits de ce temps-là à Saint-Victor, où Charles IX alla plusieurs fois, et que tout le monde était assis devant lui. »

Ce petit colloque qui se prolongeait, mit en émoi quelques-unes des têtes les plus vives de l'Académie. Il y avait là un vieux fonds d'indépendants qui avaient tâté de la Fronde :

« J'oubliais à te dire, continue Patru, que le bonhomme de Priézac, aussitôt qu'il sut que la reine délibérait si nous serions debout, s'en vint à moi, comme à un grand Frondeur, et me dit ce qui se passait ; et, en me demandant ce que j'étais résolu de faire, ajouta que sa résolution était de sortir, si elle voulait qu'on fût debout devant elle. Je lui promis que je le suivrais, et que, s'il ne marchait devant moi, je passerais le premier. »

C'est ainsi encore que Patru plaisante, car, au fond, sa première harangue nous a prouvé qu'il n'était ni frondeur ni républicain jusque-là. Cependant tout s'accorde. Après le compliment que fait le Directeur M. de La Chambre, tout le monde s'asseoit, et la reine assiste à une séance. M. de La Chambre lit un chapitre de son *Traité de la Douleur*; l'abbé Cotin débite deux morceaux en vers, traduits de Lucrèce; l'abbé Tallemant, deux sonnets; Boisrobert, des madrigaux. Pellisson, le plus laid des gens d'esprit, récite des vers brûlants de Catulle à Lesbie, traduits de sa façon. « Tout cela fut trouvé fort joli. »

Enfin, pour donner l'image et la représentation d'une séance complète, on passa à la lecture d'un article du Dictionnaire. Mézerai, qui faisait l'office de secrétaire, lut le mot *Jeu;* mais le hasard est souvent malin; parmi les façons de dire proverbiales qui étaient citées, il y avait : *Jeux de prince, qui ne plaisent qu'à ceux qui les font*, « pour signifier une malignité ou une violence, faite par quelqu'un qui est en puissance. » L'assassinat de Monaldeschi à Fontainebleau ne datait que de quelques mois et était présent à tous les esprits. La reine, pourtant, prit bien la rencontre et se mit à rire. Mézerai, sans doute, et les anciens frondeurs rirent tout bas. Cette lettre de Patru à d'Ablancourt, où se lit cet agréable récit, est restée dans le souvenir et vaut mieux pour nous aujourd'hui que tout le gros de ses Œuvres.

Patru était de l'Académie dès 1640. Il avait fait, en y entrant, un Remercîment qui avait paru si beau et si flatteur, qu'on en voulut encore, et qu'on avait obligé depuis tous ceux qui étaient reçus d'en faire autant. Patru est donc le premier auteur du Discours de réception; mais nous avons vu, en parlant de Perrault, que celui-ci, trente ans après, compléta le genre en y introduisant la publicité, et que Fléchier l'inaugura.

Patru acquérait de plus en plus d'autorité en vieillissant, et l'on cite de lui de ces mots qui sont des traits de caractère et d'indépendance. A la mort de l'académicien Conrart (1675), un grand seigneur, qui n'avait d'autre titre que sa naissance, eut l'idée de se présenter pour la place vacante. On était dans un embarras extrême, ne pouvant se décider à l'admettre et n'osant le refuser. Patru se leva et fit cet apologue :

« Messieurs, dit-il, un ancien Grec avait une lyre admirable ; il s'y rompit une corde ; au lieu d'en remettre une de boyau, il en voulut une d'argent, et la lyre, avec sa corde d'argent, perdit son harmonie. »

Chacun comprit ; le courage revint aux timides, et le cas fut jugé.

Il ne paraît point, pourtant, que les avis de Patru aient prévalu dans tout ce qui était du premier Dictionnaire :

« M. Patru, qui était une des lumières de l'Académie, dit Furetière dans un de ses Factums, s'en bannit volontairement longtemps avant sa mort, parce qu'il fut scandalisé de la longueur énorme du temps qu'on fut à disputer si la lettre A devait être qualifiée simplement voyelle, ou si c'était un substantif masculin. Cette question dura cinq semaines sur le bureau, et fut traitée avec grande chaleur entre lui et Mézerai. Les bureaux furent partagés et départagés plusieurs fois... »

C'est un ennemi de l'Académie qui parle, ne l'oublions pas ; mais il est certain en effet que Patru avait conçu le plan et l'exécution du Dictionnaire tout autrement qu'on ne l'adopta alors ; il aurait voulu appuyer les jugements et définitions sur des citations de bons auteurs.

Au défaut du Dictionnaire de l'Académie, Patru aida de tout son pouvoir à la confection de celui de Richelet, ce qui explique en partie les qualités et les mérites de cet ouvrage. On a une lettre charmante de lui au chanoine Maucroix pour lui demander sa collaboration. Patru pauvre n'avait pas de quoi payer son secrétaire et son lecteur ; Richelet était ce lecteur, et Patru se décida à le payer en nature, c'est-à-dire moyennant des articles de dictionnaire. On résolut, pour plus de simplicité, de s'adresser à quelques auteurs vivants qui fourniraient des citations et extraits de leurs propres ouvrages :

« Nous sommes convenus que pour ta part, écrit Patru à Maucroix, non-seulement tu ferais la même chose pour tes propres ouvrages, mais de plus (garde-toi de dire non) pour tout Balzac. Il a été réglé, ordonné, nous réglons, ordonnons, que tu fourniras cette tâche. Richelet est sûr de cinq ou six auteurs vivants qui, pour avoir le plaisir et l'honneur d'être cités eux-mêmes, fourniront d'autres extraits par-dessus le marché ; et chacun gardera le silence pour mettre sa petite vanité à l'abri, comme de raison. Je m'en suis ouvert au Rapin et au Bouhours, qui s'y jettent à corps perdu. Allons, notre ami, travaille, et beaucoup, et promptement. Songe que nous n'avons pas comme toi un Bréviaire bien payé, quoique mal récité. Adieu ; nous nous aimions à la bavette, aimons-nous toujours. Ce 4 avril 1677. »

C'est ainsi que le travail du Dictionnaire dit *de Richelet* fut enlevé en quinze ou seize mois. Cette lettre de Patru à Maucroix, donnée pour la première fois par d'Olivet, ne sent pas du tout son vieillard de soixante-treize ans ; elle est pleine d'entrain, de cordialité, et elle a ce ton de camaraderie affectueuse qui se trouve si peu dans les lettres de Racine et de Boileau, et qui marque une date antérieure. Racine et Boileau, après des années d'intimité, se disaient encore *Monsieur*. Patru, quand il écrit à d'Ablancourt ou à Maucroix, dit *Mon cher*. C'est le ton de la familiarité d'avant Louis XIV, — avant la grande perruque.

Un choix de Patru, comme je l'entends, serait court : il se composerait de cette lettre à Maucroix, de celle sur la reine Christine, de deux pages sur d'Urfé, et de son agréable Notice sur d'Ablancourt. C'est ainsi que la postérité abrège, et qu'elle abrégera de plus en plus.

On a quelquefois comparé Patru à Quintilien. Vaugelas, qui espérait et promettait de lui une rhétorique, a prononcé à son sujet ce nom de *Quintilien français* que Patru n'a point tenu : car il écrivait peu, et il s'est borné à des décisions orales. Quant à Boileau, il comparait tout simplement Patru à *Quintilius*, ce qui est un peu différent. Quintilius, en effet, est cet ami d'Horace à qui le poète lisait ses vers, et qui n'en laissait passer aucun de faible ni de languissant. Patru était ce juge et ce censeur inexorable. On peut deviner toutefois combien son goût était purement de diction et surtout négatif, quand on sait qu'il déconseillait à Boileau son *Art poétique*, et à La Fontaine ses *Fables*, comme ne comportant pas les ornements de la poésie.

Les dernières années de Patru furent marquées par une notoire indigence et par la façon honorable dont il la porta, et elles achèvent l'idée de son caractère mieux que n'aurait fait une fin plus adoucie. Sans aucune inconduite, il avait toujours négligé sa fortune : « La Fortune, aussi bien que l'Amour, disait-il, a ses heures du Berger, mais on ne les trouve qu'avec de la persévérance et de l'assiduité. » Il avait manqué de cette assiduité et de cette patience, et, l'âge venant, il sentait toutes les gênes et les rigueurs de la pauvreté. Infirme, retiré dans une petite maison du faubourg Saint-Marceau, il allait voir ses livres devenir la proie d'un dur créancier, quand Boileau, généreux comme un souverain, et devançant Colbert, les lui acheta en exigeant qu'il en gardât la jouissance. Il fallait que les amis de Patru et ses disciples, comme Richelet, employassent des ruses infinies pour le décider à accepter quelque secours et quelque cadeau. Il s'y refusait sans faste, avec une dignité simple et qui laissait voir la hauteur naturelle de l'âme. Sa gaieté affectueuse et originale demeura jusqu'à la fin inaltérable comme sa candeur. Son modeste réduit à demi champêtre avait ses agréments et ses heures de soleil. Il se consolait de ses disgrâces en se réfugiant dans le sentiment de la droiture et de la vertu : « Et c'est, comme vous savez, écrivait-il à M. de Montausier, le vrai bonheur de la vie : tout le reste n'est qu'illusion, et se passe à s'inquiéter ou de *faux honneurs* ou de *fausses infamies*. » Patru avait aisément de ces belles expressions antiques, et qui expriment la probité et l'innocence (1).

Il avait toujours été assez libre de croyance, et, sans impiété formelle, il était de ces hommes de la première moitié du dix-septième siècle qui tenaient quelque peu de la religion de Montaigne et de Charron. Le père Bouhours, l'un de ses admirateurs et de ses disciples, et qui l'assista dans ses derniers moments, a dit :

« Les malheurs d'autrui le touchaient plus que les siens propres, et sa charité envers les pauvres, qu'il ne pouvait voir sans les soulager, lors même qu'il n'était pas trop en état de le faire, lui a peut-être obtenu du Ciel la grâce d'une longue maladie, pendant laquelle il s'est tourné tout à fait vers Dieu ; car, après avoir vécu en honnête homme et un peu en philosophe, il est mort en bon chrétien dans la participation des sacrements de l'Église et avec les sentiments d'une sincère pénitence. »

Le caractère de l'homme se retrouvait pourtant et se maintenait jusque dans le repentir. On raconte que Bossuet l'étant allé voir, lui dit : « On vous a regardé jusqu'ici, Monsieur, comme un esprit fort ; songez à détromper le public par des discours sincères et religieux. » — « Il est plus à propos que je me taise, répondit Patru mourant ; on ne parle dans ses derniers moments que par faiblesse ou par vanité. » Il mourut le 16 janvier 1681, à l'âge de soixante-dix-sept ans.

Tel fut Patru, dont toute une partie nous échappe et ne s'est point fixée dans ses écrits. Il avait de ces qualités qui de près constituent le critique et l'arbitre, et qui

---

(1) Le journal *le Droit* a publié deux feuilletons de M. Amédée de Bast, sur les dernières années et la mort de Patru (10 et 14 mai 1846); ce curieux auteur, que j'ai lu avec intérêt, entre dans beaucoup de détails dont plus d'un a de la nouveauté et serait à citer : je voudrais seulement que M. de Bast, s'il fait réimprimer ces articles, indiquât, dans le récit qu'il a voulu dramatiser, les parties tout à fait exactes et historiques.

confèrent l'autorité en ce qu'on y sent la personne présente et l'homme. Il a eu son rôle; qui a fini même de son vivant; mais de loin il n'est pas difficile de reconnaître, de saluer et même de goûter en lui l'alliance d'un jugement sévère, d'une probité souriante et d'une familiarité aimable.

Lundi, 12 janvier 1852.

LE SURINTENDANT FOUQUET

(Article Fouquet, dans l'*Histoire de Colbert*, par M. P. Clément.)

1846.

Le 9 mars 1661, Mazarin mourait à Vincennes, ministre absolu et maître de la France depuis qu'il avait triomphé de la Fronde. Parmi les hommes d'État de sa création et ceux qui tenaient sous lui le second rang, c'était à qui espérerait la plus grosse partie de cet héritage. Brienne, en sortant du château de Vincennes, rencontra Fouquet qui venait à pied par les jardins et à qui il apprit cette mort, ajoutant que le roi voulait lui parler ; et Fouquet, se voyant en retard, s'écria : « Ah ! que cela est fâcheux ! le roi m'attend, et je devrais être là des premiers ! » Mais ce jeune roi, âgé de vingt-deux ans, n'attendait en réalité personne, et Fouquet débutait dans ce nouveau règne par la plus grande des illusions, s'il se croyait nécessaire.

Le lendemain, de bon matin, au Conseil auquel assistait Fouquet avec les autres ministres et secrétaires d'État, Louis XIV dit : « Messieurs, je vous ai fait assembler pour vous dire que jusqu'à présent j'ai bien voulu laisser gouverner mes affaires par feu M. le Cardinal, mais que dorénavant j'entends les gouverner moi-même; vous m'aiderez de vos conseils quand je vous les demanderai. » Fouquet entendit ces paroles sans y croire. S'il avait voulu sauver quelque portion de son crédit et de son pouvoir, il n'aurait pas eu un moment à perdre, et peut-être il était déjà trop tard. Le jeune roi était prévenu contre lui, ou plutôt éclairé sur lui. Mazarin l'avait mis en méfiance du surintendant, et, en même temps, il lui avait offert le remède : « Sire, je vous dois tout, avait-il dit à son lit de mort, mais je crois m'acquitter en quelque sorte avec Votre Majesté en lui donnant Colbert. » Depuis longtemps, Colbert avait l'œil sur les procédés de Fouquet, sur ses irrégularités et ses dilapidations; il avait adressé à Mazarin des mémoires détaillés à ce sujet; il allait continuer plus expressément le même rôle auprès de Louis XIV et par son ordre; et, s'il était poussé dans cette chasse ardente qu'il faisait au surintendant par tous les aiguillons de son ambition personnelle, il ne l'était pas moins par tous les instincts de sa nature exacte et rigide : intérêt à part, il devait en vouloir au surintendant de toute l'indignation et de toute la haine que peut avoir contre un magicien plein de maléfices et de prestiges le génie de la bonne administration et de l'économie.

Fouquet, comme Retz, était d'ailleurs un personnage aimable, séduisant, doué de qualités brillantes et de ressources infinies; d'un génie vaste, en prenant le mot *vaste* dans le sens de défaut, embrassant trop de choses à la fois, mais d'une âme élevée, d'un cœur libéral et généreux, aisément populaire. La sévérité même qu'on déploya contre lui témoigne de son importance et de l'idée qu'on avait de son audace et de son adresse. Louis XIV pardonna au cardinal de Retz, qui ne s'était révolté que contre Mazarin; il ne pardonna jamais à Fouquet, qu'il rencontra comme son premier adversaire personnel, et qu'il dut abattre pour commencer véritablement à régner.

Trois chapitres de M. Walckenaer au tome second de ses Mémoires sur madame de Sévigné, un chapitre du livre de M. Clément sur l'Administration de Colbert, ont parfaitement éclairci ce point d'histoire ; il n'est plus permis aujourd'hui d'être aveuglément du parti de Fouquet, à la suite de madame de Sévigné, de Pellisson et de La Fontaine. Les raisons d'État qu'eut Louis XIV sont mieux comprises ; il les a consignées en peu de mots dans les belles Instructions qu'il dicta pour son fils, et que ce même Pellisson, ancien premier commis de Fouquet et devenu secrétaire du monarque, écrivit de sa main (1).

Nicolas Fouquet, né à Paris en 1615, était fils d'un père breton, riche armateur, et que Richelieu avait fait entrer dans le Conseil de la marine et du commerce. A vingt ans, le jeune Fouquet eut une charge de maître des requêtes ; à trente-cinq ans, il était procureur général auprès du Parlement de Paris. Son frère, l'abbé Fouquet, qui l'aida à ses débuts, était un homme actif, intrigant, dévoué à Mazarin : les défauts de la famille se démasquaient en ce frère impétueux, et qui se montrait propre à tout : dans les autres membres ils se présentaient sous forme plus spécieuse et plus décente, et les projets, les vues aventureuses affectaient un air de supériorité et de grandeur, qui apparaît d'abord dans le surintendant dont nous parlons, et qu'on revit plus tard dans MM. de Belle-Isle, ses petits-fils.

En 1653, Fouquet fut appelé à la surintendance des finances conjointement avec Servien, mais il n'eut toute l'autorité que depuis 1655. Ce qu'étaient alors les finances, et le désordre qui y régnait, ne pourrait s'expliquer que moyennant de longs éclaircissements, et

(1) Il paraît prouvé aujourd'hui, d'après les recherches de M. Dreyss, que c'est M. de Périgny, plutôt que Pellisson, qui fut en ceci le principal secrétaire de Louis XIV.

par de plus initiés que nous ne saurions l'être. Retz a pu accuser Mazarin d'avoir porté le filoutage jusque dans le ministère, et en ce point certes il n'a pas menti. Mais Mazarin, gorgé de richesses, ne voulait pas du moins que d'autres l'imitassent, et, dans ses dernières années, il paraît s'être préoccupé de réparer les licences dont lui-même avait tant profité et vécu.

Un des hommes les moins scrupuleux et les plus entendus de ce temps-là, Gourville, raconte dans ses Mémoires très-sincères comment il fit la connaissance de Fouquet, qui le goûta et l'employa à plus d'une sorte de négociations. Fouquet lui parlant un jour de la peine qu'il avait à faire vérifier les édits au Parlement, Gourville lui dit qu'il y avait dans toutes les Chambres des conseillers importants dont la voix décidait de celle des autres, et qu'il y aurait manière de les acquérir moyennant quelque gratification de 500 écus, et promesse d'autant aux futures étrennes :

« J'en fis une liste particulière, ajoute-t-il, et je fus chargé d'en voir une partie que je connaissais. On en fit de même pour d'autres. M. Fouquet me parla de M. le président Le Coigneux comme d'une personne qu'il fallait tâcher de voir; je lui dis que j'allais quelquefois à la chasse avec lui, et que je verrais de quelle manière je pourrais m'y prendre. Un jour, me parlant des ajustements qu'il faisait faire à sa maison de campagne, je lui dis qu'il fallait essayer de faire en sorte que M. le Surintendant aidât à achever une terrasse qu'il avait commencée. Deux jours après, j'eus ordre de lui porter deux mille écus, et de lui faire espérer que cela pourrait avoir de la suite. Quelque temps après, il se présenta une occasion au Parlement, où M. Fouquet jugea bien que ce qu'il avait fait avait utilement réussi. Il me chargea encore de quelques autres affaires; et, étant fort content de moi, cela me fit espérer que je pourrais faire quelque chose par ce chemin-là. »

Les chemins étaient assez indifférents à Gourville, pourvu qu'ils menassent au but. Fouquet, quand il le jugea *stylé*, l'employa à faire rentrer de l'argent. Gourville raconte l'état de désordre où était dans ce temps (1657) l'administration des finances; la place était remplie de billets décriés qui provenaient de la banqueroute qu'avait faite quelques années auparavant le maréchal de La Meilleraye (alors surintendant) : on achetait ces anciens billets pour rien, et, en faisant des affaires avec le roi, on obtenait de Fouquet, comme condition, qu'il réassignât ces billets pour les sommes entières : « Cela fit beaucoup de personnes extrêmement riches, dit Gourville; cependant, parmi ce grand désordre, le roi ne manquait point d'argent, et, ayant tous ces exemples devant moi, j'en profitai beaucoup. »

Le roi ne manquait point d'argent, là est un point essentiel dont Pellisson s'est ensuite servi très-habilement dans les Défenses qu'il a données de Fouquet. Soyons juste, et rappelons ces parties de la cause, aussi ingénieuses qu'éloquentes, et qui seraient solides s'il n'y avait eu dans le cas de Fouquet que des irrégularités et des négligences de forme. Pellisson demande ce qu'on dirait si on lisait un jour dans une histoire, dans une de ces relations où l'on se plaît à faire remarquer combien les grands événements tiennent souvent à de petites causes :

« Cette année nous manquâmes deux grands succès, non pas tant faute d'argent que par quelques formalités des finances. On attendait un grand et infaillible secours de quelques affaires extraordinaires, rentes et augmentations de gages, mais la vérification n'en put être faite assez promptement. Un rapporteur de l'Édit s'alla malheureusement promener aux champs, un autre perdit sa femme ; on tomba dans les fêtes, et, après la vérification même, les expéditions de l'Épargne étaient longues par la multitude des quittances et des contrats. Girardin, le plus hardi des hommes d'affaires, avait promis deux millions d'avance, mais il était malade à l'extrémité; Monnerot le jeune, qui ne lui cédait ni en crédit ni en courage, pour quelque indisposition était aux eaux de Bourbon, etc... Le Surintendant trouvait de l'argent sur ses promesses (personnelles), mais la prudence ne lui conseillait pas d'engager si avant sa fortune particulière dans la publique ; il allait pourtant passer par-dessus, quand de grands et doctes personnages lui montrèrent clairement qu'il ne le pouvait ; car de prêter ces grandes sommes sans en tirer aucun dédommagement, c'était ruiner impitoyablement sa famille; d'en prendre le même intérêt qu'un homme d'affaires, cela était indigne et même usuraire; de faire un prêt supposé sous le nom d'un autre, c'était une fausseté. Et par toutes ces circonstances malheureuses, l'armée manquant de toutes choses, et le mal étant plus prompt que le remède, nous ne pûmes jamais prendre Stenay, ni secourir Arras. »

Revenant à plus d'une reprise sur ce même ordre d'argumentation et usant de son droit d'avocat, Pellisson suppose, en lieu et place de Fouquet, le cardinal Mazarin en personne, questionné et chicané sur ce fait du maniement d'argent et obligé de rendre compte :

« En conscience, dit-il, quel homme de bon sens lui eût pu conseiller d'autre harangue que celle de Scipion : *Voici mes registres, je les apporte, mais c'est pour les déchirer. En ce même jour, je signai, il y a un an, la Paix générale et le mariage du roi, qui ont rendu le repos à l'Europe; allons en renouveler la mémoire au pied des autels.* »

Mais on peut répondre à Pellisson, premièrement, que Fouquet n'avait pas fait ces actes mémorables dont Mazarin pouvait revendiquer hautement l'honneur; qu'il n'avait encore rien réalisé de grand en son nom pour l'Etat; que s'il avait rendu des services en ces temps de difficultés et de gêne, ce n'était pas de ces services éclatants qui couvrent et qui rachètent tout. En second lieu, l'argumentation de Pellisson ne s'applique qu'à des irrégularités, à des transactions utiles et indispensables, et non à des déprédations personnelles, profitables seulement à ceux qui les commettaient, ruineuses à l'État, dont elles augmentaient la gêne et dont elles aggravaient les charges.

Tout le monde alors dans les finances faisait des affaires; le tort de Fouquet fut d'en faire plus qu'un autre, avec profusion, avec scandale, et de ne pas s'apercevoir que le moment était venu où il fallait changer de méthode et compter avec le maître. Il paya cruellement cette erreur, il paya pour tous; on put le plaindre d'avoir été si complétement immolé; mais, au point de vue et au tribunal de l'histoire, il a mérité sa perte.

Un moment il parut pressentir le danger : se voyant observé et épié de près par Colbert, et ne pouvant espérer de tout justifier, il fit au roi une fausse confession ; il lui déclara qu'il s'était fait, du vivant du cardinal Mazarin, bien des choses sans que les ordres fussent en bonne forme, demandant absolution et sûreté pour le passé. Le roi lui répondit : « Oui, je vous pardonne tout le passé, et vous donne ce que vous me demandez. » Au lieu de profiter du pardon et de rentrer dans les voies de la rectitude, Fouquet ne songea qu'à redoubler d'adresse ; il présentait au roi de faux états de situation, que Colbert contrôlait et réfutait en secret. Bientôt tout poussa le jeune monarque à la perte de Fouquet : l'indignation d'être pris pour dupe, le sentiment de l'autorité souveraine, que tenait seul en échec un ministre insolent, les fiertés les plus légitimes de l'homme et du roi contre un présomptueux qui lui faisait concurrence en toutes choses.

Fouquet s'était créé, dans sa terre magnifique de Vaux, comme un Versailles anticipé ; il y avait fait exécuter des travaux immenses dont il s'efforça d'abord de dérober l'étendue et les dépenses à la connaissance du roi, bien que, par une contradiction singulière et bien naturelle aux fastueux, il affectât ensuite de lui en étaler les résultats et les merveilles. Là il s'était donné, avant Louis XIV, Le Vau pour architecte, Le Brun pour peintre, Le Nôtre pour dessinateur des jardins, Molière et La Fontaine pour poëtes, Pellisson pour secrétaire, Vatel pour maître d'hôtel, tout ce que Louis XIV aura plus tard à lui (excepté La Fontaine) (1).

(1) Soyons tout à fait exact. Vatel (puisque nous l'avons cité en si grande compagnie) passa depuis au service, non du roi, mais de M. le Prince. Ce coup d'épée qu'il se donna au travers du corps à Chantilly le dit assez.

Fouquet essaya enfin, un jour, de se compléter dans cette sorte de ménage et d'établissement royal, en se donnant La Vallière pour maîtresse. Il s'adressa imprudemment à elle, sans se douter à qui elle était déjà. Mais ce jour-là, il avait comblé la mesure, et toutes les colères, depuis plusieurs mois accumulées, débordèrent.

Fouquet n'était pas beau; mais un surintendant n'est jamais laid. Il était plus vain encore que libertin, et il tenait plus à la qualité et à la difficulté qu'à l'objet même.

On disait que Fouquet était « le cœur le plus magnifique du royaume. » C'était offenser Louis XIV et le braver dans sa partie la plus sensible, que d'avoir cette réputation-là; le glorieux sujet ne voyait pas qu'il usurpait directement sur la part du souverain.

Ce qui perdit Fouquet au degré de chute où il s'abîma, ce n'est pas tant encore le désordre et la dilapidation dont il s'était rendu coupable, ce fut ce qui perdit tant d'autres hommes spirituels et habiles, je veux dire l'excès de présomption et la vanité. C'est à lui que pensait Louis XIV quand il écrivait dans son État de la France en 1661 :

« Les finances, qui donnent le mouvement et l'action à tout ce grand corps de la monarchie, étaient entièrement épuisées, et à tel point qu'à peine y voyait-on de ressource ; plusieurs des dépenses les plus nécessaires et les plus privilégiées de ma maison et de ma propre personne étaient ou retardées contre toute bienséance, ou soutenues par le seul crédit, dont les suites étaient à charge. L'abondance paraissait en même temps chez les gens d'affaires, qui d'un côté couvraient toutes leurs malversations par toute sorte d'artifice, et les découvraient de l'autre par un luxe insolent et audacieux, comme s'ils eussent appréhendé de me les laisser ignorer. »

On a mainte fois raconté cette fameuse fête donnée à Vaux par Fouquet à Louis XIV le 17 août 1661, et durant laquelle le roi avait résolu d'abord de le faire arrêter, comme si le scandale d'une telle opulence devait étouffer tout respect de l'hospitalité. La reine mère pourtant obtint de Louis XIV de différer une justice qui aurait trop ressemblé à une vengeance.

Si prévenu qu'il fût des profusions et des splendeurs de Vaux, Louis XIV en arrivant fut étonné et ne put s'empêcher de le paraître. Fouquet à son tour fut étonné, dit-on, de l'étonnement du maître, comme si lui-même ne l'avait pas prévu et n'avait pas tout fait pour cela. Entre tant d'objets qui occupaient l'attention, deux particularités remarquables ont été souvent citées et sont restées dans la mémoire : les armes et la devise de Fouquet qu'on voyait partout, un écureuil grimpant avec cette devise : *Quò non ascendet?* Où ne montera-t-il point (1)? — et le portrait de mademoiselle de La Vallière que Louis XIV aperçut en passant sur quelque panneau mythologique. Pendant la journée, Fouquet reçut un petit billet de son amie madame Du Plessis-Bellière, qui lui apprenait le projet qu'avait eu le roi de le faire arrêter sur les lieux mêmes et séance tenante. Il se contint et fit bon visage. Cependant on jouait *les Fâcheux* de Molière. Rien ne manque, on le voit, au dramatique de cette fête célèbre.

Louis XIV prit beaucoup sur lui-même en cette circonstance, et il convient que tout ce dessein lui donna une peine incroyable. Il n'avait songé d'abord qu'à éloigner le surintendant des affaires; mais le voyant si plein de projets et d'humeur si inquiète, si empressé à se faire des amis, à s'étendre en crédit dans tous les sens, fortifiant Belle-Isle en Bretagne en même temps qu'il décorait si royalement sa terre de Vaux, il jugea qu'il fallait faire sur lui un exemple et ne pas laisser renaître un seul instant ces velléités, ces réminiscences encore récentes de la Fronde. Fouquet, avec sa place

---

(1) Il faut dire pourtant que *fouquet*, dans le patois de l'Anjou, veut dire *écureuil*; c'étaient donc des armes parlantes, et la devise était comme naturellement indiquée.

de Belle-Isle-en-Mer, faisait mine, en vérité, de vouloir être un duc de Bouillon dans Sedan. Louis XIV, en coupant court à ce qui nous semble aujourd'hui des chimères et à ce qui n'était pas tout à fait invraisemblable alors, faisait l'œuvre de la monarchie et en même temps de la France. Mais le retard qu'il dut mettre à l'exécution de son projet lui coûtait beaucoup :

« Car, non-seulement, dit-il, je voyais que, pendant ce temps-là, il pratiquait de nouvelles subtilités pour me voler, mais ce qui m'incommodait davantage était que, pour augmenter la réputation de son crédit, il affectait de me demander des audiences particulières ; et que, pour ne pas lui donner de défiance, j'étais contraint de les lui accorder, et de souffrir qu'il m'entretînt de discours inutiles, pendant que je connaissais à fond toute son infidélité. Vous pouvez juger qu'à l'âge où j'étais, il fallait que ma raison fît beaucoup d'effort sur mes ressentiments, pour agir avec tant de retenue. »

Dix-neuf jours après la fête de Vaux, la Cour était à Nantes, et Fouquet malade de la fièvre venait d'y arriver, lorsque Louis XIV, qui avait tout concerté et pris soin, jusqu'à la fin, de tirer du surintendant les ordonnances de payement qui étaient nécessaires au service, le fit arrêter par d'Artagnan (5 septembre) au moment même où Fouquet sortait de travailler avec lui. Louis XIV l'avait retenu exprès sous divers prétextes jusqu'à ce qu'il eût aperçu par la fenêtre de son cabinet d'Artagnan à son poste, dans la cour du château. On a une lettre de Louis XIV datée du jour même, et dans laquelle il rend compte des moindres détails de l'exécution à la reine mère :

« J'ai discouru ensuite sur cet accident, dit-il, avec ces Messieurs qui sont ici avec moi ; je leur ai dit franchement qu'il y avait quatre mois que j'avais formé mon projet ; qu'il n'y avait que vous seule qui m'eussiez connaissance, et que je ne l'avais communiqué au sieur Le Tellier que depuis deux jours, pour faire expédier les ordres. Je leur ai déclaré aussi que je ne voulais plus de surintendant, mais travailler moi-même aux finances avec des personnes fidèles qui agiront sous moi, connaissant que c'est le vrai moyen de me mettre dans l'abondance et de soulager mon peuple. Vous n'aurez pas de peine à croire qu'il y en a eu de bien penauds ; mais je suis bien aise qu'ils voient que je ne suis pas si dupe qu'ils s'étaient imaginé, et que *le meilleur parti est de s'attacher à moi.* »

Six mois s'étaient écoulés depuis la mort de Mazarin : ce fut le temps qu'il fallut pour consommer cette ruine et opérer ce coup de maître. A partir de ce jour seulement, Louis XIV montra qu'il était véritablement roi ; il fut désormais évident à tous que lui seul régnerait et gouvernerait, et qu'il n'y aurait point de premier ministre. L'arrestation de Fouquet ne peut donc être considérée comme une simple catastrophe individuelle ; elle donna le signal d'une véritable révolution dans le régime de la France.

Dans les premiers temps de cette arrestation, l'opinion publique était loin d'être favorable à Fouquet : on eut à craindre, durant sa translation de Nantes à Paris, que la populace ne se portât à des excès contre sa personne. Les premières découvertes qui se firent à Saint-Mandé dans les papiers de Fouquet n'étaient nullement propres à lui réconcilier l'indulgence du monde. Je ne sais au juste ce que renfermait cette précieuse cassette dont on a tant parlé : elle existe, je le crois, à la Bibliothèque nationale dans quelque recoin ignoré ; le jour où elle en sortira, on en pourra faire à tête reposée l'inventaire (1). Ce ministre imprudent et vain faisait collection non-seulement des plans de révolte et de résistance à main armée qui lui avaient passé quelquefois

---

(1) Depuis j'ai su que les papiers de la cassette de Fouquet sont très-bien connus de messieurs de la Bibliothèque nationale ; M. Chéruel, qui a publié d'intéressantes études d'histoire d'après les Mémoires inédits de d'Ormesson (1850), et qui prépare un nouveau travail sur cette partie du règne de Louis XIV, a bien voulu me communiquer des analyses et des extraits qu'il en a faits pour lui-même. Si l'occasion se présente, j'y pourrai revenir un jour.

par l'esprit, mais encore et surtout des lettres galantes qui lui étaient adressées. Il y en avait de quelques femmes de la Cour, de celles même qu'on n'aurait pas soupçonnées : une seule, dit-on, mademoiselle de Meneville, se trouva entièrement compromise; mais c'était l'être déjà que de se trouver dans cette cassette intime. Madame de Sévigné eut cet honneur et ce désagrément; elle avait beaucoup écrit au surintendant au sujet de son cousin La Trousse; ses lettres, qui ressemblaient si peu aux autres, avaient assez charmé l'homme d'esprit dans Fouquet pour qu'il les réunît à son mystérieux trésor. La plus grande justification de madame de Sévigné, ce fut la franchise et la netteté avec laquelle elle prit bientôt après la défense de celui dont elle aurait eu à se plaindre. On ne marche pas ainsi la tête levée et à front découvert, quand on se sent, si peu que ce soit, coupable.

Ici la scène change. L'extrême rigueur dont on usa envers Fouquet désormais abattu et sans ressource, la justice exceptionnelle à laquelle on le livra, la partialité de quelques-uns des commissaires et de ceux qui étaient chargés de l'examen des papiers et du rapport, les pensées cruelles dont ses ennemis ne se cachaient point à son sujet, l'âpreté des vengeances politiques qui n'allaient pas à moins qu'à demander sa tête, les lenteurs et les péripéties du procès qui dura plus de trois ans à instruire, tout concourut à retourner l'opinion et à gagner à l'accusé la pitié universelle. Les gens de lettres surtout y aidèrent puissamment : Fouquet les avait toujours recherchés, distingués et favorisés; ils se montrèrent reconnaissants, et aujourd'hui le nom de cet illustre malheureux ne se présente à la postérité qu'environné et comme protégé de ces trois noms de madame de Sévigné, de Pellisson et de **La Fontaine**.

On a la gazette et le compte rendu du procès par madame de Sévigné pendant les cinq semaines que dura l'interrogatoire et que l'accusé fut sur la sellette (14 novembre — 20 décembre 1664) ; elle rend compte jour par jour des moindres incidents et des diverses émotions à M. de Pomponne, cet ami de Fouquet, et enveloppé alors dans sa disgrâce :

« Aujourd'hui (18 novembre), notre cher ami est encore allé sur la sellette. L'abbé d'Effiat l'a salué en passant ; il lui a dit en lui rendant le salut : « Monsieur, je suis votre très-humble serviteur, » avec cette mine riante et fixe que nous connaissons. L'abbé d'Effiat a été si saisi de tendresse qu'il n'en pouvait plus. »

Nous savons presque par cœur ces lettres charmantes qui ouvrent le recueil de toutes celles de madame de Sévigné, et où elle nous montre si vivement son enjouement d'esprit jusque dans les plus grandes angoisses de son cœur. Ne demandez pas à madame de Sévigné, une fois engagée dans ce récit, de l'impartialité, ni un jugement sur le fond ; elle est amie, elle est dévouée, elle est déterminée à trouver tout bien et admirable de la part de l'accusé. Elle et les partisans de Fouquet ne craignent rien tant qu'une chose, c'est la peine de mort, cette peine que le roi désire, et qu'il n'aurait point commuée. Elle en est au soulagement et à la joie quand l'avis de M. d'Ormesson passe, lequel concluait au bannissement perpétuel.

Le ministre Le Tellier, qui n'aurait pas été fâché que Fouquet eût été condamné à mort, laissa échapper un mot énergique et cruel à propos de ce procès où l'on demanda trop, et où, en exagérant certaines charges, on alla contre le but : « Pour avoir voulu faire la corde trop grosse, disait-il, on ne pourra la serrer assez pour l'étrangler. » C'est ainsi, en effet, que Fouquet échappa à tant de haines conjurées.

Pellisson, qui avait été premier commis de Fouquet, et qu'on avait arrêté en même temps que lui, composa à la Bastille et fit paraître, durant le cours du procès, des Mémoires et Discours au roi, dans lesquels il alléguait en faveur du surintendant tout ce qui se pouvait dire de plus ingénieux, de plus élégant, de plus éloquent même, sous la forme académique alors en usage. Il y faisait valoir les belles qualités de Fouquet, les importants services qu'il avait rendus sous Mazarin, sa fidélité au sein du Parlement sur la fin de la Fronde, ses ressources de financier dans les temps de guerre, cette vigueur, cette adresse, ce courage, ce génie naturel qu'il compare à un cheval trop emporté, mais généreux : Domptez-le, Sire, mais ne le tuez pas. C'est là le sens et le résumé de ce que dit en style plus périodique le très-habile Pellisson.

Louis XIV, pour perdre plus sûrement Fouquet, avait employé un artifice dont nous avons peine à supporter l'idée. Fouquet, bien que surintendant, avait gardé sa place de procureur général au Parlement de Paris, ce qui rendait impossible de le faire juger par commissaires en violation des droits et priviléges de sa Compagnie. Il fallut donc, avant de songer à l'arrêter, l'amener à se démettre de cette charge de procureur général. On lui fit insinuer qu'il serait agréable au roi qu'il s'en défît, qu'il la vendît, et qu'il fît cadeau au roi lui-même du prix de cette charge qui allait à plus d'un million. Le million, argent comptant, offert par Fouquet, avait été accepté par le roi et porté à Vincennes. Pellisson ne craignit pas de faire allusion à cette circonstance:

« Balança-t-il un moment, Sire, pour se défaire de la chose du monde qu'il avait toujours tenue pour la plus précieuse ? Écouta-t-il la voix de ses amis alarmés de cette pensée ? Ne répondit-il pas, avec toute la confiance qu'on pourrait presque prendre en Dieu même, qu'il ne voulait (ce furent ses propres termes) ni protection, ni sup-

port, ni bien, ni honneur, ni vie, qu'en la bonté de Votre Majesté, et n'employa-t-il pas sur l'heure même pour votre service tout ce qu'il avait reçu du prix de sa charge? Certes, Sire, je ne puis croire que Votre Majesté en puisse rappeler le souvenir sans en être attendrie. Que serait-ce si elle voyait encore cet infortuné même, à peine connaissable, mais moins changé et moins abattu de la longueur de sa maladie et de la dureté de sa prison que du regret d'avoir pu déplaire à Votre Majesté, et qu'il lui dit : « Sire, j'ai failli, si Votre Majesté
« le veut; je mérite toute sorte de supplices ; je ne me plains point
« de la colère de Votre Majesté : souffrez seulement que je me plaigne
« de ses bontés. Quand est-ce qu'elles m'ont permis de connaître
« mes fautes et ma mauvaise conduite? Quand est-ce que, par un
« clin-d'œil seulement, Votre Majesté a fait pour moi ce que les
« maîtres font pour leurs esclaves les plus misérables, ce qu'il est
« besoin que Dieu fasse pour tous les hommes et pour les rois même,
« qui est de les menacer avant que de les punir? Et de quoi n'au-
« rais-je point été capable, de quoi ne le serais-je point, si Votre
« Majesté avait mieux aimé, si elle aimait mieux encore me corriger
« que me perdre? »

Il y aurait à répondre que Fouquet avait été averti le jour même où il avait cru devoir faire au roi son semblant de confession et réclamer indulgence pour le passé, et qu'il s'était montré incorrigible. Mais Pellisson ne tirait pas moins le plus heureux parti, pour la défense de son client, de cette dissimulation qui était une qualité royale et qui, dans l'application présente, avait été poussée si loin. Si un tel plaidoyer, au lieu d'être simplement imprimé, avait été prononcé devant Louis XIV, le jeune roi n'aurait pu y résister, je le crois, et, à cet endroit-là, il lui serait arrivé comme à César, le jour où l'arrêt de condamnation de Ligarius échappa de ses mains.

On sait les vers de La Fontaine, sa touchante et immortelle Élégie en faveur d'*Oronte*, toute semée de vers délicieux ;

> Voilà le précipice où l'ont enfin jeté
> Les attraits enchanteurs de la prospérité !
> . . . .
> Le plus sage s'endort sur la foi des zéphyrs

et qui se termine par ce mot si conforme à la misère humaine :

Et c'est être innocent que d'être malheureux.

La Fontaine devait bien ce soupir de cœur à Fouquet : c'était celui-ci qui avait en quelque sorte découvert le poëte. Il l'avait tiré de la province et fixé à Paris ; il lui avait donné une pension à cette condition qu'il en payerait chaque terme par une pièce de vers ; et le paresseux s'en acquitta toujours. Jamais La Fontaine ne fut plus à l'aise ni plus à son avantage que dans ce cadre des merveilles de Vaux, dans ce premier Versailles sans contrainte et légèrement licencieux. L'autre Versailles fut toujours trop régulier et trop solennel pour lui.

On ferait tout un chapitre de cette protection indulgente et libérale que Fouquet accordait aux gens d'esprit et aux gens de lettres, et de la reconnaissance qu'il trouva en eux. En apprenant son arrestation, le gazetier Loret, l'un de ses pensionnaires, parla de lui en des termes qui firent supprimer sa pension par Colbert. Fouquet le sut, et, tout prisonnier qu'il était, il fit prier mademoiselle de Scudéry d'envoyer secrètement à Loret 1,500 fr. pour le dédommager ; ce qui fut exécuté, et sans qu'on pût deviner d'abord d'où venait le bienfait. Le médecin anatomiste Pecquet avait été choisi par Fouquet pour être son *médecin de plaisir*, pour l'entretenir à ses heures perdues des plus jolies questions de la physique et de la physiologie ; Pecquet ne se consola jamais d'avoir été séparé de lui. Le poëte épicurien Hesnault fit contre Colbert, en faveur de l'accusé, un sonnet sanglant et implacable, d'une vigueur toute stoïque. Mais le plus grand témoignage rendu à Fouquet dans sa disgrâce, fut assurément celui du poëte Brébeuf, lequel, dit-on, mourut de chagrin et de déplaisir de le savoir arrêté : voilà une mort qui est à elle seule une oraison funèbre.

Les gens de lettres, ceux qui sont vraiment dignes de leur nom et de leur qualité, ont été de tout temps sensibles à certains procédés, à certains actes de prévenance et de délicatesse, à certaines choses faites à temps et d'une manière qui honore. Ils s'inquiètent moins de la solidité et de la suite chez les hommes puissants qui passent, que d'une certaine libéralité qui a son principe dans les sentiments. Les âmes des poëtes sont reconnaissantes. Je parle des gens de lettres dans le temps où ils faisaient une classe à part, et de l'élite de cette classe. Maintenant, je le sais, tout le monde est plus ou moins homme de lettres; ce n'est plus une classe proprement dite; on les traite avec la rudesse et le positif qui règnent dans les relations ordinaires de la vie, et eux-mêmes ils semblent s'être dès longtemps appliqué ce régime universel. Servir le public est, après tout, pour eux, le parti le plus sûr, et, en définitive, c'est le plus noble aussi. Pourtant, il ne sera jamais indifférent à l'honneur d'un pouvoir établi d'avoir ou de n'avoir pas le sentiment de ce qui peut se rencontrer encore du côté de la littérature, et dans les âmes vraiment littéraires, de ressorts vifs et généreux. Il y a eu des régimes tout entiers, réputés sages, qui n'y ont rien compris.

Qu'on veuille bien m'entendre : une distinction, une louange juste et bien placée, de l'attention, ce sont de ces faveurs qui rattachent les âmes, même les plus libres. Dans mon parfait désintéressement, j'ai peut-être le droit de dire ces choses, et l'exemple de Fouquet, qui y mêlait d'ailleurs un peu trop de pensions, me les suggère.

Fouquet, une fois condamné, fut bien vite enseveli. Louis XIV, par une suite de rigueurs qui doivent enfin paraître excessives, jugea à propos de commuer plus sévèrement la peine, et de changer le bannissement en une prison perpétuelle. Fouquet, âgé pour lors de cinquante ans, fut envoyé dans le château de Pignerol sur les confins du Piémont. Il sembla tout d'abord y justifier le vœu de sa respectable et sainte mère, laquelle ne voyait dans les grandeurs du surintendant qu'une occasion de fautes et de chutes, et qui, en apprenant son arrestation à Nantes, se jeta à genoux en s'écriant : « C'est à présent, mon Dieu, que j'espère du salut de mon fils! » Enfermé à Pignerol, il se livra, dit-on, à la contemplation des choses spirituelles, et l'on dit même qu'il composa quelques traités de morale. Il en lisait du moins, et méditait à loisir sur les proverbes et les maximes de sagesse de Salomon. Un peu de superstition se mêlait de loin, dans le préjugé public, à l'idée de son infortune. Quelque temps après son arrivée à Pignerol, le tonnerre tomba en plein midi dans la chambre qu'il occupait, et, au milieu de beaucoup de ruines, le laissa sain et sauf : « d'où quelques-uns prirent occasion de dire que bien souvent ceux qui paraissent criminels devant les hommes ne le sont pas devant Dieu. » C'est ainsi qu'on avait tiré conjecture et présage d'une comète qui avait paru dans le temps de son procès. Mais bientôt ces derniers signes d'attention s'évanouirent. On ne songea pas plus à Fouquet qu'à un mort, dont le nom revient à peine quelquefois dans l'entretien. On sait très-peu de chose de sa prison. Les précautions auxquelles il était soumis, et qui sont attestées par des lettres de Louvois, furent longtemps de la plus minutieuse rigueur : il fallut des années pour qu'on s'en relâchât peu à peu. Une de ses grandes distractions dut être lorsqu'on lui donna en 1671 Lauzun, le favori disgracié, pour compagnon et voisin de captivité; quand ils parvinrent à communiquer entre eux, ils étaient comme deux ombres dans les Enfers, s'entretenant des choses fabuleuses d'un autre monde. Au mois de mai 1679 seulement, on permit à sa femme et à ses enfants d'aller visiter le prisonnier dont la santé était altérée; il y avait dix-sept ans qu'ils étaient séparés. On croit que Fouquet allait obtenir un adoucissement tardif et la permission d'aller aux eaux de Bourbonne, lorsqu'il mourut en mars 1680, à l'âge de soixante-cinq ans.

Son souvenir est resté comme un des grands exemples de catastrophe politique et d'infortune. N'ayant jamais dirigé en chef le Gouvernement, on ne peut se faire une idée bien précise de la portée et des limites de sa capacité et de son esprit. On l'entrevoit vaste, exagéré, facile et brillant, hardi et aventureux, plutôt d'expédients que d'ensemble, de ceux qui, par tous les vents, vont à toutes voiles et doivent tôt ou tard échouer par imprudence et témérité. Il a été, comme Retz, un grand dissipateur de dons naturels et de qualités heureuses. Son malheur prolongé, en réveillant la pitié publique, et en mettant à découvert ses amis fidèles, a fait sa gloire; on n'inspire jamais de tels dévouements parmi l'élite des esprits, sans avoir, plus ou moins, de quoi les mériter (1).

(1) Pellisson, dans son *Histoire de Louis XIV*, où il n'est plus l'avocat de Fouquet, nous mène à l'explication de son caractère quand il le définit ainsi : « L'un était d'un génie élevé, fertile en expédients et en ressources, plein de vigueur et *tempéré de beaucoup d'humanité*. » Fouquet avait en lui la fibre humaine, il savait la **toucher** dans les autres, et elle lui répondit.

Lundi, 19 janvier 1852.

ŒUVRES
DE LOUIS XIV
(6 vol. in-8°. — 1806.)

Sous ce titre impropre d'*Œuvres,* il existe six volumes des plus intéressants et des plus authentiques, qu'il serait plus juste d'intituler *Mémoires* de Louis XIV; ils se composent, en effet, de véritables Mémoires de son règne et de ses principales actions, qu'il avait entrepris d'écrire pour l'instruction de son fils. Le récit est souvent interrompu par des réflexions morales et royales très-judicieuses. Les six ou sept premières années qui s'écoulèrent depuis la mort du cardinal Mazarin, et qui constituent la première époque du règne de Louis XIV (1661-1668), y sont exposées et racontées dans une suite et un détail continu. Les années suivantes, jusqu'en 1694, y sont représentées par une série de lettres qui concernent plus spécialement les campagnes et opérations militaires. Nombre de lettres particulières, se rapportant à toutes les époques du règne, y sont jointes. Le tout forme un ensemble de documents, de notes, d'instructions émanées directement du cabinet de Louis XIV, et qui jettent la plus grande lumière, et sur ses actes mêmes et sur l'esprit qui y a présidé. Un soir, en 1714, le vieux roi près de sa fin envoya le duc de Noailles prendre dans son cabinet des papiers écrits de sa main, qu'il voulait jeter au feu : « il en brûla d'abord plusieurs qui intéressaient la réputation de différentes personnes; il allait brûler tout le reste, notes, mémoires, morceaux de sa composition sur la guerre ou la politique. Le duc de Noailles le pria instamment de les lui donner, et il obtint cette grâce. » Les originaux, déposés par le duc de Noailles à la Bibliothèque du Roi, y ont été conservés; c'est d'après ces manuscrits que se fit en 1806 la publication des six volumes dont je parle, et auxquels, je ne sais pourquoi, le public n'a jamais rendu la justice ni accordé l'attention qu'ils méritent. Ces volumes se vendent depuis longtemps à vil prix. Il y a bien peu d'années, il en était encore ainsi des neuf tomes des *Mémoires* authentiques de Napoléon. Quant aux Œuvres du grand Frédéric, il y entre tant de mélange qu'on ne saurait s'étonner que les belles parties historiques, qui en composent le fond, aient été longtemps perdues dans le fatras littéraire qui les recouvrait à première vue et qui les compromettait. Rien de tel ne se montre dans les Mémoires de Louis XIV, non plus que dans ceux de Napoléon; c'est de l'histoire toute pure, ce sont les réflexions d'hommes qui parlent de leur art, et le plus grand des arts, celui de régner. Notre légèreté est ainsi faite : la plus frivole des brochures politiques était lue par tout le monde, et bien des esprits distingués et sérieux ne s'inquiétaient pas même de savoir s'il y avait lieu de lire ces écrits attribués aux plus grands noms, et où se vérifie à chaque page la marque de leur génie ou de leur bon sens.

Louis XIV n'avait que du bon sens, mais il en avait beaucoup. L'impression que fait la lecture de ses écrits, et surtout de ceux qui datent de sa jeunesse, est bien propre à redoubler pour lui le respect. Le sourire, que nous ne pouvons retenir à certains endroits où il abonde dans l'idée de sa gloire, expire bientôt sur les lèvres et fait place à un sentiment supérieur quand on sait qu'il faut, après tout, des ressorts à toutes les âmes, et qu'un prince qui douterait de lui-même, un roi sceptique, serait le pire des rois. La roue de l'histoire, qui tourne sans cesse, nous a ramenés au point de vue qu'il faut pour mieux comprendre peut-être ce que c'est qu'une nature royale et souveraine, et de quel usage elle est dans une société : donnons-nous un moment le plaisir de la considérer en Louis XIV dans sa pureté et son exaltation héréditaire, et avant que Mirabeau soit venu.

Louis XIV, dès son enfance, était remarquable par des traits particuliers et des grâces sérieuses qui le distinguaient de tous ceux de son âge. La sage et sensée madame de Motteville nous a tracé de lui en ces premières années des portraits charmants : dans un bal qui eut lieu chez le cardinal Mazarin.

« Le roi, dit-elle, avait un habit de satin noir, en broderie d'or et d'argent, dont le noir ne paraissait que pour en relever davantage la broderie. Des plumes incarnates et des rubans de la même couleur achevaient sa parure ; mais les beaux traits de son visage, la douceur de ses yeux jointe à leur gravité, la blancheur et la vivacité de son teint, avec ses cheveux qui alors étaient fort blonds, le paraient encore davantage que son habit. Il dansa parfaitement bien, et, quoiqu'il n'eût alors que huit ans, on pouvait dire de lui qu'il était un de ceux de la compagnie qui avaient le meilleur air, et bien assurément le plus de beauté. »

Parlant encore de son intimité avec le jeune prince de Galles (depuis Charles II), qui était alors en France :

« Le roi, dit-elle, dont la beauté avait des charmes, quoique jeune était déjà grand. Il était grave, et dans ses yeux on voyait un air sérieux, qui marquait sa dignité. Il était même assez prudent pour ne rien dire, de peur de ne pas bien dire. »

Vers ce temps (1647), le roi tomba malade de la petite vérole; sa mère en conçut les plus vives inquiétudes; il lui en témoignait une tendre et touchante reconnaissance :

« Dans cette maladie, le roi parut à ceux qui l'approchaient un prince tout à fait porté à la douceur et à la bonté. Il parlait humainement à ceux qui le servaient : il leur disait des choses spirituelles et obligeantes, et fut docile en tout ce que les médecins désirèrent de lui. La reine en reçut des marques d'amitié qui la touchèrent vivement... »

Ces premiers traits étaient essentiels à relever. Un des plus sévères contemporains de Louis XIV, Saint-Simon, qui ne le vit et ne le connut que dans les vingt-deux dernières années de sa vie, au milieu des analyses pénétrantes qu'il a données sur lui dans tous les sens, a dit :

« Il était né sage, modéré, secret, maître de ses mouvements et de sa langue. *Le croira-t-on? il était né bon et juste*, et Dieu lui avait donné assez pour être un bon roi, et peut-être même un assez grand roi... »

Qu'il y eût dans Louis XIV un premier fonds de bonté, de douceur, d'humanité, qui disparut trop souvent dans l'idolâtrie du rang suprême, Saint-Simon le reconnaît et, même en s'en étonnant, nous l'atteste; madame de Motteville nous le fait remarquer comme un caractère naturel du roi enfant, et plus d'une parole de Louis XIV, dans les pages sincères de sa jeunesse, nous le confirmera.

Gravité et douceur, tous les contemporains sont d'accord pour noter ces deux traits apparents, bien que la douceur ait fait place de plus en plus à la gravité. « J'ai souvent remarqué avec étonnement, dit encore madame de Motteville, que dans ses jeux et dans ses divertissements ce prince ne riait guère. » On a une lettre par laquelle il demande au duc de Parme (5 juillet 1661) de lui faire venir un *Arlequin* pour sa troupe italienne : il le demande dans les termes du plus grand sérieux, et sans le moindre petit mot de gaieté. S'il était au bal, s'il dansait, madame de Sévigné, qui l'observait avec anxiété durant le procès de Fouquet, lui appliquait des vers du Tasse, d'où il résultait que, jusque dans les ballets, il avait, comme Godefroy de Bouillon, une physionomie qui prêtait à la crainte plus encore qu'à l'espérance. « Il était aimable de sa personne, honnête et de facile accès à tout le monde, mais avec *un air grand et sérieux* qui imprimait le respect et la crainte dans le public, et empêchait ceux qu'il considérait le plus de s'émanciper, même dans le particulier, quoiqu'il fût familier et enjoué avec les dames. » La douceur pourtant, qui se mêlait à ses paroles, nous est singulièrement attestée et dépeinte dans ce beau passage de Bossuet :

« Qui veut entendre combien la raison préside dans les conseils de ce prince, n'a qu'à prêter l'oreille quand il lui plaît d'en expliquer les motifs. Je pourrais ici prendre à témoin les sages ministres des Cours étrangères, qui le trouvent aussi convaincant dans ses discours que redoutable par ses armes. *La noblesse de ses expressions vient de celle de ses sentiments, et ses paroles précises sont l'image de la justesse qui règne dans ses pensées. Pendant qu'il parle avec tant de force, une douceur surprenante lui ouvre les cœurs et donne je ne sais comment un nouvel éclat à la majesté qu'elle tempère.* »

Ce serait là l'épigraphe la meilleure à mettre en tête des écrits de Louis XIV, et elle se trouverait en partie justifiée en le lisant.

En commençant à vingt-trois ans à vouloir régner entièrement par lui-même, Louis XIV met au nombre de ses occupations essentielles et de ses devoirs, de noter par écrit ses actions principales, de s'en rendre compte, et d'en faire le sujet d'un enseignement à son fils qui, plus tard, pourra s'y former à l'art de régner. L'idée de gloire, qui est inséparable de Louis XIV, s'y mêle, et, comme l'avenir aura un jour à s'occuper de ses actions, comme la passion et le génie des divers écrivains devront s'y exercer, il veut que son fils trouve là de quoi redresser l'histoire si elle vient à se méprendre.

Louis XIV, peu instruit dans les Lettres, et dont la première éducation avait été fort négligée, avait reçu cette instruction bien supérieure qu'un esprit juste et droit et qu'un cœur élevé puisent dans les événements où l'on est de bonne heure en jeu. Mazarin, qui l'avait démêlé dans les dernières années, lui avait donné en conversant des conseils d'homme d'État, que le jeune homme avait saisis aussitôt mieux que n'auraient fait bien des esprits réputés plus cultivés et plus fins. Mazarin avait déclaré à ceux qui paraissaient douter de l'avenir du jeune roi, « qu'on ne le connaissait pas, et qu'il y avait en lui de l'étoffe pour faire quatre rois et un honnête homme. »

Louis XIV a lui-même exposé la première idée qu'il se fit des choses, et cette première éducation intérieure qui s'opéra graduellement dans son esprit, ses premiers doutes en vue des difficultés, ses raisons d'attendre et de différer; car, « préférant, comme il faisait, à toutes choses et à la vie même une haute réputation, s'il pouvait l'acquérir, » il comprenait en même temps « que ses premières démarches ou en jetteraient les fondements, ou lui en feraient perdre pour jamais jusqu'à l'espérance; » de sorte que le seul et même désir de la gloire, qui le poussait, le retenait presque également :

« Je ne laissais pas cependant de m'exercer et de m'éprouver en secret et sans confident, dit-il, raisonnant seul et en moi-même sur tous les événements qui se présentaient; plein d'espérance et de joie quand je découvrais quelquefois que mes premières pensées étaient les mêmes où s'arrêtaient à la fin les gens habiles et consommés, et persuadé au fond que je n'avais point été mis et conservé sur le trône avec une aussi grande passion de bien faire sans en devoir trouver les moyens. »

Mazarin mort, il n'y a plus pour Louis XIV aucun motif de différer :

« Je commençai donc à jeter les yeux sur toutes les diverses parties de l'État, *et non pas des yeux indifférents, mais des yeux de maître*, sensiblement touché de n'en voir pas une qui ne m'invitât et ne me pressât d'y porter la main, mais observant avec soin ce que le temps et la disposition des choses me pouvaient permettre. »

Louis XIV, religieux comme il est, croit qu'il est des lumières qui se proportionnent aux situations, et particulièrement à celle de roi : « Dieu qui vous a fait roi vous donnera les lumières qui vous sont nécessaires, tant que vous aurez de bonnes intentions. » Il croit qu'un souverain voit naturellement les objets qui se présentent, d'une manière plus parfaite que le commun des hommes. Une telle conviction est périlleuse, on le sent : elle va bientôt l'abuser lui-même. Pourtant, réduite et entendue dans un certain sens, cette idée a sa justesse : « Je ne crains pas de vous dire, écrit-il pour son fils, que plus la place est élevée, plus elle a d'objets qu'on ne peut ni voir ni connaître qu'en l'occupant. »

Saint-Simon, que j'oserai ici contredire et réfuter, a dit de Louis XIV :

« Né avec un esprit au-dessous du médiocre, mais un esprit capable de se former, de se limer, de se raffiner, d'emprunter d'autrui sans imitation et sans gêne, il profita infiniment d'avoir toute sa vie vécu avec les personnes du monde qui toutes en avaient le plus, et des plus différentes sortes, en hommes et en femmes de tout âge, de tout genre et de tous personnages. »

Et il revient plusieurs fois sur cette idée, que

Louis XIV n'avait qu'un esprit *au-dessous du médiocre*, mais qu'il était très-capable d'acquérir et de se former, de s'approprier ce qu'il voyait faire aux autres. Il est une chose pourtant que Louis XIV n'eut à emprunter à personne et qui lui est bien originale, ce fut cet état, cette fonction réelle de souverain dont personnne alors n'avait l'idée autour de lui, que les troubles de la Fronde avaient laissé dégrader et dépérir dans les esprits, et que Mazarin, même dans la restauration du pouvoir, n'avait que médiocrement relevée dans la révérence publique. Louis XIV en ressentit en lui l'inspiration et en révéla sensiblement à tous le caractère. La nature l'avait désigné pour cela physiquement par un mélange unique de décence et de majesté. Partout où il eût été, on l'eût distingué d'abord et reconnu comme on reconnaît « la reine parmi les abeilles. » Les qualités solides, l'application laborieuse de son esprit, et les sentiments de son cœur, répondirent à ce vœu de la nature et au rôle de la destinée. Plus tard, et bientôt, il l'outre-passera ; mais, à l'origine, il ne fit que le remplir en perfection et dans une justesse grandiose.

Saint-Simon, qui est venu sur la fin du règne et à une époque où l'esprit d'opposition reparaissait, n'a pas assez distingué ce premier moment d'entière et pure originalité royale chez Louis XIV. Son long règne, en effet, commençait fort à lasser les peuples, et l'on aspirait de toutes parts au relâchement. Mais la réponse que l'on peut faire à Saint-Simon, c'est Louis XIV qui va la lui faire, et dans des termes dignes de tous deux :

« A peine remarquons-nous, dit ce roi sensé, l'ordre admirable du monde, et le cours si réglé et si utile du soleil, jusqu'à ce que quelque déréglement des saisons ou quelque désordre apparent dans la machine nous y fasse faire un peu plus de réflexion. Tant que tout prospère dans un État, on peut oublier les biens infinis que produit la royauté, et envier seulement ceux qu'elle possède : l'homme, naturellement ambitieux et orgueilleux, ne trouve jamais en lui-même pourquoi un autre lui doit commander jusqu'à ce que son besoin propre le lui fasse sentir. Mais ce besoin même, aussitôt qu'il a un remède constant et réglé, la coutume le lui rend insensible. Ce sont les accidents extraordinaires qui lui font considérer ce qu'il en retire ordinairement d'utilité, et que, sans le commandement, il serait lui-même la proie du plus fort, il ne trouverait dans le monde ni justice, ni raison, ni assurance pour ce qu'il possède, ni ressource pour ce qu'il avait perdu ; et c'est par là qu'il vient à aimer l'obéissance, autant qu'il aime sa propre vie et sa propre tranquillité. »

Voilà ce qu'écrit, ce que dicte Louis XIV. Saint-Simon nous a raconté très au long deux ou trois audiences qu'il obtint de lui, et nous a rendu au vif l'impression de respect, de soumission et de joie reconnaissante qu'il en avait rapportée. Tout supérieur qu'il est comme observateur, il a senti son maître en l'approchant, et le détail même où il entre à ce sujet nous le prouve. La page que je viens de citer me permet de croire que, si (par impossible) une conversation politique s'était engagée entre eux deux, Louis XIV, d'un ton simple et d'un bon sens facile, aurait gardé encore sur les points essentiels sa supériorité souveraine. Laissons à chacun le nom qui le désigne en propre. Saint-Simon était un grand peintre et un profond moraliste ; Louis XIV fut un roi. Il voulut montrer à toute la terre, et c'est lui qui le dit, *qu'il y en avait encore un au monde.*

Dans les réformes de tout genre que Louis XIV entreprend de front, pour les finances, pour la justice, pour les règlements militaires, pour les affaires du dehors, il ne témoigne pourtant aucun empressement immodéré. Il examine, il écoute, il consulte ; puis il se décide par lui-même : « la décision a besoin d'un esprit de maître. » Ce dernier point fut toujours la grande prétention de Louis XIV : ne pas se laisser gouverner, n'avoir point de premier ministre. On a remarqué que ce fut là une apparence plus qu'une réalité, et que bientôt, à défaut de premier ministre, il eut des premiers commis qui, par art et flatterie, surent lui faire adopter comme de sa propre impulsion ce qu'eux-mêmes ils désiraient. Mais au début, et dans les sept ou huit premières années de sa jeunesse, il me semble que Louis XIV échappe à ce reproche. La forme de son esprit est d'être judicieux et raisonneur : c'est un esprit positif, qui aime les affaires, qui y trouve de l'agrément par l'utilité, et qui tient compte des faits dans le plus grand détail. « Tout homme qui est mal informé, remarque-t-il, ne peut s'empêcher de mal raisonner. » Et par une conclusion digne d'un moraliste, il ajoute finement : « Je crois que quiconque serait bien averti et bien persuadé de tout ce qui est, ne ferait jamais que ce qu'il doit. » Il trouve un plaisir vrai dans l'application et l'information même ; il jouit de débrouiller ce qui était obscur : « J'ai déjà commencé, écrit-il le soir de l'arrestation de Fouquet, à goûter le plaisir qu'il y a de travailler soi-même aux finances, ayant, dans le peu d'application que j'y ai donné cette après-dînée, remarqué des choses importantes dans lesquelles je ne voyais goutte ; et l'on ne doit pas douter que je ne continue. » Il nous fait sentir à tout moment l'espèce de charme qu'il y a dans l'exercice du bon sens (1). Il croit que le bon sens, mis à l'épreuve de la pratique et de l'expérience, est le meilleur conseiller et le plus sûr guide : et il est tenté quelquefois de tenir

---

(1) Les poëtes ne sont pas, en général, des témoins bien sûrs, mais leur suffrage ne fait ici que nous traduire l'opinion unanime. Ainsi La Fontaine, dans une Épître à madame de Thianges, a dit :

> Chacun attend sa gloire ainsi que sa fortune
>   Du suffrage de Saint-Germain.
> Le Maître y peut beaucoup ; il sert de règle aux autres,
>   Comme maître premièrement,
> Puis comme ayant un sens meilleur que tous les nôtres.

pour inutiles les conseils écrits, à commencer par ceux qu'il donne à son fils ; mais aussitôt il se ravise, et il estime qu'il est profitable à tout bon esprit d'être mis en garde à l'avance et prémuni contre les erreurs. Regrettant d'en être venu si tard à l'étude de l'histoire, il considère que « la connaissance de ces grands événements que le monde a produits en divers siècles, étant digérée par un esprit solide et agissant, peut servir à fortifier la raison dans toutes les délibérations importantes. » Notez bien cet *esprit solide et agissant*, revêtez-le d'éclat et de majesté, voilà la meilleure définition qui se puisse donner de lui dans sa jeunesse. Son âme toute royale garde l'équilibre, même dans ses plus grands essors ; ses élévations mêmes ont quelque chose de modéré dans le principe. Il tend à élever le cœur de son fils, et non à l'enfler, dit-il : « Si je puis vous expliquer ma pensée, il me semble que nous devons être en même temps humbles pour nous-mêmes, et fiers pour la place que nous occupons. » Quelques-unes de ces pages premières annoncent des dispositions d'esprit plus étendues et plus variées qu'il n'a su les tenir (1). Il veut que les princes véritablement habiles sachent se transformer et se renouveler selon les conjonctures. Il ne suffit pas à un prince, pour être grand, de naître à propos : « Il y en a plusieurs dans le monde qui ont obtenu la réputation d'habileté, par le seul avantage qu'ils ont eu de naître en des temps où l'état général des affaires publiques avait une juste proportion avec leur humeur. » Lui, il aspire à mieux, il veut être de ceux qui suffisent par l'esprit à des situations diverses et même opposées. « Car enfin ce n'est pas une chose facile que de se transformer à toute heure en la manière que l'on doit, » et « la face du monde où nous

---

(1) « Il avait l'âme plus grande que l'esprit, » a dit Montesquieu.

vivons est sujette à des révolutions si différentes, qu'il n'est pas en notre pouvoir d'y garder longtemps les mêmes mesures. » En lisant ce passage, il semble que Louis XIV ait pressenti l'écueil où son orgueil, plus tard, ira échouer. Il n'était pas de ces esprits qui embrassent le renouvellement des temps, et sa politique finale n'a été que l'exagération de sa politique première, au milieu de circonstances générales qui incessamment se modifiaient.

Quand on lit ces notes écrites jour par jour, ces réflexions qu'il tirait de chaque événement, quand on y joint la lecture des instructions diplomatiques qu'il adressait dans le même temps à ses ambassadeurs et agents dans les diverses Cours, on ne peut s'empêcher d'admirer, du sein des carrousels et des fêtes, le caractère appliqué, solide, prudent et tenace de ce jeune ambitieux. Comme il n'a ni légèreté, ni entraînement ! Comme il raisonne toute chose, comme il dispute le terrain pied à pied, comme il discute chaque avantage pièce à pièce ! Comme il possède le secret, cette qualité royale nécessaire au succès autant qu'à la considération, et dont la seule absence rejette si loin tant d'hommes politiques : « car les grands parleurs, remarque-t-il, disent souvent de grandes badineries ! » Comme, en toute matière, il préfère le parti le plus lent et le plus sûr ! Mais c'est en matière de traités surtout qu'il ne croit pas qu'il faille se piquer de diligence :

« Celui qui veut y aller trop vite, dit-il, est sujet à faire bien des faux pas. Il n'importe point dans quel temps, mais à quelles conditions une négociation se termine. Il vaut bien mieux achever plus tard les affaires que de les ruiner par la précipitation ; et il arrive même souvent que nous retardons, par notre propre impatience, ce que nous avions voulu trop avancer. »

Ce procédé lui réussit à la paix d'Aix-la-Chapelle

(1668). Ce jeune roi a ainsi de ces préceptes d'une lenteur préméditée et plus sûre, qui semblent appartenir à Philippe de Commynes et qui sont bien de l'élève de Mazarin.

Je crois trouver un merveilleux rapport entre cette manière de voir et de faire de Louis XIV, et celle des hommes distingués de son temps. Boileau conseillait de remettre vingt fois sur le métier son ouvrage, et il apprenait à Racine à faire difficilement des vers faciles. Louis XIV donne en politique à son fils des préceptes tout pareils et analogues : il lui conseille de retourner un plan vingt fois dans son esprit avant de l'exécuter ; il veut lui apprendre à trouver avec lenteur dans chaque affaire l'expédient facile. De même, dans mainte réflexion morale qu'il entremêle à la politique, Louis XIV se montre un digne contemporain de Nicole et de Bourdaloue.

Jusque dans les affaires de guerre et dans les siéges qu'il entreprend, il se rend aux difficultés qu'on lui oppose, « persuadé, dit-il, que quelque envie qu'on ait de se signaler, le plus sûr chemin de la gloire est toujours celui que montre la raison. » Je ne dis pas que, dans sa conduite, il n'ait pas dérogé mainte fois à cette résolution première : il me suffit, pour le caractériser, qu'il se la soit proposée jusque dans le premier feu de son ambition.

Quand il se sent une passion principale et dominante, si noble qu'elle soit, Louis XIV cherche à ne pas écouter qu'elle seule, mais à la contre-balancer par d'autres qui soient également en vue de l'État : « *Il faut de la variété dans la gloire* comme partout ailleurs, et en celle des princes plus qu'en celle des particuliers ; car qui dit un grand roi, dit presque tous les talents ensemble de ses plus excellents sujets. » Il est des talents où il ne pense point qu'un roi doive trop exceller ; il lui est bon et honorable d'y être surpassé par les autres; mais il doit les apprécier dans tous. La connaissance des hommes, le discernement des esprits, et l'application de chacun à l'emploi auquel il est le plus propre et le plus utile au public, c'est là proprement le grand art et 'est peut-être le premier talent du souverain. Il est *s princes qui ont raison de craindre de se laisser aborder de trop près et de se communiquer aux autres : il ne croit pas être de ceux-là, et, sûr qu'il est de lui-même, et de ne prêter jamais à aucune surprise, il gagne à cette communication aisée de pénétrer plus à fond ceux à qui il parle, et de connaître par lui-même les plus honnêtes gens de son royaume.

On a dit que Louis XIV avait rendu la monarchie despotique et asiatique : telle ne fut jamais sa pensée. Ayant reconnu « que cette liberté, cette douceur, et pour ainsi dire cette facilité de la monarchie, avait passé les justes bornes durant sa minorité et dans les troubles de l'État, et qu'elle était devenue licence, confusion, désordre, » il crut devoir retrancher de cet excès en s'attachant toutefois à conserver à la monarchie son caractère humain et affectueux, à maintenir auprès de lui les personnes de qualité dans une *familiarité honnête*, et à rester en communication avec les peuples par des plaisirs et des spectacles conformes à leur génie. En cela Louis XIV ne sut réussir qu'à demi; il força évidemment dans ses pompes le caractère de la monarchie française, et, en vieillissant, il en vint à n'être plus en accord avec l'esprit public de la nation. Pourtant il ne l'entendait pas ainsi dans sa jeunesse.

Il pensait, et il le dit expressément à son fils, que « les empires ne se conservent que comme ils s'acquièrent, c'est-à-dire par la vigueur, par la vigilance et par le travail. » Quand quelque blessure est faite au corps de l'État, « ce n'est point assez de réparer le mal si l'on

n'ajoute quelque bien qu'on n'avait pas auparavant. »
Il voudrait que son fils, au lieu de s'arrêter en chemin,
et de regarder autour de lui, et au-dessous de lui, ceux
qui valent moins, reportât ses regards plus haut :

« Pensez plutôt à ceux qu'on a le plus sujet d'estimer et d'admirer
dans les siècles passés, qui d'une fortune particulière ou d'une puissance très-médiocre, par la seule force de leur mérite, sont venus à
fonder de grands empires, ont passé comme des éclairs d'une partie
du monde à l'autre, charmé toute la terre par leurs grandes qualités,
et laissé depuis tant de siècles une longue et éternelle mémoire d'eux-mêmes, qui semble, au lieu de se détruire, s'augmenter et se fortifier tous les jours par le temps. »

Le malheur des descendants de Louis XIV est de n'avoir pas assez médité cette pensée. La condition des
rois héréditaires allait devenir de plus en plus pareille
à celle des fondateurs d'empires : il fallait presque, pour
conserver désormais, le même génie et le même courage que pour créer et pour acquérir. Je laisse de côté
Louis XV et les lâches indignités de son règne : mais
on peut dire que le caractère bon, honnête, modéré,
des respectables Bourbons qui ont succédé, n'était plus
à la hauteur des circonstances ; ils n'ont pas su remplir
le vœu et le conseil de leur grand aïeul. Aussi l'empire
est-il allé à *ceux qui ont passé comme des éclairs d'une partie du monde à l'autre.*

Si judicieux et sensé que fût en général Louis XIV,
si disposé qu'il se montrât à tout prévoir et à tout raisonner, il sentait qu'il y a des moments où, comme roi,
il faut absolument risquer et inventer un peu à l'aventure, sous peine de manquer à la sagesse même. La
pensée religieuse qui s'y joint dans son esprit ajoute
plutôt qu'elle n'ôte à ce que cette maxime royale a de
politiquement remarquable ; et c'est en ces parties qu'on
reconnaît chez lui le véritable homme de talent dans
cet art difficile de régner :

« La sagesse, dit-il, veut qu'en certaines rencontres on donne beaucoup au hasard ; la raison elle-même conseille alors de suivre je ne sais quels mouvements ou instincts aveugles, au-dessus de la raison, et qui semblent venir du Ciel, connus à tous les hommes, et plus dignes de considération en ceux qu'il a lui-même placés aux premiers rangs. De dire quand il faut s'en défier ou s'y abandonner, personne ne le peut; ni livres, ni règles, ni expérience ne l'enseignent; une certaine justesse et une certaine hardiesse d'esprit les font toujours trouver, sans comparaison plus libres en celui qui ne doit de compte de ses actions à personne. »

Une certaine justesse et une certaine hardiesse d'esprit : n'admirez-vous pas le choix excellent et la rencontre heureuse de ces paroles, et quelle grande et noble manière il porte naturellement dans ces choses simples ?

Je sais qu'on peut dire que ce texte des Mémoires a été rédigé finalement par un secrétaire, et seulement sur des notes du roi; mais, quel qu'ait pu être ce secrétaire, Pellisson ou tout autre (1), je ne trouve rien dans ces pages qui ne sente d'un bout à l'autre la présence et

(1) Depuis que ceci est écrit, un professeur d'histoire de l'Université, M. Charles Dreyss, a publié les *Mémoires de Louis XIV* (2 volumes, 1860), avec une Étude critique fort détaillée. Il a, je crois, démontré qu'avant Pellisson, M. de Périgny, précepteur du Dauphin, servit à Louis XIV de secrétaire pour cette rédaction. C'est le résultat le plus net de son étude. Le travail de M. Dreyss fort exact, fort rapproché des manuscrits originaux dont il ne laisse passer ni une phrase inachevée ni une faute d'orthographe sans la reproduire, fort prisé et fort loué, je le sais, de plusieurs personnes compétentes, m'a paru, je l'avoue, à moi qui suis apparemment plus frivole, et au point de vue du goût, susceptible de beaucoup d'objections, dont la plus grave est qu'à force de faire subir au lecteur toutes les fatigues et les peines qu'il s'était données dans son examen et qu'il est venu étaler trop complaisamment, l'éditeur a rendu la lecture de ces Mémoires, d'agréable qu'elle était dans l'ancienne et la *mauvaise* édition, très-difficile et très-pénible, — j'allais dire impossible, — dans la sienne qui va passer désormais pour la seule authentique et la seule bonne. Ah ! messieurs les éditeurs, vous abusez bien de notre culte pour les papiers brouillons ! — Corrigez, réparez les textes, nous vous en saurons gré; mais faut-il donc pour cela que vous nous fassiez repasser avec vous par toutes les ratures?

la dictée du maître. Tout y est simple et digne de celui qui a dit : « On remarque presque toujours quelque différence entre les lettres que nous nous donnons la peine d'écrire nous-mêmes et celles que nos secrétaires les plus habiles écrivent pour nous, découvrant en ces dernières *je ne sais quoi de moins naturel, et l'inquiétude d'une plume qui craint éternellement d'en faire trop ou trop peu.* » Je ne découvre rien de cette inquiétude, rien de cette rhétorique ou de cette simplicité affectée dans les pages qui composent les Mémoires historiques de Louis XIV. Tout s'y déroule avec calme et suite dans une netteté parfaite, et qui répond tout à fait à ce que les contemporains (madame de Caylus, madame de Motteville, Saint-Simon) nous ont dit de cette propriété unique et de cette noblesse aisée des paroles du roi : « ses discours les plus communs n'étaient jamais dépourvus d'*une naturelle et sensible majesté* (1). » Le style de Louis XIV n'a pas cette brièveté vive et brusque qui caractérise les pages originales de Napoléon, ce que

(1) Un jour, dans la jeunesse de Louis XIV, la Cour étant à Lyon, Brienne lisait à la reine-mère dans sa chambre, à sa toilette, un projet de Lettres patentes pour la translation des reliques de sainte Madeleine. Il avait fait dresser ces Lettres patentes par M. d'Andilly, à la prière de Du Fresne, son premier commis, qui était fort de la connaissance du pieux écrivain. Le roi entra sur ces entrefaites, fit recommencer la lecture et interrompit : « Vous me faites parler comme un saint, et je ne le suis pas. » Brienne lui dit que son premier commis avait fait revoir les Lettres par un des plus habiles hommes de France en fait de style et d'éloquence. « Quel est cet habile sot ? » dit le roi. Et quand on lui eut nommé M. d'Andilly. « J'en suis bien aise, répliqua-t-il, mais cela ne me convient nullement. » Il prit les Lettres, les déchira, et les jetant à Brienne : « Refaites-en d'autres où je parle en roi et non pas en janséniste. » — C'est cette *note royale* que Louis XIV donna ensuite aux Périgny et aux Pellisson, et qu'ils s'appliquèrent à observer dans les rédactions qu'il leur confia ; c'est cette marque qu'il importe aujourd'hui de retrouver avant tout et de reconnaître, sans se mettre à exalter plus que de raison tel ou tel secrétaire.

Tacite appelle *imperatoria brevitas* : ce caractère incisif du conquérant et du despote, ce rhythme court, pressé, saccadé, sous lequel on sent palpiter le génie de l'action et le démon des batailles, diffère complétement du style plus tranquille, plus plein et, en quelque sorte, héréditaire de Louis XIV. Quand ce monarque s'oublie et se néglige, il a la phrase longue, de ces phrases qui ont été depuis l'apanage de la branche cadette et dont on ne voit pas la fin : c'est là où Louis XIV en vient quand il sommeille. Mais d'ordinaire, et dans le courant habituel, il est dans la bonne mesure, dans les conditions de l'exacte et juste milieu de la plus saine des langues. Henri IV, ce premier roi Bourbon, a gardé dans son style vif quelque chose de guerroyant et de gascon que Louis XIV n'a plus. Le pitoyable Louis XV, qui ne manquait pas d'esprit et dont on cite quelques mots piquants, avait dans l'habitude de la conversation des longueurs sans fin et du rabâchage ; c'était le style bourbonien dans ce qui était déjà son affaiblissement et son ramollissement. Le seul Louis XIV nous offre ce style dans toute sa vraie plénitude et sa perfection, et comme dans sa juste et royale stature.

On a dit de Louis XIV que personne ne contait mieux que lui : « il faisait un conte mieux qu'homme du monde, et aussi bien un récit. » Il y portait « des grâces infinies, un tour noble et fin qu'on n'a vu qu'à lui. » On a un échantillon de sa manière de décrire et de peindre, dans sa lettre écrite de Montargis à madame de Maintenon sur l'arrivée en France de la duchesse de Bourgogne ; mais de récit proprement dit ou de conte, nous n'en avons pas.

Pellisson, qui fut un peu le Fontanes de ce temps-là, et que Louis XIV tira de la Bastille pour se l'attacher et pour en faire son rhéteur ordinaire, nous a transmis une Conversation, ou plutôt un discours qu'on recueillit au siége devant Lille, le 23 août 1667, de la bouche même du roi. C'est un discours sur la gloire et sur les mobiles qui remplissaient l'âme de ce prince à ce moment. Il s'était exposé à une affaire deux jours auparavant, et, comme on le lui reprochait, il en donne les raisons avec une solennité naïve. Ce discours nous livre à nu Louis XIV jeune, dans son premier appareil d'ambition : « Il me semble, dit-il, qu'on m'ôte de ma gloire quand on en peut avoir sans moi. » Ce mot de *gloire* revient à chaque instant dans sa bouche, et il finit lui-même par s'en apercevoir : « Mais il me siérait mal de parler plus longtemps de ma gloire devant ceux qui en sont témoins. » Dans cette exaltation et ce commencement d'apothéose où on le surprend, on le trouve pourtant meilleur et valant mieux que plus tard : il a quelques mots de sympathie pour les amis, pour les serviteurs qui s'exposent et se dévouent sous ses yeux : « Il n'y a point de roi, dit-il, pour peu qu'il ait le cœur bien fait, qui voie tant de braves gens faire litière de leur vie pour son service, et qui puisse demeurer les bras croisés. » C'est pourquoi il s'est décidé à sortir de la tranchée et à rester exposé au feu à découvert : dans une occasion surtout, dit-il, « où toutes les apparences sont que l'on verra quelque belle action, et où ma présence fait tout, j'ai cru que je devais faire voir en plein jour quelque chose de plus qu'une vaillance enterrée. »

Louis XIV était peu militaire, et il avait la prétention de l'être ; rien au besoin ne prouverait mieux son faible que cette discussion, cette apologie extraordinaire à laquelle il croit devoir se livrer parce qu'il est allé une fois à la tranchée, et une autre fois un peu plus avant.

Si nous le poussions par ces côtés de gloire vaine, il nous serait trop aisé aujourd'hui d'être léger et irrévérent à son égard. De temps en temps, dans ses propres discours, on le voit qui s'arrête et se retourne vers lui-même pour se congratuler avec raisonnement et réflexion ; il se prend naturellement comme type et figure du prince accompli ; il se voit en pied déjà et en attitude devant la postérité. Mais il est plus utile d'insister sur les ressorts élevés qu'il trouvait dans cette foi et dans cette conscience royale, ce qui lui faisait dire au milieu des hasards de la politique : « Mais au moins, quel qu'en soit l'événement, j'aurai toujours en moi toute la satisfaction que doit avoir une âme généreuse *quand elle a contenté sa propre vertu.* »

Parlant de ces six volumes de Mémoires au moment où ils parurent, M. de Chateaubriand les a très-bien jugés en disant :

« Les Mémoires de Louis XIV augmenteront sa renommée : ils ne dévoilent aucune bassesse, ils ne révèlent aucun de ces honteux secrets que le cœur humain cache trop souvent dans ses abîmes. Vu de plus près et dans l'intimité de la vie, Louis XIV ne cesse point d'être Louis le Grand ; on est charmé qu'un si *beau buste* n'ait point une *tête vide*, et que l'âme réponde à la noblesse des dehors. »

Ce sentiment est celui qui domine à la lecture, et qui triomphe de toutes les critiques et de toutes les restrictions qu'un esprit juste est en droit d'y apporter.

Et, puisqu'il est question cette fois de Louis XIV écrivain et l'un des modèles de la parole, je signalerai de lui en finissant un bienfait direct et qui embrasse tout l'ordre littéraire. Je montrais l'autre jour, j'énumérais les gens de lettres qui se groupaient autour du surintendant Fouquet, et qui florissaient à l'envi sous ses auspices. Si l'on suppose un instant Fouquet restant au pouvoir et s'y établissant, et Louis XIV le laissant faire, on peut très-bien distinguer les éléments et l'esprit de la littérature qui aurait prévalu : ç'aurait été une littérature plus libre en tous sens que sous Louis XIV, et le dix-huitième siècle eût été en partie devancé. On aurait eu La Fontaine sans aucune contrainte, Saint-Évremond, Bussy, les Scarron, les Bachaumont, les Hesnault; bien des épicuriens et des libertins se seraient glissés sur le premier plan. Cette première littérature du lendemain de la Fronde, et antérieure à Boileau et à Racine, n'étant pas contenue par le regard du maître, se serait développée et de plus en plus émancipée sous un Mécène peu sévère. Elle était toute prête, on la voit déjà; le libertinage et le bel-esprit en auraient été le double écueil; un fonds de corruption s'y décelait. Le jeune roi vint, et il amena, il suscita avec lui sa jeune littérature; il mit le correctif à l'ancienne, et, sauf des infractions brillantes, il imprima à l'ensemble des productions de son temps un caractère de solidité, et finalement de moralité, qui est aussi celui qui règne dans ses propres écrits et dans l'habitude de sa pensée (1).

(1) En réimprimant cette étude, le mot de La Bruyère m'est souvent revenu à la mémoire : « Le caractère des Français demande du sérieux dans le souverain. »

Lundi, 26 janvier 1852.

ÉTUDES

SUR SAINT-JUST

Par M. Édouard FLEURY.

(2 vol. — Didier 1851.)

Dans les premiers moments où ce livre parut, je me suis abstenu d'en parler, estimant qu'un tel sujet revenait de droit à notre vaillant et hardi collaborateur, M. Granier de Cassagnac; je ne voulais point chasser sur ses terres : et, dans le cas présent, c'eût été chasser le tigre. Mais, M. Granier de Cassagnac ne devant point donner de chapitre spécial sur Saint-Just (1), je me décide à dire quelque chose de cet homme odieux, parce que le travail de M. Fleury mérite de ne pas être passé sous silence, et que des biographies de ce genre, une

---

(1) M. Granier de Cassagnac publiait alors dans *le Constitutionnel*, où j'écrivais mes articles, une série de chapitres sur les hommes de la Révolution : de là une relation de voisinage. Je n'ai jamais considéré, d'ailleurs, la Révolution française au point de vue de cet auteur, adversaire à outrance, qui a pu compulser et produire bien des documents et les interpréter dans le sens de ses systèmes, mais qui n'a pas la tradition des choses dont il parle : — la tradition, cette voix divine, comme disaient les Anciens, et qui maintient et remet le chanteur dans le ton juste. De ce qu'on a un talent polémique remarquable, ou même redoutable, et qui a fait ses preuves dans des circonstances déterminées, de ce qu'on a des coups de force et de vigueur précise dans la lutte, on ne possède pas pour cela les qualités complexes qui font l'historien et le critique.

lois faites, coupent court à bien des impostures historiques et à de fausses peintures.

M. Fleury, à qui l'on doit déjà une biographie très-complète de Camille Desmoulins et qui habite à Laon, s'est donné pour mission de rassembler tout ce qu'il pourrait trouver sur la vie et les actes des révolutionnaires fameux qui ont appartenu plus ou moins à ces départements de la Picardie. Il y mêle des considérations politiques qui sont toutes dans le sens de l'ordre et de la défense sociale : mais, même quand il serait plus sobre de ce genre de discussions, le seul tableau des faits, la suite même des textes, les pièces à l'appui qu'il produit avec étendue, fournissent une base de jugement irréfragable, et tout lecteur, en se laissant conduire par le biographe, peut statuer à son tour en connaissance de cause et en sûreté de conscience. C'est ce que nous ferons pour Saint-Just.

Antoine-Louis-Léon-Florelle de Saint-Just était fils d'un militaire, ancien maréchal-des-logis de gendarmerie et chevalier de Saint-Louis. Il naquit à Decize, petite ville du Nivernais, le 25 août 1769, ce qui le fait mourir (28 juillet 1794) à moins de vingt-cinq ans accomplis. Peu après sa naissance, sa famille quitta le Nivernais, et vint habiter la Picardie et la petite ville de Blérancourt. Ayant perdu son père de bonne heure, il fut confié par sa mère aux Oratoriens du collége Saint-Nicolas de Soissons, chez qui il fit ses études. Tout annonce qu'il s'y distingua, et l'on croira sans peine qu'en appréciant la précocité de son talent, ses maîtres eurent de bonne heure à reconnaître le tour peu maniable de son caractère. Il était joli homme, même beau de visage, et bien fait de sa personne. De retour à peine à Blérancourt, et tout en se livrant à toutes sortes de lectures, il eut des amourettes, il fit quelques fredaines, et l'on dit même qu'il fut quelque temps enfermé dans la maison de correction des Pères Picpus de Vailly. Ce serait dans les loisirs forcés de cette réclusion qu'il aurait composé le poëme héroï-comique d'*Organt*.

Ce petit poëme que j'avais depuis plus de vingt ans dans ma bibliothèque sans le lire, est tout simplement une imitation, un pastiche de *la Pucelle* de Voltaire. Il porte le millésime 1789, avec cette indication dérisoire : *Au Vatican;* et pour toute préface, on lit ces mots qui font un singulier contraste avec la destinée prochaine de Saint-Just : « *J'ai vingt ans : j'ai mal fait; je pourrai faire mieux.* » C'est tout ce que les amateurs qui possèdent ce livre se contentent ordinairement d'en lire, et ils font bien. Je viens de m'efforcer pour la première fois de le parcourir tout entier, et ce n'a certes pas été sans dégoût et sans ennui.

Et tout d'abord je dirai la pensée qui, pour moi, résulte de toute cette étude que je viens de faire sur Saint-Just, c'est qu'il est déplorable que des hommes encore si jeunes, si peu faits, et qui périssent avant vingt-cinq ans, viennent ainsi s'imposer violemment au monde et condamner l'attention de l'histoire à les suivre dans leurs égarements d'écolier et de libertin. Saint-Just lui-même, dans une première brochure de 1791 où il n'est pas encore jacobin, nous parle de l'homme qui n'a point vingt-cinq ans et qui ne peut être élu à la législature; il le définit l'homme *dont l'âme n'est point sevrée*. Il a raison; l'âme de Saint-Just, toute violente et concentrée qu'elle pouvait être, n'était point *sevrée* lorsqu'il fit en 1789 ce misérable poëme d'*Organt*, lorsqu'il publia en 1791 son incohérente brochure intitulée : *Esprit de la Révolution*. L'était-elle dans les vingt-deux derniers mois de sa vie, lorsqu'il se livra à tous ses appétits d'orgueil, de cruauté, de domination? Certes, il n'a donné à personne d'humain le désir de savoir quelle eût été la suite, et ce qu'il aurait pu faire hors de sevrage et dans sa juste maturité ; mais, physiologiquement, je maintiens qu'à aucune époque Saint-Just ne fut mûr. Ne nous laissons point imposer par une certaine rigueur de système et par une certaine emphase de talent : je trouve en lui l'écolier d'abord, et puis aussitôt le tigre ; dans l'intervalle il n'avait pas eu le temps de devenir homme.

Organt est donc un détestable poëme, passe-temps d'un jeune désœuvré qui vient de lire *la Pucelle*. L'analyser serait chose impossible, et je dirai de plus, inutile. On en citerait des passages qui jureraient avec les doctrines futures de Saint-Just ; mais ce serait faire trop d'honneur à ces boutades rimées que d'en tirer la moindre conséquence un peu suivie. Voltaire a commencé l'un de ses chants par ces vers bien connus :

> Si j'étais roi, je voudrais être juste.
> Dans le repos maintenir mes sujets,
> Et tous les jours de mon empire auguste
> Seraient marqués par de nouveaux bienfaits.
> Que si j'étais contrôleur des finances... etc.

Saint-Just, qui n'est qu'un imitateur, commence son chant troisième par un vœu, par un élan tout pareil de sensibilité :

> Je veux bâtir une belle chimère ;
> Cela m'amuse et remplit mon loisir.
> Pour un moment, je suis roi de la terre ;
> Tremble, méchant, ton bonheur va finir !
> Humbles vertus, approchez de mon trône ;
> Le front levé, marchez auprès de moi ;
> Faible orphelin, partage ma couronne...
> Mais, à ce mot, mon erreur m'abandonne ;
> L'orphelin pleure ; ah ! je ne suis pas roi !

Ce ne sont là, je le répète, que des hasards et des curiosités d'où l'on ne peut rien conclure. La seule conclusion que permette le poëme d'*Organt*, et qui porte sur l'ensemble, c'est que l'âme de jeune homme, qui se complut à vingt ans dans ces combinaisons et ces images, était dure, grossière, sensuelle, sans délicatesse. L'*âne* y joue un rôle perpétuel, et y revient comme la métamorphose robuste et de prédilection. L'auteur avait déjà flétri en lui la fleur de l'idéal, et même celle de la volupté, s'il l'avait jamais connue. Son imagination était sombre, bilieuse et dépravée, capable d'une débauche lente et froide. Des portions sérieuses, des complications de systèmes sur le monde physique et moral s'y mêlaient. Il méprisait l'homme, *ce vil roi de l'univers;* il le croyait sot, destiné de tout temps à toutes les sottises, et il jouissait de le lui dire en face; il prenait plaisir à salir le genre humain, à la veille de le vouloir régénérer. Saint-Just bientôt va jouer au Caton et au Lycurgue; mais, à l'exemple de tous les réformateurs de la fin du dix-huitième siècle, ce Lycurgue a été contemporain de De Sade, et on le sent d'abord. Les vices honteux avaient précédé en lui les vices féroces; au fond de ce cœur il y avait une caverne toute préparée.

Pourtant d'autres hommes très-corrompus du siècle ne furent point cruels quand l'heure sanglante fut venue; il y en eut même, comme Louvet, qui eurent de beaux élans d'humanité. Il fallait donc qu'il y eût chez Saint-Just, indépendamment de ce fonds de volupté sombre, une prédisposition instinctive à la cruauté.

Le talent poétique qu'on peut entrevoir dans *Organt* est à peu près nul; il y a de la facilité, çà et là un vers spirituel, rien de plus. Vers la fin, il semble par moments que l'auteur se forme. Quelques tableaux s'animent de détails plus vifs; je remarque dans une suite de vers insipides ces deux vers coquets :

> Ses blonds cheveux, bouclés par la nature,
> D'un front d'ivoire agaçaient la blancheur.

Cela promettait un petit-maître jusque dans le futur jacobin. Mais ce qui restera surtout à Saint-Just, ce sera l'habitude et l'usage des comparaisons, qu'il transportera plus tard dans sa prose oratoire avec concision et sobriété, et qui y seront parfois d'un effet réel.

Vers ce temps, Saint-Just, amoureux d'une jeune personne de Blérancourt, manqua sa poursuite, et or la maria à un notaire du pays. Il se fit aimer d'elle, l'emmena plus tard à Paris et en fit publiquement sa maîtresse. Madame Thorin (c'était son nom) se joint au poëme d'*Organt*, pour réfuter les historiens complaisants ou crédules qui ont voulu faire du jeune oracle de la Montagne une espèce d'Hippolyte, un modèle de chaste et farouche pudeur (1).

Ces désordres de tempérament n'empêchaient pas Saint-Just de s'occuper ardemment des choses publiques, et de travailler à s'instruire et à se produire. Il venait assez souvent à Paris, y voyait Camille Desmoulins et quelques autres de cette jeunesse révolutionnaire. Nommé lieutenant-colonel de la garde nationale de Blérancourt, et l'un des meneurs du pays, il s'exerçait à la parole dans les questions d'intérêt local; mais par goût il la faisait toujours laconique et brève. Un jour, il se rendit en visite à la tête des paysans de Blérancourt au château de Manicamp, chez le comte de Lauraguais,

---

(1) Un admirateur de Saint-Just, M. Hamel, qui a publié en 1859 une *Histoire de Saint-Just* dans laquelle il s'attache à réfuter pied à pied M. Édouard Fleury, m'a reproché d'avoir été, en cet endroit, trop crédule moi-même aux assertions de ce dernier. Je ne puis que renvoyer les curieux à l'Histoire fort étudiée et, ce semble, fort consciencieuse, de M. Hamel. Mon appréciation du caractère de Saint-Just ne dépend point, d'ailleurs, de ces premiers actes de jeunesse, même quand ils se seraient passés comme M. Édouard Fleury les raconte; et je pourrais accorder à M. Hamel que Saint-Just n'ait pas été plus débauché que Robespierre, sans que cela préjudiciât à mon jugement sur tous deux : leur crime n'est pas là.

colonel des gardes nationales du canton, et un peu pour le braver :

> « On nous dit que le comte était aux champs, raconte Saint-Just dans une lettre, et moi cependant je fis comme Tarquin : j'avais une baguette avec laquelle je coupai la tête à une fougère qui se trouva près de moi sous les fenêtres du château, et sans mot dire, nous fîmes volte-face. »

Dans une autre circonstance, comme la municipalité de Blérancourt faisait brûler en grande pompe, sur la place publique, la protestation que quelques membres de la minorité de l'Assemblée constituante s'étaient permise contre le décret favorable aux droits des non-catholiques : « M. de Saint-Just, dit le Procès-verbal, a prêté le serment civique, et il a promis de mourir par le même feu qui a dévoré la protestation, plutôt que de refuser sa soumission entière à la Nation, à la Loi et au Roi. » On a prétendu même qu'il étendit la main sur le brasier, comme Scévola. Ces images de Scévola, de Tarquin, de Brutus, reviennent à tout propos dans sa bouche ou à son sujet. M. Cuvillier-Fleury, dans les articles qu'il a donnés sur Saint-Just, a très-bien relevé ces traces persistantes de l'écolier de rhétorique en lui; elles se retrouvent chez presque tous les révolutionnaires de l'époque.

Les élections pour l'Assemblée législative, qui devait remplacer la Constituante, se préparaient, et Saint-Just, bien qu'il n'eût point l'âge requis, aspirait à se faire nommer. C'est dans ce but qu'il publia en 1791 la brochure intitulée : *Esprit de la Révolution et de la Constitution de France*, que les collecteurs de ses Œuvres n'ont point jugé à propos d'y recueillir, comme n'étant point assez jacobine. En effet, dans cette brochure qui a un but électoral, Saint-Just, âgé de vingt-trois ans, ne se montre point tel encore qu'il sera dix-huit mois plus tard. Il emprunte son épigraphe à Montesquieu, dont on le croirait l'élève, et dont il affecte un peu la concision et le décousu dans de fréquents et sentencieux chapitres :

« Je n'ai rien à dire de ce faible Essai, écrit-il modestement dans son avant-propos ; je prie qu'on le juge comme si l'on n'était ni Français ni Européen ; mais, qui que vous soyez, *puissiez-vous, en le lisant, aimer le cœur de son auteur!* je ne demande rien davantage. »

Le cœur de Saint-Just! c'est ce dont plus tard il parlera toujours : « Quelqu'un cette nuit *a flétri mon cœur,* » dira-t-il dans son dernier discours au 9 thermidor. « *L'injustice a fermé mon cœur,* je vais l'ouvrir tout entier à la Convention nationale, » écrivait-il le matin du même jour à ses collègues du Comité de salut public, et en rompant avec eux. Robespierre de même, au 8 thermidor, s'écriait à la tribune de la Convention : « J'ai besoin d'*épancher mon cœur.* » Règle littéraire, n'employons jamais le mot de cœur que là où il vient naturellement et nécessairement, quand nous le voyons ainsi prodigué et étalé par de tels hommes.

Un autre mot qui est le cachet de ce temps, c'est celui de *vertu;* jamais on n'en fit si grand usage :

« Tant d'hommes ont parlé de cette Révolution, continue Saint-Just dans l'avant-propos de sa brochure de 1791, et la plupart n'en ont rien dit. Je ne sache point que quelqu'un, jusqu'ici, se soit mis en peine de chercher dans le fond de son cœur ce qu'il avait de vertu, pour connaître ce qu'il méritait de liberté. »

La pensée d'ailleurs est juste, et certes, s'il y avait moyen d'établir la proportion entre le degré de liberté qui peut être accordé par les lois et le degré de vertu qu'indiquent les mœurs, on aurait résolu le problème social; mais les hommes sont peu bons juges dans cet examen d'eux-mêmes, et Saint-Just, tout le premier, commence par se trouver une très-grande dose de vertu; il se pose dès l'abord en sage :

« N'attendez de moi, dit-il, ni flatterie, ni satire ; j'ai dit ce que j'ai pensé de bonne foi. Je suis très-jeune, j'ai pu pécher contre la politique des tyrans, blâmer des lois fameuses et des coutumes reçues ; mais, parce que j'étais jeune, il m'a semblé que *j'en étais plus près de la nature.* »

Ici celui qu'on pouvait prendre pour un élève de Montesquieu redevient un écolier de Rousseau, et, en général, toute cette brochure pèche par une grande obscurité et une grande confusion d'idées. L'auteur ne s'est point encore tiré à clair lui-même.

Le cachet pourtant qu'on y remarque, quand on sait la suite et le lendemain de cette carrière, c'est la modération relative. Saint-Just, parlant des cruautés qui souillèrent la prise de la Bastille, disait :

« Le peuple n'avait point de mœurs, mais il était vif. L'amour de la liberté fut une saillie, et la faiblesse enfanta la cruauté. Je ne sache pas qu'on ait vu jamais, sinon chez des esclaves, le peuple porter la tête des plus odieux personnages au bout des lances, boire leur sang, leur arracher le cœur et le manger ; la mort de quelques tyrans à Rome fut une espèce de religion. »

Il entend par ce dernier mot quelque chose d'à-part et de solennel, et qui n'impliquait pas des cruautés lâches, comme celles qu'il signale. Ce prochain démagogue fait un aveu peu propre à encourager : « Le peuple est un éternel enfant. » Et rien n'empêche chez lui de croire l'aveu sincère. A cette date, et avant que ses instincts cruels aient été mis directement aux prises avec les événements et avec les tentations ambitieuses, Saint-Just est encore imbu des doctrines philanthropiques du dix-huitième siècle en matière pénale : c'est un élève de Beccaria. Homme sensible, il n'admet point la peine de mort :

« Quelque vénération que m'impose l'autorité de J.-J. Rousseau, je ne te pardonne pas, ô grand homme, d'avoir justifié le droit de mort ; si le peuple ne peut communiquer le droit de souveraineté, comment communiquera-t-il les droits sur sa vie ? »

Il s'étend longuement et déclame contre l'échafaud, les bourreaux, les supplices; il y a des moments où, à l'entendre épancher ses vœux d'optimisme et d'indulgence, on croirait avoir affaire à un Degérando. Lui, qui refusera plus tard aux accusés devant le Tribunal révolutionnaire les défenseurs officieux sous prétexte que « tous les jurés sont des patriotes, » il s'écrie ici, ou plutôt il soupire du ton d'un berger d'églogue :

« Bienheureuse la contrée du monde où les lois protectrices de l'innocence instruiraient contre le crime avant de présumer son auteur, jusqu'à ce que son crime l'accusât lui-même ; où l'on instruirait ensuite, non plus pour le trouver coupable, mais pour le trouver faible ; où l'accusé récuserait non-seulement plusieurs juges, mais plusieurs témoins ; où il informerait lui-même contre eux après la sentence, et contre la loi, et contre la peine ! et bienheureuse mille fois la contrée où la peine serait le pardon ! le crime y rougirait bientôt, au lieu qu'il ne peut pâlir. »

Puis, tout à côté, parlant des journalistes du temps, il fait presque un éloge de Marat, dans lequel il ne voit guère qu'un Scythe ou un paysan du Danube dans la grande Babylone, et dont il dit pour toute critique : « il eut une âme pleine de sens, mais trop inquiète. » Cela nous prépare à cet autre mot de Saint-Just en 1793 : « Marat avait *quelques idées heureuses* sur le gouvernement représentatif, *que je regrette qu'il ait emportées.* » Mais, je le répète, à cette date de 1791, Saint-Just n'est pas encore formé, et il cherche sous ses airs didactiques à donner une expression arrêtée à des idées incohérentes.

Ici il se dérobe à nous. Ses ennemis l'empêchèrent d'être nommé à l'Assemblée législative en dénonçant son âge; il est certain qu'il en garda une rancune profonde, et quand il reparut, un an plus tard, député à la Convention, son cœur était envenimé. Une lettre écrite dans l'intervalle nous le montre en proie à une colère furieuse dont la cause première était dans sa défaite électorale, mais qui s'aigrissait encore de circonstances particulières, à nous inconnues. A la Convention, Saint-Just ne nous apparaît que calme d'aspect, inflexible, maître de lui ; son ardeur est fixée, et se recouvre d'un front impassible. Ici, dans cette lettre qui est de juillet 1792, nous le surprenons en plein dans le désordre et comme dans le travail de sa frénésie. Tout fanatisme, en secret, a dû passer par là. On dirait que le soleil du 10 août, qui se lève déjà à l'horizon, lui donne sur la tête et lui embrase le cerveau :

« Je vous prie, mon cher ami (écrit-il à un M. Daubigny), de venir à la fête ; je vous en conjure ; mais ne vous oubliez pas toutefois dans votre municipalité. J'ai proclamé ici le destin que je vous prédis : vous serez un jour un grand homme de la République. *Pour moi, depuis que je suis ici, je suis tourmenté d'une fièvre républicaine qui me dévore et me consume.* J'envoie par le même courrier à votre frère la deuxième (sans doute quelque lettre ou brochure). Procurez-vous-la dès qu'elle sera prête. Donnez-en à MM. de Lameth et Barnave ; j'y parle d'eux. *Vous m'y trouverez grand quelquefois.* Il est malheureux que je ne puisse rester à Paris. *Je me sens de quoi surnager dans le siècle.* Compagnon de gloire et de liberté, prêchez-la dans vos sections ; que le péril vous enflamme. *Allez voir Desmoulins, embrassez-le pour moi, et dites-lui qu'il ne me reverra jamais, que j'estime son patriotisme, mais que je le méprise, lui, parce que j'ai pénétré son âme, et qu'il craint que je ne le trahisse.* Dites-lui qu'il n'abandonne pas la bonne cause et recommandez-le lui, car il n'a point encore l'audace *d'une vertu magnanime. Adieu ; je suis au-dessus du malheur.* Je supporterai tout ; mais je dirai la vérité. *Vous êtes tous des lâches qui ne m'avez point apprécié. Ma palme s'élèvera pourtant et vous obscurcira peut-être. Infâmes que vous êtes, je suis un fourbe, un scélérat, parce que je n'ai pas d'argent à vous donner ! Arrachez mon cœur et mangez-le ; vous deviendrez ce que vous n'êtes point : grands…*

« *O Dieu ! faut-il que Brutus languisse oublié loin de Rome ! Mon parti est pris cependant : si Brutus ne tue point les autres, il se tuera lui-même.* »

Brutus Saint-Just tiendra parole : il tuera tout le monde jusqu'à ce qu'il se fasse tuer lui-même. Nommé député à la Convention en septembre 1792, il court à

Paris rejoindre Robespierre, vers lequel il s'était senti poussé dès longtemps par une affinité secrète, et à qui il avait écrit dès le 19 août 1790 : « Je ne vous connais pas, mais vous êtes un grand homme ! Vous n'êtes point seulement le député d'une province, vous êtes celui de l'humanité et de la République. » Ces deux hommes, dont l'un avait dix ans de moins que l'autre, se convenaient par un caractère également sombre, méfiant, concentré, une ambition froide, un orgueil implacable, une personnalité cruelle, un appareil d'intégrité et de respect d'eux-mêmes qui les distinguait et les isolait des autres chefs de la démocratie. Du moment qu'ils ne se heurtaient pas et que l'un devenait le séide de l'autre, ils se complétaient par leurs talents et leurs aptitudes diverses à la tyrannie et au crime. Leurs deux fanatismes s'amalgamèrent et formèrent une puissance terrible, indivisible. Dans ce mélange obscur et ténébreux, la part de Saint-Just passe pour avoir été au moins égale à celle de l'autre : il inspirait souvent, il imposait ses résolutions, il ne cédait jamais. « Calme-toi donc, disait-il un jour en avertissant Robespierre qui s'était laissé emporter à un moment de colère dans une séance de comité, *l'empire est au flegmatique.* »

Le premier début éclatant de Saint-Just à la Convention fut son discours dans le procès de Louis XVI. Il vint y poser, avec un cynisme audacieux, sa doctrine sauvage. Il pense que Louis XVI peut être jugé, et qu'il ne doit être considéré ni comme roi inviolable ni comme simple citoyen, c'est-à-dire qu'on ne lui doit accorder aucun garantie :

« L'unique but du Comité (de législation) fut de vous persuader que le roi devait être jugé en simple citoyen ; et moi, je dis que le roi *doit être jugé en ennemi,* et que *nous avons moins à le juger qu'à le combattre.* »

Il cite l'exemple de César, immolé en plein sénat

sans autre formalité que vingt-deux coups de poignard :

« Et aujourd'hui, s'écrie-t-il, l'on fait avec respect le procès d'un homme assassin d'un peuple, pris en flagrant délit, *la main dans le sang, la main dans le crime.* »

Un de ces crimes de Louis XVI et que dénoncera Saint-Just dans un second discours, c'est, au 10 août, de s'être réfugié au sein de l'Assemblée législative, accompagné de quelques soldats et serviteurs fidèles :

« Il se rendit au milieu de vous, s'écrie l'énergumène hypocrite ; il s'y fit jour par la force... Il se rendit dans le sein de la Législature ; ses soldats en violèrent l'asile. Il se fit jour, pour ainsi dire, *à coups d'épée* dans les entrailles de la patrie pour s'y cacher. »

Pauvre Louis XVI, accusé d'avoir tiré l'épée au moment même où il la rendait !

Ce premier discours de Saint-Just dans le procès de Louis XVI fournit quantité de ces axiomes et aphorismes dont la parole de l'orateur est habituellement tissue, et qui vont devenir la théorie conventionnelle la plus pure :

« De peuple à roi je ne connais plus de rapport naturel... Pour moi je ne vois point de milieu : cet homme doit régner ou mourir.

« Juger un roi comme un citoyen, cela étonnera la postérité froide. Juger, c'est appliquer la loi. Une loi est un rapport de justice : quel rapport de justice y a-t-il donc entre l'humanité et les rois ?... On ne peut point régner innocemment, etc., etc. »

Et il revient avec un appareil logique à la doctrine qu'il ne faut juger Louis XVI que selon le droit des gens, c'est-à-dire comme on repousse la force par la force, comme on jugeait un *étranger*, un *ennemi*, un *barbare*, un *vaincu prisonnier de guerre*, dans le temps où l'on égorgeait les prisonniers et les vaincus. Ce premier acte d'iniquité et de cruauté, il en fait audacieusement la pierre fondamentale de toute l'œuvre nouvelle :

« Je ne perdrai jamais de vue que l'esprit avec lequel on jugera le roi sera le même que celui avec lequel on établira la République. La théorie de votre jugement sera celle de vos magistratures ; et la mesure de votre *philosophie* dans ce jugement sera aussi la mesure de votre liberté dans la Constitution. »

La *philosophie* politique de Saint-Just était déjà tout entière, en effet, dans ce premier discours.

Cette même *philosophie* se retrouve dans le procès de la reine. Dans un rapport fait à la Convention, le 16 octobre 1793 (le jour même où l'on exécutait Marie-Antoinette), à propos de la prohibition des marchandises étrangères, prohibition qu'il était d'avis d'appliquer aux seules marchandises anglaises, il ajoutait :

« Votre Comité a pensé que la meilleure représaille envers l'Autriche était de mettre l'échafaud et l'infamie dans sa famille, et d'inviter les soldats de la République à se servir de leurs baïonnettes dans la charge. »

Ainsi l'échafaud de Marie-Antoinette est mis sur la même ligne que le courage de nos armées. Et à propos de ce procès encore, dans un dîner donné par Barère, et où l'on vint à parler des infâmes questions d'Hébert adressées à la reine sur son jeune fils, tandis que d'autres paraissaient irrités contre l'imbécillité d'Hébert qui avait ménagé un triomphe à sa victime, Saint-Just osa dire ce mot qu'un des convives a recueilli : « En somme, les *mœurs* gagneront à cet acte de justice nationale. »

Saint-Just, malgré la fièvre de fanatisme qui l'avait saisi, méprisait les hommes. Voulant créer une république, il sentait bien que, s'il ne faisait passer dans les autres quelque chose du même fanatisme dont il était animé depuis ces derniers mois, il ne réussirait jamais. Il n'était pas sans se rendre compte des difficultés :

« Tout le monde, disait-il, veut bien de la république, personne ne veut de la pauvreté ni de la vertu... Il s'agit de faire une république d'un peuple épars avec les débris et les crimes de sa monarchie ; il s'agit d'établir la confiance ; il s'agit d'instruire à la vertu les hommes durs qui ne vivent que pour eux. Ce qu'il y a d'étonnant dans cette Révolution, c'est qu'on a fait une république avec des vices ; faites-en avec des vertus : la chose n'est pas impossible. »

Elle n'était pas impossible à ses yeux, moyennant des institutions draconiennes, soutenues pendant longtemps de la guillotine en permanence : il se réservait tout un lointain de clémence et d'âge d'or dans le fond.

Dans un discours sur les subsistances (novembre 1793), il a des lueurs de justesse et des aperçus qui se rattachent encore à l'expérience :

« Il faudrait interroger, deviner tous les cœurs et tous les maux, et ne point traiter comme un peuple sauvage un peuple aimable, spirituel et *sensible* (toujours de la *sensibilité* : c'est encore un des mots favoris du temps), dont le seul crime est de manquer de pain. »

Mais quel moyen employer dans les circonstances violentes où l'on s'est placé? Saint-Just sent très-bien de bonne heure qu'il n'y a qu'un gouvernement fort qui puisse porter remède aux désastres de l'anarchie, et en cela il s'élève au-dessus du commun des démagogues : « Lorsqu'un peuple n'a point un gouvernement prospère, c'est un corps délicat pour qui tous les aliments sont mauvais. » Ce gouvernement meilleur et plus ferme, il va le chercher non dans la Convention même où l'on parle trop pour cela (et il est impossible, pense-t-il, que l'on gouverne sans laconisme), mais dans les Comités, en les résumant le plus possible dans la personne de deux ou trois chefs influents, parmi lesquels il se compte. Ici le fanatisme reparaît et se donne carrière ; il s'agit, en effet, de refaire un pays de fond en comble, d'infuser dans les veines de tous ce qui n'est que le délire et la fièvre de quelques-uns. Saint-Just n'en désespère pas; l'échafaud de Louis XVI est le premier moyen :

« La République, dit-il, ne se concilie point avec des faiblesses : faisons tout pour que la haine des rois passe dans le sang du peuple ; tous les yeux se tourneront alors vers la patrie. »

A part cette idée de gouvernement fort, dont il abuse et qu'il pervertit au gré de ses sophismes et de sa passion, toute la doctrine politique de Saint-Just n'est qu'un délire. On a recueilli ses *Fragments* et pensées *sur les Institutions républicaines*, trouvés dans ses papiers : en ce qui est de l'éducation, du mariage, de la pénalité, des fêtes et de toute l'organisation sociale, c'est une parodie sérieuse de la République de Platon, des lois de Lycurgue ou de celles de Minos. Il semble que ce membre du Comité de salut public soit allé dormir et rêver dans la grotte d'Épiménide. Par exemple :

« Les hommes qui auront toujours vécu sans reproche, porteront une écharpe blanche à soixante ans. Ils se présenteront, à cet effet, dans le Temple, le jour de la Fête de la Vieillesse, au jugement de leurs concitoyens ; et, si personne ne les accuse, ils prendront l'écharpe.

« Le respect de la vieillesse est un culte dans notre patrie. Un homme de l'écharpe blanche ne peut être condamné qu'à l'exil. »

Et autres folies, renouvelées, mais considérablement augmentées, du *Télémaque* et du royaume de Salente.

Mais qu'ai-je fait en venant nommer Fénelon ? En ce qui est de la morale commune et appréciable à tous, ce sont des sentences roides, bizarres, stoïques, telles que celles-ci :

« Le bien même est souvent un moyen d'intrigue. Soyons ingrats, si nous voulons sauver la patrie. »

Et le tout se couronne par cette gageure de forcené :

« Le jour où je me serai convaincu qu'il est impossible de donner au peuple français des mœurs douces, énergiques, sensibles, et inexorables pour la tyrannie et l'injustice, je me poignarderai. »

En attendant, il ne recule devant aucun moyen pour tenter d'établir ces mœurs à la fois *sensibles et inexorables*. Toutes les fois que Robespierre a besoin d'un rapporteur impassible, sophistique, aux lèvres d'airain et au front de marbre, pour épurer la Convention et envoyer à l'échafaud, sous couleur de bien public, d'anciens amis et complices, il met en avant Saint-Just, qui s'acquitte de cette tâche comme d'un sacerdoce.

Comme tous les fanatiques, Saint-Just confondait le triomphe de ses passions avec celui de ses idées, et avec le règne de la vérité absolue. Tout dissident lui paraissait à l'instant, et du même coup, méprisable, haïssable et criminel : c'était à ses yeux un homme à supprimer, un homme ou une classe d'hommes, le chiffre ne l'arrêtait pas ; et le tout, disait-il, en vue d'assurer le plus grand bien futur.

Au Comité de salut public ou dans ses missions aux armées, Saint-Just sera le même. Pour parvenir à ses fins, il est sans remords ni scrupule sur les moyens. Que quantité d'innocents soient confondus avec un seul coupable, peu lui importe. A la réclamation que lui adressait un jour le maire de Strasbourg en faveur de quelques détenus, il répondait : « Un aveugle qui cherche une épingle dans un tas de poussière, saisit le tas de poussière. » Voilà bien l'homme (1), et aussi sa

---

(1) Un témoin dont on ne saurait récuser le patriotisme et l'impartialité, Gouvion Saint-Cyr qui servait alors dans l'armée du Rhin (1793), n'a pu s'empêcher de parler incidemment de la mission de

manière de dire. « Tu n'es qu'une boîte à apophthegmes, » lui disait Collot-d'Herbois. Et un écrivain aussi a très-bien défini Saint-Just : « C'est un monstre bien peigné et qui débite des apophthegmes. »

Dans sa parole brève, concise et coupante, et assez habilement relevée de rares images, il ne doutait de rien :

« Travaillons enfin pour le bonheur du peuple, disait-il magistra-

Saint-Just et de Lebas auprès de cette armée, et il le fait en ces termes (*Mémoires sur les Campagnes des Armées du Rhin*, tome I, p. 136) :

« Dans ce temps Saint-Just et Lebas, commissaires extraordinaires de la Convention, établirent au quartier général un tribunal qu'ils appelèrent révolutionnaire, mais qui était tel qu'aucun nom ne pourrait le caractériser. Le dénonciateur n'était ni connu ni confronté ; on n'y souffrait point de défenseurs, point d'écritures, pas même pour libeller le jugement, point d'instructions, mais un simple interrogatoire dont on ne prenait point note ; le prévenu arrêté à huit heures était jugé à neuf et fusillé à dix.

« On envoyait des agents à tous les Corps pour engager les soldats à dénoncer leurs chefs ; ces invitations ne produisant aucun effet, on promit des récompenses pécuniaires aux délateurs que l'on cherchait, avec l'assurance de tenir toujours leurs noms cachés. C'est avec des moyens aussi infâmes qu'ils obtinrent enfin quelques victimes dont le sang ne pouvait assouvir la soif de ces cannibales. »

Une circonstance particulière a contribué à atténuer parmi les générations nouvelles l'horreur de cette mission de Saint-Just et de Lebas. La femme et le fils de Lebas, personnes très-honorables et que nous avons tous connus, ont, pendant soixante ans, plaidé ou directement ou insensiblement pour la mémoire de ces représentants terribles et qui, pour leur famille, n'étaient que d'intègres et purs citoyens, immolés et calomniés par une faction. Quand on avait causé avec la respectable madame Lebas, on était tenté de croire que l'homme dont elle ne parlait que les larmes aux yeux et avec cet accent attendri, avait été, en effet, moins un bourreau qu'une victime ; et ainsi de l'ami Saint-Just, de l'ami Maximilien. Et c'est à la faveur de cette tradition domestique que s'accréditait doucement et se dessinait peu à peu dans les jeunes esprits candides la réputation immaculée du vertueux Saint-Just, du vertueux Robespierre.

lement, et que les législateurs qui doivent éclairer le monde *prennent leur course d'un pied hardi, comme le soleil.* »

Du talent, il y en a dans ses discours ; je dirai de quel genre. Il a, pour exprimer des choses assez simples, de ces expressions denses, de ces formules qui se retiennent aisément et qui jouent la profondeur. Venant proposer une mesure qui a pour but de diminuer la misère des patriotes indigents, il dira :

« Que l'Europe apprenne que vous ne voulez plus un malheureux ni un oppresseur sur le territoire français ; que cet exemple fructifie sur la terre ; qu'il y propage l'amour des vertus et le bonheur : *le bonheur est une idée neuve en Europe!* »

En ce sens Saint-Just fut le *doctrinaire* de la Montagne : il le fut par le tour comme par les idées. Il a gardé de son premier métier de poëte la faculté des images : seulement les siennes sont sobres, d'une nature sombre et forte ; on dirait qu'il les a trempées dans le Styx : « Pour vous, s'écriera-t-il, détruisez le parti rebelle, *bronzez* la liberté ! » Il aime et affecte ces métaphores de foudre, de coups de tonnerre : « La Révolution est comme un coup de foudre, il faut frapper. » C'est ainsi encore qu'il dira en paroles d'airain, que l'Histoire cependant ne peut s'empêcher de graver, car elles apportaient avec elles leurs actes terribles :

« Que le cours rapide de votre politique entraîne toutes les intrigues de l'étranger. Un grand coup que vous frappez retentit sur le trône et sur le cœur de tous les rois ; les lois et les mesures de détail sont les piqûres que l'aveuglement endurci ne sent pas... On trompe les peuples de l'Europe sur ce qui se passe chez nous ; on travestit vos discussions, mais on ne travestit point les lois fortes : elles pénètrent tout à coup les pays étrangers *comme l'éclair inextinguible.* »

Il dira des factions révolutionnaires au moment où il les dénonce :

« Ces factions, nées avec la Révolution, l'ont suivie dans son cours, comme les reptiles suivent le cours des torrents. »

On voit quel est cet ordre d'images : les *torrents*, l'*orage*, le *tonnerre*, le *vautour*, le *soleil*, en font les trais. C'est un talent qui deviendrait bien vite monotone, et qui n'a toute sa valeur qu'en raison des reflets sanglants qui s'y mêlaient.

Ce jeune homme blond, à la coiffure soignée, si plein de respect pour lui-même, et qui portait sa tête comme un Saint-Sacrement, débitait ses discours écrits, à la tribune, carrément, symétriquement, d'un air impassible et compassé, d'une voix âpre et sèche, mais quelquefois aussi avec des adoucissements hypocrites de ton qui simulaient les caresses et les ondulations perfides du chat-tigre. Il était vêtu aux grands jours, nous dit M. Fleury, d'un habit de couleur chamois, avec une vaste cravate qu'attachait un nœud d'une prétentieuse négligence. Son grand gilet blanc se fermait sur une culotte gris-tendre, et il avait souvent un œillet rouge à la boutonnière. Cette cravate, ce gilet, cet œillet ne sont pas très-difficiles à emprunter, et il me semble que cette forme de style et de phrase se peuvent assez aisément imiter aussi.

> De l'aimable Saint-Just les touchants opuscules
> Reposaient sur mon cœur, ...

fait dire spirituellement M. Alfred de Musset à l'un de ces parodistes de Saint-Just, comme nous en avons vu plus d'un de nos jours.

Barère, un faux frère, qui a échappé au supplice et qui s'est vengé par des révélations, nous a montré Saint-Just au naturel dans l'intimité des séances du Comité de salut public. Un jour, Saint-Just vint froidement proposer un moyen de terminer la lutte de la Révolution contre les nobles suspects et détenus :

« Il y a mille ans, dit-il, que la noblesse opprime le peuple français par des exactions et des vexations féodales de tout genre : la féodalité et la noblesse n'existent plus ; vous avez besoin de faire réparer les routes des départements frontières pour le passage de l'artillerie, des convois, des transports de nos armées : ordonnez que les nobles détenus iront *par corvée* travailler tous les jours à la réparation des grandes routes. »

On peut juger du raffinement et de l'infernale intention qui allait à humilier et à dégrader autant que possible ceux même qu'on n'égorgeait pas. Il a rendu ce méchant sentiment avec toute l'énergie dont il était capable, dans un de ses Rapports où il est dit : « Il serait juste que le peuple régnât à son tour sur ses oppresseurs, et *que la sueur baignât l'orgueil de leur front.* » Selon Barère, une telle proposition ne trouva que résistance au sein même du Comité ; on répondit que nos mœurs répugnaient à un tel genre de supplice ; que la noblesse pouvait bien être abolie par les lois politiques, mais que les nobles conservaient toujours dans la masse du peuple un rang d'opinion, une distinction due à l'éducation, et qui ne permettait pas d'agir à Paris comme Marius agissait à Rome :

« Eh bien ! s'écria Saint-Just, Marius était plus politique et plus homme d'État que vous ne le serez jamais ! J'ai voulu essayer les forces, le tempérament et l'opinion du Comité de salut public. Vous n'êtes pas de taille à lutter contre la noblesse, puisque vous ne savez pas la détruire ; c'est elle qui dévorera la Révolution et les révolutionnaires. Je me retire du Comité. »

Saint-Just s'éloigna en effet peu après, et partit pour l'une de ses missions aux armées.

M. Fleury nous le fait suivre en détail dans ses missions militaires, à Strasbourg d'abord, puis à l'armée du Nord, où il paraît qu'il rendit des services en rétablissant à tout prix la discipline. Un collègue de Saint-Just, le conventionnel Levasseur, qui, peut-être par jalousie de métier, lui conteste le courage physique, lui reconnaît la force de tête et des parties d'organisateur. En entrevoyant ces témoignages d'énergie, de hardiesse, et d'une capacité qui pouvait utilement s'appliquer à l'État, on se reprend à déplorer le malheur des temps qui engagea ces tribuns précoces dans les tempêtes civiles, et qui les jeta tout d'abord dans le volcan. Ils furent des hommes féroces avant d'avoir eu le temps d'être des hommes distingués. Certes, il est des natures violentes et dures qui peuvent vigoureusement s'appliquer aux grandes mesures d'ordre et d'administration militaire; témoin Louvois et Davout, qui, à ce que j'ai ouï dire, n'étaient pas tendres. Mais le nom de Saint-Just, même quand il s'y joindrait plus de preuves dans ce genre, ne peut convenablement se rapprocher d'aucun des noms estimés qu'enregistre l'Histoire; il a trop décidément commencé par le crime.

Et c'est par là aussi qu'il a fini. Dans les derniers mois, sa présence au Comité de salut public, quand il était à Paris, n'avait pour objet que de faire triompher les rancunes de Robespierre et les siennes, et de saisir pour eux seuls le pouvoir. Ils en auraient fait ensuite un usage dont leur passé nous répond. On a dit, et lui-même annonçait à ses amis, qu'*encore un dernier coup de collier, la clémence allait être mise à l'ordre du jour.* Je félicite ceux qui admettent cette arrière-pensée de clémence qu'il faut aller chercher par delà des mares de sang. Ce qu'il y a de triste et d'amer, c'est de voir à quel point le sophisme avait dépravé cette âme superbe, hypocrite et malade. Les notes qu'on a trouvées dans ses papiers ne parlent que de vertu, de justice et d'innocence. Ce ne sont qu'apostrophes à la Providence et appels à la postérité :

« *Les circonstances*, dit-il dans ses Notes, *ne sont difficiles que pour ceux qui reculent devant le tombeau.* Je l'implore, le tombeau, comme un bienfait de la Providence, pour n'être plus témoin des forfaits ourdis contre ma patrie et l'humanité.

« Certes, c'est quitter peu de chose qu'une vie malheureuse, dans laquelle on est condamné à végéter, le complice ou le témoin impuissant du crime...

« Je méprise la poussière qui me compose et qui vous parle ; on pourra la persécuter et la faire mourir, cette poussière ; mais je défie qu'on m'arrache cette vie indépendante que je me suis donnée dans les siècles et dans les Cieux !... »

Il disait encore, à propos de la vigilance perpétuelle et de l'infatigable activité qu'il s'imposait à lui et aux autres :

« Ceux qui font les Révolutions dans le monde, ceux qui veulent faire le bien, ne doivent dormir que dans le tombeau. »

Sa conduite au 9 thermidor, au moment de la chute et du supplice, répondit à cette prévision funèbre qu'il avait eue de longue main. « Je sais où je vais, » répétait-il souvent. Il prétendait savoir où il allait, s'il avait réussi : il le savait plus certainement s'il ne réussissait pas. Il fut calme, taciturne, dédaigneux. On ne cite de lui aucune parole depuis le moment de la défaite, durant ces dernières heures d'insulte et d'agonie ; il n'exprima ni indignation, ni regrets, ni remords.

Agé de vingt-cinq ans moins un mois, que peut-on conclure de sa vie et de sa mort ensanglantées ? C'est que les révolutions, à tant d'égards fatales, le sont particulièrement en ce qu'elles soumettent à la plus redoutable épreuve des âmes qui, dans un ordre plus régulier, parviendraient à franchir d'une manière moins funeste pour le monde et pour elles-mêmes les détroits orageux de la jeunesse. Ces organisations, composées d'éléments douteux et sombres, échapperaient du moins à cette première fièvre violente de fanatisme, qui les altère à jamais et les dénature. Elles arriveraient à la maturité peut-être, et là, se surmontant à force de travail par des motifs d'intérêt personnel plus puissants et mieux compris, elles deviendraient utilement applicables à la société, qu'elles bouleversent autrement, qu'elles ravagent et qu'elles déshonorent. L'esprit de l'homme est si faible, si imitateur, si enclin aux contagions, que l'exemple de Saint-Just, le croirait-on? est devenu pour plusieurs une émulation et un culte. Il y a de jeunes fous et de vieux philosophes qui ont mis dans leur oratoire, au nombre de leurs saints, ce jeune homme atroce et théâtral, auquel on est même embarrassé, quand on embrasse sa courte et sinistre carrière, d'appliquer une seule fois le mot humain de pitié (1).

(1) Comme je ne cherche que l'impartialité, voici pourtant sur Saint-Just un témoignage à décharge, que je tiens d'original et qui est trop singulier pour être omis :

« M. Biot, à dix-huit ans, soldat et canonnier, revenait de la bataille de Hondschoote : fort malade, ayant un commencement de plique, il ne pouvait se traîner. Il résolut pourtant de traverser le nord de la France avec un billet d'hôpital, sans passe-port, pour revenir au moins mourir chez sa mère. Entre Ham et Noyon, sur la grande route, se traînant comme il pouvait, appuyé sur son sabre, il entend venir une voiture : « Si c'est une charrette, se disait-il, je monterai dessus. » C'était un cabriolet : un jeune homme élégant était dedans, qui lui dit : « Mais, mon camarade, où allez-vous? vous ne pouvez vous traîner. » M. Biot lui dit ce qu'il était et sa résolution. Le jeune homme lui offre une place dans son cabriolet; M. Biot accepte, et l'on cause... « Comment êtes-vous aux armées? quel est l'esprit de l'armée en face de l'ennemi? » — « Ils parlent allemand, et nous français; ils nous tirent des coups de fusil, et nous leur répondons par des coups de canon. On nous envoie un journal, *le Jacobin*, que nous brûlons régulièrement tous les matins. » — « Mais, vous avez donc reçu de l'éducation? » — « Mais oui. » — « Où avez-vous fait vos études? » — « A *Louis-le-Grand.* » — « Et moi aussi. » Et là-dessus de causer des professeurs. Arrivés à Noyon, le jeune homme conduit M. Biot dans sa famille, très-aimable, et l'y installe; celui-ci couche dans un lit pour la première fois depuis des mois. Puis le lendemain, son bienveillant introducteur et guide lui offre une place pour Paris : M. Biot accepte encore. A chaque relais venaient des gendarmes pour demander des papiers; un simple mot du jeune homme les satisfaisait, et l'on passait. A Compiègne on fut retardé pourtant ; le Comité révolutionnaire, sachant qu'il y avait un militaire dans la voiture, exigea qu'il comparût. On descendit M. Biot de voiture, et on l'aida à monter, en lui donnant le bras, dans la salle du Comité. Mais là le jeune homme s'emporta contre le Comité, qui employait de tels procédés contre un soldat de la République ; il les traita comme des misérables, et ils le reconduisirent avec excuses, très-humblement. Arrivé à Paris, déposé à la porte de sa mère, M. Biot demande au jeune homme de savoir le nom de celui à qui il a tant d'obligations. — Il lui fut répondu : *Saint-Just*, — avec l'adresse à un certain hôtel. — Après un mois et plus de maladie, lorsque le convalescent put aller à l'adresse indiquée, Saint-Just n'y était plus, et M. Biot ne l'a jamais revu depuis. »

(Raconté à moi par M. Biot. le 3 avril 1860).

Maintenant l'on peut se demander, et M. Biot s'est demandé lui-même : Était-ce bien Saint-Just, le terrible Saint-Just, qui joua ce rôle de bienfaiteur inconnu ? Il y a à cela une petite difficulté : il ne paraît pas que Saint-Just ait jamais été, même une seule année, au Collége Louis-le-Grand. Mais il est vrai qu'à la date du retour de M. Biot, il était en mission dans le Nord et qu'il a pu le rencontrer. Il a pu aussi se dire ancien élève du Collége Louis-le-Grand pour mieux gagner la confiance du jeune soldat, qui l'avait intéressé dès l'abord. Il y a des moments pour l'humanité.

Lundi, 2 février 1852.

MÉMOIRES

DE GOURVILLE

Gourville est quelque chose comme le Gil Blas et le Figaro du dix-septième siècle. Il avait commencé par être valet de chambre dans la maison de La Rochefoucauld, et il finit par être le confident intime, indispensable, une partie essentielle du grand Condé, traité des plus qualifiés sur le pied d'un ami, consulté des ministres, considéré et goûté des rois et puissants en France et en Europe, apprécié de tous comme un homme d'un esprit fécond, agréable et des plus utiles. Gourville, c'est l'homme à expédients, à moyens, à invention; il a de l'imagination, mais sans chimère; rien ne l'embarrasse : il n'est pas de ceux qui engendrent le doute et le scrupule. S'agit-il du service de ceux à qui il s'est donné, on le trouve dévoué, fidèle, hardi et prudent, risquant et calculant à propos, s'avisant de tout : il fait jaillir les ressources des difficultés mêmes. C'est un homme précieux, un homme d'or. Il est né heureux, il a une étoile; mais ce bonheur, on le sait, se compose toujours, chez ceux qui le possèdent, de mille finesses et adresses, de mille précautions imperceptibles dont les gens malencontreux ne se doutent pas. Gourville aime à s'entremettre, c'est sa vocation; il est de ceux à qui la Nature a dit, en les créant, de courir à travers le monde et d'y faire leur chemin, en étant les bienvenus de tous et en les servant, sans s'oublier eux-mêmes. Le mobile qu'il comprend le mieux, le seul même qu'il semble admettre, c'est l'intérêt : pourtant le sentiment, la fidélité, la reconnaissance, des parties suffisantes d'honnête homme s'y mêlent; il a bon cœur. La grande morale, d'ailleurs, n'est pas son fort et ne le préoccupe que médiocrement; il est de ceux dont on ne saurait dire précisément qu'ils la violent, car ils l'ignorent. Gourville, en un mot, c'est le type le plus complet et le plus parfait de l'homme d'affaires; il y a, par-ci par-là, un reste de subalterne en lui; il y a du galant homme aussi, et même des commencements de l'homme d'État. Tout cela se vérifie à ravir dans ses charmants Mémoires, écrits avec aisance et naturel, qui enchantaient madame de Coulanges et qui désennuyaient madame du Deffand.

On a dit que c'était à Gourville que La Bruyère avait pensé dans la page célèbre qui commence par ces mots : « Ni les troubles, *Zénobie,* qui agitent votre empire... » Le peintre moraliste y montre les palais et les magnificences de bâtiments d'une grande reine, ne paraissant pas encore dignes de lui à un enrichi qui n'achète cette royale maison que pour l'embellir. Gourville, en effet, de retour en France, et au terme de ses aventures, demanda au prince de Condé de lui accorder la jouissance, sa vie durant, de la capitainerie de Saint-Maur, et il y fit de la dépense en bâtiments et en jardins : ce genre de folie, remarque-t-il en s'en confessant légèrement atteint, était une des maladies qui couraient de ce temps-là. Mais il y a loin de ces travaux d'embellissement, qui l'engagèrent plus qu'il n'aurait voulu d'abord, au laborieux tableau tracé par La Bruyère; et j'aime à penser que, si l'observateur moraliste avait songé à Gourville, ç'aurait été plutôt pour peindre ce personnage naturel et original, par les côtés vraiment singuliers et caractéristiques qui en font un individu-modèle dans son espèce.

Gourville commence ses *Mémoires* par nous dire naïvement en quelles circonstances il a eu l'idée de les écrire. Vieux, devenu gros et replet, il eut une faiblesse de jambes dont il se traita d'abord assez mal; il en résulta un affaiblissement même de l'esprit : « Comme je fus longtemps privé de tout commerce, dit-il, le bruit se répandit que mon esprit n'était plus comme auparavant, et peut-être sur quelque fondement. Mes amis, dont le nombre était grand, me vinrent voir une fois ou deux chacun ; mais, jugeant que je ne pouvais plus être bon à rien, ils se contentèrent d'envoyer pendant quelque temps savoir de mes nouvelles : cependant un petit nombre de mes amis particuliers continuèrent à me voir. » Il profite d'un moment de mieux pour faire ce que tout bon serviteur et fidèle sujet faisait alors : de même qu'il s'arrange pour se réconcilier avec Dieu, Gourville veut voir une dernière fois le roi; il se fait conduire sur son passage à Versailles, reçoit de lui un dernier mot d'attention et de bonté, et, ce devoir accompli, il rentre dans sa chambre pour n'en plus sortir. Ainsi, ces Mémoires de Gourville, où il y a en général si peu de révérence et de sentiment de respect, débutent, comme tout ce qui s'écrivait alors, par un acte de dévotion envers le roi.

Gourville commença à dicter ses Mémoires le 15 juin 1702, à l'âge de soixante-dix-sept ans; il les termina en quatre mois et demi, ayant trouvé grande satisfaction à se ressouvenir ainsi de toute sa vie comme en courant. Il mourut en juin 1703, sans avoir eu le temps de les retoucher ni de les gâter.—Né le 11 juillet 1625 à La Rochefoucauld, placé d'abord chez un procureur à Angoulême, il en revint pour entrer comme valet de chambre chez l'abbé de La Rochefoucauld, frère de l'auteur des *Maximes;* c'est là que ce dernier, qu'on appelait alors le prince de Marsillac, le trouva, et il l'emprunta à son frère pour en faire son maître d'hôtel dans la campagne de 1646. Gourville ne fait rien pour dissimuler ses origines ; il avait porté la livrée, une casaque rouge avec des galons ; il ne s'en vante ni ne s'en excuse. Admis plus tard au jeu du roi, traité en pays étranger avec considération par les gouverneurs et les souverains, il est le premier à rappeler la médiocrité et plus que médiocrité de sa condition première ; il s'en souvient, ce qui fait que chacun l'oublie volontiers en lui parlant. Saint-Simon lui-même lui a rendu cet hommage que, sans gêner sa nature et se mettant partout à son aise, il ne se méconnaît pas.

On ne saurait avoir moins de dispositions que lui à être un fat : à la guerre, Gourville ne songe pas non plus à devenir un héros. Il voit souvent le feu de près, mais il ne s'y jette pas. Quand il a peur, il le dit. Une nuit, au siége de Mardick, « je pris mon temps, dit-il, pour aller seul à la tranchée, et voir à quel point j'aurais peur. Ne m'en étant pas beaucoup senti, je me fis un plaisir d'être toujours auprès de M. le prince de Marsillac, quand il y allait la nuit avec beaucoup d'autres pour soutenir les travailleurs. » Une nuit, un coup de canon vint donner contre l'endroit où il était appuyé, et le couvrit de terre : « On crut que j'étais tué, mais j'en fus quitte pour la peur. » Ainsi Gourville n'est pas une nature héroïque ; il a même de légères ironies sur les braves et sur les terreurs paniques dont ils ne sont pas exempts. Il fut témoin dans sa vie de deux de ces terreurs paniques, et il les note. Dans l'une, il fut des cinq ou six qui ne se sauvèrent pas. A la bataille de Senef, étant à côté du prince de Condé, il reçoit une balle dans sa culotte, et il croit prudent de se mettre à couvert dans une grange, d'où sortent à l'instant deux braves jeunes officiers qui s'y étaient mis, et qui n'y veulent plus rester dès qu'on les y voit. Pour lui, Gourville, il sent bien que, s'il lui arrivait quelque accident dans une si chaude mêlée où il n'a que faire, cela ne lui attirerait que des railleries. A cette rude bataille, c'est lui qui se trouve chargé, à un certain moment, de garder les prisonniers; on le charge même (honneur insigne dont il ne paraît pas autrement fier!) de rapporter au roi la masse de drapeaux et d'étendards pris sur l'ennemi, et qu'on emballe du mieux qu'on peut derrière son carrosse.

Mais j'anticipe sur les temps. Gourville n'étant encore que maître-d'hôtel du prince de Marsillac est un jour envoyé par lui à M. d'Émery, contrôleur général des finances, au sujet de quelque affaire. Il en parla si bien que, peu de jours après, le prince de Marsillac ayant envoyé son intendant à M. d'Émery, celui-ci lui dit à la première rencontre : « Quand vous aurez quelque chose à me faire dire, envoyez-moi *la casaque rouge* (c'était Gourville en livrée) qui m'a déjà parlé une fois de votre part. » Cela donne occasion à Gourville de faire ses premières affaires auprès de M. d'Émery, tout à l'avantage et au profit de son maître : il y gagne lui-même un pot-de-vin, qui revient à deux mille livres sur dix mille. Il va remettre le tout au prince de Marsillac, qui lui confirme le don de deux mille livres. Mais bientôt la somme, à peu près entière, passa au service du prince. Voilà bien Gourville, le plus honnête des domestiques entendus, dévoué et ne séparant point son intérêt de celui du maître qu'il sert.

Dans les dangers que va courir M. de Marsillac pendant la guerre de la Fronde, il fera de même, bien décidé à ne le point quitter dans les traverses, et, dans le cas où son maître aurait la tête tranchée, ne marchandant pas pour son compte à se faire pendre.

Des années se passent, et ce même Gourville, devenu l'homme du roi à l'étranger, initié dans les intérêts et les caractères des personnages les plus influents des Pays-Bas et de la Hollande, est l'un des premiers à deviner le jeune prince Guillaume d'Orange, futur roi d'Angleterre, à lui donner des conseils, à le voir venir dans sa lutte couverte contre M. de Witt et à l'y applaudir ; et plus tard, quand l'habile prince a pris le dessus et est devenu seul arbitre dans son pays, Gourville, qui le visite au passage et qui en est très-caressé, sait lui tenir tête en dissimulation, ne se livrer qu'autant qu'il faut, l'écarter doucement avec badinage et respect, comme il convient à celui qui représente désormais des intérêts contraires. Les débuts de Gourville doivent ainsi se compléter toujours par cette considération dernière qu'il s'était acquise et qui nous le montre, dans ses conditions successives, comme l'un des êtres les plus naturellement doués de l'art et de la prudence des Ulysses (1).

Les troubles civils, qui mêlent toutes les conditions, et qui mettent le savoir-faire et l'industrie de quelques-uns en lumière, l'aidèrent fort à se produire. Il fit en ce temps-là, et dans l'intérêt de ceux auxquels il s'était voué, des choses fort diverses et dont quelques-unes lui paraissaient étranges à lui-même, quand il s'en ressouvenait sous le gouvernement régulier de Louis XIV. Un jour, c'était dans la seconde Fronde, le

---

(1) « Ne pourriez-vous pas l'employer comme ambassadeur ? écrivait au directeur Carnot Bonaparte, général de l'armée d'Italie, en parlant d'un personnage qu'il venait de rencontrer et de manier. Il a la connaissance des hommes et *de l'extension morale.* » Cette expression heureuse et neuve m'a toujours frappé ; elle s'appliquerait bien à Gourville.

prince de Condé, avec qui il était déjà en de très-intimes rapports, lui fait sentir de quelle importance il serait d'enlever de Paris le Coadjuteur (le cardinal de Retz) qui gouvernait le duc d'Orléans, et de le mettre en lieu d'où il n'intriguerait pas. Gourville se charge de l'entreprise. Il va prendre à cette fin des hommes sûrs en Angoumois, aux environs de La Rochefoucauld ; et pour ce qui est de l'argent, nerf de toutes choses, il songe aux moyens de s'en procurer. Un de ses amis, ou du moins une de ses connaissances, un sieur Mathier, receveur des tailles, qui était en tournée, le vient voir par hasard : Gourville s'informe auprès de lui du détail et du chiffre de la recette; il prend ses mesures : « Je me proposai, dit-il naïvement, de profiter de l'occasion que ma bonne fortune m'envoyait, et, laissant passer quelques jours pour donner le temps à la recette d'augmenter, je fis observer sa marche. » Le résultat de cette observation, c'est qu'un soir il arrive avec six hommes armés dans le lieu où M. Mathier faisait sa recette, la lui prend pistolet au poing au nom de Messieurs les Princes, et lui laisse pour toute consolation une quittance de huit mille livres à valoir sur qui de droit. « Je conçois aisément, dit à ce propos Gourville, que, si quelqu'un voyait ces Mémoires, il ne pourrait jamais les croire véritables : les vieux, qui ont vu l'état où les choses étaient dans le royaume, ne sont plus, et les jeunes, n'en ayant eu connaissance que dans le temps que le roi a rétabli son autorité, prendraient ceci pour des rêveries, quoique ce soit assurément des vérités très-constantes. » Ce qui ajoute au piquant, c'est que le billet de huit mille livres, ainsi donné au receveur, lui fut tenu en compte, et que cela entra dans sa décharge de comptabilité.

Un autre jour, l'entreprise sur le Coadjuteur ayant manqué, Gourville, qui se trouvait désœuvré à Damvilliers, eut l'idée d'enlever quelque autre personnage moins considérable, mais qui pourrait être d'un bon rapport. Il fit part de son envie à divers officiers et seigneurs du lieu, au marquis de Sillery, gouverneur, à M. de La Mothe, lieutenant de roi et homme *fort entendu :*

« Je leur dis que je croyais que l'on pourrait prendre M. Barin (contre lequel j'avais quelque rancune), directeur des postes, homme fort riche, et surtout en argent comptant. Étant convenu que j'écrirais à Paris pour savoir s'il n'allait pas toujours à sa maison de campagne, comme il avait accoutumé de faire, on me manda qu'il y allait encore souvent. M. de Sillery et M. de La Mothe jetèrent les yeux sur huit personnes pour faire ce coup, tant officiers que cavaliers, de ceux-là mêmes que j'avais fait venir de Paris pour l'affaire de M. le Coadjuteur. On les fit partir, et ils réussirent si bien, qu'ils amenèrent M. Barin à Damvilliers. Il y arriva extrêmement fatigué et désolé. Je feignis de le consoler; et, ayant traité de sa liberté, je convins à quarante mille livres, à condition qu'il ferait venir cette somme à Verdun, et qu'après qu'on l'aurait apportée à Damvilliers, il aurait sa liberté. L'argent étant venu quelque temps après, il s'en alla. »

Ce sont là des tours qui sentent la corde. Si la Fronde avait duré, Gourville était fort en train de s'y dépraver, et il tournait décidément à gauche. Il avait peu, on le voit, le sentiment du bien et du mal, du juste et de l'injuste. Il était de cette famille d'esprits la plus opposée à celle des L'Hôpital et des Montausier. De même, dans les négociations où il s'entremettait, « il était hardi sur les propositions, nous dit madame de Motteville, et selon ce qu'il lui convenait de dire, et ce que la nécessité le forçait de faire, il se servait également du *oui* comme du *non*. » Ce talent diplomatique lui fut encore utile, même plus tard; mais quant aux voies de fait et aux actes tels que ceux qu'il exerça sur M. Barin et sur M. Mathier, cela ne se pouvait oser que sous la Fronde, et l'on n'a jamais mieux senti qu'en lisant Gourville de quel bienfait fut pour la France l'avénement monarchique de Louis XIV avec la régularité vigoureuse de sa police et de son administration.

Dans une des courses infatigables qu'il faisait à travers la France pour le service des Princes, Gourville a un moment de réflexion bien naturel et qui rappelle la philosophie de Gil Blas. C'était en hiver, dans les Ardennes, en allant à Stenay, le temps était affreux et les chemins impraticables ; le cheval de Gourville et celui du postillon qui l'accompagnait ne marchaient plus :

« J'avais mis mon manteau sur mes épaules, dit notre voyageur, à cause qu'il tombait de la neige fondue, qui le rendait fort pesant. Je voulus mettre pied à terre pour soulager le cheval ; mais nous avions tant de peine tous deux que nous faisions fort peu de chemin ; mon postillon avait aussi mis pied à terre pour la même raison. Le vent qui nous donnait dans le nez nous faisait extrêmement souffrir. Je trouvai la souche d'un arbre, je m'assis dessus, tournant le visage du côté d'où je venais : là, je fis réflexion que j'avais un frère et quatre sœurs qui étaient couchés bien différemment de moi, et qui, avec le temps, me feraient bien des neveux, et que les uns et les autres, si la fortune m'était favorable, prétendraient que je leur en devrais faire bonne part, sans songer aux peines qu'elle m'aurait coûtées. »

Ces réflexions de Gourville, assis sur la souche, sont naïves, et elles furent justifiées : il se trouva, en effet, avec le temps, avoir *quatre-vingt-treize* tant neveux que nièces, qui tous réclamèrent ses bontés et ne les réclamèrent pas en vain. Il eut de quoi les satisfaire tous plus ou moins ; il en loue Dieu et ne paraît pas douter que les moyens par lesquels sa fortune s'accrut n'aient été suffisamment légitimes.

Mazarin distingua à temps Gourville dans les rangs des adversaires et résolut de l'employer ; il le reconnaissait pour avoir de l'esprit, et capable de servir le roi. La première grande négociation de Gourville fut celle de la pacification de Bordeaux, où le prince de Conti et madame de Longueville tenaient encore (1653). Gourville, qui observait toutes choses, dit au cardinal qu'il ne doutait pas « que, dans le temps que la vendange approcherait, il n'y eût quelque nouveau mouvement à Bordeaux. » Quand venait cette saison des vendanges, Bordeaux songeait toujours à faire sa paix. Gourville s'en alla donc avec des pouvoirs secrets ; il trouva moyen d'entrer dans la ville sous prétexte de retirer les meubles de M. de La Rochefoucauld : un reste de maître d'hôtel revenait à point pour cacher l'ambassadeur. Une fois entré, il s'ouvrit à ses amis Marsin et M. Lenet, puis avec le prince de Conti, dont il eut à déjouer la cabale favorite. Il fit comprendre au prince, par son attitude à la messe, qu'il avait à lui parler en particulier, et, au sortir de l'église, Son Altesse lui dit de la suivre, l'emmena en carrosse, et le garda à dîner en tête à tête. Gourville prend note volontiers de ces marques de familiarité et d'honneur dont il est l'objet ; il n'en est ni enflé ni étonné, mais il en est toujours touché comme par un retour modeste sur sa condition première. Dans cette négociation, comme dans toutes, il met en avant de cette gaieté naturelle et de cet esprit de plaisanterie qui sert à couvrir les affaires sérieuses et qui les rend plus faciles. La paix conclue, il est le premier à en porter la nouvelle à Paris ; il devance les courriers et fait pièce au gentilhomme que dépêchait M. de Vendôme. Finesse, dextérité, diligence, Gourville déploie toutes ces qualités, et n'est content que quand il a mené les choses à leur dernière perfection, à la fois comme courrier et comme négociateur ; et son point d'honneur de courrier n'est pas le moindre. Le cardinal Mazarin, devenu plus exigeant avec le succès, paraît regretter qu'on ait fait l'amnistie de Bordeaux trop large et qu'on n'en ait pas excepté un certain *Duretête*, bien nommé et grand séditieux. Qu'à cela ne tienne, dit Gourville, qui n'est jamais à court d'expédients ; et il retourne à Bordeaux avec deux amnisties en poche, l'une telle qu'elle a été convenue, l'autre plus restreinte, et dans laquelle Duretête et quatre ou cinq autres sont exceptés. Il pense bien que Bordeaux, ayant eu une fois un avant-goût de la paix et de la vendange, ne voudra rien remettre en question par égard pour Duretête, et, au pire, qu'il sera toujours temps de revenir à l'amnistie première. Tout se passe comme il l'a prévu, et il a la satisfaction de faire accepter l'amnistie étroite : « Duretête fut arrêté peu après, roué et mis en quartiers sur les portes de la ville ; on peut dire que cet homme avait maîtrisé Bordeaux, et, pendant un temps, maintenu le parti des Princes. » A son second retour de Bordeaux, Gourville s'arrête en passant à Verteuil, où était M. de La Rochefoucauld, et il le réjouit fort du récit de son bonheur et de ses aventures. Car Gourville est un artiste en intrigue, il aime l'aventure pour l'aventure, puis il aime encore à la raconter à des gens d'esprit qui s'y connaissent. Et quel juge plus fin que M. de La Rochefoucauld !

Après cet heureux succès de Bordeaux, il a une sorte de faveur. Le cardinal Mazarin l'envoie aux lignes d'Arras qu'assiégeait le prince de Condé, alors engagé du côté des Espagnols. Le but du cardinal, d'accord avec Gourville, est de tâcher que celui-ci soit fait prisonnier, et trouve par là une occasion naturelle d'arriver au prince de Condé pour lui porter des paroles d'accommodement. Mais l'affaire manque, et Gourville parvient au camp de M. de Turenne sans coup férir. Quelques jours après, « je m'en retournai à la Cour, dit-il, et rendis compte à M. le cardinal de tout ce que j'avais fait pour tâcher de me faire prendre, mais que j'avais joué de malheur. Cela le fit rire... »

Dans les quelques jours qu'il a passés au camp, Gourville fait de ces remarques positives et curieuses comme il en a partout, et qui peignent les mœurs. Le jour de son arrivée, il soupe au quartier du marquis d'Humières, qu'il trouve servi en vaisselle d'argent comme à la ville; c'était le premier qui eût donné en temps de guerre ce ruineux exemple. Le lendemain, il a l'honneur de dîner chez M. de Turenne, qu'il trouve servi en vaisselle de fer-blanc.

Ce premier essor de Gourville et le parti spirituel qu'il tirait de toute rencontre étaient une source d'agréables plaisanteries chez les grands qui l'employaient et le voyaient à l'œuvre. Voici une lettre badine du prince de Conti, alors généralissime en Catalogne, adressée au duc de La Rochefoucauld, le premier auteur de la fortune de Gourville; elle est datée du camp de Saint-Jordy, le 17 septembre 1654 :

« Quoique j'eusse résolu, écrit le prince de Conti, de faire réponse à votre lettre et de vous rendre grâce de votre souvenir, j'ai présentement la tête si pleine de Gourville, que je ne puis vous parler d'autre chose. Comment! ce diable-là a été à l'attaque des lignes d'Arras! La destinée veut qu'il ne se passe rien de considérable dans le monde qu'il ne s'y trouve; et toute la fortune du royaume et de M. le Cardinal n'est pas assez grande pour nous faire battre les ennemis, s'il n'y joint la sienne. Cela nous épouvante si fort, M. de Candale et moi, que nous sommes muets sur cette matière-là. Sérieusement, je vous supplie de me l'envoyer bien vite en Catalogne ; car, comme j'ai très-peu d'infanterie, et que, sans infanterie ou sans Gourville, on ne saurait faire de progrès en ce pays-ci, je vous aurai une extrême obligation de me donner lieu, en le faisant partir promptement, de faire quelque chose d'utile au service du roi. Si je manque de cavalerie, la campagne qui vient, je vous prierai de me l'envoyer encore; car, sur ma parole, la présence de Gourville remplace tout ce dont on manque. Il est en toutes choses ce que les Quinola sont à la petite prime ; et, quand j'aurai besoin de canon, je vous demanderai encore Gourville... »

Le tout signé : « ARMAND DE BOURBON. » Et on lit au *post-scriptum :*

« Nous marchons après-demain pour aller attaquer une place en Cerdagne, appelée Puycerda : j'attends Gourville pour en faire la capitulation. »

Cette lettre du prince de Conti est caractéristique sur Gourville, qu'on s'accoutume à traiter comme la cheville ouvrière universelle : c'est ce qu'on peut appeler son brevet de Quinola ou de Figaro.

Ce Figaro, qui mérite un nom plus sérieux, parce que, sans viser à la dignité, il s'abstient toujours de la déclamation et qu'il ne pousse pas son rôle à l'extrême, a très-bien jugé en quelques mots ce prince de Conti qui le raillait. Les jugements de Gourville sur les hommes sont excellents, simples, tracés en quelques traits et indiquant le point décisif. Ces quelques lignes sur le prince de Conti, quelques autres, qui se rapportent à une date postérieure, sur le roi d'Angleterre Charles II, nous donnent la clef de leurs caractères. Charles II appelait Gourville *le plus sage des Français*.

Nous ne suivrons pas Gourville dans les voyages multipliés qu'il fit à l'armée de Catalogne et ailleurs : il nous apparaît comme le commis négociateur par excellence. Tout lui est une occasion d'observations, d'affaires et de profits qu'il imagine pour les autres comme pour lui. Quand il n'a plus rien à faire en un lieu, il s'ennuie et s'en revient, n'entendant pas se rouiller dans l'inaction. Desservi auprès du cardinal Mazarin, à cause de l'influence qu'on lui supposait sur le prince de Conti, on vient un jour le chercher pour le mettre à la Bastille. C'est le gouverneur en personne, M. de Bachelière, qui se présente chez lui :

« Il vint pour cela à mon appartement, accompagné de quelques gens ; et, ayant trouvé mon laquais à la porte de ma chambre, il lui demanda si j'étais là, et ce que je faisais. Ce laquais lui répondit que j'étais avec mon maître à danser. M'ayant trouvé que je répétais une courante, il me dit en riant qu'il fallait remettre la danse à un autre jour ; qu'il avait ordre de M. le Cardinal de me mener à la Bastille. Il m'y conduisit dans son carrosse ; et, comme il n'y avait aucune personne de considération, il me mit dans une chambre au premier qui était la plus commode de toutes. »

Le bonheur de Gourville ne l'abandonne même pas à la Bastille; il y est conduit aussi doucement et logé aussi commodément que possible. Il y traite le gouverneur. Il s'y ennuie fort pourtant, et, lorsqu'il obtient de sortir, il n'y tenait plus. Ayant vu le cardinal Mazarin pour le remercier de sa grâce, il l'assure que ce séjour lui a fort donné à réfléchir sur sa mauvaise conduite, et qu'il a bien résolu d'éviter tout ce qui pourrait l'y faire remettre. Notez que cet emprisonnement de Gourville paraît être, d'après ce que lui-même raconte, assez injuste et peu fondé en motifs; mais il ne s'en indigne pas; il n'a pas cette faculté de s'indigner de l'injustice; il connaît trop son monde, il ne prétend que faire tourner le plus possible cet accident à profit pour l'avenir. Mazarin, qui aime assez ce genre de caractère, et qui lui reconnaît de l'esprit et de l'industrie, l'engage à entrer dans les finances; et c'est ici que se placent les relations de Gourville avec le surintendant Fouquet, desquelles nous avons déjà dit quelque chose. A l'école d'un si bon maître, Gourville, devenu receveur-général des tailles en Guienne, réalisa en peu de temps de grandes richesses.

Compris dans la disgrâce du surintendant, il lui demeura honorablement fidèle, comme il le fut généralement à tous ceux avec qui il s'embarquait pour courir la fortune. Quand madame Fouquet, dans les premiers moments de la catastrophe, eut besoin d'argent, c'est Gourville qui lui en prêta; il avait de la générosité, de la fidélité, et, si l'on peut dire, de belles parties de morale personnelle.

C'est vers ce temps que menacé lui-même et forcé de s'éloigner, mis à rançon pour des sommes considérables, ayant dans sa maison de Paris des garnisaires qui buvaient son vin de l'Ermitage (ce qui ne lui faisait nullement plaisir), il se retira quelque temps en

Angoumois chez M. de La Rochefoucauld, y menant douce et joyeuse vie, et faisant bonne mine aux mauvaises nouvelles qui lui arrivaient chaque matin :

« Effectivement, nous dit-il, je me représentais ce que j'étais avant ma fortune, et l'état où je me voyais encore. Je trouvais de si grandes ressources en moi-même pour me consoler, que tous ceux qui me connaissaient en étaient surpris. Madame la marquise de Sillery étant venue à La Rochefoucauld avec mesdemoiselles ses filles, la bonne compagnie fut de beaucoup augmentée : tous les jours nous dansions au son de mes violons. A la vérité, je ne me souvenais pas trop bien de la courante que j'apprenais quand on vint me prendre pour me conduire à la Bastille, outre que je n'avais pas grande disposition à la danse, étant devenu fort gros depuis ce temps-là ; mais je prenais un grand plaisir à la chasse du cerf, que je courais assez souvent, aussi bien qu'à celle du lièvre, où les dames venaient dans deux carrosses. »

Ici, nous entrevoyons en Gourville l'homme aimable et de bonne compagnie, le digne ami de Saint-Évremond, de Lamoignon, de M. de Pomponne, le Gourville-Atticus qui, même quand il ne pouvait plus être d'une utilité essentielle, faisait encore par son esprit et sa belle humeur les délices de ses amis.

Un trait de parenté de plus avec Gil Blas : si Gourville ne s'indigne et ne s'étonne trop de rien, il ne se plaint non plus jamais.

La fortune pourtant lui ménageait de plus grands revers : on le choisit entre tous les gens d'affaires de l'entourage de Fouquet pour servir d'exemple mémorable, et il dut songer à la fuite hors du royaume. En passant par Paris, il apprit qu'on lui avait fait son procès et qu'on l'avait pendu en effigie. Son portrait, comme contumace, était exposé près du mai du Palais :

« Un homme à M. de La Rochefoucauld, en qui j'avais toute confiance, s'offrit de l'aller détacher sur-le-champ. En effet, en moins d'une heure, il l'apporta où j'étais, et je trouvai que le peintre ne s'était pas beaucoup attaché à la ressemblance. »

Dans cette disposition peu chagrine, Gourville passe

en pays étranger, il réside successivement à Bruxelles, en Angleterre, en Hollande, accueilli et recherché partout des princes et des premiers de l'État, donnant à chacun en particulier de bons conseils, et honorant le nom français par son esprit, par un excellent cuisinier (article essentiel qu'il n'oublie jamais), et par son solide jugement. Il arriva alors, et c'est une de ces singularités piquantes qui sont le cachet de sa destinée, que cet homme pendu en effigie à Paris, et rançonné par Colbert, devint, par M. de Lyonne, l'homme du roi en Allemagne, et fut chargé de négociations délicates auprès des princes de la maison de Brunswick. Ces contradictions sont touchées d'une façon courante et d'un ton de gaieté légère. Cependant Gourville aspire à rentrer en France : il n'y revient d'abord qu'à la dérobée, sous le couvert du prince de Condé, et malgré Colbert, qui poursuit longtemps en lui un auxiliaire de Fouquet, et qui ne se rend au mérite de l'homme qu'à la dernière extrémité. Colbert finit pourtant par se rendre, et l'heureux Gourville, qui est le meilleur ami de M. le Prince, se trouve à la fois dans la familiarité de Louvois, dans celle de Colbert, également bien à Chantilly, à Meudon et à Sceaux, de même que M. de Lyonne, dans ses dernières années, le consultait à Suresnes.

C'est que Gourville est un observateur qui ne ressemble à nul autre. En pays étranger, il a l'œil à tout; dans sa curiosité de s'instruire, il a remarqué à la fois la bizarrerie des mœurs, le naturel des peuples, le talent et la portée d'esprit des gouvernants, le fort et le faible de chaque branche d'administration ; et, tout en faisant rire dans ses relations pleines de vivacité et de saillies, il instruit l'homme d'État ou même l'homme de guerre qui l'interroge.

Il est curieux à entendre sur ce que c'est que la cavalerie des Hollandais, comme sur les fortifications de

Pampelune. Au retour d'un voyage d'Espagne, qu'il avait entrepris pour les intérêts du prince de Condé, il mit à nu, dans le plus piquant détail, les habitudes de paresse, l'incurie et la pénurie financière de cette nation. Colbert, Lyonne et Louvois déclarèrent ne connaître l'Espagne que par la relation qu'il leur en fit, et Colbert, à lui seul, lui adressa plus de questions que tous les autres ensemble.

« Il m'a souvent passé par l'esprit, dit Gourville, que les hommes ont leurs propriétés à peu près comme les herbes (1), et que leur bonheur consiste d'avoir été destinés ou de s'être destinés eux-mêmes aux choses pour lesquelles ils étaient nés. » Et, s'appliquant cette pensée à lui-même, il ajoute : « J'oserais quasi croire que j'étais né avec la propriété de me faire aimer des gens à qui j'ai eu affaire, et que c'est cela proprement qui m'a fait jouer un assez beau rôle avec tous ceux à qui j'avais besoin de plaire. » Gourville fit bien des conquêtes en ce genre, mais la plus difficile, et qui prouve le plus pour lui, fut celle de Colbert.

On ne connaît bien le prince de Condé que lorsqu'on a lu Gourville; c'était à lui particulièrement qu'à son retour en France cet habile serviteur s'était donné. Il s'était chargé de débrouiller les affaires de cette maison qui étaient dans un effroyable désordre, tellement que le grand Condé ne pouvait sortir sans trouver dans son antichambre (qu'il ne traversait jamais assez vite, in-

(1) Cette remarque bien comprise mènerait loin : il en résulterait que, de même qu'en botanique on classe les plantes par familles, on pourrait classer également les esprits. Je le crois tout à fait; je crois que l'étude morale des caractères en est encore à l'état de la botanique avant Jussieu. Quelque jour il viendra un grand observateur et classificateur naturel des esprits : en attendant, notre œuvre, à nous plus humbles, c'est de lui préparer les éléments et de bien décrire les individus, en les rapportant à leur vrai type : c'est ce que je tâche, de plus en plus, de faire.

firme de jambes comme il était) une double haie de créanciers à qui il ne savait que dire. Gourville l'en délivra; il lui procura, ainsi qu'à M. le Duc, son fils, tout l'état honorable d'une grande existence, et de l'argent de reste pour leurs fantaisies d'embellissements. Sollicité indirectement par Louvois de se détacher du service particulier de ces princes pour être tout à fait au roi, il refusa en sage et en serviteur reconnaissant. En toute occasion et à tout événement, le prince de Condé le réclame, et il le trouve déjà présent. Dans la campagne de Hollande (1672), où il est blessé, il voit bientôt accourir Gourville, et il lui en témoigne beaucoup de joie : ce qui paye celui-ci de toute sa peine. On découvre, en le lisant, que si le prince de Condé avait des vivacités d'humeur et de colère qu'il ne savait pas contenir même contre ses meilleurs amis, il devait avoir aussi des qualités pour se les attacher. Dans la dernière maladie qu'il fit, étant à Fontainebleau, au moment de mourir, il exprima à Gourville ses intentions pour son testament, et en peu de paroles il lui déclara ce qu'il voulait faire pour ses domestiques et pour lui en particulier, à qui il destinait cinquante mille écus, ajoutant obligeamment qu'il ne pouvait jamais reconnaître assez les services qu'il lui avait rendus :

« Je ne lui répondis rien, continue Gourville, et m'en allai faire dresser ce testament par son secrétaire, et sans notaire, avec toute la diligence possible. Son Altesse se l'étant fait lire, et n'y ayant pas trouvé mon nom, *elle me jeta un regard de ses yeux étincelants, comme en colère*, et me dit de faire ajouter les cinquante mille écus pour moi, dont elle m'avait parlé ; mais je la remerciai très-humblement, lui représentant qu'il n'y avait point de temps à perdre, et que je la priais de le signer, ce qu'elle fit. »

Il me semble ici que le rôle des deux côtés est beau : de la part du prince, on aime à voir une dernière fois ce regard étincelant dont l'air de colère n'est ici qu'une preuve suprême d'affection, et on aime aussi cette noble marque du désintéressement de Gourville, qui se montre digne de l'amitié d'un grand homme.

Tel il parut encore à la mort de M. de La Rochefoucauld, son premier patron, et qui l'avait mis en circulation dans le monde : « Jamais un homme n'a été si bien pleuré, écrit madame de Sévigné à sa fille (26 mars 1680); Gourville a couronné tous ses fidèles services dans cette occasion; il est estimable et adorable par ce côté de son cœur, au delà de ce que j'ai jamais vu; il faut m'en croire. » Dans cette relation finale avec M. de La Rochefoucauld, Gourville se trouvait un peu en rivalité et en délicatesse intestine avec madame de La Fayette, dont il a laissé un portrait plus malicieux qu'on ne voudrait. C'est le seul endroit de ses Mémoires que madame de Coulanges passait toujours quand elle les lisait.

Un moment, à la mort de Colbert, Gourville faillit devenir contrôleur-général. On lui avait même annoncé déjà qu'il l'était, et il s'occupait à balancer dans son esprit tous les avantages et surtout les inconvénients, quand il reçut la nouvelle qu'un autre était nommé. Il n'eut pas même à se consoler, et se sentit à l'instant soulagé comme un philosophe qui a trouvé le port et qui n'en sort plus. Il se contenta d'avoir été le Colbert de la maison du grand Condé.

Ses Mémoires se terminent par cinq ou six portraits d'un naturel et d'une vérité admirables, portraits de Mazarin, de Fouquet, de Colbert, de Lyonne, de Pomponne, de Louvois. Très-favorable à ce dernier, et nous le montrant par tous ses beaux et grands côtés, il ajoute ingénûment :

« Il m'a paru qu'il était bien aise de s'entretenir avec un petit nombre de gens sur les affaires présentes; et je ne me présentais jamais à la porte de son cabinet, soit à Versailles, soit à Paris, qu'il ne me fît entrer ou ne me fît dire d'attendre un peu de temps pour finir l'affaire qui l'occupait. Je ne sais si le plaisir que j'avais, ou l'honneur que cela me faisait dans le monde, ne pouvait point avoir un peu favorablement augmenté les idées que j'avais de lui. »

On conçoit au reste très-bien qu'un ministre fît toujours entrer Gourville; car avec lui on faisait entrer un esprit à idées et à expédients : il était bon à entendre sur n'importe quel sujet, qu'il s'agît de la marque d'or et d'argent, ou de la conversion des Protestants. Il lui venait toujours quelque idée neuve et pratique qui valait mieux souvent que celle qu'on suivait. Ajoutez qu'il avait au besoin, en chaque partie, des connaissances, des compères, un entregent qui allait à tout.

A côté des portraits de ces grands ministres, il mêle assez singulièrement et philosophiquement ceux de ses quatre ou cinq laquais et domestiques qui ne le quittent pas depuis qu'il garde la chambre : c'est que, depuis lors, ces cinq derniers personnages tenaient autant et plus de place dans sa vie. Il se montre à nous le même jusqu'à la fin, l'esprit aux aguets, curieux de nouvelles, le premier averti de ce qui se passe, et en faisant des relations pour ses amis de province :

« Enfin le jour se passe doucement. Le soir, je fais jouer à l'impériale et conseille celui qui est à mon côté. Depuis quelques années, je compte de ne pouvoir pas vivre longtemps; *au commencement de chacune, je souhaite pouvoir manger des fraises ; quand elles sont passées, j'aspire aux pêches; et cela durera autant qu'il plaira à Dieu.* »

Touchant souhait de vieillard! en est-il un plus humble et plus souriant?

On a remarqué que Gourville, dans ses Mémoires, ne donne aucune place à ses aventures galantes. Ce n'avait été qu'une distraction dans sa vie peu sentimentale et tout affairée, et il semble s'en être peu ressouvenu dans sa vieillesse, comme d'un de ces goûts fugitifs qui passent avec l'âge.

Saint-Simon parle d'un mariage secret qu'aurait contracté Gourville avec une des trois sœurs de M. de La Rochefoucauld : ce sont là choses restées très-secrètes et non éclaircies. Ce qu'on croit mieux savoir, et ce qui tire moins à conséquence, c'est que, gaillard et fin comme il était, fort grand et bel homme en son temps, il avait été bien avec Ninon.

Je me suis arrêté avec plaisir sur cette figure naturelle et vive, qui est celle d'un Gil Blas supérieur, d'un Figaro sans mauvais goût et sans charge, venu avant que la philosophie et la littérature s'en soient mêlées. Il manquait sans doute à Gourville un sentiment de moralité élevée et de vertu native. Si la Fronde avait duré, en temps de désordre, il aurait continué de se permettre bien des choses illicites qui auraient gâté sa nature. Louis XIV le remit au pas; l'excellent esprit de Gourville qui, de tout temps, serait allé de pair avec les plus fins, devint digne d'une époque où les honnêtes gens avaient le dessus; il y tient son coin original et distingué. La race des gens d'affaires est immortelle : puisse-t-il s'en trouver beaucoup qui soient aussi habiles, et à la fois aussi honnêtes en définitive, aussi généreux, et doués d'autant de cœur que Gourville!

Lundi, 9 février 1852.

DE LA POÉSIE ET DES POËTES

EN 1852

La poésie ne meurt pas : il y a des printemps, des générations qui naissent, qui se succèdent et qui amènent chacune avec elles leurs fleurs, leurs amours et leurs chants. La difficulté, c'est que l'art préside à ces successions rapides et donne à ces productions d'une saison la vraie jeunesse et la durée. La grande affaire, c'est que les poëtes de vingt ans ne se contentent pas de chanter entre eux et de se complaire, mais qu'ils puissent rendre le public attentif à leurs jeux qui deviennent des œuvres. Cette difficulté qu'éprouve la poésie à intéresser la société redouble quand, tous les trois ou quatre ans, agitée et remise en question, et comme soudainement retournée, cette société subit de véritables tremblements de terre : la plate-bande en est elle-même toute ravagée. Sans doute il y a lieu toujours à d'agréables distractions dans l'intervalle, à ce que j'appelle la poésie du diable, à celle du printemps et de la jeunesse; mais les productions fortes, et qui pourraient marquer socialement, sont très-compromises dans leur germe. Pourtant ne nous inquiétons pas sur ce point outre mesure; le jour où un grand poëte naîtra, il saura se dénoncer lui-même et se faire écouter. La critique, à chaque renouvellement de régime, peut essayer et combiner des programmes qu'elle croit utiles; elle peut proposer et recomposer ses plans d'une littérature studieuse et réparatrice, c'est son droit comme son devoir; mais l'imagination, la fleur, l'inspiration de la passion et du sentiment, lui échappent; cela naît et recommence comme il plaît à Dieu, et ne se conseille pas. Aujourd'hui donc je ne viens rien conseiller, mais je veux simplement jeter un coup d'œil sur l'état actuel de la poésie, et sur le mouvement qu'elle a suivi dans ces dernières années.

Parler des poëtes est toujours une chose bien délicate, et surtout quand on l'a été un peu soi-même. On sait mieux alors à quelles sensibilités on s'adresse, et comme il est facile de blesser en ne voulant qu'effleurer. Si vous n'en avez pas fait vous-même, vous ne savez pas quel prix tout poëte met à ses vers. Quand on juge les ouvrages d'un autre genre, on a affaire aux recherches d'un auteur, à ses raisonnements et à ses jugements, à son talent dans la partie extérieure et plus ou moins aguerrie; ici, dans la poésie, on a affaire à la chimère secrète de chacun, à son idéal préféré. On entre dans ce qui est du goût personnel et particulier, dans ce que la folle du dedans s'est mise à chérir par choix et à revêtir amoureusement à sa manière. Juger les vers des gens, c'est presque comme si l'on disputait avec un amoureux sur sa maîtresse, avec cette différence toutefois que, s'il ne vous est pas permis d'en dire le moindre mal, on vous accordera très-bien d'en devenir amoureux vous-même.

Sans aller jusque-là avec quantité de vers qui en sont peu dignes, il est bien certain qu'il faut commencer par aimer la poésie avant de se mêler de la juger. Pour mon compte, j'ose m'assurer que je l'aime toujours. En tenant dans mes mains ces volumes de forme et d'inspirations différentes, mais auxquels un vœu égal a présidé, et dont pourtant un si petit nombre surnage, même un seul instant, j'éprouve un sentiment douloureux de voir tant de peines, tant de soins et de temps perdus autour de chaque œuvre si couvée et si caressée, et qui est déjà tombée du sein paternel dans un monde d'indifférence. Le désir et l'espoir me prennent de tirer quelque chose de chacun de ces volumes; car pour peu qu'il y ait au fond une nature de poëte, si incomplète qu'elle soit, on a chance d'y rencontrer tel accent, telle note, telle particularité d'expression et de sentiment qui ne se retrouvera plus.

Mais, avant de nommer quelques-uns de ceux qui méritent distinction et souvenir, un hommage avant tout aux poëtes discrets qui ne publient pas! Il est aujourd'hui un assez grand nombre de personnes, hommes ou femmes, qui cultivent la poésie sans autre but qu'elle-même, comme on cultive entre soi la musique, le piano ou le chant. La velléité de publier peut quelquefois leur venir, mais l'occasion manque, la modestie l'emporte, l'habitude de se contenir prend le dessus. La poésie, cultivée ainsi en secret et pour elle seule, dans les courts intervalles d'un travail pénible et d'une profession souvent ingrate, tourne au profit de la morale intérieure et devient une délicatesse de l'âme et une vertu.

A la voir au dehors, et telle qu'elle se produit au premier aspect depuis quelques années, la poésie offre beaucoup de hasard, de dispersion et de mélange. Les grandes influences longtemps régnantes de Lamartine et de Victor Hugo ont fait place insensiblement à celle d'Alfred de Musset, et il est rare de ne pas trouver quelques tons de celui-ci, et non toujours les meilleurs, dans les essais de ceux qui débutent: M. Alfred de Musset est la grande imitation du moment. Puis, quand on regarde au delà du premier plan, et qu'on entre dans le détail des productions poétiques qui continuent de s'imprimer, on est frappé de la quantité de directions qui s'entre-croisent sans paraître se contrarier et sans se détruire.

Et d'abord, à travers ces guerres à mort et ces révolutions littéraires, qui semblaient ne vouloir rien laisser d'intact dans les traditions du passé, tous les anciens genres se poursuivent et trouvent encore des disciples et des continuateurs persistants. On ne joue plus de tragédies jetées dans le moule de celles d'il y a trente ans, mais on en fait et l'on en imprime encore. M. Liadières ne croit certainement pas que le moment soit passé de les couronner. On fait encore des épopées en vingt-quatre chants. J'en reçois une à l'instant, imprimée en 1850 à Toulouse aux frais de la ville, dont le sujet est *l'Épopée toulousaine ou la Guerre des Albigeois,* par M. Florentin Ducos, homme instruit, écrivain de mérite, et qui, avant de l'aborder, s'est rendu compte de toutes les objections contre le genre, et en a pesé les difficultés. La Fable fleurit, comme on sait, et elle a dû même une sorte de reverdissement à l'intervention de M. Viennet, qui a aiguisé les siennes par l'épigramme politique. Les *Fables* de Lachambaudie, publiées dans un magnifique volume (1851), nous avertissent que l'auteur est poëte, homme de talent, doué de facilité naturelle, et sachant trouver des moralités heureuses quand il ne les assujettit point à des systèmes. M. Théophile Duchapt, magistrat, conseiller à la Cour d'appel de Bourges, a publié également un recueil de *Fables* (1850), irréprochables par le sens et par le but, et dont plus d'une s'anime d'un tour de grâce et de finesse. M. Étienne Catalan a donné six livres de *Fables et Fabliaux* (1850). Dans un recueil intitulé *Croyances* (1852), et qui se rattache plus particulièrement à l'école catholique, M. Onésime Seure a inséré quelques pièces qui se pourraient appeler des fabliaux évangéliques, et une fort jolie fable, *le Ruisseau et la Montagne.* M. Berthereau, dans un poëme burlesque intitulé *les Rats et les Grenouilles* (1851), a imité la *Batrachomyomachie* attribuée à Homère, et a parodié nos luttes politiques : c'est la Fable élevée à une manière d'épopée. Ce que je dis en passant prouve assez qu'il y aurait, si on le voulait, un petit chapitre à écrire sur la Fable et les Fabulistes en 1852.

De même pour les autres genres. Et, par exemple, on chante encore au Caveau : la lignée de Désaugiers n'est pas morte. M. Auguste Giraud nous le dit et nous le prouve dans ses *Chansons* (1851). Je ne conseille pas le *Recueil* de celles de M. Nadaud (1849), non qu'il n'y en ait de fort jolies, mais elles sont trop à l'usage du quartier latin et de la Closerie des Lilas. M. Berthelemy adresse des *Chansonnettes* (1851) et les dédie *à ceux qui chantent encore.* De ce nombre est un poëte à demi populaire, dont le nom revient souvent dans les joyeux recueils publiés par les frères Garnier, et chez qui la Chanson prend bien des formes, M. Louis Festeau.

Ainsi les genres ne meurent pas ; ils peuvent s'éclipser, se laisser dominer par d'autres plus en vogue ; mais ils durent, ils se perpétuent, et ils sont là en réservé pour offrir aux talents nouveaux, quand il s'en présente, des cadres et des points d'appui tout préparés.

Dans les genres qui se rapportent plus particulièrement aux tentatives modernes, on aurait à noter, pour être juste, des recueils qui s'adressent plutôt à quelques lecteurs isolés qu'au public. Dans un volume intitulé *Arabesques et Figurines* (1850), et qui se rattache à l'école de l'art, le comte César de Pontgibaud, aujourd'hui retiré aux bords de l'Océan près des falaises de la

Manche, s'est plu à consacrer, une dernière fois, les souvenirs ressuscités de l'art gothique, les religions, les fidélités du passé, tout ce qui nous émouvait encore vers 1836 et faisait un culte, avant que l'orgie de l'école moderne eût prévalu.

Un savant, en qui l'érudition n'a rien étouffé, M. Ampère, a réuni, en 1850, à la suite de ses Esquisses de voyages, ses *Heures de Poésie*, où il a recueilli l'esprit même des choses diverses qu'il a étudiées, et quelques notes sensibles d'une âme délicate : on distingue surtout les stances sur *le Nil*, qui sont d'un beau et large sentiment (1).

Deux petits volumes modestes me sont venus de Bordeaux, *les Hirondelles de Mussonville* (1849), et *le Glaneur de Mussonville* (1850). Mussonville, c'est l'agréable maison de campagne du petit séminaire de Bordeaux. L'auteur, que je crois pouvoir nommer sans indiscrétion, et qui est M. l'abbé B.-R. Manceau, dans ses vers faciles, animés d'une douce gaieté et d'une piété riante, a quelque chose d'un Gresset resté au séminaire, et rappelle quelquefois aussi le ton de sentiment du poëte catholique breton, M. Turquéty. A défaut de l'Hymette, il aspire à être l'abeille du Carmel. Ce sont des vers aimables et bien nés.

Un des plus vieux genres restaurés par l'école moderne, le Sonnet, a produit récemment des recueils dont on s'est occupé. M. Alfred de Martonne, fils d'un père connu par des études sur la littérature du moyen âge, et qui n'y est pas étranger lui-même, a publié, sous le titre d'*Offrandes* (1851), une cinquantaine de sonnets qui attestent le commerce des maîtres en ce genre.

---

(1) M. Ampère a, depuis, compromis à jamais sa réputation de poëte ou même de demi-poëte, en publiant son *César, scènes historiques* (1859), une œuvre malheureuse que de véritables amis l'auraient dû empêcher de faire imprimer.

Mais M. Évariste Boulay-Paty, en publiant avec luxe ses *Sonnets* (1851) au nombre de trois cent trente-huit, dont il n'est pas un seul qui ne soit ciselé avec amour et avec une curiosité infinie, tient aujourd'hui la palme du genre. Dans un tableau complet de la poésie en 1852, il y aurait, comme au temps de Guillaume Colletet, un chapitre essentiel à écrire : *Du Sonnet*.

Vous qui vivez dans le monde des faits, dans celui de l'histoire et de la politique, vous croyez peut-être qu'on ne tourne plus depuis longtemps de rondeaux ni de triolets ; vous n'êtes pas au courant de la civilisation poétique du jour. On en fait, on en refait, et de fort jolis, je vous jure. Un des plus habiles ciseleurs en ce genre est M. Auguste Desplaces, auteur d'un recueil intitulé *la Couronne d'Ophélie* (1845), et l'un des gracieux poëtes-bergers que M. Arsène Houssaye, le plus aimable de tous, rassemblait sous sa houlette dans son journal de *l'Artiste*, et auxquels la nouvelle *Revue de Paris* vient de rendre un asile.

> Je n'ai pas de ces larges ailes
> Qui planent sur un monde entier ;
> Mon domaine est un frais sentier,
> Mes astres sont des étincelles,

dit M. Auguste Desplaces en commençant, et il est fidèle à son dire. Dans ses pièces plus développées, parmi lesquelles on remarque l'*Hymne à la Jeunesse*, il a de la distinction toujours, de la grâce, mais une grâce un peu artificielle, un peu roide et cassante, si l'on peut ainsi parler : là est le défaut. « Son talent est comme le bois de santal, sec et odorant, » a dit de lui un ami.

M. N. Martin, auteur d'*Une Gerbe* (1850), et l'un des poëtes aussi du groupe de M. Arsène Houssaye, mêle à son inspiration française une veine de poésie allemande; il a un sentiment domestique et naturel qui lui est familier, et l'on dirait qu'il a eu autrefois une des sylphides des bords du Rhin pour marraine.

Il est impossible de passer auprès de ces poëtes de l'ancien *Artiste* et de la nouvelle *Revue de Paris* sans remarquer et saluer au milieu d'eux M. Théophile Gautier, qui se plaît à déployer plus que jamais dans ses rimes de sculpteur ou de peintre les opulences de la nature corporelle et de la matière vivante; c'est le luxe et la floraison du genre porté au dernier degré de l'épanouissement. Dans cette *Revue de Paris,* madame Émile de Girardin insérait l'autre jour sur *la Nuit* des vers tout de cœur, et qui ont le mérite d'être vrais.

La vérité, voilà ce que le poëte doit chercher avant tout de nos jours, car les formes, les couleurs, le rhythme, tout cela est assez facile à emprunter. Cette poésie banale, travaillée par les maîtres, presque usée par les disciples, est en quelque sorte dans l'air; on peut s'en saisir et ne pas, pour cela, savoir se donner l'accent particulier et qui distingue. On adopte de propos délibéré un genre, on en outre tout, et l'on n'est qu'imitateur et copiste. On l'était, il y a quinze et vingt ans, lorsqu'on ramassait dans ses vers les épis tombés des gerbes de Lamartine; on l'est aujourd'hui quand on ramasse les bouts de cigares d'Alfred de Musset.

Melœnis, Conte romain (1851), par M. Louis Bouilhet, reproduit trop visiblement (j'en demande bien pardon au jeune auteur) le ton, les formes et le genre de boutades de *Mardoche.* M. Paul Deltuf, dans des *Idylles antiques* (1851) et des élégies fermes et gracieuses, m'a paru se rattacher plus heureusement à André Chénier, et sans s'y enchaîner. Ce que j'ai lu depuis de ce jeune poëte me l'a montré de plus en plus en voie de se dégager; avec la facture dont il dispose déjà habilement, il a un noble désir.

Dans l'ordre des productions dramatiques, M. Ponsard et M. Émile Augier ont formé une sorte d'école où l'élégie grecque et latine est venue s'essayer et faire épisode au théâtre. M. Barthet, par son *Moineau de Lesbie*, y a réussi. Dans un genre plus uni et plus simple, j'aime aussi à noter une comédie en vers, *les Familles* (1854), de M. Ernest Serret; un sentiment pur, un style correct, nous y rendent quelque chose d'un Colin d'Harleville rajeuni.

On n'a pas assez remarqué un poëme : *Poussin et son Monument* (1851), par M. Édouard Crémieu, ouvrage couronné aux Andelys, le jour de l'inauguration de la statue du Poussin. Dans ce poëme, il y a de la composition, du dessin, un ordre sévère, une division habile, une description poétiquement amenée des principaux tableaux du maître; il y règne, d'un bout à l'autre, un sentiment élevé du sujet. On y voudrait, comme chez Poussin lui-même, un peu plus de diversité de ton, plus de coloris et de nuance, le charme en un mot : mais, dans l'application présente, cette gravité un peu uniforme de ton n'est pas une infidélité.

J'ai hâte d'arriver à une production sur laquelle je puisse m'arrêter un moment. M. Brizeux, auteur bien connu de *Marie* et des *Bretons*, vient de publier un nouveau recueil de vers qui a pour titre *Primel et Nola* (1852) : c'est le titre particulier d'une pièce que M. Brizeux a étendu à tout le volume. Au-dessous et en dehors des grands poëtes du temps, de ceux qui ont exercé action et influence, M. Brizeux est un poëte d'élite et qui compte : c'est une nature individuelle très-fine et très-marquée. Il a publié, il y a vingt ans, le joli recueil de *Marie*, qui offrait quelques élégies douces, discrètes, et d'une qualité rare. Plus tard, il s'est appliqué, dans le poëme des *Bretons*, à tracer des tableaux de mœurs qui fissent revivre ce pays de Bretagne auquel il s'est presque exclusivement consacré. Quelques-uns de ces tableaux, tels que *la Foire aux Bœufs* et la scène des *Lutteurs*, suffiraient pour assigner à cette production un rang des plus distingués, bien que l'absence d'action et aussi le manque d'un certain charme empêchent, selon moi, le poëme d'atteindre tout son objet; et l'objet de tout poëme de ce genre est de faire aimer ce qu'on chante. Aujourd'hui, dans ce nouveau recueil, M. Brizeux nous rend plusieurs de ses qualités; mais il nous permettra d'y relever quelques-uns de ses défauts. La pièce principale, *Primel et Nola*, est assez difficile à raconter, tant elle est simple! Une jeune et riche veuve campagnarde, Nola, autrefois servante, vient de perdre son vieux mari, qui l'avait épousée par reconnaissance de ce qu'elle lui avait cédé un dimanche sa place à l'église. Dans les premiers temps de son deuil, un jour que, revenant de l'église elle-même, elle était embarrassée dans son chemin, et que personne ne s'offrait à la conduire (quoique riche et jolie), un journalier, le jeune Primel, s'avança galamment ou plutôt par charité; il lui donna le bras, et, chemin faisant, elle sentit qu'elle l'aimerait volontiers. Elle lui offrit sa main. Mais Primel a son amour-propre; il ne répond pas d'abord. Le fin mot de ce garçon honnête et fier, c'est qu'il veut, si la veuve lui fait un sort, avoir du moins de quoi payer ses propres habits de noce. Pour les gagner, il est obligé de partir et de se mettre en condition quelque temps. Dans l'intervalle, les méchantes langues du bourg cherchent à le brouiller avec la veuve. Un prétendant, un sieur Flammik, une manière de bel-esprit, le coq de l'endroit, *qui n'est plus paysan et qui n'est pas bourgeois,* essaie de s'insinuer près d'elle. Bref, il échoue. Primel, quand il a gagné de quoi se faire beau, s'en revient, et trouve la veuve qui l'attendait. De jolis détails de mœurs, des vers qui peignent des coins de paysages et de courtil, viennent en aide, on le conçoit, à ce canevas si simple, mais, selon moi, trop simple. M. Brizeux a par trop l'affectation de la simplicité. Dans son récit, qu'il divise en chapitres, avec des titres distincts et plus longs que la chose, on ne trouve pas cette richesse, cette fertilité et cette suite de détails qu'il faudrait pour remplir le canevas, pour en couvrir la nudité. Les sentiments qui, dans leur ténuité, pourraient à la rigueur suffire s'ils étaient analysés et déduits, y sont présentés d'une manière brusque, elliptique; les chansons, qui sont destinées à les traduire et à charmer les intervalles de l'absence, ne chantent pas assez : elles sont courtes et sèches; elles sont déjà finies lorsqu'on croit que le poëte n'a que commencé à préluder. Il semble toujours avoir peur d'en dire trop. Ce sont là les défauts d'une poésie distinguée, mais décidément trop étranglée, trop semée de sous-entendus et de prenez-y-garde. Malgré de jolis vers et des traits fins d'observation, on se demande où est le charme, l'entraînement, le courant du moins, la veine sinon la verve, quelque chose qui porte, qui prenne et qu'on retienne. Cela fait penser avec regret à Jasmin et à Goldsmith, à *Françounette* et au *Vicaire de Wakefield*.

Ou bien, si vous voulez braver la sécheresse et le terne des couleurs comme Crabbe, sondez alors l'âme humaine à fond, et ne reculez pas devant la réalité creusée des sentiments.

Ce que je préfère et ce que je choisis dans tout le volume de M. Brizeux, ce sont les deux petits tableaux du *Chevreuil* et du *Bouvreuil*, dans lesquels il est plus fidèle à ses tons primitifs. Le Chevreuil, il nous le peint d'un trait net et bien venu :

> **Dans un bois du canton pris dès son plus jeune âge,**
> **Il était familier, bien qu'au fond tout sauvage :**

> Aux heures des repas, gentiment dans la main
> Il s'en venait manger et des fruits et du pain.
> On entendait sonner ses pieds secs sur les dalles ;
> Puis, soudain, attiré par les forêts natales,
> Il partait, défiant tous les chiens du manoir,
> Et se faisant par eux chasser jusques au soir ;
> Alors, les flancs battants, et l'écume à la bouche,
> Il rentrait en vainqueur, caressant et farouche.

Ce Chevreuil si bien dessiné, qui n'est ni tout à fait apprivoisé ni tout à fait sauvage, et qui ressemble à certains poëtes, se sent saisi d'un plus violent désir de liberté dans la saison des amours. Il part, il se lance dans la forêt et va chercher aventure parmi ceux de sa race. Mais ceux-ci le repoussent comme un civilisé et un intrus, et il s'en revient au château mourir de douleur et de désespoir, maudissant à la fois l'animal et l'homme, farouche et inconsolé :

> A sa franche nature, oh ! laissez donc chaque être ;
> Laissez-le vivre en paix aux lieux qui l'ont vu naître !

Le Bouvreuil est un autre petit tableau des plus gracieux, et qui amène sa moralité aussi. Le poëte, en se promenant, entend le coup de fusil d'un chasseur, et cela réveille en lui aussitôt un souvenir d'enfance, un remords qui se mêle à toute une image de joie et de fraîcheur :

> L'aube sur l'herbe tendre avait semé ses perles,
> Et je courais les prés à la piste des merles,
> Écolier en vacance ; et l'air frais du matin,
> L'espoir de rapporter un glorieux butin,
> Ce bonheur d'être loin des livres et des thêmes,
> Enivraient mes quinze ans tout enivrés d'eux-mêmes :
> Tel j'allais par les prés. Or, un joyeux Bouvreuil,
> Son poitrail rouge au vent, son bec ouvert, et l'œil
> En feu, jetait au ciel sa chanson matinale,
> Hélas ! qu'interrompit soudain l'arme brutale.
> Quand le plomb l'atteignit tout sautillant et vif,
> De son gosier saignant un petit cri plaintif

Sortit ; quelque duvet vola de sa poitrine ;
Puis fermant ses yeux clairs, quittant la branche fine,
Dans les *touffes* de buis de son meurtre *souillés*,
Lui, si content de vivre, il mourut à mes pieds.

La moralité, c'est que le chanteur poëte s'est toujours repenti d'avoir tué l'oiseau chanteur, et qu'il n'a pas tiré un coup de fusil depuis. Ces deux petits tableaux, *le Chevreuil* et *la Mort du Bouvreuil*, qui n'ont chacun que trente vers, brillent dans ce volume et s'en détachent ; ce sont comme deux vignettes en miniature au bas d'une page de Buffon (1).

Je voudrais pourtant donner quelque idée au lecteur ami des Lettres, et que les préventions d'école n'aveuglent point, des richesses et des ressources que la poésie moderne recèle ; car on la calomnie souvent, et il y a des critiques instruits qui s'empressent de déclarer, à chaque rencontre, l'école moderne morte, et qui, de plus, ont l'air d'en triompher, comme si c'était le cas du proverbe : *Tant plus de morts, tant moins d'ennemis.* Hélas ! non, cette poésie française moderne, éclose vers 1819 sous forme lyrique, n'est pas morte, elle n'est qu'éparse et confusément dispersée. Les grands chefs d'école, les guides poétiques, se sont mal conduits ou se sont conduits au hasard, en dissipateurs ; sur ce point comme sur tant d'autres, les jeunes talents les ont trop imités. Pourtant le fonds général n'a pas cessé de se remuer en tous sens, de se cultiver et de s'enrichir. Des poëtes sérieux, consciencieux, élevés, y travaillent, et, si le public n'est pas familiarisé avec leurs noms, c'est qu'en France ce n'est que par le

(1) J'ai exprimé dans les pages qui précèdent mon dernier sentiment sur le poëte distingué dont la veine ne s'est pas renouvelée depuis. — Brizeux, parti de Paris malade, est arrivé à Montpellier le 16 avril 1858, et y est mort le 3 mai.

sentiment et la passion dramatique, et aussi par un coin d'esprit qu'on y mêle, que le public peut accepter, j'ai presque dit, peut pardonner la poésie : à l'état pur, elle n'existe guère que pour les poëtes entre eux.

Il y a quelques années, à Lyon, on a vu se produire un poëte éminent, noble, harmonieux, solitaire, sentant et aimant profondément la nature, et agitant avec sincérité en lui les problèmes de la destinée humaine et l'énigme du siècle, cette lutte, qui est celle de toutes les âmes supérieures, entre la science et les croyances, entre les anciennes illusions perdues et les idées nouvelles encore flottantes. M. Victor de Laprade, par son poëme de *Psyché* (1841), par celui d'*Éleusis* (1843), par les Odes et pièces qu'il a composées alors et depuis, s'est placé au premier rang dans l'ordre de la poésie platonique et philosophique. M. de Laprade possède au plus haut degré ce qui manque trop à des poëtes de ce temps, distingués, mais courts; il a l'abondance, l'harmonie, le fleuve de l'expression; il est en vers comme un Ballanche plus clair et sans bégayement, comme un Jouffroy qui aurait reçu le verbe de poésie. Qu'il nous permette d'ajouter que la grandeur et l'élévation dont il fait preuve si aisément, et qui lui sont familières, amènent bientôt quelque froideur; il n'a pas assez d'émotion et de ces cris qui font songer qu'on est un homme d'ici-bas; il n'a pas assez de ce dont M. de Musset a trop (1). Tout en restant dans les con-

(1) M. de Laprade a, depuis, remplacé Alfred de Musset à l'Académie (1858). Il ne se pouvait de plus parfait contraste. M. de Laprade a fort convenablement loué Musset; celui-ci ne l'appréciait nullement : il y avait antipathie de nature. Un jour qu'on discutait à l'Académie le plus ou moins de mérite de l'un des derniers Recueils de M. de Laprade : « Est-ce que vous trouvez que c'est un poëte, ça? » me dit tout à coup l'enfant du siècle, balbutiant et ivre à demi, mais toujours couronné de roses.

ditions de sa belle nature, ce qu'on peut souhaiter à M. de Laprade, c'est qu'il fasse intervenir plus distinctement dans ses compositions la personne humaine :

> Regarde dans ton cœur, c'est là que sont les dieux,

a-t-il dit lui-même, et il n'a qu'à suivre son précepte. En avançant dans la vie, il a pu ressentir de plus en plus les douleurs et goûter les affections légitimes : le fils qui pleure une mère, l'époux qui va s'attendrir sur le berceau d'un enfant, c'est là de quoi animer raisonnablement le platonicien, et de quoi achever l'homme dans le poëte (1).

Bien que dans un ordre également élevé, et venant à

---

(1) Dans la *Revue des Deux Mondes* du 1er mars 1852, je lis, comme en réponse à mon vœu et à mon désir, une belle et large Idylle de M. de Laprade, intitulée *les Deux Muses* : l'amour y a sa part, bien que le culte de la nature y garde le dessus : selon moi, c'est son chef-d'œuvre, sa pièce la plus accessible et la plus sentie. — Il n'a guère persisté dans cette voie, il a continué de platoniser, d'évangéliser vaguement en vers, en même temps qu'il est quelque peu devenu (depuis surtout son entrée à l'Académie) un homme de coterie religieuse et politique. — Un critique de beaucoup de finesse, mais dont il faut détacher les mots piquants du milieu de bien des fatuités et des extravagances, Barbey d'Aurevilly, comparant un jour les dernières poésies de M. de Laprade avec celles d'un autre poëte également moral et froid, concluait en disant : « Au moins, avec M. de Laprade, *l'ennui tombe de plus haut.* » C'est plus satirique que juste, mais le mot est lâché : l'écueil est là ; gare aux beaux vers qui sont ennuyeux ! — Je me rappelle qu'un jour, comme je mettais en avant le nom de M. de Laprade pour la chaire de Poésie latine au Collége de France, M. Fortoul, qui avait été son condisciple, me dit : « Non, il me ferait trop mal *Horace.* » — Il y a un vers de M. de Laprade qui exprime bien l'excès de son système, de son naturalisme métaphysique ; c'est quand il dit à un chêne :

> Pour ta sérénité je t'aime entre nos frères !

Ce qu'Augustin Thierry parodiait de la sorte, s'adressant à une citrouille :

> Pour ta rotondité je t'aime entre nos sœurs !

rencontrer souvent les mêmes problèmes, ce n'est pas tout à fait à la région pacifique de M. de Laprade que je rattacherai deux poëtes, dont l'un est maintenant un politique, MM. Henri Chevreau et Laurent-Pichat, qui ont publié en commun un recueil de vers, *les Voyageuses* (1844), butin rapporté d'un voyage fait ensemble par les deux amis en Grèce et en Orient. M. Laurent-Pichat s'est détaché depuis et s'est fait remarquer par ses *Libres Paroles* (1847), où il a trouvé pour l'expression de ses sentiments, de ses doutes, de ses interrogations généreuses, plus d'un accent et d'un cri où l'on surprend comme un écho de Byron. J'ai sous les yeux de touchantes et cordiales stances adressées récemment par lui à son ami M. Chevreau, sur cette poésie qui fut leur premier rêve fraternel, que l'un cultive et embrasse toujours, et que tous deux aiment encore (1).

Un poëte que j'apprécie infiniment et dont l'élévation est aussi le caractère, M. Lacaussade, auteur d'une très-bonne traduction d'Ossian et d'un Recueil de poésies qu'il est en train de surpasser, a su se faire une sorte de domaine à part : il est de l'île Bourbon, de l'une de ces îles des Tropiques, patrie à demi orientale qu'a manquée Parny dans ses chants et que nous a divinement rendue Bernardin de Saint-Pierre. M. Lacaussade, qui sent profondément cette nature tropicale, a mis sa muse tout entière au service et à la disposition de son pays bien-aimé. Jeune, et déjà fait aux épreuves de la vie, il prend l'homme avec tous ses sentiments de père, de fils, d'époux, d'ami, et il le place dans le cadre éblouissant des Tropiques. Cette

---

(1) M. Laurent-Pichat s'est cru obligé, depuis, en vertu de ses principes politiques, de me rendre ce salut que je lui donnais au passage, et d'y répondre par des paroles d'offense et de dénigrement. Comme il s'agit d'un autre que moi encore, je remets de vider cette petite querelle à la fin du présent volume. (Voir à l'*Appendice.*)

seule nouveauté de situation produit dans l'expression des sentiments naturels et simples un véritable rajeunissement. Voulez-vous, par exemple, une variante de l'*Hoc erat in votis* d'Horace, de ce vœu de tout poëte et de tout sage qui ne demande désormais au ciel que le plus humble bonheur? Voici la petite pièce tout entière, dans sa simplicité relevée d'une bordure étincelante; elle est intitulée *la Dumas*, c'est le nom d'une rivière de l'île Bourbon :

LA DUMAS.

>Sous le tranquille azur du plus doux des climats,
>Une humble maisonnette aux bords de la Dumas;
>Une humble maisonnette aux persiennes blanches,
>Sous un réseau fleuri de liane et de branches,
>Où je puisse, à midi, rêvant au bruit des eaux,
>Mêler ma poésie aux rimes des oiseaux;
>A droite, une rizière où le bengali chante;
>D'un vieil arbre à mon seuil l'attitude penchante,
>Où, tous les ans, viendront les martins au bec d'or
>Suspendre leurs doux nids et couver leur trésor;
>Un jardin clos d'un mur où rampe la raquette;
>Une ruche, et des fleurs dont l'oiseau vert becquette
>La poudreuse étamine et l'odorant émail;
>Des buissons d'orangine aux perles de corail;
>Un parterre où toujours j'aurai de préférence
>Des roses du Bengale et des muguets de France;
>Une verte tonnelle à l'ombre des lilas,
>Dont la fleur m'est si douce et meurt si vite, hélas!
>Des livres, une femme, heureuse et jeune épouse,
>Avec deux beaux enfants jouant sur la pelouse;
>Et, fermant de mes jours le cercle fortuné,
>Le bonheur de mourir aux lieux où je suis né!

Un autre poëte de l'île Bourbon (car cette race de créoles semble née pour le rêve et pour le chant), M. Leconte de Lisle, qui n'est encore apprécié que de quelques-uns, a un caractère des plus prononcés et des plus dignes entre les poëtes de ce temps. Jeune, mais déjà mûr, d'un esprit ferme et haut, nourri des études antiques et de la lecture familière des poëtes grecs, il a su en combiner l'imitation avec une pensée philosophique plus avancée et avec un sentiment très-présent de la nature. Sa Grèce à lui, c'est celle d'Alexandrie, comme pour M. de Laprade; et M. de Lisle l'élargit encore et la reporte plus haut vers l'Orient. On ne saurait rendre l'ampleur et le procédé habituel de cette poésie, si on ne l'a entendue dans son récitatif lent et majestueux; c'est un flot large et continu, une poésie amante de l'idéal, et dont l'expression est toute faite aussi pour des lèvres harmonieuses et amies du nombre. Je pourrais en détacher des tableaux pleins de suavité et d'éblouissement, les amours de Léda et du Cygne sur l'Eurotas, le Jugement de Pâris sur l'Ida entre les trois déesses; mais j'aime mieux, comme indication originale, donner ici la pièce intitulée *Midi*. Le poëte a voulu rendre l'impression profonde de cette heure immobile et brûlante sous les climats méridionaux, par exemple dans la Campagne romaine. C'est la gravité solennelle d'un paysage du Poussin, avec plus de lumière :

MIDI.

Midi, roi des Étés, épandu sur la plaine,
Tombe en nappes d'argent des hauteurs du ciel bleu.
Tout se tait. L'air flamboie et brûle sans haleine :
La terre est assoupie en sa robe de feu.

L'étendue est immense, et les champs n'ont point d'ombre,
Et la source est tarie où buvaient les troupeaux;
La lointaine forêt, dont la lisière est sombre,
Dort là-bas, immobile, en un pesant repos.

Seuls, les grands blés mûris, tels qu'une mer dorée,
Se déroulent au loin, dédaigneux du sommeil ;
Pacifiques enfants de la terre sacrée,
Ils épuisent sans peur la coupe du soleil.

Parfois, comme un soupir de leur âme brûlante,
Du sein des épis lourds qui murmurent entre eux,
Une ondulation majestueuse et lente
S'éveille, et va mourir à l'horizon poudreux.

Non loin, quelques bœufs blancs, couchés parmi les herbes,
Bavent avec lenteur sur leurs fanons épais,
Et suivent de leurs yeux languissants et superbes
Le songe intérieur qu'ils n'achèvent jamais.

Homme, si, le cœur plein de joie ou d'amertume,
Tu passais, vers midi, dans les champs radieux,
Fuis! la nature est vide et le soleil consume :
Rien n'est vivant ici, rien n'est triste ou joyeux.

Mais si, désabusé des larmes et du rire,
Altéré de l'oubli de ce monde agité,
Tu veux, ne sachant plus pardonner ou maudire,
Goûter une suprême et morne volupté,

Viens! ce soleil te parle en lumières sublimes;
Dans sa flamme implacable absorbe-toi sans fin;
Et retourne à pas lents vers les cités infimes,
Le cœur trempé sept fois dans le néant divin !

Dans cette dernière partie, le poëte, en traduisant le sentiment suprême du désabusement humain, et en l'associant, en le confondant ainsi avec celui qu'il prête à la nature, a quitté le paysage du midi de l'Europe, et a fait un pas vers l'Inde. Qu'il ne s'y absorbe pas.

Chacun de ces poëtes que j'effleure en passant, mériterait une étude ; mais on doit comprendre maintenant qu'une poésie, dont la culture offre de ces variétés à chaque pas, n'est pas morte. Et pour ceux qui voudraient des vers gracieux et aimables, comme on disait autrefois, j'en sais aussi à leur indiquer; il est encore des vers spirituels et amoureux, vifs et légers, d'une gaieté nuancée de sentiment. Un jeune ami, qui n'est pas loin de moi, et qui n'est encore connu du public que par une édition d'Hégésippe Moreau, M. Octave Lacroix (1), m'en fournit tout un frais bouquet où je n'aurais qu'à choisir. En voici quelques-uns que j'en détache de préférence, parce qu'ils sont tout simples et naturels, et comme voisins de la source :

> Dans leurs boutons ouverts, riantes et nouvelles,
> Par les soleils de mai, Dieu! que les fleurs sont belles!
> Moi, comme un papillon, léger dès le matin,
> Pour leur faire ma cour je descends au jardin,
> Car elles ont souvent consolé mes tristesses,
> Et, qui le sait? les Fleurs sont peut-être déesses.

> Mais, ce jour-là, j'allais, des larmes dans les yeux
> Et sans voir le soleil monter au bord des cieux,
> Ni, tout humide encor de son bain de rosée,
> Chaque fleur relever sa tête reposée.
> Je pensais à ma sœur, et, rêvant loin de moi,
> Je disais : — Pauvre sœur, mon âme est avec toi!
> — Oh! je rêvai longtemps. Puis, en souvenir d'elle
> Et de nos jours si doux sous l'aile maternelle,
> Avant de m'éloigner du jardin, je cueillis
> Les fleurs de mes amours, — une pervenche, un lis;
> Du rosier couronné ployant la haute branche,
> J'y cueillis une rose, et c'était la plus blanche;
> Et quand j'eus fait ainsi le bouquet de ma sœur,
> Je le baisai trois fois et le mis sur mon cœur.

C'est ainsi qu'on faisait des vers au printemps de 1851, c'est ainsi qu'on en fera encore au printemps de 1852. Comme je n'ai pas prétendu donner un Rapport sur la poésie à la date présente, je ne suis pas tenu de conclure. Si j'avais pourtant à le faire, je dirais que,

---

(1) Il était mon secrétaire quand j'écrivais cela. Il a fait représenter bientôt après, au Théâtre Français, une assez jolie petite comédie en vers, *L'Amour et son train*, mais il n'a pas continué. Il a passé depuis dans la presse de province, non sans avoir glissé auparavant dans la petite presse parisienne, anonyme ou pseudonyme, et dans la chronique clandestine : j'en sais quelque chose. Oh! ne regardez pas trop au fond de la littérature, vous tous qui l'aimez d'un amour virginal, honnête et simple!

malgré des fautes trop fréquentes et de mauvaises habitudes de goût, jamais peut-être la vraie matière poétique en circulation n'a été plus abondante, jamais la main-d'œuvre plus vulgarisée, et plus à la portée de ceux qui en abusent comme de ceux qui en sauront profiter. J'ajouterais qu'on trouverait en ce moment bon nombre de poëtes particuliers très-distingués, et qu'on pourrait tirer de leurs œuvres un choix à la fois honorable et charmant. Ce qui manque, c'est une inspiration vive, passionnée, appropriée, qui mette les poëtes en communication directe avec le public, et qui force celui-ci à s'intéresser à leur art. Le jour où il plaira à Dieu et à la nature de produire un talent complet doué de cette puissance d'action et de sympathie, il trouvera pour ses créations un rhythme, des images, un style propre aux tons les plus divers, en un mot des éléments tout préparés.

Lundi, 16 février 1852.

LA PRINCESSE DES URSINS

LETTRES DE MADAME DE MAINTENON ET DE LA PRINCESSE DES URSINS (1)

Pendant les négociations de la paix des Pyrénées, Mazarin, s'entretenant avec le premier ministre d'Espagne, don Louis de Haro, lui parlait des femmes politiques de la Fronde, de la duchesse de Longueville, de la duchesse de Chevreuse, de la Princesse Palatine, comme étant capables chacune de renverser dix États :

« Vous êtes bien heureux en Espagne, ajouta-t-il ; vous avez, comme partout ailleurs, deux sortes de femmes, des coquettes en abondance, et fort peu de femmes de bien : celles-là ne songent qu'à plaire à leurs galants, et celles-ci à leurs maris ; les unes ni les autres n'ont d'ambition que pour le luxe et la vanité ; elles ne savent écrire, les unes que pour des poulets, les autres que pour leur confession : les unes ni les autres ne savent comment vient le blé, et la tête leur tourne quand elles entendent parler d'affaires. Les nôtres, au contraire, soit prudes, soit galantes, soit vieilles, jeunes, sottes ou habiles, veulent se mêler de toutes choses. Une femme de bien (je laisse au cardinal son langage) ne coucherait pas avec son mari, ni une coquette avec son galant, s'ils ne leur avaient parlé ce jour-là d'affaires d'État ; elles veulent tout voir, tout connaître, tout savoir, et, qui pis est, tout faire et tout brouiller. Nous en avons trois entre autres (et il nommait les trois dont je viens de parler), qui nous mettent tous les jours en plus de confusion qu'il n'y en eut jamais à Babylone. »

— « Grâce à Dieu, répondit peu galamment don Louis (je ne me

(1) 4 v.l. in-8°, 1826.

fais pas garant de ce qu'il dit, et j'en demande au contraire bien pardon aux dames espagnoles d'à présent), les nôtres sont de l'humeur dont vous les connaissez : pourvu qu'elles manient de l'argent, soit de leurs maris, soit de leurs galants, elles sont satisfaites, et je suis bien heureux de ce qu'elles ne se mêlent pas d'affaires d'État, car *elles gâteraient assurément tout en Espagne comme elles font en France.* »

Voilà de part et d'autre de dures paroles, et qui soulèveraient une terrible querelle si on les voulait discuter à fond. Il semble que le philosophe Condorcet se soit chargé formellement d'y répondre lorsque, dans une dissertation insérée au *Journal de la Société de* 89, plaidant pour *l'admission des femmes au droit de cité*, il alléguait à l'appui de leurs prétentions les grands exemples historiques de la reine Élisabeth d'Angleterre, de l'impératrice Marie-Thérèse, des deux impératrices Catherine de Russie ; et il ajoutait en parlant des femmes françaises :

« La princesse des Ursins ne valait-elle pas un peu mieux que Chamillart? Croit-on que la marquise Du Châtelet n'eût pas fait une dépêche aussi bien que M. Rouillé? Madame de Lambert aurait-elle fait des lois aussi absurdes et aussi barbares que celles du garde-des-sceaux d'Armenonville contre les Protestants, les voleurs domestiques, les contrebandiers et les Nègres? »

La princesse des Ursins, à son tour, traitait moins solennellement et plus agréablement la même question dans une de ses lettres à madame de Maintenon. Celle-ci, se plaignant de la légèreté de paroles qui régnait plus que jamais à la Cour de Versailles, lui avait écrit, à la date du 5 décembre 1706 : « Oui, Madame, les plus grandes difficultés viennent du peu de ressource qu'on trouve dans les hommes; ils sont presque tous intéressés, envieux, de mauvaise foi, insensibles au bien public, et regardant les sentiments contraires aux leurs comme des vues romanesques et impraticables. » A quoi madame des Ursins répondait, le 20 décembre :

« Vous me faites un portrait de la plupart des hommes, qui n'est pas trop à leur avantage : ce que j'y trouve de pis, c'est qu'il me paraît assez naturel. Ils nous rendent bien la pareille ; car, si on veut les en croire, nous avons la plupart de leurs imperfections, et peu de leurs bonnes qualités. Cependant il est certain qu'ils ont des petitesses méprisables, et qu'ils se déchirent les uns les autres plus encore que ne font les femmes... La connaissance que j'ai du monde m'attache encore davantage à vous : j'y trouve toutes les vertus et la bonté qui manque dans les autres. »

Voilà comment, tout en se complimentant, deux emmes politiques parlaient des hommes dans le tête-à-tête, et prenaient leur revanche sur don Louis de Haro et sur Mazarin.

Pourtant, dans une lettre toute voisine de celle-là, la vérité perce, et je saisis un aveu qui prouve que la revanche n'est jamais complète, même aux yeux des héroïnes qui s'en donnent le plaisir. La reine d'Espagne, forcée de quitter Madrid dans l'été de 1706 aux approches de l'ennemi, avait dû se séparer du gros les dames de sa suite : trois cents étaient restées à Madrid sans se soucier de l'accompagner, bien que plusieurs, avec un peu de bonne volonté, l'eussent pu faire ; et elles étaient bientôt sorties du palais pour s'en aller, les unes dans leurs familles, les autres dans des couvents, enfin partout où elles avaient quelque inclination ou quelque intérêt. Au retour de la reine dans la capitale, trouvant ces dames absentes et dispersées, on pensa que l'occasion était bonne pour faire une économie ; on avait plus besoin de soldats que de suivantes d'une fidélité douteuse. Madame des Ursins fit donc réformer du coup les trois cents *ménines* de la reine. On peut juger des hauts cris. Madame de Maintenon, pourtant, lui écrivait à ce propos, en la félicitant : « Comme je ne perds jamais vos intérêts de vue, je suis ravie *que vous n'ayez plus trois cents femmes à gouverner.* » Ainsi elle-même, madame de Maintenon, croyait trois cents femmes plus difficiles à gouverner que trois cents hommes. Je ne lui en demande pas davantage.

La princesse des Ursins, qui m'a amené à toucher cette corde délicate, était une femme politique, non pas, je le crois, du premier ordre, mais bien supérieure comme telle à madame de Maintenon. Ayant joué en Espagne un rôle considérable pendant treize années, interrompues à peine par une première disgrâce, puis s'étant vue brusquement précipitée et comme déracinée en un clin d'œil, sans laisser derrière elle de partisans ni de créatures, elle a excité des jugements contradictoires, et la plupart sévères. A moins d'être historien, on aurait peu l'idée d'entrer dans une appréciation plus particulière de sa renommée, si l'on n'avait d'elle presque toute sa Correspondance avec madame de Maintenon : c'est par là qu'il nous est permis de l'approcher plus familièrement, de pénétrer dans son esprit, et de prononcer sur son compte avec plus d'estime qu'on ne fait d'ordinaire.

Malgré son nom et son rôle à l'étranger, madame des Ursins était toute Française, du sang de La Trimouille, fille de M. de Noirmoutier, si mêlé aux intrigues de la Fronde et si lié avec le cardinal de Retz, dont les Mémoires finissent par une plainte sur son infidélité. Et en même temps mademoiselle Anne-Marie de La Trimouille, par sa mère, était presque bourgeoise, une bourgeoise de Paris; sa mère, *Aubry* de son nom, appartenait à une ancienne famille de robe et de finances. On ne donne pas la date exacte de la naissance de madame des Ursins; elle dut naître vers 1642. Elle épousa en 1659 en premières noces le prince de Chalais, de la maison de Talleyrand. Un duel l'ayant forcé de quitter le royaume, elle le suivit en Espagne, puis s'en alla à

Rome, où elle devint veuve. « Elle était jeune, belle, de beaucoup d'esprit, avec beaucoup de monde, de grâce et de langage. » Elle recourut à la protection des cardinaux français, dont plus d'un ne fut pas insensible. Saint-Simon, qui nous l'a peinte à ravir dans sa première forme, nous la montre encore dans le plein de sa beauté et dans la grandeur de sa représentation, qu'elle sut soutenir à travers toutes les fortunes :

« C'était une femme plutôt grande que petite, *brune avec des yeux bleus* qui disaient sans cesse tout ce qui lui plaisait, avec une taille parfaite, une belle gorge, et un visage qui, sans beauté, était charmant; l'air extrêmement noble, quelque chose de majestueux en tout son maintien, et des grâces si naturelles et si continuelles en tout, jusque dans les choses les plus petites et les plus indifférentes, que je n'ai jamais vu personne en approcher, soit dans le corps, soit dans l'esprit, dont elle avait infiniment et de toutes les sortes; flatteuse, caressante, insinuante, mesurée, voulant plaire pour plaire, et avec des charmes dont il n'était pas possible de se défendre quand elle voulait gagner et séduire; avec cela un air qui, avec de la grandeur, attirait au lieu d'effaroucher; une conversation délicieuse, intarissable, et d'ailleurs fort amusante par tout ce qu'elle avait vu et connu de pays et de personnes; une voix et un parler extrêmement agréables, avec un air de douceur; elle avait aussi beaucoup lu, et elle était personne à beaucoup de réflexion. Un grand choix des meilleures compagnies, un grand usage de les tenir, et même une Cour; une grande politesse, mais avec une grande distinction, et surtout une grande attention à ne s'avancer qu'avec dignité et discrétion. D'ailleurs, la personne du monde la plus propre à l'intrigue, et qui y avait passé sa vie à Rome par son goût; beaucoup d'ambition, mais de ces ambitions vastes, fort au-dessus de son sexe et de l'ambition ordinaire des hommes, et un désir pareil d'être et de gouverner. »

Je m'arrête dans la citation de ce portrait que l'inépuisable peintre ne termine pas si tôt. Telle était la princesse des Ursins à Rome lorsqu'elle y eut épousé en secondes noces le prince de ce nom (*Orsini*), duc de Bracciano. Madame des Ursins s'appelait alors à Paris madame de Bracciano, elle y venait quelquefois, y faisait d'assez longs séjours; elle y donnait de petits bals, qui finissaient à dix heures du soir, pour les héritières à marier. Mais sa résidence habituelle était l'Italie et Rome. Devenue veuve une seconde fois, et sans enfants, il ne semblait pas que ses qualités bien appréciées de ses amis dussent s'exercer sur un plus vaste théâtre que celui d'une brillante société, lorsqu'une nécessité imprévue vint la produire. Louis XIV, en acceptant la couronne d'Espagne pour son petit-fils, le maria à une princesse de Savoie, à une sœur de la duchesse de Bourgogne. Il fallut trouver à cette jeune reine, qui n'était encore qu'une enfant de treize ans, un guide, une conseillère expérimentée, pour la former, pour lui apprendre à ne rien choquer autour d'elle et à représenter avec dignité. Il se trouva que la princesse des Ursins réunissait seule les conditions difficiles de cet emploi : elle avait habité l'Espagne, en savait la langue et les usages, y jouissait de la grandesse par son mari. Le cardinal de Porto-Carrero, qui y était le personnage influent, avait été autrefois très-amoureux d'elle à Rome, aussi bien que beaucoup d'autres. Elle connaissait à fond toutes ces Cours du Midi et ceux qui y figuraient. On jugea donc que personne aussi bien que madame des Ursins n'était en état de remplir la place de *Camarera mayor* ou de Surintendante de la maison de la reine. Jusque-là ses ambitions et ses intrigues s'étaient dispersées sur des affaires accessoires et secondaires. Elle sentit que le jeu lui venait : elle ne parut point s'en saisir avec trop d'empressement; elle se fit même prier pour ce qui était l'objet de son secret désir (1). Elle n'avait pas moins de cinquante-neuf

---

(1) Il n'est plus permis de dire qu'il fallut la prier, quand on a lu les Lettres publiées depuis par M. Geffroy, dans lesquelles elle sollicite et remue ciel et terre pour arriver à être choisie. (Voir, au tome XIV de ces *Causeries*, le complément du portrait de madame des Ursins.)

ans (1704) quand cette carrière s'ouvrit pour elle. Madame de Coulanges, en apprenant cette nouvelle, et tout en estimant madame des Ursins très-digne de son emploi, trouvait qu'à cet âge il n'y avait plus rien à imaginer d'agréable dans la vie : c'est qu'elle n'était que femme, et ne concevait de son sexe que les passions aimables et tendres. Madame des Ursins, qui y joignait les ambitions du nôtre, entra dans son rôle nouveau avec un zèle, une ardeur, une activité plus que viriles.

Deux époques distinctes sont à marquer dans ses treize années d'influence en Espagne. Dès l'abord elle charme la jeune reine, une gracieuse et vraiment spirituelle élève, lui devient nécessaire, et par elle arrive à l'être au jeune roi, prince d'un esprit juste, brave à la guerre, mais d'un caractère timide, d'un tempérament impérieux, et par là dépendant étroitement de sa femme (*uxorius*), en un mot chaste, dévot et amoureux. Durant les trois premières années, madame des Ursins travaille à s'établir complétement dans l'esprit des deux personnes royales; elle écarte les influences rivales, les déjoue par tous les moyens, excite mille clameurs, et, faute d'assez de ménagement et de prudence, mérite de recevoir son rappel par ordre de Louis XIV (1704). Dans cette première disgrâce, elle déploie des qualités plus rares et plus difficiles qu'elle n'en eût certes prouvé dans un constant bonheur. Comme un bon général qui fait preuve de plus d'habileté dans une retraite, elle conduit si bien la sienne qu'elle obtient de Louis XIV, au lieu de partir pour l'exil d'Italie, d'être vue et entendue à Marly et à Versailles. Là, sur ce terrain, en personne, elle reconquiert son influence, en même temps qu'elle y comprend mieux la ligne de politique qu'elle doit désormais tenir. Retournée à Madrid toute-puissante et autorisée (août

1705), elle y règne véritablement dans l'intérieur du palais, et s'attache pour l'avenir à demeurer en parfaite concorde avec la Cour et le Cabinet de Versailles, jusqu'à l'heure toutefois où ce Cabinet se mettra en désaccord avec les intérêts mêmes de l'Espagne. C'est à dater de son retour que nous trouvons la suite de ses Lettres à madame de Maintenon, dans lesquelles nous aimons à l'entendre et à l'étudier. Il nous arrive à nous-même presque comme à Louis XIV; madame des Ursins regagne dans notre esprit, du moment qu'elle parvient à être écoutée.

Nous dirons pourtant quelque chose de cette première période (1701-1704), sur laquelle il s'est fait tant de récits. Louville, l'un des principaux agents de l'influence française auprès de Philippe V avant l'arrivée de madame des Ursins, s'est montré injuste et injurieux contre elle, et en a parlé comme un rival évincé, avec toutes sortes d'outrages, dans les Mémoires qu'on a publiés sous son nom et d'après ses papiers : les Mémoires de Noailles, rédigés par l'abbé Millot, sont plus équitables. Sans nous engager dans le détail des intrigues, il demeure évident que madame des Ursins contribua dès les premiers temps à bien diriger la reine, à l'engager dans une voie où elle se fit bien venir de ses nouveaux sujets et chérir du peuple espagnol. Les grâces et l'esprit de cette reine enfant n'y auraient pas suffi sans les directions de ce guide continuel, et qui l'était aussi du jeune roi en bien des choses. Avec ce ton de raillerie supérieure qui lui est particulière, madame des Ursins est agréable à entendre là-dessus :

« Dans quel emploi, bon Dieu! m'avez vous mise! écrivait-elle à la maréchale de Noailles (12 novembre 1701). Je n'ai pas le moindre repos, et je ne trouve pas même le temps de parler à mon secrétaire. Il n'est plus question de me reposer après le dîner, ni de manger quand j'ai faim : je suis trop heureuse de pouvoir faire un mauvais repas en courant ; et encore est-il bien rare qu'on ne m'appelle pas dans le moment que je me mets à table. En vérité madame de Maintenon rirait bien si elle savait tous les détails de ma charge. Dites-lui, je vous supplie, que c'est moi qui ai l'honneur de prendre la robe de chambre du roi d'Espagne lorsqu'il se met au lit, et de la lui donner avec ses pantoufles quand il se lève, jusque-là je prendrais patience ; mais que tous les soirs, quand le roi entre chez la reine pour se coucher, le comte de Benavente (le grand-chambellan) me charge de l'épée de Sa Majesté, d'un pot de chambre, et d'une lampe que je renverse ordinairement sur mes habits, cela est trop grotesque. Jamais le roi ne se lèverait si je n'allais tirer son rideau ; et ce serait un sacrilége si une autre que moi entrait dans la chambre de la reine quand ils sont au lit. Dernièrement la lampe s'était éteinte, parce que j'en avais répandu la moitié. Je ne savais où étaient les fenêtres, parce que nous étions arrivés de nuit dans ce lieu-là ; je pensai me casser le nez contre la muraille, et nous fûmes, le roi d'Espagne et moi, près d'un quart d'heure à nous heurter en les cherchant. Sa Majesté s'accommode si bien de moi, qu'elle a quelquefois la bonté de m'appeler deux heures plus tôt que je ne voudrais me lever. La reine entre dans ces plaisanteries ; mais cependant je n'ai point encore attrapé la confiance qu'elle avait aux femmes de chambre piémontaises. J'en suis étonnée, car je la sers mieux qu'elles, et je suis sûre qu'elles ne lui laveraient point les pieds et qu'elles ne la déchausseraient point aussi proprement que je fais. »

Il lui fallait passer par ces soins domestiques pour arriver aux affaires d'État et pour y conduire peu à peu ce jeune couple. Pendant la campagne d'Italie que voulut faire Philippe V, madame des Ursins, selon les devoirs et les prérogatives de sa charge, ne quitta pas un seul instant la reine : elle assistait chaque fois avec elle aux séances de la Junte, et, sous prétexte de l'initier aux affaires, elle-même elle en pénétrait le secret. Elle savait se servir de l'étiquette, la mettre en avant ou la modifier et la détendre selon ses intérêts. Elle comprit quel genre de concessions commandait le génie de la nation espagnole, et quelles réformes aussi il permettait. Elle jugea du premier coup d'œil les esprits des grands et ne se fit aucune illusion sur le degré d'appui qu'on pouvait espérer d'eux : « Avec ces gens-ci, écrivait-elle à M. de Torcy, le plus sûr est de témoigner de la fermeté. Plus je les vois de près, et moins je trouve qu'ils méritent qu'on ait pour eux l'estime que je croyais qu'on ne pouvait leur refuser. » Selon elle, cette nation, en la personne de ses grands, ne s'était donnée à un fils de France que dans la pensée que la France seule la pourrait défendre et protéger. La France restant victorieuse et puissante, l'Espagne restait sûre : mais à chaque défaite qui allait survenir en Allemagne ou en Flandre, les regards des grands se reportaient vers l'archiduc, et leur fidélité ne tenait plus. Le mérite et l'art de madame des Ursins fut de savoir en si peu de temps tirer si bon parti des grâces et de l'affabilité de la reine, qu'elle la rendit réellement populaire parmi le vrai peuple du centre de l'Espagne, et ce fut miracle de voir les racines de cette royauté si nouvelle prendre si vite au cœur des vieux Castillans, qu'elle put résister ensuite pendant de rudes années à tous les orages. La situation exacte était celle-ci : la reine gouvernait le roi; car, malgré tous les conseils dont on l'entourait, malgré les admirables instructions de Louis XIV, « le ressort qui détermine les hommes n'était pas en lui; il avait reçu du Ciel *un esprit subalterne ou même subjugué.* » Or, la reine qui, à la date d'août 1703, avait tout juste ses quatorze ans accomplis, avait elle-même besoin d'une personne pour la gouverner, « pour lui donner de bons conseils et du courage. » Madame des Ursins fut cette personne essentielle. Usa-t-elle toujours de cette influence intime et sans contrôle dans un sens purement dévoué et désintéressé? On n'oserait certes l'affirmer. Louville, son rival et son ennemi, homme de talent et d'ardeur, mais de passion, nous la présente comme la plus méchante femme de la terre, bonne à chasser au plus tôt, « sordide et voleuse, que c'est merveille. » Il élève la même accusation contre Orry, homme habile que Louis XIV avait envoyé en Espagne pour y mettre quelque ordre dans les finances. Ces accusations ne semblent pas justifiées. Le maréchal de Berwick, qui se tient au-dessus de toutes ces tracasseries odieuses, rend plus de justice à Orry, et tout porte le lecteur impartial à penser que madame des Ursins était encore plus nette sur ce chapitre, et qu'elle se sentait, comme elle le dit, *très-dégagée dans sa taille* : « Je suis gueuse, il est vrai, écrivait-elle à la maréchale de Noailles en entrant en Espagne, mais je suis encore plus fière. » Racontant plus tard à madame de Maintenon les indignités de ce genre dont on les chargeait toutes deux, elle en parle avec un ton de haute ironie et de souverain mépris qui semble exclure toute feinte.

Mais ce qui paraît plus certain, quoiqu'un peu singulier au premier aspect, c'est qu'à cet âge de soixante ans et plus, madame des Ursins avait encore des amants. « Elle a des mœurs *à l'escarpolette*, » écrivait Louville au duc et à la duchesse de Beauvilliers. Un sieur d'Aubigny, espèce d'intendant dont elle avait fait un écuyer, couchait au *Retiro* dans l'appartement des femmes attenant à celui de la princesse. On le vit un jour se laver sans façon les dents à sa fenêtre. « C'était un beau et grand drôle très-bien fait et très-découplé de corps et d'esprit, » et non une *bête brute*, comme dit Louville. Mais il était hardi et quelque peu insolent, comme celui qui se sent des droits. Un jour que Louville entrait avec le duc de Medina-Cœli dans l'appartement de madame des Ursins, où celle-ci les introduisait pour causer plus librement, d'Aubigny, qui était installé au fond, ne voyant que la princesse et la croyant seule, se mit à l'apostropher en des termes d'une familiarité brusque, et des plus crus, qui mirent tout le monde dans la confusion. Le défaut féminin de madame des Ursins était de ce côté : « la *galanterie* et l'en-

têtement de sa personne fut en elle la faiblesse dominante et surnageante à tout, jusque dans sa dernière vieillesse. » C'est Saint-Simon qui nous le dit, et il lui rend toute justice d'ailleurs pour ses vives et hautes qualités.

On a parlé de ce d'Aubigny comme de la cause principale de la première disgrâce de madame des Ursins. Après avoir fait renvoyer l'ambassadeur de France, le cardinal d'Estrées, qu'on avait remplacé par son neveu l'abbé d'Estrées, madame des Ursins s'aperçut que celui-ci, contrairement à leurs conventions, écrivait à sa Cour des dépêches à son insu. Elle intercepta une de ces dépêches, y lut les particularités de ses relations avec d'Aubigny; mais ce qui la piqua le plus, c'est que l'ambassadeur ajoutait comme dernier trait qu'on les croyait mariés. La grande dame se releva ici de toute sa hauteur, et, dans sa verve d'indignation, elle écrivit en marge cette apostille : « *Pour mariés, non.* » C'est du moins le récit qui circula. La dépêche, ainsi apostillée, aurait été remise ensuite au courrier, et serait arrivée à Louis XIV.

Mais les lettres qu'on a de ce roi montrent qu'il n'était nullement besoin de cette extrême incartade pour l'indisposer contre madame des Ursins. Les plaintes élevées contre elle étaient alors universelles, au moins à Versailles, et de loin il devenait difficile de démêler celles qui étaient fondées d'avec les autres. De l'esprit dont on connaît Louis XIV, il devait trouver inouï qu'on donnât cette importance à une femme qu'il avait placée là pour le servir. Trouvant de la résistance à son rappel dans l'esprit de son petit-fils et de la jeune reine, il leur écrivit en père et en roi :

« Vous me demandez mes conseils, disait-il à Philippe V (20 août 1704), je vous écris ce que je pense ; mais les meilleurs deviennent inutiles, lorsqu'on attend à les demander et à les suivre que le mal soit arrivé... Vous avez donné jusqu'à présent votre confiance à des gens incapables ou intéressés... (Et parlant du rappel d'Orry et d'un autre agent :) Il semble cependant que l'intérêt de ces particuliers vous occupe tout entier, et, dans le temps que vous ne le devriez être que de grandes vues, *vous le rabaissez aux cabales de la princesse des Ursins, dont on ne cesse de me fatiguer.* »

Et à la reine, Louis XIV écrivait avec plus d'explication encore (20 septembre 1704) :

« Vous savez combien j'ai désiré que vous donnassiez votre confiance à la princesse des Ursins, et que je n'oubliai rien pour vous y porter. Cependant, oubliant nos intérêts communs, elle s'est livrée tout entière à une inimitié que j'ignorais, et n'a songé qu'à contredire ceux qui ont été chargés de nos affaires. Si elle avait eu un fidèle attachement pour vous, elle aurait sacrifié tous ses ressentiments, bien ou mal fondés, contre le cardinal d'Estrées, au lieu de vous y faire entrer. *Les gens comme nous doivent s'élever au-dessus des démêlés particuliers, et se conduire par rapport à leurs propres intérêts et à ceux de leurs sujets, qui sont toujours les mêmes.* Il fallait donc rappeler mon ambassadeur, vous abandonner à la princesse des Ursins et la laisser seule gouverner vos royaumes, ou la rappeler elle-même. C'est ce que j'ai cru devoir faire. »

Dans ces paroles si fermes et si royales, on saisit bien les vraies causes du mécontentement de Louis XIV, et l'apostille, vraie ou fausse, de la dépêche, n'est plus qu'un accident secondaire.

Le grand roi, d'ailleurs, crut devoir prendre des précautions extrêmes pour frapper le coup à propos. On choisit exprès le moment où le roi d'Espagne était à l'armée et séparé de la reine, craignant que celle-ci par son désespoir ne fît obstacle à l'exécution.

Je renvoie au tome IV de Saint-Simon ceux qui voudront admirer la présence d'esprit avec laquelle madame des Ursins, ainsi rappelée à l'improviste et touchée de la foudre, ne se laissa déconcerter en rien, la tranquillité de sa démarche, l'art avec lequel elle ménagea sa retraite lentement, en bon ordre, ne lâchant le terrain que pied à pied, sans affecter pourtant de désobéir, et disposant dès lors ses mesures en cas de retour. Après une première station à Toulouse d'où elle continuait de correspondre avec sa royale élève et où elle vint à bout de *parer* l'exil pour l'Italie, elle reçut l'ordre tant désiré de venir à Versailles, et dès lors elle ne douta plus du succès final et du triomphe.

Arrivée à Paris le 4 janvier 1705, visitée à l'instant par ce qu'il y avait de plus considérable, elle alla huit jours après à Versailles, et, dès le premier entretien qu'elle eut avec Louis XIV, il fut manifeste par la façon dont il la traita que ce n'était plus une accusée qui venait rendre compte de sa conduite, mais une victorieuse qui avait raison de ses ennemis. On la vit comblée de grâces et de marques de distinction « comme pas une sujette ne l'avait été, » et à l'un des voyages de Marly, Louis XIV lui en fit les honneurs comme à *un diminuti de reine étrangère*.

Dans les bals de Marly, elle paraissait haute, aisée, familière, lorgnant ur chacun de sa lorgnette; à l'un de ces bals, elle tenait un petit épagneul sous le bras, comme si elle eût été chez elle, et (ce qui fut encore plus remarqué) le roi caressa le petit chien à plusieurs reprises, quand il se retournait vers elle pour l'entretenir, et il le fit presque tout le soir. « On n'avait jamais vu prendre un si grand vol. »

Madame des Ursins, qui avait de l'imagination et qu'on nous dit un peu sujette à l'éblouissement, put avoir en ces mois de faveur quelque accès d'ivresse; mais surtout, et en même temps qu'elle déployait les trésors de sa conversation continuelle et intarissable, elle apprécia vivement l'esprit du roi. Elle y revient trop fréquemment ensuite et entre trop particulièrement dans le détail de ce qu'elle découvrit en lui, pour qu'on n'y voie pas de sa part une vérité plus forte que la flatterie. Elle ne parle jamais du roi que comme de *l'homme du monde le plus aimable,* du *meilleur ami,* et du *plus honnête homme du monde :*

« Si j'avais de plus, Madame, comme vous me dites (écrit-elle à madame de Maintenon), le bonheur qu'il se fût fort accoutumé à moi, je vous confesserais ingénûment qu'il ne tenait qu'à Sa Majesté de s'apercevoir que je la trouvais *de très-bonne compagnie* (1). Effectivement, quoique je puisse me vanter d'avoir entretenu en France, en Italie et en Espagne, tout ce qu'il y a de gens du meilleur esprit et du plus agréable, je ne me suis jamais tant plu avec eux que je me plaisais avec Sa Majesté. Vous m'avouerez que cet aveu est naïf. »

On est même allé jusqu'à supposer que les vues de madame des Ursins se portèrent plus loin : « l'âge et la santé de madame de Maintenon la tentaient. » Elle se serait demandé si cette perspective de la remplacer en France ne valait pas mieux que ce qu'elle allait retrouver en Espagne. Mais ce sont là de ces conjectures qu'il est trop aisé de former à l'occasion d'un cœur de femme et trop impossible de vérifier.

Ce qui me paraît plus sûr, c'est qu'indépendamment même de la politique, il y eut là un triomphe de l'esprit. Madame de Maintenon, madame des Ursins, et Louis XIV, ces trois personnes furent quelque temps sous un même charme : « Je rappelle souvent votre idée et cette aimable contenance qui me charmait à Marly, lui écrivait un an après madame de Maintenon; conservez-vous cette tranquillité qui vous faisait passer de la conversation la plus importante avec le roi au badinage de madame d'Heudicourt dans mon cabinet? » Madame des Ursins, qui n'était là qu'une âme de passage, était de celles en qui la joie de plaire et le sentiment du succès redoublent les grâces. Ce léger éblouis-

---

(1) *De très-bonne compagnie,* dans le sens primitif, cela se rapproche du sens de *bon compagnon,* et implique l'agrément et une sorte de gaieté, le contraire d'ennuyer.

sement qu'elle éprouvait peut-être, elle le rendait en mille étincelles.

Louis XIV lui-même fut séduit et par la grâce et par la capacité. Il s'était attendu, d'après tous les rapports, à trouver dans madame des Ursins une femme de la Fronde, qui venait trop tard : au lieu de cela, il trouvait quelqu'un qui avait peu à faire pour être naturellement une personne d'autorité et de gouvernement, et qui ne cessait pas d'être de la plus agréable société dans le plus grand air. Elle en tiers, le commerce même avec madame de Maintenon s'en trouvait tout rajeuni. De ces trois personnes, si j'ose dire, madame des Ursins était celle encore qui dominait le plus sa situation, et qui avait le plus fait le tour de chaque chose par l'esprit : c'était des trois la plus détachée de son rôle, et le jouant d'autant mieux.

Une fois rétablie en Espagne, madame des Ursins, ainsi remise à l'unisson de Louis XIV, s'applique à suivre une marche plus mesurée, plus régulière et véritablement irréprochable par rapport à ceux qui l'ont envoyée. Elle ne fait plus un pas que de concert avec le sage ambassadeur M. Amelot. Les lettres qu'elle écrit à madame de Maintenon, et qui commencent aussitôt après son départ de Paris, ne nous rendent pas son esprit tout entier dans son vif et son brillant, elles nous le font du moins deviner par endroits ; et elles nous donnent bien les lignes principales de son caractère. L'esprit de madame des Ursins est un esprit sérieux, positif, un peu sec au fond, mais ouvert, délibéré et hardi. A la différence de madame de Maintenon, elle a des idées politiques ; elle ose les avouer et pousser à l'exécution. Elle se prononce avant tout pour le complet rétablissement de l'autorité du roi. A propos d'une prétention élevée par les grands contre les capitaines des gardes, elle veut qu'on achève de briser cette cabale des grands qui profitent de la faiblesse d'un nouveau régime pour se créer des titres et des prérogatives : autrement ce serait le moyen de retomber en Espagne dans les mêmes embarras où l'on était sous la Fronde, « du temps que les Français n'étaient occupés qu'à se contrarier. » Elle est d'avis que les chefs de ce parti ressentent les marques du mécontentement du roi avant qu'on ait eu le temps de recevoir des réponses de France, afin qu'il paraisse bien que c'est une résolution prise par le roi d'Espagne et non suggérée d'ailleurs :

« Ne vous épouvantez point, je vous supplie, Madame, de ces résolutions : il est heureux que les grands nous aient donné une si juste occasion de les mortifier. Ce sont des superbes sans force et sans courage, qui ne travaillent qu'à anéantir l'autorité de leur roi, et contre qui je suis outrée de colère pour tout ce qu'ils ont fait tant qu'ils ont été les maîtres dans le *Despacho* (dans le Conseil intime). »

Ce ton viril nous reporte bien loin de madame de Maintenon. Une chose plus importante pour madame des Ursins que de contenter les grands, c'est d'avoir des troupes, de trouver moyen de les payer : après quoi on peut *se moquer du reste :* « Plût à Dieu, s'écrie-t-elle, qu'il nous fût aussi facile de prendre le dessus sur les prêtres et sur les moines, qui sont la cause de toutes les révoltes que vous voyez! »

Elle a des idées sur la guerre (je ne les donne pas pour les meilleures, mais elle en a), et sur les plans de défense à suivre, et sur le choix des généraux; elle les dit, tout en s'excusant de raisonner là-dessus; et elle raisonne cependant. Elle voit les dangers à l'avance, les met à nu et les étale sans se laisser décourager. Elle montre les troupes du pays telles qu'elles sont, les places d'importance dépourvues de tout, *suivant la coutume d'Espagne;* elle réclame énergiquement de France des secours, des hommes, et, après avoir bien demandé dans le corps de la lettre les gros bataillons, elle ajoute en post-scriptum qu'elle a conseillé au roi d'Espagne d'ordonner des prières. Elle a de ces flatteries appropriées pour madame de Maintenon.

Peu de jours après l'arrivée du maréchal de Berwick, pour mieux remercier madame de Maintenon d'un tel secours, elle lui parle de Saint-Cyr, sachant que rien ne lui saurait être plus sensible et *connaissant la faiblesse des mères :*

« La reine a fort goûté toutes vos Règles de Saint-Cyr ; nos dames les veulent avoir, et je fais travailler à les traduire en espagnol pour leur donner cette satisfaction. Si Sa Majesté n'était pas dans des engagements bien différents de ceux des demoiselles de Saint-Cyr, je crois, en vérité, qu'elle voudrait être une de vos élèves. »

La flatteuse sait prendre le langage qu'il faut ; mais il y aura des jours où, mécontente de sentir l'Espagne abandonnée et délaissée à Versailles, elle sera franche jusqu'à la rudesse.

Une de ses plus belles lettres est adressée au ministre M. de Torcy, à la date du 6 novembre 1705. Madame des Ursins, remontant au principe de la succession d'Espagne, montre quel fond on doit faire sur cette fidélité de si fraîche date des Espagnols à la maison de Bourbon, et quel en est le vrai sens politique : pour les grands, empêcher la division de la monarchie; pour les peuples des provinces, bien vendre leurs laines. Ceux mêmes qui préfèrent ces avantages avec la France se décideront à les prendre de l'archiduc, si la France aux abois ne peut les procurer. Elle finit par soumettre ses vues sur les moyens de se défendre au plus tôt d'une invasion commencée tant du côté du Portugal que de celui de la Catalogne. Puis, après avoir dit tout ce qu'elle a sur le cœur et s'être hardiment prononcée, elle s'efface dans un post-scriptum habile et rentre dans son rôle de femme avec une haute convenance.

Les dangers qu'elle prévoyait se réalisèrent en effet dans la campagne de 1706 : la Cour se vit réduite à quitter Madrid que menaçaient les Portugais, et que Berwick ne pouvait couvrir. Les misères et les incidents de ce voyage à travers des provinces fidèles, que madame des Ursins apprécie mieux qu'elle n'avait fait jusque-là, sont racontés avec enjouement. Berwick, en signifiant à la Cour la nécessité de quitter Madrid, avait proposé un plan fait pour séduire : c'était que la reine vînt se mettre en personne à la tête de son armée, qu'elle lançât de là des proclamations et appelât tout ce qu'il y avait de loyaux sujets à combattre sous son étendard : « La princesse des Ursins et M. Amelot n'approuvèrent pas ma proposition, ajoute Berwick ; et l'endroit le plus éloigné du péril était celui qu'ils avaient résolu de préférer. » Ce plan généreux toutefois ne semblait pas contraire à l'humeur de madame des Ursins, qui est brave, impétueuse, qui attend et demande toujours de Berwick une victoire qui tarde et qui ne vint que l'année suivante. Mais nous savons trop peu ces détails pour en juger de loin ; madame des Ursins en savait plus que nous et plus que Berwick lui-même sur l'intérieur de la reine et sur les difficultés de l'exécution. Et puis n'oublions pas qu'elle avait soixante-quatre ans alors, un œil malade et un rhumatisme, ce qui fait un ensemble de conditions fâcheuses pour commencer le métier des armes en qualité de maréchal de camp d'une jeune princesse. Elle se contenta donc d'égayer tout ce monde, de le consoler, d'inspirer la fermeté et une sorte de joie autour d'elle, de ne pas trop voir les choses en noir de son œil malade, d'obéir plutôt à sa douce humeur et à une certaine inclination d'espérer qui lui venait de la nature :

« Il arrive souvent, Madame, écrit-elle à madame de Maintenon, que lorsqu'on croit tout perdu, il survient des choses heureuses qui changent absolument la face des affaires. » — « Je pense, dit-elle encore, que la fortune peut nous redevenir favorable; qu'il est de ses faveurs comme du trop de santé, c'est-à-dire qu'on n'est jamais si près d'être malade que lorsqu'on se porte trop bien, ni si proche d'être malheureux que quand on est comblé de bonheur. Je retourne la médaille, et j'attends des consolations qui adoucissent fort mes peines. Je voudrais, Madame, que vous en pussiez faire autant, et que votre tempérament fût votre meilleur ami, comme le mien est celui sur lequel je dois le plus compter; car je crois, à vous parler franchement, que je lui ai plus d'obligation qu'à la raison, et que je n'ai pas un grand mérite à avoir cette tranquillité, dont vous voulez, par une bonté extrême, m'en faire un qui m'attire vos louanges. »

Madame de Maintenon, en effet, qui, avec son bon esprit, se tourmentait et se lamentait toujours, lui faisait un perpétuel éloge de cette tranquillité naturelle qu'elle enviait, de ce courage mêlé d'aimable humeur, de cette douceur et de ce *beau sang qui ne laissait rien d'âpre et de chagrin en elle.* « L'action vous sied bien, » pouvait-elle à bon droit lui dire. C'est, en effet, un trait original et des plus distinctifs du caractère de madame des Ursins que d'avoir su être une personne aussi tranquille au fond, sous une forme aussi active et dans une destinée si agitée; et c'est à cela qu'elle dut, après une chute si rude à soixante-douze ans, de s'en être allée mourir en paix et de vieillesse à quatre-vingts. Mais il est encore bien d'autres traits à relever dans sa nature, et qui la mettent en parfait contraste avec son amie madame de Maintenon. On me permettra d'y insister.

Lundi, 23 février 1852.

LA PRINCESSE DES URSINS

LETTRES DE MADAME DE MAINTENON ET DE LA PRINCESSE DES URSINS (1).

(SUITE ET FIN.)

Lorsqu'on lit les lettres de madame des Ursins, en les entremêlant de celles de madame Maintenon qui y correspondent, le caractère de ces deux femmes s'y dessine avec un contraste qu'elles sont elles-mêmes les premières à sentir et à nous indiquer. Madame de Maintenon affecte de paraître moins qu'elle n'est, et aime à laisser deviner plus qu'elle ne montre; elle s'esquive, se dérobe en partie, se fait petite et modeste, allant jusqu'à dire qu'elle ignore comment il faut traiter avec les grands. Madame des Ursins se met en avant volontiers et s'engage de toute sa personne. On sent à tout moment qu'elle excède son cadre de surintendante de l'intérieur royal, et elle ne craint pas de paraître en sortir, de laisser voir quelque chose de l'autorité politique dont elle tient les ressorts. Elle veut être et paraître à la fois. Leur idéal d'avenir à toutes deux est différent et marque bien leur opposition de nature,

(1) 4 vol. in-8°, 1826.

bien que l'ambition peut-être ne soit pas moindre chez l'une que chez l'autre :

La plus *humble* des deux n'est pas celle qu'on pense.

Madame de Maintenon, rassasiée et fatiguée, n'aspire qu'à s'aller enfermer à Saint-Cyr, comme dans un asile impénétrable, ne se communiquant plus qu'à de jeunes filles timides et soumises ; restant une grande partie du jour enveloppée de voiles et ensevelie sous ses rideaux. Le plus grand acte de reine qu'elle tient à faire, c'est de paraître avoir abdiqué. Madame des Ursins, toujours en train et en goût de représentation actuelle et de puissance, rêvera, pour sa retraite dernière, une position de souveraine dans un petit État indépendant où elle puisse, à ses heures de loisir, gouverner une bonne fois en son propre nom et se déployer en plein soleil : car ce fut là son *pot-au-lait* final et son vrai *château en Espagne*. De ces deux ambitions, l'une fait la modeste et est en réalité plus sage ; l'autre paraît plus sincère : après tout, ce ne sont que deux manières différentes de jouer à la reine quand on ne l'est pas.

Le caractère et la vocation politique de madame des Ursins se montre bien en ce qu'elle est curieuse et avide de connaître les personnages distingués du monde, les gens capables, et de les apprécier en eux-mêmes pour en tirer ensuite quelque usage par rapport aux choses de l'État. Madame de Maintenon au contraire, une fois son cercle fait, n'en sort pas ; elle s'y enferme et s'y resserre le plus qu'elle peut, et ne craint rien tant que de faire de nouvelles connaissances : chez elle, c'est à la fois tactique, méthode industrieuse pour échapper aux ennuyeux, aux importuns, et pour ne voir que ceux qu'elle préfère ; et c'est preuve aussi d'une nature exclusive, qui ne prend plus aux choses et qui a sa fatigue intérieure. Madame de Maintenon, dans sa manière de vivre, pratique dès ici-bas le dogme du petit nombre des élus. Madame des Ursins le lui reproche; elle a des peines infinies à obtenir d'elle de donner accès une fois ou deux aux personnages éminents qui passent à la Cour de France et qu'elle lui recommande. Le duc et la duchesse d'Albe, l'Électeur de Bavière, le prince de Vaudemont, il faut pour que madame de Maintenon consente à les voir, à les recevoir (et encore elle n'y consent pas toujours), il faut des efforts, des prières, presque des menaces de la part de madame des Ursins. Ainsi, à propos du prince de Vaudemont, ancien gouverneur de Milan et homme de mérite, qui a fort réussi à Versailles :

« Serait-ce un grand malheur, écrit madame des Ursins, quand vous voudriez par vous-même le connaître à fond, en l'entretenant sur toutes sortes de matières différentes, et lui demandant comment il pense sur les sujets? *Il n'y a rien que j'aime tant que de faire raisonner les personnes qui font une figure distinguée dans le monde, et qui ont eu occasion, par de longues expériences, de remarquer les fautes de la plupart des hommes, aussi bien que leurs bonnes qualités : on peut tirer une grande utilité de ces connaissances.* Je ne sais que trop votre inclination à la retraite, et plût à Dieu que vous voulussiez vous séquestrer un peu moins du commerce des hommes! »

Puis, quand madame de Maintenon écrit qu'elle n'a vu le prince de Vaudemont qu'une fois et qu'elle en a été charmée comme les autres, madame des Ursins réplique en insistant :

« Pourquoi ne le voyez-vous pas souvent? Est-ce que vous voulez vous priver d'avoir commerce avec une personne d'esprit et de mérite, et qui peut vous entretenir sur toutes sortes de matières? C'est pousser le scrupule ou l'indifférence des choses de la terre un peu trop loin. »

Ce qui arrive là au sujet du prince de Vaudemont se renouvelle sans cesse. Madame de Maintenon est inaccessible; elle garde dans sa grandeur des habitudes de vie étroite et particulière: c'est comme un reste de prude dans une personne de si parfait agrément. Madame des Ursins, entière et franche dans son rôle, accueille tout ce qui se présente sur ce théâtre du grand monde et de la Cour, et y fait son discernement : pour pénétrer jusqu'à madame de Maintenon, il faut être déjà du sanctuaire.

Rien dans madame des Ursins ne sent la coterie ni la secte, ce qui ne veut pas dire qu'elle n'ait pas ses préventions et ses inimitiés; mais en général, elle se détermine comme les politiques par des raisons d'utilité et en vue des affaires. Sur ce que madame de Maintenon lui avait mandé que les Jésuites et les Jansénistes s'étaient tour à tour entremis pour contrarier le choix qu'on voulait faire de deux ambassadeurs à Rome :

« De quoi se mêlent, s'écrie-t-elle, ceux qu'on appelle Jansénistes, et le parti contraire, d'empêcher qu'on envoie à Rome des personnes qui soient ou ne soient pas dans leurs opinions? *Parle-t-on encore de tout cela où vous êtes, Madame?* Ils devraient, ce me semble, laisser leurs disputes jusqu'à ce que la paix générale fût faite, et ensuite recommencer leurs guerres civiles, s'arracher leurs bonnets de la tête, s'ils en avaient envie; mais présentement nous avons des choses plus sérieuses; et, pour moi, j'ai si fort regardé ces deux partis avec indifférence, que je n'ai pas voulu presque en entendre parler, et je cherche toujours mes confesseurs exempts de haine ou d'amitié pour eux. J'en ai trouvé un ici qui est un saint religieux... »

Je crois que madame des Ursins s'inquiétait un peu moins de ses confesseurs que madame de Maintenon ne faisait des siens. Mais, dans ces querelles où celle-ci était si attentive et si initiée, comme on sent chez l'autre une personne qui prend naturellement le dessus, et qui mène le tout, haut la main! C'est ainsi encore qu'elle dira, à propos des cabales de Cour et de direction de conscience qui trouvaient moyen de s'immiscer autour du duc de Bourgogne jusque dans les camps et au milieu des plus grands périls

« Qu'est-il question, Madame, quand il s'agit d'un roi qu'on veut détrôner, d'un autre dont on veut abattre la puissance, enfin des plus grandes choses du monde, d'y mêler M. de Cambrai, les Jésuites, les libertins et les Jansénistes? Il vaudrait mieux ne songer qu'à la guerre; à vaincre les ennemis, et penser qu'en le faisant, on suit la volonté de Dieu. »

En tout, l'esprit de madame des Ursins est un esprit naturellement élevé au-dessus des petites choses, et qui ne prend jamais les affaires par leurs petits côtés ni par les minuties.

La portion la plus agréable de cette Correspondance est celle qui précède et qui suit la victoire d'Almanza. Cette victoire, gagnée presque malgré lui par le maréchal de Berwick le 25 avril 1707, restaura pour longtemps les affaires de Philippe V, qui reconquit sa capitale et une bonne partie de son royaume (1). Les lettres de madame des Ursins, même dans la fuite et les disgrâces, ne respiraient que courage et espérance; mais, à partir de ce moment, elles prennent une teinte marquée d'enjouement et de raillerie brillante, qui nous la montre dans tout son beau.

Le récit de la joie causée à Marly par la nouvelle de la victoire d'Almanza est à lui seul un vivant tableau.

(1) Je ne voudrais pourtant point paraître rien dire qui infirmât le mérite du maréchal de Berwick; il avait son flegme si opposé à l'impatience de madame des Ursins, mais qui, joint à ses autres qualités, opéra le salut de la monarchie espagnole. Il faut lire dans le bel *Éloge* que Montesquieu a esquissé du maréchal, l'aperçu de cette campagne et de la précédente : « Les Portugais vont à Madrid, et le maréchal, par sa sagesse, sans livrer une seule bataille, fit vider la Castille aux ennemis, et *rencoigna* leur armée dans le royaume de Valence et l'Aragon. Il les y conduisit marche par marche, comme un pasteur conduit des troupeaux..., etc. » Il s'agit de la campagne qui précéda celle de la victoire d'Almanza.

On commençait en France à être trop désaccoutumé des victoires. On avait eu l'année précédente, en Flandre, la déplorable et désastreuse journée de Ramillies; on semblait ne plus compter que sur des revers. Tout à coup, du côté où l'on s'y attendait le moins, la nouvelle d'une victoire arrive. Madame de Maintenon raconte à madame des Ursins le premier effet qu'elle produit (8 mai 1707) :

> « Vous connaissez Marly et mon logement; le roi était seul dans ma petite chambre, et je me mettais à table dans mon cabinet par lequel on passe; un officier des gardes cria à la porte où était le roi : « Voilà M. de Chamillart! » Le roi répondit : « Quoi! lui-même! » parce que naturellement il ne devait pas venir. Je jetai ma serviette, tout émue, et M. de Chamillart me dit : « Cela est bon! » et entra de suite, suivi de M. de Silly, que je ne connaissais point ; et vous croyez bien, Madame, que j'entrai aussi. J'entendis donc la défaite de l'armée ennemie, et retournai souper de fort bonne humeur. »

M. de Silly, dont il est ici question, était l'officier envoyé par le maréchal de Berwick pour annoncer la victoire; c'est le même (pour le dire en passant) que mademoiselle De Launay, l'auteur des agréables Mémoires, a tant aimé.

Cette petite scène, fort bien racontée par madame de Maintenon, et que j'abrége un peu, va frapper à son tour l'imagination émue de madame des Ursins et s'y réfléchir avec une réverbération qui la rendra plus vive : vu dans ce miroir, l'objet prendra plus de mouvement et de relief que dans la réalité même. Il est curieux de comparer cette différence qui tient à celle des humeurs et comme au tempérament des deux esprits :

> « Tout ce que vous me représentez, Madame (écrit la princesse des Ursins), depuis que l'officier des gardes vint annoncer la venue de M. de Chamillart qui conduisait M. de Silly dans votre petite chambre de Marly, pendant que vous soupiez dans votre cabinet, jusqu'à ce

que Sa Majesté vînt dire elle-même à la porte cette grande nouvelle, me paraît si naturel, que je crois vous avoir vue jeter votre serviette par terre, courant pour entendre ce que l'on disait; madame de Dangeau voler pour aller écrire à M. son mari; madame d'Heudicourt marcher comme si elle avait eu de bonnes jambes, sans savoir presque ce qu'elle faisait; M. de Marsan sauter sur un siége pour se faire voir, malgré sa goutte, avec la même facilité que l'eût pu faire un danseur de corde. Pour monseigneur le duc de Bourgogne, qui est, je crois, un peu sujet aux distractions, je m'étonne que, dans les premiers moments de sa joie, il ne prît pas quelque dame pour une bille, et qu'il ne lui donnât pas un coup du billard qu'il avait à la main. »

On sent la différence de mouvement et d'animation ; madame de Sévigné, si elle était là, conterait encore la même chose d'une troisième manière, qui pourrait bien faire pâlir les deux autres. Pourtant, tenons-nous ici à ce que nous avons de spirituel et de rare. Madame de Maintenon, en lisant cette version de son propre récit, avait raison de dire à madame des Ursins :

« Je voudrais que la relation que je vous ai faite de notre joie sur la bataille d'Almanza fût aussi vive que l'idée que vous vous êtes faite de ce qui se passa dans mon cabinet; *vous l'avez mieux compris de Madrid que je ne l'ai vu*, et vous en faites une peinture que je ne pourrai m'empêcher de lire aux personnes qui y ont pris part. »

Dans toutes ses lettres de ce temps-là, madame des Ursins s'égaye et plaisante sur mille objets. La reine d'Espagne est enceinte : il faut faire venir une layette de Paris, il faut faire venir des nourrices de Biscaye. La layette et le lit du futur prince des Asturies avaient été recommandés d'abord à un habile homme de la Cour, Langlée, l'arbitre des modes; mais l'économie oblige de rabattre des premières commandes. M. de Langlée en souffre et s'en trouve presque humilié quand on le consulte : « Je ne veux pas sacrifier, dit-il, ma réputation en Espagne. » Ce sont là des textes à plaisanterie entre les deux correspondantes. Les nourrices en sont un autre : leur arrivée au *Retiro* au nombre de onze, dont sept déjà accouchées et avec leurs nourrissons qui font une musique merveilleuse, les honneurs qu'on leur rend, les embrassades dont madame des Ursins fait les frais, tout cela est très-gai, et madame de Maintenon elle-même s'y déride tout à fait. Elle conseille à madame des Ursins de se former pour *remuer* les enfants à l'avenir, d'apprendre de l'accoucheur, qu'on envoie de Paris, à connaître la *consistance du lait*, et de devenir matrone experte en ce genre. On peut juger si celle-ci entre dans le badinage : « La posture où il faudrait me mettre pour *remuer* conviendrait peut-être mieux à ma figure qu'à mon rhumatisme. » Toute cette partie de la Correspondance nous montre les deux femmes célèbres à leur avantage, dans toute la vivacité de leur goût mutuel, en veine heureuse et en plein accord; et madame de Maintenon, avec son habituelle justesse, résume cette impression quand elle dit (29 mai 1707) :

« Je viens de relire encore vos lettres pour voir si j'ai répondu à tout : *Mon Dieu! Madame, que vous êtes contente, et que vous raillez agréablement!* Il n'y a jamais de noirceurs dans tout ce que vous dites, mais il y a présentement une joie qui me donne toute celle dont je suis capable; il faut, pour la rendre complète, que nous ayons la paix, et à des conditions dont je sois contente; vous verrez, après cela, Madame, de quelle humeur je serai. »

On aura remarqué, en passant, ce joli mot : *Il n'y a jamais de noirceurs dans tout ce que vous dites;* — *noirceurs* pour *tristesses*. Ce sont de ces mots qui peignent, qui sont pris à la source même, et qui sont agréables par un certain faux air de double sens, mais qui ne nuit pas à la clarté.

Cette paix, dont la timide et raisonnable madame de Maintenon parle sans cesse, va devenir dans les années suivantes la pierre d'achoppement avec madame des

Ursins, qui en est beaucoup moins pressée, et qui ne la veut qu'à des conditions plus hautes. C'est ici encore que les différences de nature entre elles se dessinent nettement. Madame des Ursins espère, même à toute extrémité; elle n'est pas de celles qui abdiquent aisément. Le roi et la reine d'Espagne, auxquels elle s'est donnée, ont des sentiments élevés, « aussi élevés que le rang où Dieu les a mis; ils sont incapables de faire des bassesses. Ils sont résolus de perdre plutôt la vie que de rien faire d'indigne de ce qu'ils sont, » c'est-à-dire qu'ils sont résolus à défendre leur couronne les armes à la main jusqu'à la mort, et elle est incapable de leur donner un autre conseil. Or, un moment vient où la France désespère, où le ministère surtout incline pour une paix à tout prix, et où madame de Maintenon accablée la prêche ou l'insinue. La conséquence de ce découragement est l'abandon de la couronne d'Espagne et presque le détrônement de Philippe V par son grand-père, ou moyennant, du moins, que Louis XIV y consente. A cette seule idée, madame des Ursins se révolte; son courage se soulève, tout son sang bouillonne. La Correspondance avec madame de Maintenon se rembrunit à partir de là, et laisse jour à des ironies assez amères et à de sensibles aigreurs.

Les grandes guerres et les événements inouïs qui ont rempli la fin du dernier siècle et les quinze premières années du nôtre, nous ont trop fait oublier ce qu'avaient de terrible et d'inouï aussi à leur moment les douze premières années du xviiie siècle. La guerre de la Succession d'Espagne, que commença l'ambition du côté de la France et que l'ambition continua du côté opposé, était ce qui avait paru jusqu'alors, et depuis bien des siècles, de plus extraordinaire et de plus vaste au point de vue soit militaire, soit historique. Un grand esprit contemporain et acteur dans ces scènes mémorables, Bolingbroke l'a dit : « Les batailles, les siéges, les révolutions surprenantes qui arrivèrent dans le cours de cette guerre sont d'un genre à ne point trouver leurs semblables dans aucune période de la même étendue. » C'est ainsi que les générations se croient privilégiées par la grandeur des événements et des catastrophes dont elles sont témoins et victimes, jusqu'à ce que d'autres générations surviennent qui leur ravissent l'orgueil de cette illusion. Quoi qu'il en soit, il était bien permis, en ces temps de malheur, d'être d'avis différent sur le remède et sur les moyens de sortir des maux accablants. Madame de Maintenon aspirait à en sortir comme une femme et comme beaucoup trop d'hommes alors, comme une femme de sens qui voit de près le mal, qui en souffre en elle et pour ceux auxquels elle est attachée, qui n'a rien d'une héroïne, qui est toute résignée et chrétienne, qui voit la main de Dieu non-seulement dans les revers redoublés et les défaites, mais encore plus directement dans les fléaux naturels, dans les hivers tels que celui de 1709 (dont on n'avait point eu d'exemples depuis plus d'un siècle), et dans la famine qui s'ensuivit. Madame de Maintenon, à la vue de tant de maux, s'incline, s'agenouille, et, pourvu qu'il y ait repos et relâche après cet excès de souffrances, elle ne recule devant aucune extrémité :

« Nous ne pouvons faire la guerre, dit-elle (24 juin 1709) : il faut bien baisser la tête sous la main de Dieu, quand elle veut renverser les rois et les royaumes ; voilà, Madame, ce que j'ai toujours craint... Nous avons éprouvé une suite de malheurs dont la France ne peut se relever que par une longue paix ; et la famine, qui est le dernier et le plus grand de tous, nous met aux abois. J'avoue que toutes mes craintes n'avaient pas été jusqu'à prévoir que nous serions réduits à désirer de voir le roi et la reine d'Espagne détrônés : il n'y a point de paroles, Madame, qui puissent exprimer une telle douleur ; le roi en est pénétré. »

Le mot de détrônement est lâché ; elle aura beau le

vouloir rétracter ensuite, madame des Ursins le lui rappellera sans cesse, et ne le lui pardonnera jamais.

Madame des Ursins, qui est d'une tout autre race, nourrit et exprime des sentiments tout opposés. Elle a toujours cru que les ressources étaient plus grandes qu'on ne disait, si les hommes ne se décourageaient pas; elle ne conçoit rien à ces généraux (comme Tessé) qui se méfient d'eux-mêmes et qui ont toujours l'air de compter d'avance sur une défaite. Elle est d'avis « qu'on ne fait rien si on n'entreprend rien. » Elle s'attache de bonne heure à Villars et semble deviner que ce général qu'on appelle fou sera en définitive le sauveur : « Car il y a trop de sages, dit-elle, ou au moins trop de gens qui croient l'être quand ils ne hasardent rien; et je suis persuadée qu'il faut quelquefois laisser les choses au hasard, pourvu qu'on ne les pousse pas jusqu'à une témérité qui n'appartient qu'aux héros de romans. » Ce dernier défaut, elle le sent bien, serait volontiers celui de Villars; elle le lui pardonne pourtant au milieu de l'abaissement trop universel : « Ce maréchal de Villars parle et agit, dit-elle, comme ces héros de romans qui croient porter la victoire partout où ils vont : j'aime assez ces airs-là présentement, si opposés à ceux qui nous ont jetés si près du précipice. » L'héroïque défense du maréchal de Bouflers dans Lille la transporte et tire d'elle de nobles accents :

« L'exemple que ce maréchal a donné en défendant Lille comme il l'a fait devrait bien causer de l'émulation et de la honte en même temps, si l'on compte encore pour quelque chose l'honneur. Je veux espérer, Madame, qu'il se réveillera dans les cœurs, et que notre nation, qui s'est acquis tant d'estime autrefois, reprendra à l'avenir sa première fierté, et qu'elle se ressouviendra qu'elle doit être vertueuse pour plaire au roi qui la commande. »

Ne la chicanons pas sur ce dernier mot : il y avait confusion alors de l'idée de roi à l'idée de France. —

Les plaintes hardies, les conseils, elle ne les ménage pas ; elle espère toujours qu'il en arrivera quelque chose par madame de Maintenon aux oreilles de ceux qui gouvernent à Versailles :

> « Est-il bien possible, Madame, que tous les hommes que vous connaissez vous paraissent à bout, et qu'il n'y en ait point qui imaginent de nouvelles ressources? C'est une marque de leur abattement qui ne leur fait pas d'honneur ; car, dans quelque mauvais état que soient les affaires, les grands esprits et les grands courages se roidissent davantage contre la mauvaise fortune. »

Elle envoie et fait tenir au ministère français des plans de finances que des personnes habiles en Espagne ont imaginés ; mais on les rejette à première vue à titre de nouveauté, si bien qu'on aura du moins *la consolation de mourir dans les formes.* Toute la Correspondance de madame des Ursins, durant cette année 1709, fait le plus grand honneur à sa générosité et à son élévation d'âme comme aussi à sa perspicacité de vue ; car, en définitive, l'événement lui a donné raison, et le trône des Bourbons d'Espagne est resté debout sans que celui de Louis XIV en fût trop rabaissé. Quand le voyage de M. de Torcy en Hollande, qui a pour but la paix, manque son effet, elle s'en réjouit. Madame de Maintenon elle-même reconnaît qu'en cette occasion, *un reste de sang français a irrité le peuple* sur cette paix malheureuse et déshonorante. Madame des Ursins ne laisse pas tomber ce mot : « On dit pourtant, remarque-t-elle, que c'est plutôt le peuple qui en a été irrité, que la plupart des seigneurs. » On conçoit par une telle disposition de cœur combien, dans de si périlleuses conjonctures, madame des Ursins dut être utile alors à Madrid pour y soutenir et y fortifier les résolutions royales ; car ce fut là l'honneur de cette maison de Bourbon à son avénement en Espagne, ce fut son vrai sacre, pour ainsi dire, de ne jamais désespérer au plus fort de la crise, de sentir la main de Louis XIV prête à se retirer et presque à se retourner contre elle, sans se laisser abattre : « Le roi est tout occupé du soin de se défendre seul, au cas que le roi, son grand-père, lui retire les secours dont il l'a assisté, » écrivait madame des Ursins.

Dans ce rapprochement qui se fait tout naturellement ici de madame des Ursins et de madame de Maintenon, il ne s'agit pourtant de sacrifier personne. Ces deux femmes célèbres sont belles, à certains moments, chacune dans son rôle, et il est telle lettre de madame de Maintenon (celle du 23 décembre 1708, par exemple), dans laquelle elle expose son sentiment religieux et résigné avec une justesse, une fermeté et une noblesse de ton si imposante qu'elle arrache un cri d'admiration à celle même qui la contredit.

Mais, en avançant, le désaccord qui naît du fond des situations et des caractères est plus fort que le goût qui vient purement de l'esprit. L'ironie se montre plus fréquente chez madame des Ursins à travers tous les compliments et les politesses, et l'aigreur piquante se glisse sous la plume de madame de Maintenon : « Le roi et la reine d'Espagne ont bien des raisons de vous aimer, Madame; la passion que vous avez pour eux vous fait cesser d'être Française. » Et encore : « Consolez-vous, Madame, il n'y a nulle apparence de paix. » En ces moments, madame de Maintenon (on la voit d'ici) se tire et se fronce; elle prend un air mortifié et de victime : « Je suis accoutumée, dit-elle, à vivre de poison. » Elle en laisse distiller des gouttes; chaque trait pique. Elle fait l'Agnès : « Je suis un peu comme Agnès; je crois ce qu'on me dit et ne creuse point davantage. » Elle fait aussi la régente : « Je n'oserais montrer votre lettre; on n'aime pas ici que les dames parlent d'affaires. » A toutes ces ironies fines et serrées, son adversaire répond par des ironies plus hautes, et aussi avec des éclats de colère qui déclarent une nature plus franche du collier :

> « Tant mieux, répond-elle, si on n'aime pas en France que les femmes parlent d'affaires! nous aurons bien des choses à reprocher aux hommes, puisque nous n'y aurons point eu de part. Le mal est que certaines femmes ont plus d'honneur qu'eux, et que leurs fautes nous rendent martyres de ce monde. Je trouve cependant que l'esprit de la Cour a bien changé depuis que je suis sortie de France, car le roi ne me paraissait point de ce sentiment lorsque j'avais l'honneur de l'entretenir; ne serait-ce pas cela la cause de tous nos malheurs? Passez-moi, s'il vous plaît, cette mauvaise plaisanterie. »

On retrouve là un ressouvenir bien placé de ces tête-à-tête de Marly, dans lesquels Louis XIV ne dédaignait pas d'associer madame des Ursins à sa politique; elle avait raison d'en être fière et de le rappeler à celle qui l'oubliait.

Une lacune se rencontre dans la Correspondance au moment où elle s'aigrit et se refroidit. Madame des Ursins désira un jour que ses lettres fussent brûlées, et madame de Maintenon, pour lui obéir, paraît en avoir détruit une partie. Ces lettres perdues, qui seraient curieuses pour l'histoire, doivent être moins regrettables en ce qui est de l'agrément et de l'intérêt. Madame des Ursins nous associe sans difficulté à ses sentiments et nous entraîne, tant que sa résistance à la paix semble chez elle l'inspiration directe, le cri du patriotisme et de l'honneur : on ne lui pardonne pas seulement cette opiniâtreté, on l'en admire; mais, dès qu'on y soupçonne une ambition et une cupidité personnelle, l'impression devient toute contraire, et son rôle se gâte à nos yeux. Or, il est certain que, vers la fin de cette période sanglante et dans les négociations si lentes qui la terminèrent, elle fit tout pour obtenir des puissances contractantes une souveraineté en son nom dans les Pays-Bas ; le roi d'Espagne s'obstinait sur cette condition si peu convenable et si disproportionnée aux grands intérêts en litige, et il refusait de signer la paix avec la Hollande, si les Hollandais, non contents de mettre madame des Ursins en possession de cette souveraineté, ne s'en faisaient, de plus, les garants vis-à-vis de l'Empereur. La conclusion de la paix en fut retardée de plusieurs mois. C'est le reproche politique le plus grave qu'on puisse faire à la mémoire de madame des Ursins : une faute de conduite par vanité. Elle mérita que Bolingbroke, qui connaissait son faible et ce qu'on pouvait tirer d'elle en lui donnant de l'*Altesse*, pût dire pendant les négociations de ce temps : « Il y a pour nous un avantage réel à flatter l'orgueil de cette vieille femme, puisque nous n'avons pas les moyens de flatter son avarice. » Cette affaire de souveraineté acheva de rompre l'accord entre elle et madame de Maintenon. Le bon et judicieux esprit de cette dernière reprend ici tous ses avantages ; ce n'est jamais elle dont la modestie eût conçu une telle ambition si hors de mesure, et dont la justesse eût commis une telle faute si hors de propos.

La catastrophe qui précipita madame des Ursins est restée un des événements les plus singuliers, les plus dramatiques et les plus inexpliqués de l'histoire. On sait que, la charmante reine à laquelle elle appartenait étant morte à l'âge de vingt-six ans (14 février 1714), Philippe V dut songer incontinent à se remarier. Madame des Ursins, parmi les princesses d'Europe, en choisit exprès une des moindres, qu'elle pût créer comme de ses mains et former à sa dévotion. La princesse Élisabeth de Parme, objet de ce choix, et qu'elle n'avait préférée que parce qu'elle l'avait mal connue, entra donc en Espagne. Le roi s'avança à sa rencontre sur le chemin de Burgos, et madame des Ursins prit elle-même les devants jusqu'à une petite ville appelée Xadraque. Le 23 décembre 1714, comme la reine y arrivait, madame des Ursins la reçut avec les révérences d'usage. Puis, l'ayant suivie dans un cabinet, elle la vit à l'instant changer de ton. Les uns disent que, madame des Ursins ayant voulu reprendre quelque chose à la coiffure et à la toilette de la reine, celle-ci la traita d'impertinente et s'emporta aussitôt. D'autres racontent (et ces divers récits se complètent sans se contredire) que madame des Ursins ayant protesté de son dévouement à la nouvelle reine, et assuré Sa Majesté « qu'Elle pouvait compter de la trouver toujours entre le roi et Elle, pour maintenir les choses dans l'état où elles devaient être à son égard, et lui procurer tous les agréments dont Elle avait lieu de se flatter, la reine, qui avait écouté assez tranquillement jusque-là, prit feu à ces dernières paroles, et répondit qu'elle n'avait besoin de personne auprès du roi; qu'il était impertinent de lui faire de pareilles offres, et que c'en était trop que d'oser lui parler de la sorte. » Ce qui est certain, c'est que la reine, chassant outrageusement madame des Ursins de son cabinet, fit appeler M. d'Amezaga, lieutenant des gardes-du-corps, qui commandait son escorte d'honneur, lui ordonnant d'arrêter madame des Ursins, de la faire monter sur-le-champ dans un carrosse et de la faire conduire aux frontières de France par le chemin le plus court et sans s'arrêter nulle part. Comme M. d'Amezaga hésitait, la reine lui demanda s'il n'avait pas un ordre particulier du roi d'Espagne de lui obéir en tout et sans réserve; ce qui était vrai. Madame des Ursins fut donc arrêtée et enlevée à l'instant dans sa toilette d'apparat et emmenée à six chevaux à travers l'Espagne; on était en plein hiver, et elle avait plus de soixante-douze ans.

Une femme de chambre et deux officiers des gardes étaient montés avec elle dans le carrosse :

« Je ne sais comment j'ai pu résister à toutes les fatigues du voyage (écrivait-elle à madame de Maintenon en errant sur la frontière de France, dix-huit jours après la scène de Xadraque). On m'a fait coucher sur la paille, et jeûner d'une manière bien opposée aux repas que j'ai coutume de faire. Je n'ai pas oublié, dans le détail que j'ai pris la liberté d'écrire au roi (à Louis XIV), que je ne mangeais que deux vieux œufs par jour ; j'ai cru que cette circonstance l'exciterait à avoir pitié d'une fidèle sujette qui ne mérite, ce me semble, par aucun endroit un pareil mépris. Je vais à Saint-Jean-de-Luz pour me reposer un peu et savoir ce qu'il plaira au roi que je devienne. »

Et de cette dernière ville, quelques jours après, elle écrit (toujours à madame de Maintenon) :

« J'attendrai les ordres du roi à Saint-Jean-de-Luz, *où je suis dans une petite maison sur le bord de la mer. Je la vois souvent agitée et quelquefois calme : voilà les Cours* ; voilà ce que j'ai vu, voilà ce qui m'est arrivé, voilà ce qui excite votre généreuse compassion. Je conviendrai facilement avec vous qu'il ne faut chercher la stabilité qu'en Dieu. Certainement on ne peut la trouver dans le cœur humain ; car qui était plus sûr que moi du cœur du roi d'Espagne ? »

Tout porte à croire, en effet, que ce fut le roi d'Espagne qui, oubliant les longs services de madame des Ursins, et à bout de sa domination dont il n'osait s'affranchir, donna l'ordre à sa nouvelle épouse de prendre tout sur elle ; et cette dernière qui, ainsi qu'Albéroni, son conseiller, était de la race des joueurs intrépides en politique, n'hésita pas un seul instant à faire pour son coup d'essai cette exécution de maître. Élisabeth de Parme se sentait trop un personnage de première force pour pouvoir exister à côté de madame des Ursins sur la même scène.

C'est de cette même Élisabeth, née pour le trône, que le grand Frédéric a dit : « La fierté d'un Spartiate, l'opiniâtreté d'un Anglais, la finesse italienne, et la vivacité française formaient le caractère de cette femme singulière; elle marchait audacieusement à l'accomplissement de ses desseins; rien ne la surprenait, rien ne pouvait l'arrêter. » Étant de ce caractère, il n'y a rien d'étonnant qu'elle ait profité de la moindre ouverture pour faire place nette dès son arrivée.

Dans cette chute foudroyante, madame des Ursins, après les premiers moments de surprise, retrouva toute sa force, tout son sang-froid, sa modération apparente; on n'entendit de sa bouche ni une plainte ni un reproche inconvenant, ni une parole de faiblesse. Elle s'était rendu compte à l'avance de tout ce néant humain; elle se dit, en sachant ses ennemis triomphants et ses amis consternés, qu'il n'y avait pas lieu à tant s'étonner; que ce monde n'était qu'une comédie où il y avait souvent de bien mauvais acteurs; qu'elle y avait joué son rôle mieux que beaucoup d'autres peut-être, et que ses ennemis ne devaient pas s'attendre à ce qu'elle fût humiliée de ne le plus représenter : « C'est devant Dieu que je dois être humiliée, disait-elle, et je le suis. »

Après avoir quitté la France, où Louis XIV mourait et où le duc d'Orléans, qu'elle avait pour ennemi déclaré, devenait le maître, elle alla habiter Rome, son ancienne patrie, la ville des grandeurs déchues et des disgrâces décentes. Par un reste d'habitude, elle se mit à y gouverner la maison du roi et de la reine d'Angleterre, pour y gouverner quelque chose. Elle y vit arriver, déchus à leur tour, plus d'un de ceux qui l'avaient renversée elle-même, et elle mourut en décembre 1722, à plus de quatre-vingts ans.

La publication des pièces officielles et des dépêches des ambassadeurs de France, pendant la durée de l'influence de madame des Ursins à Madrid (si cette publication se fait un jour), pourra seule achever de déterminer avec précision toute l'importance et la qualité de son action politique; nous en savons déjà assez pour porter sur elle une appréciation morale; et quant à son mérite littéraire, nous osons dire qu'il ne manque à ce qu'on a de madame des Ursins que des éditeurs moins négligents pour qu'elle devienne un de nos Classiques épistolaires. Ses lettres sont remplies de pages vives, qui nous rendent non-seulement les mœurs de la Cour d'Espagne, mais celles de la société française vers cette fin de Louis XIV. On ne connaît bien la duchesse de Bourgogne, madame de Caylus, et bien d'autres personnes d'aimable renom, que lorsqu'on les a vues revenir chaque jour dans cette Correspondance. Malgré d'heureuses et rares exceptions, il est bien clair que le beau siècle se gâte; les jeunes femmes de ce temps-là sont étranges de mœurs et de manières; elles vont être les femmes de la Régence. Elles ne fument pas encore comme aujourd'hui, mais elles prisent : madame de Caylus elle-même a son joli nez barbouillé de tabac. La duchesse de Bourgogne veille, soupe, et, aux recommandations qui reviennent sans cesse, on sent qu'elle fait tout ce qu'il faut pour se tuer. Madame des Ursins, qui trouve madame de Maintenon trop sévère pour ses jeunes et aimables parentes, pour madame de Noailles, pour madame de Caylus surtout dont elle se fait l'avocate auprès d'elle, lui conseille sans cesse de s'entourer plus familièrement de ses nièces pour s'en égayer et s'en rajeunir. Sur quoi madame de Maintenon, avec sa rigidité la plus piquante et sa rectitude la plus ornée, répond (et il est bien entendu que ce qui suit ne saurait s'appliquer ni à madame de Caylus ni à madame de Noailles) :

« Vous me tyrannisez sur les étrangers et sur mes parents ; je vous avoue, Madame, que les femmes de ce temps-ci me sont insupportables: leur habillement insensé et immodeste, leur tabac, leur vin, leur gourmandise, leur grossièreté, leur paresse, tout cela est si opposé à mon goût et, ce me semble, à la raison, que je ne puis le souffrir. J'aime es femmes modestes, sobres, gaies, capables de sérieux et de badinage, polies, railleuses d'une raillerie qui enferme une louange, dont le cœur soit bon et *la conversation éveillée*, et assez simples pour m'avouer qu'elles se sont reconnues à ce portrait que j'ai fait sans dessein, mais que je trouve très-juste. »

Ce dernier portrait, si ravissant et si accompli, qui est une perfection, s'adresse, on le sent, comme une flatterie, à madame des Ursins, laquelle s'en défend et le renvoie à madame de Maintenon à son tour. Mais c'est bien à madame des Ursins qu'il me paraît ressembler en effet dans les bons moments, au moins par les principaux traits et notamment par celui *d'une raillerie qui enferme une louange*. C'est bien là le genre d'agrément le plus habituel de ce rare esprit, de même que son défaut serait dans un tour d'ironie trop fréquente et de raillerie trop prolongée.

J'avais eu l'idée, en abordant madame des Ursins, de marquer quelques-uns des inconvénients des femmes politiques, dont elle est un type pour ce qu'elles peuvent avoir de distingué, et aussi d'incomplet, d'agité, de fastueux et de vain. Toute étude faite, je n'en ai pas le courage : elle rendit, en effet, de vrais services, et, en ce qui est de l'habileté dans les conjonctures difficiles, on est trop heureux de la prendre où elle se rencontre. Et cependant, en quittant ces deux personnages de haute représentation, madame des Ursins et madame de Maintenon, ces deux sujets habiles et du premier ordre, me sera-t-il permis de rappeler au fond, en arrière et au-dessous d'elles, d'une époque un peu plus ancienne, une simple spectatrice de cette belle comédie de la Cour, une personne qui n'a eu en rien le génie de l'intrigue et de l'action, mais d'un bon sens égal, doux et fin, d'un jugement calme et sûr, la sage, la sincère et l'honnête femme véritablement en ce lieu-là, madame de Motteville?

Lundi, 1ᵉʳ mars 1852.

PORTALIS

DISCOURS ET RAPPORTS SUR LE CODE CIVIL, — SUR LE CONCORDAT DE 1801,
— PUBLIÉS PAR SON PETIT - FILS (1).

Un intérêt sérieux ramène l'attention sur les hommes qui ont contribué à restaurer la société après les convulsions et les tempêtes. Les temps sont différents, les analogies seraient illusoires et trompeuses : mais l'idée générale d'étudier les personnages de réparation et d'ordre après ceux de révolution et de ruine, et d'en évoquer l'esprit, ne saurait être que bonne et utile dans son ensemble. Et parmi ceux-là, quel plus beau nom, quelle plus belle renommée à choisir d'abord que celle de Portalis, l'oracle du Conseil d'État de 1800 et l'une des lumières civiles du Consulat !

Il eut cela de particulier entre tant d'autres hommes éminents qui concoururent vers ce temps à la même œuvre, c'est qu'il était resté pur, qu'il avait traversé la Révolution sans aucune tache (et parmi ses plus recommandables et ses plus savants collègues, quelques-uns, égarés autrefois ou faibles, avaient leur tache de sang). Portalis, durant l'exil qui suivit la proscription de Fruc-

(1) 2 vol. in-8°, 1844-1845.

tidor, âgé pour-lors de cinquante-quatre ans, pouvait écrire à un ami en toute vérité :

« Je ne dis point la sagesse, mais le hasard du moins a fait que je n'ai appartenu à aucun parti, et qu'en conséquence j'ai toujours été mieux placé pour bien voir et bien juger. Je n'ai point émigré et je n'ai jamais approuvé l'émigration, parce que j'ai toujours cru qu'il était absurde de quitter la France dans l'espoir de la sauver, et de se mettre dans la servitude des étrangers pour prévenir ou pour terminer une querelle nationale. D'autre part, je n'ai pas voulu me mêler des changements et des réformes projetées par les premiers révolutionnaires, parce que je me suis aperçu qu'on voulait former *un nouveau ciel et une nouvelle terre*, et qu'on avait l'ambition de faire un peuple de philosophes, lorsqu'on n'eût dû s'occuper qu'à faire un peuple d'heureux. J'ai vécu dans la solitude et dans les cachots... »

Ce qu'il aurait dû ajouter, c'est qu'au sortir des cachots, il n'avait paru pour la première fois à la tribune politique qu'aux heures de l'arc-en-ciel, dans les intervalles de l'orage encore menaçant, pour y proclamer avec une douce gravité et une abondance persuasive les maximes saines, salutaires, équitables, tout ce qui calme et réconcilie. Mais le moment de ces maximes de conservation et de guérison sociale n'était point encore venu : les paroles de Portalis tombaient dans une atmosphère enflammée, et s'y altéraient au gré des passions. Ce ne fut qu'après l'établissement du Consulat, quand une main de héros eut relevé les colonnes de l'empire, que la voix du sage put y être écoutée sous le portique, que ses maximes de science et de prudence consommée y trouvèrent leur application et leur vrai sens, et que l'homme de bien y acquit toute son autorité et sa valeur.

Dans cette dernière partie de sa vie, la figure de Portalis est complète et personnifie pour nous l'idée du grand jurisconsulte politique, du magistrat touchant au législateur. Agé de près de soixante ans, presque entièrement aveugle, d'une physionomie sérieuse et fine qu'éclairait un demi-sourire, d'une parole facile, claire, élégante et même fleurie, d'une discussion tempérée et lumineuse, d'une vaste mémoire, consulté en sa maison ou apporté au Conseil sur sa chaise curule comme un vieillard homérique, il nous rend avec originalité ces personnages de l'antique Rome dont Cicéron a célébré les noms, les P. Scévola, les Q. Mucius, les Sextus Ælius, les Nasica; et n'oublions pas cet Aristide, qu'Étienne Pasquier définit le *grand prud'homme entre les Athéniens*. Il nous rappelle ces personnages de prudence et de savoir, « mais de plus de prudence encore que de savoir, » dont, sous les Empereurs, les avis et les réponses étaient réputés des décisions. Il est un de ceux qui contribuèrent à perpétuer quelque chose de l'esprit de la vieille magistrature française dans les Conseils d'un régime tout nouveau; et, en même temps qu'il donne la main comme avocat et comme magistrat à ces dignes races des de Thou, des Pithou et des anciens parlementaires, il est le Conseiller d'État modèle, de qui se sont honorés de relever tous ceux qui ont marqué depuis dans cette ferme et précise carrière.

Pour bien connaître et pour comprendre le Portalis de la fin, il faut le prendre à sa source et l'étudier dès le commencement : cela nous sera facile, grâce aux secours de tout genre qui nous ont été donnés. Il naquit le 1er avril 1746, au Bausset (arrondissement de Toulon), d'une de ces familles bourgeoises qui restaient étrangères au commerce, et dont les membres, voués à des professions libérales, savaient trouver dans une honnête médiocrité de fortune la considération et l'indépendance. Il fit ses études dans le collége des Oratoriens à Toulon et à Marseille : il s'y distingua par une rare facilité d'élocution et une maturité précoce de jugement. Nous en avons les preuves par deux petits écrits imprimés qu'il composa au sortir du collége, dès l'âge de seize et dix-sept ans, et pendant qu'il était étudiant en droit à l'université d'Aix. Le premier de ces écrits, intitulé. *Des Préjugés* (1762), indique un esprit tourné par goût aux considérations morales; c'est comme un chapitre des *Essais* de Nicole, dans lequel sont distingués les préjugés de divers genre et de diverse nature: les préjugés d'*usage* et de *société*, ceux de *parti*, ceux qui tiennent au *siècle*, etc. Le jeune auteur y note assez bien quelques-uns des défauts et des travers de son temps, sans se montrer entraîné en aucun sens, ni engoué ni trop sévère. Sur les idées et les querelles religieuses, il y a des mots heureux : « Les vérités dogmatiques, dit-il, ont des bornes ; *né libre et peut-être rebelle*, l'Esprit humain n'aime point à s'en prescrire. Il sort bientôt du cercle étroit que lui prescrit le Dogme, pour entrer dans les régions immenses que lui ouvre l'Opinion. » Le jeune homme, nourri dans la tradition et dans la pratique religieuse, paraît préoccupé des querelles et des dissensions théologiques qui agitaient encore à ce moment plusieurs classes de la société : « Un enthousiaste, dit-il spirituellement, ne cherche point dans les Ouvrages divins ce qu'il faut croire, mais ce qu'il croit ; il n'y démêle point ce qui s'y trouve, mais ce qu'il y cherche... Les Livres sacrés sont comme un pays où les hommes de tous les partis vont comme au pillage, où ils s'attaquent souvent avec les mêmes armes et livrent bien des combats d'où tous croient sortir également victorieux (1). » On devine, à la manière dont il parle du « judicieux abbé Fleury, » qu'il n'est disposé à donner dans aucun extrême en fait de doctrine ecclésiastique, de même qu'on le trouve très en garde contre les écrits de Rousseau. Il le range, pour son *Contrat*

(1) Montesquieu a dit quelque chose de pareil dans la CXXXIV^e des *Lettres Persanes.*

social, dans ce qu'il appelle la secte des politiques, gens inutiles et dangereux qui, au lieu de s'appliquer à faire aller la société et à la servir, ont la manie de la décomposer pour en rechercher les raisons et les causes, comme si elle n'était pas chose naturelle et conforme à la nature humaine. Il s'étonne et se scandalise de voir Rousseau annoncer témérairement, dans l'*Émile*, la ruine des puissantes monarchies de l'Europe. Quelques pages auparavant, le lecteur pouvait lui-même s'étonner de voir, dans ce petit livre des *Préjugés*, Newton classé pour son principe de l'attraction parmi les auteurs de vains systèmes. C'est assez montrer qu'il y a dans ce premier essai d'un auteur adolescent quelque tâtonnement et du mélange; mais ce qui s'y reconnaît visiblement, c'est un esprit sage, sain, conservateur d'instinct, qui ne sort pas volontiers des choses établies, et qui a pourtant souci de les rectifier et de les épurer.

Le second petit écrit, qui fut imprimé l'année suivante (1763), porte directement contre l'*Émile* de Rousseau : les instincts de celui qui distinguera toujours entre l'usage et l'abus de l'esprit philosophique s'y produisent plus nettement encore. Rien ne nous prouve mieux que Portalis ne dévia de sa ligne mixte à aucun moment, qu'il n'eut point à revenir plus tard après s'être égaré d'abord, et qu'il était de ceux qui, comme Daguesseau, sont nés tout tempérés. Il ne se laisse point prendre au beau langage de Rousseau, ni à ses fastueux dehors qui affichent la vertu : selon lui, « cet étrange alliage de bien et de mal rend le mal plus dangereux en le déguisant. » Il a de ces résumés de jugement qui sont plus frappants pour nous que la démonstration qu'il en donne : « Si la science de former les hommes, dit-il, était inconnue avant M. Rousseau, elle le sera encore après son ouvrage; il tend moins à former l'homme qu'à détruire le chrétien et le sage. » Les points sur lesquels il prend Rousseau en faute et en contradiction sont peu nombreux, et pourraient être mieux choisis; il en est un pourtant qu'il a bien justement touché, c'est quand Rousseau tout en proclamant Dieu, dans son déisme assez stérile, déclare qu'il le bénit de ses dons, mais qu'il *ne le prie pas* : Car « que lui demanderais-je? Je ne lui demande pas le pouvoir de bien faire : pourquoi lui demander ce qu'il m'a donné? » A quoi le jeune Portalis répond avec le bon sens du cœur, et qui lui donne le bonheur de l'expression : « M. Rousseau ignore-t-il que ce n'est pas le pouvoir de bien faire que nous demandons à Dieu, mais l'heureuse facilité de faire le bien? »

Ce petit écrit renferme déjà tout l'homme et le chrétien en Portalis. Dans sa lecture rapide de l'*Émile*, il ne s'est guère attaché qu'à ce qui choque la religion, et il s'en est fortement ému, lui, « qui n'est ni théologien, dit-il, ni dévot.. » C'est qu'il s'est déjà accoutumé à prendre la religion surtout par le côté pratique et moral : « La religion ne détruit point l'homme, mais elle établit le vertueux. »

Ainsi acheminé, dès ses premiers pas, dans une voie de prudence et de droiture, le jeune homme devint, à dix-neuf ans, avocat au Parlement d'Aix, et s'y concilia aussitôt l'estime. On nous dit que, par sa manière de plaider, il fit révolution au barreau, et je me figure, en effet, que ce Parlement distingué, mais éloigné comme il était de la capitale, avait conservé beaucoup de ses formes antiques et surannées, de celles dont on avait vu le jeune Daguesseau s'affranchir en son temps en portant la parole au Parquet de Paris. Portalis fut, en quelque sorte, le Daguesseau de la Provence. Il accueillait les idées et les formes modernes dans une certaine mesure; il ne pensait pas que les anciens eussent d'avance tout trouvé. Portalis était de ces esprits sages, amis d'une tradition progressive et d'une innovation légitime, qui croient qu'on peut étendre, sans la briser, la chaîne du passé, et qui ne résistent que là où ils voient qu'elle ne s'y prête plus. Par malheur, dans l'histoire, jamais les choses ne se sont conduites selon le vœu et le conseil de cette classe d'esprits : les nations, et surtout la nôtre, ne marchent qu'en brisant et rompant de temps en temps avec leur passé. Les esprits comme Portalis servent du moins, quand le pas est fait qu'ils n'auraient pas voulu, à rejoindre et à renouer la chaîne.

Tel il va nous apparaître dans les événements politiques qui signalèrent la fin du dernier siècle et le commencement du nôtre. En attendant, et durant les vingt-trois années qui s'écoulèrent depuis son entrée au barreau (1765) jusqu'en 1788 à la chute des Parlements, il mena la vie d'un avocat occupé et consulté sur toutes les matières importantes. La Provence formait alors un petit État dans l'État; le Parlement d'Aix était saisi de toutes sortes d'affaires; toutes les questions, non-seulement d'administration, mais de politique locale, s'y traitaient. Portalis fut un des organes les plus éloquents et les plus considérés de cette vie publique. En octobre 1770, il publia une Consultation sur la validité des mariages des Protestants, rédigée sur la demande du duc de Choiseul. Le futur ministre des Cultes y développait par avance, avec une lucidité pénétrante, ses principes d'équité civile, de moralité domestique et de tolérance religieuse. En 1778, il fut élu assesseur d'Aix, c'est-à-dire l'un des quatre administrateurs électifs du pays. En 1781, il retourna à sa profession d'avocat. Une des causes célèbres qu'il eut à plaider dans les années suivantes fut celle de la comtesse de Mirabeau, demandant la séparation de corps et de biens d'avec Mirabeau, lequel plaidait en personne. Portalis, dans le cours des plaidoiries, mérita un hommage d'estime arraché à l'adversaire. En même temps, par son sang-froid habile, il sut assez l'irriter pour l'amener à produire imprudemment et à lire en pleine audience les pièces décisives qui lui firent perdre sa cause. Le triomphe de ce sang-froid sur la fougue éloquente est resté mémorable au Barreau. Mais le Portalis politique, qu'il nous importe ici de reconnaître, ne se retrouve pour nous qu'en 1788 dans la *Lettre des Avocats du Parlement de Provence au Garde des Sceaux*, et dans l'*Examen impartial des nouveaux Édits*, émanés du ministère Brienne-Lamoignon. Ces deux écrits nous donnent son point de départ exact à la veille de 89, et nous le montrent dans sa modération, ses réserves et ses timidités mêmes, et aussi dans son fonds de solidité et de doctrine.

L'ancien régime était à bout; l'esprit s'était retiré de cette vieille monarchie durant le long affaissement de Louis XV; ceux mêmes qui en étaient les gardiens naturels y portaient, sans le savoir, les plus rudes atteintes. On avait vu, sous le chancelier Maupeou, la monarchie administrative tenter hardiment de briser ce qui restait de Corps à demi indépendants, qui devenaient un obstacle de tous les jours. Mais cette monarchie administrative n'était pas dans des mains assez fortes ni assez dignes pour que l'œuvre de Richelieu et de Louis XIV se continuât. Louis XVI, après avoir rendu aux grands Corps judiciaires et aux Compagnies souveraines leur pouvoir de résistance, s'en repentait, et laissait son ministère essayer de les briser de nouveau; le garde des sceaux Lamoignon imposait militairement, le 8 mai 1788, les Édits qui renversaient par toute la France la vieille magistrature, restreignaient les ressorts des Parlements, établissaient des circonscriptions nouvelles, multipliaient les tribunaux, et constituaient à Paris une Cour plénière à laquelle tout ressortissait. C'était (sauf des différences qu'il serait trop long ici d'expliquer), c'était en somme une tentative de réorganisation de la justice en France sur un plan uniforme et d'après l'idée d'une législation homogène; mais les auteurs de ce plan avaient bien moins songé à l'ordre judiciaire et à la justice en elle-même qu'aux conséquences politiques de cette mesure dans les difficultés extrêmes où ils se trouvaient. Le cri de la magistrature lésée et atteinte au cœur fut unanime : Portalis se fit l'organe des avocats et des magistrats de la Provence.

Il expose, dans sa remontrance et dans l'Examen qui suivit, l'ancienne doctrine française parlementaire, l'utilité des vérifications d'Édits par les Cours souveraines, le bienfait même de certaines lenteurs, profitables au bon conseil et à la prudence, de telle sorte qu'une volonté du monarque, annoncée comme loi, n'ait pas son brusque effet immédiat aussi infailliblement qu'*une boule jetée contre une autre doit avoir le sien*. Il ne croit pas que cette promptitude soit de nécessité et de convenance dans une monarchie tempérée, où les impôts doivent toujours être, sous une forme ou sous une autre, consentis par les sujets, et où le zèle du citoyen contribuable est comme *la récompense du prince* qui sait respecter les lois. Portalis aime à voir dans les grands tribunaux placés entre le souverain et les peuples, et chargés par le vœu et le concert tacite de tous deux du soin de vérifier les lois, des établissements politiques réguliers, qui ont toujours été regardés non-seulement comme l'ornement et la décoration, mais aussi comme le *retenail* de la monarchie. Il affectionne ce dernier mot, et il l'emploiera même dans un de ses rapports au Conseil des Anciens, en parlant de la division du pouvoir législatif en deux sections Il s'attache aussi à combattre l'idée que l'uniformité dans la législation soit nécessairement un bien, et ici, en se faisant l'organe des vieilles mœurs, des vieilles coutumes cantonnées sur divers points de la France, il se mettait en contradiction avec ce qu'il devait plus tard accomplir comme l'un des principaux rédacteurs du Code civil.

A cette date, l'idée d'uniformité dans la législation de l'empire ne lui paraît pas un bien : « l'uniformité dans la législation, dit-il, a toujours été un des grands moyens de préparer le despotisme. » Il considère la France, telle qu'elle était en effet alors, comme une fédération de petits États, plutôt unis que confondus, chaque petit État possédant sa législation propre, et restant indépendant jusqu'à un certain point dans les moyens de la diriger et de la contrôler. Cela était vrai surtout de la Provence, de la *Nation provençale* comme on disait, chez laquelle le roi n'était admis à faire les lois qu'à titre d'héritier des Comtes souverains du pays. Dans ce *statu quo* de l'ancien régime, Portalis va jusqu'à penser qu'une législation uniforme, qui peut convenir à une cité et à un gouvernement de peu d'étendue, ne saurait s'appliquer dans la pratique à un grand État, composé de *peuples divers*, ayant des besoins et des caractères différents, des lois fondamentales antérieures, des *capitulations* et des *traités* « que les souverains sont dans l'heureuse impuissance de changer. » Rien ne démontrerait mieux, à notre sens, la légitimité de 89 que cette argumentation habile de la part d'un homme aussi éclairé, et de laquelle il résulte que la France n'était pas un seul État ni un corps mû d'un même esprit. Portalis disait en termes exprès : « Dans une vaste monarchie comme la France, dont le gouvernement est à la fois commerçant, religieux, militaire et civil, et qui est *composée de divers peuples* gouvernés par des couhumes différentes, il est impossible d'avoir un corps complet de législation. » Cette possibilité d'un Code uniforme, il en doutera encore longtemps, et même sous le Directoire ; il ne prévoyait pas la main énergique et héroïque, l'épée toute-puissante sous laquelle il travaillerait en paix, pendant le Consulat, en tête du groupe des Prudents.

Tant il est vrai qu'à chacun appartient sa tâche et son rôle ; celui de Portalis était de ne point innover en détruisant : « Le mal de détruire, disait-il, est infiniment plus grand que celui de souffrir. » — « Il est plus dangereux de changer, disait-il encore, qu'il n'est incommode de souffrir. » Mais la destruction faite, et quand la violence aveugle ne régnait plus, il arrivait, il se levait avec calme, il trouvait des paroles de douceur, d'équité, de renaissance et presque de convalescence sociale, et il excellait à infuser quelque chose de la moralité ancienne dans le fait nouveau.

Je n'insiste pas davantage sur ces premiers écrits à demi politiques, pleins de vues libérales ou même déjà législatrices entremêlées dans l'esprit de corps, et où la doctrine des anciens Parlements se retrouve dans toute sa plénitude et sa beauté en expirant : mais Portalis ne s'y montrait encore que comme l'avocat d'une province, et j'ai hâte de l'atteindre au moment où il devient le conseiller et la lumière de toute la France.

Voyant la ruine des Parlements et la Révolution engagée dès le premier jour dans des expériences inconnues, Portalis se tint à l'écart. L'influence de Mirabeau, souveraine dans la Provence, l'écarta des États-généraux ; il n'en eut point de regret et se retira à la campagne, s'y occupant de méditer un ouvrage *Sur les Sociétés politiques*. La Provence devenant inhabitable pour lui, il se rendit à Lyon avec sa famille, et dut s'en éloigner ensuite quand la guerre civile s'y alluma.

Mais toujours et en tout temps, malgré les menaces de mort qui s'approchaient de lui, il se refusa à quitter le sol de la France. J'ai eu le plaisir d'entendre, sur sa vie errante et sur la suite de ses dangers à cette époque désastreuse, un récit touchant de la bouche même de de son fils (M. le comte Portalis) qui l'accompagna partout, jusqu'au seuil de la prison, et qui, par une piété aussi dévouée qu'ingénieuse, réussit à retarder l'instant de son jugement et à le sauver. Portalis, qui était depuis plusieurs mois dans l'une des prisons de Paris, en sortit après le 9 Thermidor. C'est à dater de là que son rôle vraiment politique commence.

Son premier mot fut un cri d'humanité. Il publia au commencement de 1795 une brochure qui avait pour titre : *De la Révision des Jugements*, et pour épigraphe le vers de Crébillon : *Hérite-t-on, grands Dieux ! de ceux qu'on assassine !* Il s'agissait de savoir si, de peur de porter atteinte à l'hypothèque et au crédit des assignats, la Convention redevenue libre resterait sourde aux cris des familles, réclamant contre les confiscations qui avaient suivi les jugements iniques rendus sous la Terreur. Portalis faisait de cette affreuse époque de la veille un tableau vrai, avec des traits tirés de Tacite; il ajoutait avec une observation fine qui n'était qu'à lui :

« On poursuivait les talents, on redoutait la science, on bannissait les arts ; la fortune, l'éducation, *les qualités aimables*, *les manières douces*, *un tour heureux de physionomie*, *les grâces du corps*, la culture de l'esprit, tous les dons de la nature, étaient autant de causes infaillibles de proscription... Par un genre d'hypocrisie inconnu jusqu'à nos jours, des hommes qui n'étaient pas vicieux se croyaient obligés de le paraître... On craignait même d'être soi ; on changeait de nom ; on se déguisait sous des costumes grossiers et dégoûtants ; chacun redoutait de se ressembler à lui-même. »

En flétrissant ces choses atroces, la plume de Portalis n'est pas tout à fait le burin d'un Ancien; on a pu dire de quelques autres publicistes d'alors qu'ils écrivaient avec un fer rouge : lui, il a surtout sa précision et sa force quand il exprime des idées de probité et de morale sociale : « Des familles honnêtes, dit-il, se trouvent dépouillées de leur patrimoine par des jugements qui n'ont été que des crimes... Mais, dira-t-on, l'État ne peut réparer tous les maux inévitables d'une Révolution. On ne demande pas qu'il les répare ; on demande seulement qu'il n'en profite pas. » Il insiste sur le grand point à ce moment, sur ce qui va indiquer tout d'abord de quelle qualité est la politique nouvelle qu'on va inaugurer : « Tout ne se borne pas dans le moment à réparer des désastres, il faut encore former l'esprit public ; il faut rétablir la morale dans le gouvernement... L'iniquité est aussi mauvaise ménagère du crédit que de la puissance... Nos finances ne doivent point être arrosées du sang innocent. » Nous saisissons, dès ce premier écrit de circonstance, la forme et le fond du discours habituel de Portalis, cet enchaînement et cette suite de maximes sages, miséricordieuses, appropriées, où respire comme un souffle du génie de Numa, aphorismes tout de réparation, tout de consolation et de santé, et qui allaient faire la plus salutaire impression sur le Corps social si longtemps soumis à ces autres aphorismes de Saint-Just, concentrés et mortels comme le poison.

Un autre écrit, intitulé : *Il est temps de parler, ou Mémoire pour la Commune d'Arles*, est également de ces premiers mois de 1795. Portalis, rendant hommage dès le début à cette unité de l'empire et à cette patrie française commune, à laquelle il n'avait pas cru d'abord et qui venait de sortir, comme par miracle, du broiement de toutes les parties et de la confusion même, dénonçait à la Convention délivrée et humanisée l'incroyable proscription en masse de plus de dix-huit cents électeurs de la ville d'Arles, la prise d'assaut et de possession de cette innocente cité par les féroces Marseillais, la démolition des antiques murailles bâties sous Clovis, le pillage des rives du Rhône comme au temps des pirates sarrasins, l'impôt forcé de quatorze cent mille livres levé par les brigands et la lie de la populace sur tous les citoyens aisés, enfin des horreurs telles qu'au lendemain toute la politique se réduisait à dire avec lui : « On ne doit plus distinguer que deux classes d'hommes dans la République, les *bons* et les *mauvais* citoyens. » Cette histoire de l'oppression et de la dévastation de la commune d'Arles est un des épisodes les plus singuliers et les plus significatifs de la Terreur. Dans ce Mémoire, si plein de justice, de vérité et de toutes les droites inspirations humaines, on voudrait vers la fin quelques accents de plus, je ne sais lesquels, mais comme un Cicéron en aurait su trouver. L'artiste (si l'on ose employer ce mot en pareille matière), le metteur en œuvre chez Portalis fait un peu défaut quand il écrit : l'honnête homme n'en était que plus à nu quand il parlait.

Nommé membre du Corps législatif en 95, il fut appelé par son âge à faire partie du Conseil des Anciens, et il appartient désormais à toute la France. Qu'on ne se figure nullement Portalis arrivant pour la première fois dans cette Assemblée politique, comme un royaliste qui a son arrière-pensée de restauration monarchique, et qui s'entend avec des collègues du même bord pour ménager des chances de triomphe à son opinion. Rien ne serait plus faux qu'une telle vue. Portalis, en entrant dans les Conseils avec Siméon, dont il avait épousé la sœur, vit tout d'abord Thibaudeau, qui s'était honoré dans les derniers temps de la Convention par sa résistance aux mesures exceptionnelles et révolutionnaires trop prolongées : « Nous vous prenons pour chef de file, lui dirent-ils, nous voulons marcher sur votre ligne. » Cette ligne était celle aussi qui aurait fait marcher la Constitution sans violence, sans infraction aux lois, et en y faisant entrer le plus possible les idées de régularité et de justice. « Toute révolution est une conquête, pensait Portalis ; la Constitution, dans laquelle on se repose, devient un véritable traité de paix. » C'est cette paix qu'il avait hâte de pratiquer et de féconder, en substituant graduellement aux mesures hostiles, partiales, éversives, l'action bienfaisante et concertée des lois. Mais les passions étaient trop brûlantes encore ; elles l'étaient des deux côtés, de celui des Conventionnels compromis et méfiants qui voulaient prolonger l'usurpation, et de la part des nouveaux venus qui voulaient se venger d'avoir été victimes, en usurpant à leur tour. Dès les premiers jours, la plupart des Conventionnels restés dans les Conseils regardaient ouvertement les nouveaux nommés comme des intrus et des ennemis ; ils semaient autour d'eux les soupçons et les calomnies pour les décréditer du moins, ne pouvant les éliminer : « Ceci débute mal, dit tout haut Portalis présent à ces scènes : si les Jacobins ont le pouvoir de nous chasser d'ici, nous n'y resterons pas longtemps. »

Il y resta assez, durant deux années, pour y fonder sa réputation d'orateur social, fidèle à tous les principes de modération et d'humanité. Ne pouvant le suivre dans la diversité des questions qu'il traita, je ne le prendrai que dans deux ou trois sujets et discours, qui me suffiront pour le caractériser.

Une des discussions où il se déploya avec le plus d'énergie et d'avantage, ce fut à propos de ce qu'on appelait le décret du 3 Brumaire. La Convention expirante, et tout à la veille de finir (car elle finit le 4 Brumaire), avait lancé *in extremis* un décret de moribond en colère, un de ces codiciles testamentaires *ab irato* que les Assemblées conventionnelles finissantes ne sont pas fâchées de léguer à leurs héritiers pour les entraver et les empêcher de vivre, de se développer plus librement qu'elles n'ont pu faire elles-mêmes. Par ce décret, on excluait des fonctions publiques, jusqu'à la paix, des catégories entières de personnes, et notamment tous les inscrits sur des listes d'émigrés, ainsi que leurs parents et alliés : mais il y avait bien d'autres titres d'interdiction encore. Portalis qualifiait ce décret du 3 Brumaire « un véritable Code révolutionnaire sur l'état des personnes. » Il montrait que le régime révolutionnaire avait dû être détruit par la Constitution : « Et au lieu de cela, c'est la Constitution que l'on veut mettre sous la tutelle du régime révolutionnaire. » La suite et l'enchaînement régulier de la discussion s'animait chemin faisant, sur ses lèvres, d'expressions heureuses à force de justesse : « Avec la facilité que l'on a, disait-il, d'inscrire qui l'on veut sur des listes, on peut à chaque instant faire de *nouvelles émissions d'émigrés.* » Il demandait pour la Constitution de la patience et du temps : « Il faut que l'on se plie insensiblement *au joug de la félicité publique.* » Il observait que jamais nation ne devient libre quand l'Assemblée qui la représente ne procède ainsi que par des coups d'autorité : « Les institutions forment les hommes, si les hommes sont fidèles aux institutions ; mais si nous conservons l'habitude de révolutionner, rien ne pourra jamais s'établir, et nos décrets ne seront jamais que *des piliers flottants au milieu d'une mer orageuse.* »

On entrevoit par ces passages que Portalis n'était pas dénué d'une certaine imagination sobre et grave qui convenait à la nature et à l'ordre de ses idées législatrices. C'est ainsi que, dans son célèbre discours en faveur des prêtres non assermentés qu'on s'obstinait encore à persécuter et à proscrire il faisait voir l'impuissance définitive de ces mesures extrêmes en même temps que leur odieuse rigueur, et rappelait que la Convention elle-même, au plus fort de sa domination souveraine, y avait échoué :

« Il n'y a point de puissance absolue dans ce monde, il n'y en aura jamais. Le pouvoir en apparence le plus illimité rencontre à chaque pas des obstacles imperceptibles qui l'arrêtent. *On peut le comparer à une mer orageuse qui vient subitement se briser sur le rivage contre des grains de sable* (1). »

Le second discours de Portalis que je veux signaler est précisément celui dans lequel il défendait les pauvres prêtres restés fidèles à l'ancienne orthodoxie ; on était prêt à renouveler contre eux les gênes d'un serment qui violait leur conscience, et qui allait les placer entre le mensonge et la proscription. Vingt mille citoyens étaient intéressés dans cette disposition générale, dans cette résolution que le Conseil des Cinq-Cents avait déjà votée, et que l'éloquence de Portalis fit échouer au Conseil des Anciens. Le discours qu'il prononça en cette occasion fut un événement moral, et d'un retentissement immense. Il y disait en réponse à ceux qui regardaient le serment comme une garantie :

« Il eût été digne de notre siècle de reconnaître que le serment est une bien faible épreuve pour des hommes polis et raffinés ; qu'il n'est nécessaire que chez des peuples grossiers à qui la fausseté ou le mensonge coûte moins que le parjure ; mais que dans nos mœurs cette auguste cérémonie n'est plus qu'une forme outrageante pour le Ciel, inutile pour la société, et offensante pour ceux qu'on oblige à s'y soumettre. »

Après avoir traité la question dans sa généralité, il

---

(1) Il y a ici un souvenir de Montesquieu, *Esprit des lois*, livre II, chap. IV; et aussi *Grandeur et Décadence des Romains*, chap. XXII.

arrivait au fond même, et il ne craignait pas de dire le secret des cœurs : « Les prêtres non assermentés sont, dit-on, violemment soupçonnés de n'avoir jamais aimé la Révolution. » Et en ne les justifiant qu'autant qu'il le fallait pour rester dans le vrai, il maintenait que le cours des pensées est libre et doit être ménagé tant qu'il ne se traduit point en actes coupables : « Quand il s'opère une grande Révolution dans un État, il n'est pas possible que tous les membres de cet État changent d'habitudes, de mœurs et de manières dans un instant. Il est plus aisé de rendre des décrets que de former des hommes. » Il demande donc du temps et du soin pour corriger et ramener les esprits. S'élevant aux vrais principes de la liberté religieuse, il fait voir qu'au point de vue politique, il est impossible de ne pas appliquer « à une religion connue, ancienne, longtemps dominante et même exclusivement autorisée, professée par les trois quarts des Français, les principes de tolérance et de liberté que la Constitution proclame pour tous les cultes : Voudrions-nous aujourd'hui, s'écrie-t-il, que l'intolérance philosophique remplaçât ce que nous appelons l'intolérance sacerdotale ? » Au point de vue politique toujours, il fait sentir les inconvénients d'un tel système pour le rôle de la France au dehors et dans les relations internationales :

« Nos alliés, nos voisins, sont catholiques ou chrétiens ; chez les peuples modernes, la conformité des idées religieuses est devenue, entre les Gouvernements et les individus, un grand moyen de rapprochement et de communication. *Si la boussole ouvrit l'univers, le Christianisme le rendit sociable.* Le mépris que nous affectons pour un culte commun à tant de nations pourrait nuire à nos intérêts politiques et à nos relations commerciales ; car il n'est rien à quoi les hommes soient plus sensibles qu'au mépris qu'on laisse éclater contre leurs coutumes ou leur religion. »

Et il va jusqu'à dire, au sein de cette Assemblée frémissante et où des applaudissements presque unanimes couvraient quelques murmures irrités :

« Nous compromettons la liberté, en ayant l'air de séparer la France catholique d'avec la France libre. » — « Il n'est plus question de détruire, concluait-il en finissant, il est temps de gouverner. »

Pour que de telles paroles, en effet, se fissent entendre et accueillir, pour qu'elles entraînassent la décision d'une Assemblée où le vieux levain conventionnel fermentait encore, il fallait qu'une ère nouvelle eût commencé et que la Révolution fût entrée dans une phase toute différente. Le règne des tribuns avait cessé ; mais celui du Législateur ne s'enfantait qu'avec peine. Ce n'était pas seulement l'esprit d'humanité, c'était aussi l'esprit de parti qui s'emparait à l'instant de ces belles paroles de Portalis. Un double courant de factions était aux prises : ceux mêmes qui voulaient rester immobiles et fidèles à la situation du milieu étaient entraînés par l'un ou par l'autre de ces courants profonds et contraires. Les anciens Conventionnels n'avaient décidément confiance qu'en ceux qui avaient donné des gages à la Révolution ; et quels gages ! Portalis, qui n'en avait pas donné en leur sens, était classé par eux comme royaliste, et il allait être compris à ce titre dans la proscription de Fructidor. Intervalle anarchique et laborieux ! Le moment de détruire était passé ; celui de gouverner, qui ne se rencontre jamais qu'avec l'homme qui gouverne, n'était pas encore venu.

Lundi, 8 mars 1852.

PORTALIS

DISCOURS ET RAPPORTS SUR LE CODE CIVIL,—SUR LE CONCORDAT DE 1801,
— PUBLIÉS PAR SON PETIT-FILS (1).

(SUITE ET FIN.)

Des témoins fidèles nous représentent avec vérité Portalis au Conseil des Anciens, débitant presque aveugle ses beaux discours. Le léger accent provençal qu'il gardait dans la conversation se perdait à la tribune et s'y confondait avec l'accentuation plus marquée qu'exige le nombre oratoire. Il parlait de suite, avec enchaînement, sans jamais s'interrompre, et comme par le courant naturel et plein d'une improvisation facile. Napoléon, l'appréciant plus tard pour ses beaux développements au Conseil d'État et au Corps Législatif, disait de lui : « Portalis serait l'orateur le plus fleuri et le plus éloquent, s'il savait s'arrêter. » Son discours, nourri de maximes, avait quelque chose d'un Nestor précoce, et qui ne craint pas de se répéter. On croyait, en général, qu'il improvisait : il avait à un haut degré cette faculté d'improvisation, mais il ne la séparait point des ressources toujours présentes d'une

(1) 2 vol. in-8º, 1844-1845.

riche mémoire. Portalis avait, pour ainsi dire, une mémoire d'aveugle :

> « Je fus nommé secrétaire (du Conseil des Anciens) lorsque mon ami Portalis fut appelé à la présidence, a dit le général Mathieu Dumas, et j'eus de fréquentes occasions d'admirer son beau talent et sa prodigieuse mémoire. Sa cécité presque absolue le mettait dans l'impossibilité de lire et d'écrire : il n'en suivait pas moins tous les mouvements de l'Assemblée, maintenait l'ordre avec fermeté, et, connaissant la place de chaque membre dont il distinguait merveilleusement le son de voix, il ne commettait jamais la moindre erreur en accordant ou refusant la parole. Si la discussion était interrompue par l'arrivée d'un message du Conseil des Cinq-Cents ou du Directoire, il suffisait que je lui en fisse tout bas la lecture une seule fois pour qu'il répétât tout haut, en s'adressant à l'Assemblée, la Résolution tout entière, quelque nombreux qu'en fussent les articles, sans en déranger la série, sans changer aucune expression. »

Un jour, Bonaparte voulut mettre à l'épreuve cette merveilleuse faculté de Portalis, et il lui tendit comme un piége. Portalis était venu travailler avec lui pour quelque affaire relative au ministère des Cultes. « Asseyez-vous, lui dit-il, et écrivez; je veux vous donner là-dessus mes idées. » Quand la dictée fut achevée, le premier Consul lui dit de relire. Portalis relut ou sembla le faire; la reproduction était tout à fait exacte. Le Consul lui dit : « Eh bien! laissez-moi ce papier. » Mais Portalis, qui n'y avait rien écrit ou qui n'y avait tracé que des caractères insignifiants, demanda le temps de faire faire une copie au net, et il n'eut pas de peine à dicter, au sortir de là, à son secrétaire ce qu'il avait si fidèlement retenu.

Lorsqu'on lit Portalis dans la suite de ses discours et de ses écrits, comme je viens de le faire, on est, au reste, frappé d'un procédé qui tient à la méthode de bien des orateurs de l'Antiquité, et à la sienne en particulier. Il a dans la mémoire quantité de maximes, de définitions, des parties tout écrites de science et de morale sociale, des paragraphes entiers qu'il reprend et qu'il replace à l'occasion sans presque y rien changer. Par exemple, le paragraphe sur la Terreur que j'ai cité précédemment, et qu'on lit d'abord dans sa brochure de *la Révision des Jugements* (1795), se retrouve textuellement au dernier chapitre de son livre sur *l'Usage et l'Abus de l'Esprit philosophique*. Il eut à prononcer au Conseil des Anciens un Rapport concernant le divorce, et il y traçait une théorie du mariage qui se retrouve en entier et littéralement, sauf de légères variantes, dans son *Discours préliminaire sur le projet de Code civil*. De même, dans son premier Discours sur le Concordat (5 avril 1802), on retrouve fondus, mais dans une expression toute pareille, les beaux passages que nous avons déjà notés dans son Discours au Conseil des Anciens en faveur des prêtres non assermentés. Les rhéteurs de l'Antiquité ont ainsi conseillé aux orateurs d'avoir toujours en réserve, dans le trésor de la mémoire, des portions entières de discours; et, si cet artifice est permis, c'est assurément dans l'ordre des matières stables, telles que la jurisprudence, la morale sociale, qui ne permettent ni aux idées ni même à l'expression de varier, quand les mêmes sujets se rencontrent. Portalis usait librement de ce privilége; il est de ceux dont on peut dire comme de beaucoup d'Anciens : *Solebat dicere*. Il avait des mots d'habitude et qui revenaient volontiers sur ses lèvres. On ne tarde pas, quand on s'est familiarisé avec lui, à reconnaître quelques-unes de ces paroles, la plupart dignes d'être retenues. C'est ainsi qu'il disait : « Interrogeons l'histoire, elle est *la physique expérimentale* de la législation. » Et dans un autre discours ou exposé de motifs, parlant de Montesquieu : « Il nous apprit, dit-il, à ne jamais séparer les détails de l'ensemble, à étudier les lois dans l'histoire, qui est comme *la physique expérimentale* de la science législative. » Et ailleurs encore, pour exprimer qu'il faut étudier les opérations de l'esprit dans les langues : « La parole est *la physique expérimentale* de l'esprit. » Je ne fais qu'indiquer ce procédé très-sensible chez lui, et qui nous frapperait moins peut-être, si, comme les critiques anciens, nous avions pénétré davantage dans le secret des orateurs.

Il résulte pourtant de cette habitude de préméditation et de redite, même quand elle est le mieux dissimulée, une sorte de lenteur et de monotonie qui s'étend sur l'ensemble. Oui, sans doute, on le sent bien à la lecture, il a manqué quelque chose à cette éloquence; cet œil ne lançait point d'étincelles ni d'éclairs; cette voix n'avait point d'éclats sonores, ni de ce qui vibre à distance; mais du moins un sentiment juste, équitable, pénétré, animait cette gravité douce et abondante; une imagination tempérée y jetait plutôt de la lumière que de la couleur; parfois la finesse et une certaine grâce d'ironie n'y manquaient pas; l'humanité surtout, avec la justice, en était l'âme, et cet orateur au ton sage avait en lui toutes les piétés.

Il en fit preuve dans un de ses discours les plus remarqués au Conseil des Anciens, quand il y plaida pour les émigrés naufragés de Calais. On connaît cet épisode qui émut si vivement le public sous le Directoire. Deux navires danois, c'est-à-dire neutres, qui transportaient des troupes à la solde de l'Angleterre, échouent sur les côtes de Calais; sur neuf cents hommes d'équipage, les deux tiers périssent à la vue de la population accourue et sans qu'on puisse leur porter secours; parmi ceux qui se sauvent à la nage et qu'on recueille, on reconnaît des Français émigrés, le duc de Choiseul était du nombre : on les traduit devant une Commission militaire; les naufragés deviennent à l'instant des ennemis. Était-ce juste? était-ce possible?

Disons vite que le Corps Législatif, consulté dans ses deux Sections, n'hésita point dans sa réponse. Portalis fut rapporteur dans le Conseil des Anciens. Il n'eut qu'à montrer d'abord que les Français naufragés étaient embarqués pour les Grandes-Indes, et qu'il avait été stipulé par les chefs avec le Gouvernement anglais qu'ils ne seraient point employés contre la France. Mais le sujet était trop vivant et trop pathétique, il tenait de trop près aux sentiments qui se réveillaient alors dans tous les cœurs, pour qu'un orateur comme Portalis n'en fît pas un texte de morale humaine et réconciliatrice. On sait, dans Virgile, ce touchant épisode du Grec naufragé, Achéménide, que les Troyens recueillent en abordant sur les côtes de Sicile où ils le trouvent errant, défiguré par la misère et ne présentant plus forme humaine. A la vue des armes et du costume des Troyens, Achéménide effrayé s'arrête un instant, et il se demande s'il osera se faire voir à eux ; mais le sentiment de sa misère l'emporte : « Au nom des astres, au nom des Dieux, s'écrie-t-il en s'avançant, par cet air commun que nous respirons, prenez-moi, Troyens, partout où vous voudrez emmenez-moi ; c'est tout ce que je vous demande. Je suis un de ceux de la flotte grecque, je le sais, et je conviens que j'ai porté les armes contre Troie ; pour ma peine, si ce crime à vos yeux est indigne de pardon, jetez-moi dans la mer et replongez-moi dans l'immensité des flots. Si je meurs, il me sera doux, du moins, de mourir de la main des hommes :

Si pereo, manibus hominum periisse juvabit. »

Je ne sais si Portalis s'était fait relire cet épisode avant de prendre la parole pour ses naufragés, mais ce même sentiment de piété, qui est propre à Virgile, respire dans son discours. Il établit les maximes hospitalières consacrées chez tout ce qui n'est point barbare; il y joint ses aphorismes habituels de justice et de civilisation : « Il faut faire, en temps de paix, le plus de bien, et, en temps de guerre, le moins de mal qu'il est possible. » Il cite à l'appui la belle réponse de ce gouverneur espagnol de la Havane au capitaine de vaissea anglais, qui, au moment du naufrage, jeté dans le port par la tempête, vient se livrer à lui pendant la guerre de 1746 :

« Si nous vous eussions pris dans le combat, en pleine mer ou sur nos côtes, votre vaisseau serait à nous, vous seriez nos prisonniers; mais, battus par la tempête et poussés dans ce port par la crainte du naufrage, j'oublie et je dois oublier que ma nation est en guerre avec la vôtre. Vous êtes des hommes et nous le sommes aussi : vous êtes malheureux, nous vous devons de la pitié. » — « Qu'il fut grand, s'écrie Portalis, cet homme qui, simple ministre d'un souverain par sa place, sut, par la dignité de son caractère et l'élévation de ses sentiments, se constituer le magistrat du genre humain ! »

L'orateur proclame comme un asile les principes imprescriptibles du droit des gens : les lois pénales de l'émigration ne sont point applicables à l'émigré naufragé; l'émigré dans les conditions de bannissement accepté où il s'est placé, n'est plus un Français, c'est toujours un homme :

« Des hommes naufragés ne sont donc proprement justiciables d'aucun tribunal particulier ; il ne s'agit pas de les juger, mais de les secourir. Ils sont sous la garantie de la commisération universelle. L'État dans lequel ils prennent un asile forcé en répond au monde entier. »

Les naufragés de Calais ne furent point traités en ennemis déclarés, ni en étrangers innocents : le Directoire les retint en prison; ils ne furent mis en liberté qu'à l'avénement du Gouvernement consulaire. Portalis qui, après le 18 Fructidor, avait été forcé de se réfugier en Allemagne, rentrait alors en France au mois de janvier 1800 ; il faisait route, en quittant le Holstein, avec Mathieu Dumas et Quatremère de Quincy, ses compagnons d'exil. Pendant qu'on changeait de chevaux à Osnabruck, un voyageur qui venait de France, et qui se trouvait par hasard au même relais, se présenta à eux, et, dès qu'il l'aperçut, se jeta dans les bras de Portalis. C'était le duc de Choiseul lui-même qui, tout nouvellement délivré de prison, rencontrait à l'improviste et remerciait avec effusion son défenseur.

Le temps de la retraite de Portalis, après le 18 Fructidor, tient une place intéressante dans sa vie. Il parvint à se dérober aux mesures de rigueur qui furent décrétées en cette journée, et à sortir de France avec un passeport danois. Il chercha d'abord un asile en Suisse, à Zurich, où il connut l'ingénieux observateur Lavater, Meister, ancien secrétaire de Grimm, homme aimable, écrivain distingué en français, et qui n'avait pris du xviiie siècle que ce qu'il avait de fin et d'honnête ; Mallet du Pan, qu'il retrouva ensuite à Fribourg-en-Brisgau, et avec qui il contracta une liaison de tendre attachement et d'estime. Portalis, accompagné de son fils, qui, dans toutes ses traverses, ne le quitta jamais, était près de passer en Italie et de se rendre à Venise, quand une lettre de Mathieu Dumas l'appela dans le Holstein, où l'attendait une hospitalité cordiale et sérieuse. Portalis y arriva, malgré les rigueurs de la saison, en janvier 1798. Logé au château d'Emckendorff, chez le comte de Reventlau, il y trouva, ainsi que dans les châteaux voisins, tout un cercle de philosophes, de savants, de gens du monde, qu'on aurait vainement cherché à réunir ailleurs avec ce choix et cette distinction. C'étaient les deux comtes de Stolberg, nourris de la fleur grecque et de l'esprit chrétien, philosophes et littérateurs éminents; Jacobi, philosophe aimable, d'un sentiment délicat et pur; d'autres encore moins connus ici, enfin une société douce mais grave : « Nous avons rencontré, écrivait-il à Mallet du Pan en avril 1798, de l'instruction et des vertus. »

Dans une autre lettre à ce même ami alors réfugié à Londres, il a peint lui-même l'état calme et reposé de son âme en ces années d'attente, de conversation nourrie et de réflexion communicative :

« Il n'y a rien de nouveau en France, lui écrivait-il (24 juin 1798.) On y danse, on y souffre, on y vit du jour au jour, et la lecture des journaux y est la seule occupation essentielle. Pour moi, mon cher Mallet, je vis tranquille dans ma retraite avec les hôtes respectables qui m'ont donné l'hospitalité. La contrée est agréable; à côté de la maison que nous habitons, nous avons un beau lac et une belle forêt; l'art y procure tous les fruits que la nature refuse; les mœurs du pays sont douces; il y a beaucoup d'instruction dans les hautes classes de la société, et l'on trouve encore chez elles des principes religieux que l'on n'y soupçonnerait pas; chaque seigneur rend, avec une sage mesure, la liberté à ses vassaux; il les rend propriétaires, il leur fait du bien sans commotion, et il cherche à leur inspirer, non l'amour du changement, mais celui du travail et de l'industrie. C'est une chose assez piquante que de voir proprement la nature humaine renaître et sortir du chaos de la servitude féodale. »

C'est là un tranquille et doux tableau, et qui laissait jour à l'espérance. On était alors en Allemagne dans une grande occupation du système philosophique de Kant; Portalis s'en faisait rendre compte ainsi que des autres systèmes particuliers et chers à cette nature des cerveaux allemands, qui sont, comme dirait Rabelais, *grands abstracteurs de quintessence*. En y apportant sa prudence naturelle et la précision propre à la race française, Portalis voyait ces grandes questions de controverse s'évaporer en fumée et ne laisser pas même, au fond du creuset, des cendres :

« C'est une chose plaisante, disait-il, de voir des écrivains, l'ailleurs distingués, se battre pour des abstractions ou pour des logogriphes; ce qu'il y a de plus étonnant, c'est de voir le public prendre part à des disputes qu'il n'entend pas. On parlait jadis de *la foi du charbonnier*, je crains bien qu'on ne puisse parler aujourd'hui de *la philosophie du charbonnier*.

Ceci est joli et spirituel. Quand il causait ou qu'il écrivait familièrement, Portalis avait de cet enjouement dans le grave. C'est alors que lui-même rassemblant le résultat de ses réflexions et de sa pratique morale, il dicta à son fils le traité publié depuis sa mort sous le titre : *De l'Usage et de l'Abus de l'Esprit philosophique durant le XVIIIe Siècle*. Ce traité a un défaut dans la forme, c'est de renfermer trop de choses, et de mettre toutes ces choses sur le même plan, sans qu'aucune se détache avec relief. La modération même des idées de l'auteur ôte à son expression, souvent heureuse, l'originalité qu'elle aurait en s'isolant davantage et en se tranchant avec netteté. L'ouvrage, d'ailleurs, à le bien voir en lui-même, a son originalité réelle. Dans l'esprit de retour et de réveil religieux auquel il appartient, il reste pur de toute réaction, il est également éloigné de tout extrême. En dénonçant l'abus de l'esprit philosophique, l'auteur ne fait ni comme Bonald, ni comme de Maistre, ni même comme Rivarol; il n'en accuse pas amèrement, il n'en proscrit pas absolument l'usage, et il se montre attentif à extraire du grand mouvement moderne tout ce qui sert la raison sans détruire la morale et l'État. Le *bon sens* et la *bonne foi* sont les deux caractères philosophiques de Portalis. Et, pour commencer, il s'en remet à la bonne foi même du Créateur, de qui il n'est pas un seul instant à douter. Il croit à la réalité suffisante des impressions des sens et à la justesse des notions qui en dérivent. Il croit également à tous les résultats qu'en peut tirer une réflexion saine, un raisonnement droit et non sophistiqué. Cette manière de concevoir ce qui nous environne et qui nous touche n'est peut-être pas la plus philosophique ni la plus profonde, mais c'est la plus raisonnable, celle qui est la plus conforme au milieu humain. De grands et hardis esprits ne s'y tiennent pas : ils veulent sonder hors de la sphère où porte notre vue ; ils sondent aussi en eux-mêmes et creusent dans le monde de leur pensée. Ils poussent à bout les choses, et, à force de les presser, ils n'en tirent plus de réponse. Scepticisme absolu ou miracle, il n'y a plus d'autre moyen d'en sortir. C'est là l'honneur et le néant de la métaphysique ; elle élève et agite l'esprit humain, en mettant en question ce que le commun des hommes accepte. Portalis se borne à justifier, en les épurant, ces croyances communes. Modéré d'humeur, réglé et pacifique d'intelligence, il ne se pose point le problème comme Pascal ou comme Hamlet.

Le sentiment du législateur domine en lui de beaucoup la curiosité de l'investigateur et du philosophe. La portion supérieure de son ouvrage est celle où il montre la décomposition de la société par les sophistes, espèce destructive si éloignée en tout de ces hommes à grand caractère et à grandes vues positives, qui ont fondé les sociétés et institué les peuples : « Le faux esprit philosophique est *une lime sourde qui use tout.* » Il distingue entre les diverses sortes de corruption publique : malgré sa bonté morale personnelle, il sait à quoi s'en tenir sur le fond de l'homme ; les passions étant les mêmes en tout temps, les mœurs aussi sont toujours à peu près les mêmes, ce ne sont que les manières qui diffèrent : mais la différence est grande d'une corruption qui n'est que dans les mœurs, et à laquelle de sages lois peuvent remédier, d'avec cette corruption subtile qu'un faux esprit philosophique a naturalisée dans la morale publique et dans la législation. Quand un peuple en est arrivé là, il n'a de chance de régénération que dans une conquête par un autre peuple plus jeune et plus énergique, ou dans un libérateur.

Ce libérateur, Portalis l'invoquait dans l'exil sans trop le prévoir : « Une nation naissante a besoin d'un instituteur, écrivait-il à Mallet du Pan (août 1799), et il faut un libérateur à une nation vieillie et opprimée. » Les deux lettres qu'il écrivit à Mallet dans les mois qui précédèrent le 18 Brumaire sont admirables de prévision et de prophétie, et elles contiennent en germe tout le programme du Consulat. Le tableau que Portalis y trace de la France est de main de maître et accuse une touche plus ferme que celle qu'on rencontre dans ses discours publics ; il ose plus dans la familiarité et en causant. Dans l'état de décomposition extrême et d'épuisement où était la France avant le retour d'Égypte et le débarquement de Bonaparte, les partis royalistes s'étaient remis à espérer plus que jamais, et il leur semblait qu'il n'y eût plus à décider pour eux que la manière dont le roi rentrerait dans son héritage Il paraît que les Russes avaient eu l'idée, dans une incursion armée sur notre territoire, de présenter Louis XVIII à la France, comme pour essayer l'esprit national et voir ce qui en sortirait. Portalis apprécie une telle idée à sa valeur. Il commence par établir l'état vrai de l'opinion à cette date :

« On n'a jamais vu ni connu de république en France, dit-il. Il n'y a point de républicains. Tout le monde y est fatigué du régime révolutionnaire. La lassitude, qui termine toutes les révolutions, a ramené tous les esprits et tous les cœurs à la monarchie. Je ne parle point des Jacobins, qui ne sont qu'une poignée d'hommes que l'apparence même de la justice peut faire disparaître. »

Mais il est loin de penser qu'il suffise de présenter un roi et de laisser faire :

« Le choix d'un roi ne me paraît pas devoir être un objet de délibération, à moins qu'on n'en veuille faire un sujet de guerre civile... Je crois pouvoir dire que la masse est fatiguée de choisir et de délibérer. »

Il est, dans ces crises de salut, un premier moment où l'on peut tout, et qu'il s'agit de ne point manquer :

« Il faut venir avec un plan fait, qui serait adopté dans le premier moment qui sera celui de la lassitude, et qui ne le serait plus dans le second. Dans le premier moment, les ambitieux se taisent, la masse seule se meut et compte ; dans le second, la masse disparaît, et les ambitieux ou les raisonneurs reprennent l'empire. »

Il ne veut pas qu'on laisse du temps à l'*ergotisation* ou aux spéculations ambitieuses, sans quoi tout est perdu. S'il y a Restauration, ce ne doit pas être pour ressusciter ce qui est vieux et usé, pour rendre à ceux qui rentreront à la suite des princes ce qu'ils ne pourraient conserver avec sûreté. Tout a été détruit, tout est dissous :

« En cet état, il ne s'agit pas uniquement de rétablir, il faut régénérer ; il faut s'occuper des hommes encore plus que des choses, et créer, pour ainsi dire, un nouveau peuple. » — « Un libérateur, dit-il encore, doit donner des lois raisonnables, et non des lois de passion ou de colère. »

Tout ceci était écrit en août et en septembre 1799. Le débarquement de Bonaparte en octobre, et le 18 Brumaire (9 novembre), vinrent répondre comme à point nommé à cet appel du sage qui traduisait le sentiment social de la majorité de la France. Deux mois après, Portalis eut la permission de rentrer dans sa patrie, et il devint presque aussitôt l'un des Conseillers de l'homme qui, à cette première heure, prenait à tâche de s'entourer de tous les talents éprouvés et de toutes les lumières (1). Comme Conseiller d'État, dès

(1) A un petit bal que donnait madame Bonaparte (24 nivôse an XII)

cette époque, l'ordre des services rendus par Portalis est double : les uns se rapportent à la rédaction du Code civil, et les autres à l'œuvre du Concordat.

La théorie du Code civil a été expliquée par Portalis en trois Discours qui sont classiques dans la matière. On n'attend pas que je les analyse ici. Mais en les lisant, même sans être en rien du métier, on sent l'esprit général qui a présidé à ce Code de prudence et d'équité : ce n'est pas une compilation, mais bien une composition qu'il y faut voir ; un conseil de sages enhardis par un héros profita du moment décisif où la nation, profondément remuée, se trouvait tout à coup replacée sous un meilleur génie et associait la vigueur d'un nouveau peuple à la maturité d'un peuple ancien. Toute superstition, toute routine a disparu : « Il faut changer, dit Portalis, quand la plus funeste de toutes les innovations serait de ne point innover. » Mais en même temps quel souci du passé et du présent ! quel soin scrupuleux d'opérer la transaction entre le droit écrit et les coutumes, entre ce que la raison réclame et ce que l'usage peut supporter !

---

et où très-peu de personnes avaient été invitées, une conversation s'établit, dans un premier salon où l'on ne dansait pas, entre Bonaparte, alors Premier Consul, Lebrun, Portalis, Lemercier et Stanislas Girardin : dans cette conversation le Premier Consul exprima successivement et avec son bon sens le plus brusque ses opinions sur la liberté de la Presse, les impôts et la Révolution. Venant à parler des haines entre les vieux partis qui n'étaient contenues dans leurs manifestations que par la sévérité des lois sur la Presse : « Si les Journaux pouvaient tout dire, ajouta-t-il non sans malice, ne diraient-ils pas que Portalis a été un Bourbonnien dont je dois me méfier ? qu'il a été favorable à leur cause dans telle ou telle circonstance ? Mais tout est oublié, mon cher Portalis » (*Portalis tousse plusieurs fois*). — C'est Stanislas Girardin qui note ainsi l'embarras de Portalis, en reproduisant toute cette curieuse conversation dans le tome Ier de ses *Souvenirs*, page 310.

« On raisonne trop souvent, dit l'excellent interprète, comme si le genre humain finissait et commençait à chaque instant, sans aucune sorte de communication entre une génération et celle qui la remplace. Les générations, en se succédant, *se mêlent, s'entrelacent et se confondent*. Un législateur isolerait ses institutions de tout ce qui peut les naturaliser sur la terre, s'il n'observait avec soin les rapports naturels qui lient toujours plus ou moins le présent au passé et l'avenir au présent, et qui font qu'un peuple, à moins qu'il ne soit exterminé, ou qu'il ne tombe dans une dégradation pire que l'anéantissement, ne cesse jamais, jusqu'à un certain point, de se ressembler à lui-même. »

Ces belles paroles à en bien pénétrer le sens, expriment toute la pensée morale du Code civil et le seul esprit général par lequel il nous soit permis de l'envisager ici. Mais, en lisant ces paroles si ménagées, ne sentons-nous pas l'esprit de Portalis lui-même qui se traduit jusque dans sa langue et dans sa manière de dire? Il n'était pas de ceux qui affectent une parole brève, sentencieuse et courte, et il accusait précisément de cet abus la langue de la fin du xviiie siècle : « Sous prétexte de dire beaucoup de choses en peu de mots, écrit-il, on a multiplié les verbes, on a diminué *les expressions moelleuses et mesurées qui marquaient les nuances.* » Me pardonnera-t-on d'entremêler ainsi des remarques de langage à celles qui portent sur les plus grands objets de l'intérêt social? Mais Portalis nous met à même, par son exemple, d'en saisir le rapport et d'en toucher le lien.

Le Code civil, à sa naissance, avait été en butte à de nombreuses critiques, et Portalis en a réfuté quelques-unes dans un morceau resté longtemps inédit. Cette réponse piquante, et plus vive de ton que ne le sont d'ordinaire ses discours officiels, s'adressait particulièrement à des objections et à des attaques dirigées de Londres par M. de Montlosier. Ce dernier était assurément un des hommes dont la forme d'esprit contrastait le plus avec la manière d'être de Portalis.

Montlosier, esprit abrupt et un peu rustique, raboteux pour ainsi dire, n'avait guère souci de la liaison dans les idées; à la fois arriéré, puis tout d'un coup en avant, il avait des accès de libéralisme et des reprises de féodalité. Occupé chaque fois d'une idée dominante, il offrait par places des entêtements invincibles et aussi durs que ses rochers d'Auvergne ou que les pierres de ses volcans; il assemblait en lui les contraires et les faisait bruyamment s'entre-heurter, tandis que Portalis, son opposé naturel, est lucide, enchaîné, suivi, développé, accueillant et conciliant. En reconnaissant à chacun le droit de critique et de discussion, Portalis, ayant Montlosier en vue, écrivait :

« La vérité, surtout en matière de législation, est le bien de tous les hommes. Chercher à la découvrir n'est pas un droit qui appartienne exclusivement aux fonctionnaires publics. Quand de simples particuliers discutent de bonne foi un objet de législation, quand ils ne se proposent que d'offrir le tribut de leurs connaissances et de leurs lumières à la patrie, il faut voir en eux des auxiliaires et non des ennemis. Malheureusement, après une grande Révolution, les hommes timides se taisent; ils semblent craindre de laisser apercevoir leur existence. Les indifférents, qui sont toujours le plus grand nombre, demeurent étrangers à tout ce qui se passe. C'est un inconvénient grave, si des écrivains aigris ou mécontents se montrent ; leurs idées *passent, filtrent à travers leurs passions et s'y teignent*. La découverte des choses vraies ou utiles est ordinairement *la récompense des caractères modérés et des bons esprits*. »

Ces simples paroles qu'il a replacées depuis dans un discours public, mais dont on a ici la clef, nous rendent au vrai la définition des deux natures, et Portalis, sans y viser, s'y peignait fidèlement dans les derniers mots aussi bien que dans les suivants :

« La sagesse est l'heureux résultat de nos lumières naturelles et des leçons que nous recevons de l'expérience. On la reconnaît avec le coup-d'œil d'une raison exercée. Des observations bien faites produisent la sagesse, comme des affections bien ordonnées disposent à la justice. »

Voilà bien la sphère modérée où il habitait d'ordinaire, et où il éclairait doucement. Montlosier, à cheval sur le droit féodal et sur la coutume, sur le gouvernement domestique et l'autorité paternelle, accusait les rédacteurs du Code civil d'avoir isolé le législateur d'avec la nation (ce que précisément ils s'étaient bien gardés de faire). Il les critiquait pour leur définition de la propriété, parce qu'elle n'était que juste et non superstitieuse, et il disait que cette définition semblait avoir été faite *contre les propriétaires;* il les accusait encore (car de quoi ne les accusait-il pas?) de se montrer trop peu sévères contre l'adultère. Confondant l'ordre moral avec l'ordre civil, raisonnant et concluant, sans s'en apercevoir, de l'un à l'autre, il brouillait tout et s'attirait de la part de son sage réfutateur des remarques parfaites de justesse et de finesse, qu'il n'a jamais lues, et qui ne l'auraient probablement point corrigé, tout homme d'esprit qu'il était. Il avait poussé la chicane jusqu'à reprocher aux rédacteurs du Code d'avoir dit dans une phrase : *Le bon sens, la raison, le bien public ne permettent pas*, etc., comme si c'était une pure redondance; à quoi Portalis répliquait :

« Nous ne nous engagerons pas dans la question, si la langue française admet ou n'admet pas des mots synonymes ; mais nous dirons que le *bon sens* et la *raison* diffèrent, en ce que le propre de la *raison* est de découvrir les principes, et que le propre du *bon sens* est de ne jamais les isoler des convenances. »

Charmante réponse, si on se la représente surtout adressée à ce brusque et intempestif M. de Montlosier (1).

(1) Puisque j'ai cité l'un des critiques intempestifs du Code civil, j'en veux indiquer un qui était tout le contraire et qui ne faisait rien d'intempestif dans sa vie. On trouvera dans les *Mémoires de l'Académie des Sciences morales et politiques*, au tome II (2ᵉ série, page 261), des

Le second ordre de services que Portalis rendit sous le Consulat et sous l'Empire se rapporte à l'œuvre du Concordat et de l'administration des Cultes. Cette affaire du Concordat a été trop bien traitée par un célèbre historien, par M. Thiers, pour que je me permette de l'effleurer ici. Certes, dans ses relations avec le souverain Pontife et avec les chefs de l'Église, Napoléon ne pouvait faire choix d'un organe ni d'un conseiller plus savant, plus pieux, plus pur, plus ferme en de certains cas, et plus doux dans le mode de résistance que ne l'était Portalis. Le Discours prononcé par lui au Corps Législatif, le 5 avril 1802, en présentant le traité du Concordat, nous offrirait, au milieu de quelques redites, de belles et éternelles maximes d'État. Il nie qu'on puisse, dans une civilisation avancée, tout en jouissant des biens qu'elle procure et oubliant trop à quel prix on les acquiert, venir renoncer brusquement à ce qu'on appelle *préjugés antiques*, et se séparer avec ingratitude de tout ce qui a civilisé : « Les hommes, en s'éclairant, deviennent-ils des Anges ? » Allant même sur le terrain des adversaires incrédules, pour les réfuter et les combattre en politique :

« Il n'y a point à balancer, ose-t-il leur dire, entre de faux systèmes de philosophie et de faux systèmes de religion. Les faux systèmes de philosophie rendent l'esprit contentieux et laissent le cœur froid : les faux systèmes de religion ont au moins l'avantage de rallier les hommes à quelques idées communes, et de les disposer à quelques vertus (1). *Le philosophe lui-même a besoin, autant que la multitude, du courage d'ignorer et de la sagesse de croire.* »

Observations sur le Droit civil français considéré dans ses rapports avec l'état économique de la société, par M. Rossi. Le seul côté faible du Code civil, et les lacunes à remplir, y sont signalés avec une sagacité ferme et prudente.

(1) Cela n'est tout à fait vrai que des vieilles religions dont M. Joubert a dit « qu'elles ressemblent aux vins vieux, qui échauffent le cœur, mais qui n'enflamment plus la tête. »

Ce Discours tout entier est semé et comme tissu de vérités et de beautés morales du premier ordre. Le plus sage des antiques Solons n'a pu, certes, rien trouver de plus grandement vu, ni de plus largement exprimé, que lorsque, contemplant la société humaine, cette grande machine compliquée que veulent simplifier les systématiques, et qu'ils croient faire aller avec un seul ressort, Portalis ajoute :

« L'homme n'est point un être simple : la société, qui est l'union des hommes, est nécessairement le plus compliqué de tous les mécanismes. Que ne pouvons-nous la décomposer ! et nous apercevrions bientôt le nombre innombrable de ressorts imperceptibles par lesquels elle subsiste. *Une idée reçue, une habitude, une opinion qui ne se fait plus remarquer, a souvent été le principal ciment de l'édifice.* »

L'orateur, en terminant, montre les articles organiques du Concordat ayant pour effet d'apaiser tous les troubles, de rallier tous les cœurs, « de subjuguer les consciences mêmes, *en réconciliant pour ainsi dire la Révolution avec le Ciel.* » C'était là le vrai mot de la situation, et Portalis l'a trouvé (1).

Dans les autres pièces publiées qui concernent son administration des Cultes (par exemple, au sujet des refus, alors nombreux, de sépulture ecclésiastique), on sent partout, chez Portalis, cette délicatesse de

---

(1) Dans ce même Discours, Portalis, tout religieux qu'il est, explique en partie par l'*amour-propre* le triomphe du Christianisme dès son origine : « Les préceptes de l'Évangile, dit-il, notifièrent la vraie morale à l'univers ; ses dogmes firent éprouver aux peuples devenus chrétiens *la satisfaction d'avoir été assez éclairés* pour adopter une religion qui vengeait en quelque sorte la divinité et l'esprit humain *de l'espèce d'humiliation* attachée aux superstitions grossières des peuples idolâtres. » — Rapprocher cette explication de celle que donne Volney dans son *Voyage en Égypte et en Syrie* à propos des religieux du Mont-Sinaï et du discours que lui tient l'un d'eux sur les mobiles de leur vocation. — Ici Portalis et Volney, en les serrant de très-près, se touchent.

conscience qui lui permettait de peser avec autorité dans la même balance les intérêts de l'ordre civil et les scrupules du sanctuaire.

Investi de toute l'estime et de toute la confiance de Napoléon, qui lui témoignait de l'attachement même, Portalis mourut, après une courte maladie, le 25 août 1807, à l'âge seulement de soixante et un ans, mais plein de services et d'œuvres, et ayant même un moment recouvré la lumière, assez pour voir ses petits-enfants. On ne saurait dire de lui qu'il mourut prématurément et avant son heure. Il s'éteignit dans le plein éclat de l'Empire, avant les fautes et les revers qui en attristèrent la dernière moitié. Il échappa aux discussions pénibles qui suivirent bientôt et qui mirent si fatalement aux prises, dans un duel scandaleux, ce pouvoir impérial et cette puissance ecclésiastique qu'il avait tout fait pour concilier. Il échappa encore aux vicissitudes de pensées qu'il aurait eu à subir sous des Restaurations passionnées et peu sages, dont il n'eût pu épouser qu'à demi les prétentions et les doctrines ; il échappa à la polémique qu'il aurait eu à supporter de la part des immodérés et des violents pour quelques-uns de ses actes de transaction et de conciliation, les meilleurs même et les plus mémorables. Enfin il n'eut point à souffrir dans sa conscience de ces revirements politiques successifs qui brisent toujours plus ou moins l'unité d'une belle vie. La sienne fut complète, droite et simple, presque idéale dans sa continuité. Elle se couronna, en finissant, d'honneurs proportionnés à ses mérites : comme il était le premier des grands fonctionnaires civils qui mourut sous l'Empire, de magnifiques obsèques lui furent décernées, et leur solennité presque triomphale ne fit qu'égaler le sentiment profond d'estime qui, à ce moment suprême, s'exhalait unanimement de tous les cœurs.

Lundi, 15 mars 1852.

LE DUC D'ANTIN

ou

LE PARFAIT COURTISAN.

Il faut étudier chaque chose dans son meilleur exemplaire. Le caractère de courtisan n'est point très-noble ni très-relevé; mais le duc d'Antin en a été en son temps un type si accompli, si merveilleux et si fin, qu'il mérite de rester à son rang dans une galerie morale, comme représentant à nos yeux l'espèce. Nous avons d'ailleurs des moyens tout particuliers de l'étudier : il n'a pas eu seulement pour témoin assidu et curieux, pour révélateur impitoyable, le grand observateur Saint-Simon, le duc d'Antin a lui-même écrit des Mémoires, et a laissé comme une confession de ses faiblesses, de sa passion pour la Cour, et de tout ce qu'il a pu se dire pour ou contre dans le secret de sa conscience. Ne nous refusons pas d'y entrer avec lui.

Mais, avant tout, une petite explication est nécessaire sur ce qu'on doit entendre par les Mémoires du duc d'Antin. Il en a écrit de deux sortes et sous deux formes différentes : 1° des Mémoires proprement dits sur les événements historiques auxquels il a assisté, et les affaires politiques auxquelles il a pris part; ces Mémoires, souvent cités par Lemontey dans son *Histoire de la*

Régence, sont restés manuscrits, et je ne les connais pas; 2° indépendamment de cet ouvrage, qui paraît être très-volumineux, puisque Lemontey en cite à un endroit le tome VIIIe, le duc d'Antin, dans une vue toute morale et de méditation intérieure, avait écrit pour lui seul une espèce de Discours de sa vie et de ses pensées, à peu près comme Bussy-Rabutin, qui, en dehors de ses Mémoires, a fait un résumé de sa vie dans un Discours destiné à ses enfants sous le titre de *l'Usage des Adversités.* Mais M. d'Antin n'avait fait son résumé, bien plus sincère, que pour lui, je le répète, et à son propre usage. Or, ce petit écrit, qui n'a pas cent cinquante pages, où il n'est qu'un moraliste et presque un pénitent, où il évite surtout l'air d'historien, a été imprimé en 1822 dans le volume des *Mélanges de la Société des Bibliophiles :* comme ce rare volume n'a guère été tiré qu'à une trentaine d'exemplaires, on ne peut s'étonner que ces petits Mémoires de d'Antin soient si peu connus. C'est sur leur témoignage que je m'appuierai surtout ici. Ils offrent l'image la plus fidèle et la plus naïve d'une âme de courtisan, une confession presque ingénue à force de simplicité et d'abandon dans l'esprit de servitude. En voyant d'Antin si humble et si sincère d'aveu, on lui devient presque indulgent.

Louis-Antoine de Pardaillan de Gondrin, marquis et plus tard duc d'Antin, né vers 1665, était fils de madame de Montespan, et, ce qui fit longtemps son désespoir, il était fils de son père, c'est-à-dire de M. de Montespan, et non pas de Louis XIV; il était le fils unique né dans le mariage, et avant que madame de Montespan entrât au lit de Jupiter pour lui donner des demi-dieux. Il se trouvait ainsi, simple mortel, le demi-frère du duc du Maine, du comte de Toulouse, enfin de ces sept enfants qui avaient nom Bourbon, et qui étaient

traités comme de la pure race de l'Olympe. C'était lui,
fils légitime, dont sa mère rougissait, tandis que les
autres, les fils adultérins, s'étalaient par elle avec gloire.
D'Antin, de bonne heure, fut un embarras et un inconvénient pour madame de Montespan ; il fut plus tard
son remords et sa pénitence, et elle revint à lui comme
mère quand elle voulut se mortifier. Cette situation singulière décida dès l'enfance du tour de ses pensées, et
donna le pli à son âme. Une âme fière, généreuse, un
cœur haut placé se serait dit : « La honte est dans ma
maison, mon père n'a pas su sauver les dehors, et porter son malheur avec calme et dignité ; je soutiendrai
mon nom mieux que lui. Ma mère ne me verra point,
car ma présence, si elle ne devient une bassesse et une
flatterie, lui est une insulte. Je ne profiterai en rien de
sa faute ; je tâcherai d'avoir du mérite, et je forcerai
l'estime. » La guerre alors offrait aux gens de qualité
une ample carrière, et un homme de cœur pouvait y
faire ses preuves aux yeux de tous. Mais d'Antin n'était
point une âme de cette trempe. Né avec beaucoup d'esprit, beau comme le jour dans sa jeunesse, « il tenait,
dit Saint-Simon, de ce langage charmant de sa mère et
du gascon de son père, » du gascon adouci par « un
tour et des grâces naturelles qui prévenaient toujours. »
La Cour était son élément, le seul théâtre où il pût
exercer et développer ses facultés souples, liantes, pa-
tientes, assidues : ce fut son idéal dès ses premières
années. Son père l'avait emmené en Guyenne en bas
âge ; là, dans son château de Bonnefons, il plaça près
de lui un jeune précepteur, qui devint plus tard un
prédicateur assez célèbre, l'abbé Anselme, sujet excellent, homme sensé et distingué, d'une piété éclairée,
d'une morale exacte, qui donna à son élève les meilleurs préceptes et lui laissa les plus pures impressions :
« Ce n'est point sa faute, dit M. d'Antin, si je n'ai pas

l'esprit et le cœur faits comme je devrais l'avoir; il n'y a rien oublié de sa part, ses paroles et ses actions étant toujours de concert. » Mais la nature avait mêlé dans cette âme délicate et molle des goûts de séduction qui ne demandaient que l'éveil. Dans son éducation domestique à Bonnefons, le jeune d'Antin n'avait pas manqué d'apprendre par les gens de la maison, surtout par les femmes de chambre, l'aventure de sa mère :

« Comme elles comptaient que j'en profiterais, dit-il, et, par conséquent, qu'elles en auraient leur part, elles me parlaient toujours, à l'insu de mon père, du roi, de la Cour, des grands biens et fortunes qui m'attendaient. Il n'en faut pas tant pour faire impression sur l'esprit faible d'un enfant ; pareils discours en auraient fait une considérable sur l'esprit d'un homme même raisonnable. Je me laissai donc aller à l'amour des grandeurs ; *le penser m'en parut doux, j'y rêvais seul quelquefois, et faisais avec mes femmes mille châteaux en Espagne, qui commençaient, sans que je fusse en état de m'en apercevoir, l'esclavage de mon cœur et de mon esprit.* »

A travers ce philtre chéri et cet agréable poison que buvait avidement sa nature toute préparée, le jeune d'Antin faisait de bonnes études successivement aux Jésuites de Moulins, au Collége des Oratoriens de Juilly, et enfin au Collége de Louis-le-Grand à Paris. Pendant ce temps de ses études tant à Paris qu'à Juilly, il ne vit madame de Montespan que deux ou trois fois, et toujours en cachette; il sentait bien qu'il était comme *proscrit*, selon son expression : mais il avait bonne confiance dans son étoile; toutes les personnes qui le rencontraient lui témoignaient par leur air de considération qu'elles n'y comptaient pas moins que lui, et il se flattait toujours.

Après avoir fait son temps à l'Académie, c'est-à-dire s'être dressé aux divers exercices de corps, au cheval, aux armes, et à tout ce qui constituait un jeune homme de qualité accompli, d'Antin, à l'âge de dix-huit ans, entra au service; on lui eut une place de sous-lieute-

nant dans un corps d'élite, dans le Régiment du Roi,
et il eut la permission, avant de partir, d'aller saluer le
roi lui-même à Fontainebleau :

« M. le duc de Bellegarde, mon oncle, fut chargé de me présenter.
J'allai donc à Fontainebleau le 3 de septembre 1683. *Je crus les cieux
ouvert quand je me vis à la Cour ;* je n'en connaissais guère toutes les
amertumes. »

D'Antin fut présenté au roi le lendemain 4 ; le roi fut
bref avec lui ; d'Antin ne pouvait que lui rappeler une
idée désagréable, c'est qu'un autre l'avait précédé.
Madame de Montespan avait eu soin d'être absente de
la Cour ce jour-là. En la voyant la veille ou l'avant-
veille chez madame de Thianges, d'Antin avait reçu
d'elle cent pistoles seulement pour faire sa campagne.
Nous avons besoin de nous reporter à la situation et
aux idées du temps pour nous percevoir que ce sont
là des marques de rigueur ou de médiocre bienveillance.

Pendant la campagne, d'Antin commence à réfléchir,
et il en vient à comprendre que, si porté qu'il semble
devoir être par la faveur, c'est encore par ses services
et sa conduite qu'il peut espérer le plus d'acquérir
cette distinction qui est son ardent désir : il va désormais appliquer tout son esprit (et il en a beaucoup) à
se faire une place. Cependant, au siège de Luxembourg, pendant la campagne de 1684, le roi étant venu
en personne commander l'armée, « Sa Majesté, dit-il,
me fit manger une fois avec elle, quoique sous-lieute-
nant, ce qui me fit un plaisir sensible : c'étaient autant
d'amorces qui m'attiraient dans le piége dans lequel je
ne demandais pas mieux que de tomber. » Ce piége,
c'était de ne pouvoir plus vivre qu'en vue de la Cour,
sous le regard et le rayon du maître, n'attendant, n'es-
pérant rien que de lui, lui sacrifiant tout son être, et ne

subsistant que de sa présence : voilà l'unique but de d'Antin, comme l'amoureux qui n'a de pensées que pour sa maîtresse, comme le dévot qui n'a d'autre fin que son Dieu.

Une idée qui vint d'abord à d'Antin, c'est que, pour plaire au roi, il fallait être magnifique et faire de la dépense; pour y subvenir, à défaut des secours de madame de Montespan, il s'appliqua au jeu, et il en tira de grosses sommes. Cela dura des années. Bien longtemps après, quand madame de Montespan, tombée en disgrâce et dans une entière retraite, eut pris ce fils légitime comme une partie de sa pénitence et qu'elle se fut mise, par manière de réparation, à vouloir lui fonder une fortune régulière, elle exigea de lui qu'il ne jouerait plus; croyant mieux l'y obliger, elle obtint qu'il chargeât le comte de Toulouse, son demi-frère, de dire expressément au roi que lui, d'Antin, renonçait au jeu pour toute sa vie : sur quoi le roi fit cette réponse bien naturelle, mais désespérante d'indifférence : « A la bonne heure! Mais qu'est-ce que ça me fait que d'Antin joue ou qu'il ne joue pas? » Il fallut bien des années à d'Antin pour vaincre cette indifférence glaciale du roi à son égard, et qui était son secret tourment. Ce ver rongeur, comme il l'appelait, lui dura vingt-quatre ans, avant qu'un jour de soudaine faveur l'en guérît.

D'Antin, n'étant pas aussi appuyé qu'il l'avait espéré, ne faisait que redoubler de zèle et d'industrie : « Il était beau, l'esprit vif, et gascon sur le tout : on n'est pas honteux avec ces qualités-là, » a dit de lui l'abbé de Choisy. Il sut plaire même au misanthrope Montausier, qui lui donna en mariage mademoiselle d'Uzès, sa petite-fille. Avec cela il était devenu d'emblée colonel d'un nouveau régiment dit de l'Ile de France. Sa mère le fit nommer menin de *Monseigneur,* du Dauphin, fils de Louis XIV. Une gravure du temps nous représente dans cet âge de première jeunesse « M. le marquis d'Antin, fils unique de M. le marquis de Montespan, et l'un des seigneurs nommés pour être *assidus* auprès de Monseigneur. » Il est en habit du matin, chapeau à trois cornes, debout dans une des allées de Versailles; beau, fin, délicat de visage, élégant de taille, de port de geste, la jambe bien faite; c'est un très-joli portrait, et qui contraste agréablement avec celui que Rigaud fit plus tard du grand seigneur, du duc et pair arrivé au faîte des honneurs, dans toute la maturité et dans toutes les largesses de la vie, portrait à grand fracas, à perruque solennelle, où la cuirasse et l'armure sont à demi noyées sous l'hermine, mais où la physionomie plus pleine exprime bien de la force et de la beauté. En voyant ces deux aspects d'un même personnage, je mettais en regard dans ma pensée les deux portraits que Saint-Simon a tracés également de d'Antin, l'un au début (tome V, page 414), quand l'ambitieux, jeune encore et non rassasié, s'insinue, se pousse et aspire; l'autre au faîte de la vie (tome XIII, page 255), quand l'homme heureux se sent arrivé de tout point et repu. Sous ces formes diverses, nos Mémoires secrets nous aident à saisir le lien continu et l'intime ressemblance.

Sitôt qu'il est placé auprès de Monseigneur, c'est-à-dire auprès de l'héritier présomptif et de celui qui, selon toute apparence, sera roi un jour, d'Antin s'exerce à l'assiduité : il est sage par tempérament et peu livré aux emportements de la jeunesse d'alors, ce qui lui laisse tout son temps pour remplir ses devoirs et pour *faire sa cour*, « à quoi, dit-il, on me trouvait beaucoup de talent. » Ce qui doit nous donner de l'indulgence pour d'Antin, dans ce métier avoué qui en lui-même n'a rien de bien honorable, c'est qu'insensiblement, et en même temps que son intérêt l'y attache, il y met son amitié, son affection, son cœur, et qu'aussi il ne fait jamais sa cour avec malignité ni aux dépens des autres. Les Mémoires que nous lisons, et qui ne sont guère qu'un examen moral et chrétien de conscience, nous le montrent au fond meilleur à bien des égards que ne le jugeait le monde et que les observateurs sévères ne le soupçonnaient.

Ceux qui croiraient de loin que d'Antin était un oisif se tromperaient beaucoup. Si, pendant les hivers, il ne quittait pas Monseigneur d'un pas, l'été, durant les campagnes, il se donnait une peine infinie pour se rendre propre à la guerre et pour y acquérir l'estime. Il paraît qu'il avait de grandes qualités pour les parties savantes de l'art militaire, la géographie, la topographie, la levée des plans, les subsistances; c'était un homme très-utile que d'Antin sous un Luxembourg ou sous un Bouflers, un bon officier d'état-major, comme nous dirions. Il ne lui manquait qu'une vertu pour faire un guerrier, c'était, assure-t-on, la bravoure personnelle, et encore il dissimulait si bien, il prenait tellement sur lui, qu'on fut assez longtemps avant de voir à nu le défaut. Les étés, les hivers étaient ainsi employés par d'Antin à la poursuite laborieuse de sa fortune : dans le parfait idéal où il se la peignait toujours, il ne croyait pas encore l'avoir atteinte. La guerre ayant recommencé en 1701, il fut nommé pour servir en Flandre; il devint, en 1702, lieutenant général, et continua d'être employé les années suivantes. Au retour des campagnes, il ne bougeait de Meudon où était Monseigneur, et il réalisait le miracle d'être vu en plusieurs lieux à la fois; car on ne rencontrait que lui à Versailles : « Je ne manquais à rien, à l'égard du roi, de tout ce que *l'envie de plaire* peut suggérer à *un courtisan éveillé*. » Pour mieux gagner dans l'estime du roi, il mettait sa délicatesse à ne lui rien demander, et visait, par une sorte de platonisme courtisanesque, à n'acquérir que la *considération de son maître :* c'était le but de toutes ses espérances.

Une personne de ses amis, et qui s'intéressait à lui, le voyant dans ce train d'ambition raffinée qu'il fallait soutenir par une vie de dépense et de ruine, lui dit un jour, après s'en être expliquée avec lui :

« Mon ami, vous êtes un fou ; il n'y a point de place, le cœur du roi est rempli ; vous courez après une idée chimérique dont vous serez sûrement la dupe. » — « J'étais trop enivré, ajoute d'Antin, pour croire de si bons conseils ; et moins je recevais de grâces, plus je redoublais de soins et d'assiduité à la Cour et à la guerre. »

Les années 1706 et 1707 amenèrent une crise dans la vie de d'Antin. Il se trouva brusquement réformé et retranché du service au commencement d'avril 1707, à l'âge de quarante-deux ans ; il ne fut pas des lieutenants généraux désignés pour la campagne qui allait s'ouvrir. Sa conduite, l'année précédente, à la désastreuse bataille de Ramillies, perdue par le maréchal de Villeroi, lui avait été reprochée. On l'accusait, lui et quelques autres officiers généraux, d'avoir faibli dans cette rude journée et d'être allé derrière un buisson. J'ai lu à la Bibliothèque nationale, dans le Recueil dit *de Maurepas*, toutes les chansons satiriques qui ont trait à cette affaire et auxquelles le récit de Saint-Simon vient prêter appui : elles sont la plupart trop plates ou trop ordurières pour pouvoir être citées. Ce sont là, d'ailleurs, des points délicats où il nous est impossible, à cette distance, de venir prononcer un jugement. Le fait est que d'Antin, connu et apprécié pour des talents militaires distingués, n'était point un foudre de guerre. Il n'en souffrit pas moins cruellement de l'affront qui lui était fait ; et alors, non pas, comme on l'a cru, par hypocrisie et pour complaire au roi, mais par un réveil naturel des sentiments religieux de sa première éducation, il songea à Dieu dans sa disgrâce, et il essaya s'il ne pourrait pas guérir son cœur en le tournant vers ce qui ne change point. Cette pensée seule est honorable; et, même lorsqu'elle demeure inutile et vaine comme elle le fut ici, elle témoigne d'un effort non vulgaire. Retiré à la campagne, à Bellegarde, au mois d'avril 1707, il épanche, dans ce premier moment de douleur, ses réflexions sur l'homme, sur la destinée, sur ce que sont pour nous fatalement la naissance, l'éducation première, sur le peu qu'est la raison dans notre conduite et sur l'inefficacité de ses conseils quand nos goûts et nos passions la contrarient; et il se prend lui-même à partie pour sujet de démonstration et pour exemple. Ces Mémoires de d'Antin ressemblent par moments à un sermon, mais à un excellent sermon de l'élève de l'abbé Anselme.

On parle souvent de la différence d'esprit qui règne entre les différents siècles. C'est ainsi que les disgraciés et ceux que frappait le malheur raisonnaient et réfléchissaient au xviie siècle : tantôt, comme M. de Bellefonds, comme M. de Tréville, ils entraient dans la retraite et la pénitence pour n'en plus sortir (1); tantôt, comme d'Antin, ils en essayaient seulement en secret pour retomber bientôt au courant de leurs goûts mondains et de leurs faiblesses : mais c'était déjà quelque chose que d'essayer. Au xixe siècle, dans ce monde positif et où, de plus en plus, la pensée spiritualiste est comme naturellement absente, je doute que, parmi ces victimes de la fortune, ces déchus du pouvoir, comme nous en voyons si souvent, il en soit beaucoup, il en soit un seul qui ait de telles idées de retraite intime et de recours à la pensée de l'Éternité. Les plus sages même agissent comme s'il n'y avait rien de réel

---

(1) Et encore Tréville fit-il bien des sorties et des rentrées à la sourdine.

que ce monde, comme s'il n'y en avait pas un autre invisible plus certain et permanent. Tous ces déchus du pouvoir anticipent de leurs vœux l'heure de leur rentrée en scène, et les plus sages se bornent à l'attendre.

D'Antin, tout plat courtisan qu'il est, a donc une idée morale supérieure ; et, puisque j'en suis ici, non pas à le réhabiliter, mais à le montrer au vrai et sans que nous en puissions tirer orgueil, qu'on sache bien que la forme du courtisan n'a fait que changer ; elle a changé comme la forme même du souverain. Le flatteur du peuple, en quoi, je vous prie, diffère-t-il du flatteur du roi ? Est-il plus noble, plus indépendant, plus désintéressé, et, à le bien voir, moins misérable ? Je ne voudrais point ici évoquer des noms et faire comparaître les Cléons de la populace athénienne en regard des d'Antin de la Cour de Louis XIV. Il y a longtemps qu'Aristote a remarqué que les deux espèces de flatteurs se ressemblent et ont, au fond, des traits identiques. Tenons-nous-en à d'Antin, le plus poli.

Sa disgrâce, en 1707, après vingt-quatre ans de service, lui semble donc complète, et il la déplore avec des accents où la servilité elle-même se déguise sous des airs de sentiment :

« Mon malheur est *sans exemple*... Ce qu'il y a de plus *épouvantable* pour ce qui me regarde, c'est que le roi a toujours paru content de moi et touché de mes soins ; il l'a dit en son particulier même à qui l'a voulu entendre ; j'ai toujours été favorablement traité, même avec privauté et distinction ; un mois même avant ce dernier coup, il me dit tout haut dans son cabinet, devant toute la Cour, que j'avais toujours bien fait ; et cependant en voilà la récompense ! »

Il s'afflige bien moins encore de l'arrêt de sa fortune que de cette sorte d'ingratitude qu'il croit rencontrer au cœur du maître ; et c'est ici que nous trouvons chez d'Antin ce qui le caractérise dans l'espèce et ce que j'ai déjà appelé le platonisme du courtisan Il en voulait au cœur du roi avant tout, il filait à la Cour le parfait amour, et c'est l'endroit aussi par où il est le plus blessé :

> « Un homme sage, dit-il, peut se passer de la fortune, surtout quand il a fait abondamment ce qu'il faut pour la mériter. Mais que l'on ne puisse jamais *espérer de plaire* et de mériter la moindre part dans l'amitié de quelqu'un *à qui vous êtes attaché uniquement*, que vous servez avec dévouement, auprès duquel vous passez votre vie entière *dans un abandon total de vous-même*, et occupé jour et nuit de ce qui peut lui être plus agréable; en vérité, c'est un état trop douloureux pour les gens qui ont le malheur d'avoir le cœur sensible. »

On voit combien d'Antin prenait au sérieux un regard plus ou moins clément de Louis XIV; rappelons-nous que Racine ne le prenait pas moins à cœur et qu'il en mourut.

En nous peignant, à ce moment, la vie du courtisan comme un homme désabusé du métier, et qui fait effort pour rompre sa chaîne, d'Antin ne fait presque que paraphraser dans sa prose le charmant monologue de Sosie au début de l'*Amphitryon :*

> Sosie, à quelle servitude
> Tes jours sont-ils assujettis !...

Il nous rappelle aussi le poëte La Motte, qui, après une chute au théâtre, se retira quelque temps à La Trappe : « Il se croyait pénitent, a-t-on dit, parce qu'il était humilié. »

D'Antin ne va pas jusqu'à songer à La Trappe. Cherchant à rassembler dans sa raison toutes ses forces et tous ses motifs de renoncement, il se dit qu'il n'a guère plus de quarante ans; qu'il y a moyen, après avoir consacré sa jeunesse au service du roi et de sa patrie, de vivre chez soi en honnête homme; il se trace le plan d'une vie heureuse et privée : « Avoir du bien honnêtement, n'avoir rien à se reprocher (et, pour cela, commencer par payer toutes ses dettes), avoir mérité d'a-

voir des amis, et savoir s'amuser des choses simples. »
Toutes ces conditions pourtant ne laissent pas d'être
difficiles à rencontrer dans le même homme, et il suffit
d'une seule qui échappe, ou d'un goût étranger qui se
réveille, pour faire tout manquer, et pour corrompre
ce tranquille bonheur.

Après avoir essayé de tous les raisonnements à la
Sénèque, après s'être proposé des perspectives de loisir riant comme Atticus, d'Antin pose la plume pour
cette fois, et il ne la reprend que quinze mois plus tard
en revenant aux mêmes lieux, à ce château de Bellegarde; mais quel changement dans l'intervalle! et que
les serments du courtisan, du poëte, de l'ivrogne et de
l'amoureux sont peu de chose!

Et d'abord, dans le courant de l'été de 1707, madame de Montespan mourut aux eaux de Bourbon.
M. d'Antin, averti, accourut à temps près d'elle et l'assista dans ses derniers jours. Après l'avoir vue mourir,
il se retira quelque temps à Bellegarde; puis, ayant
paru à la Cour, il reçut, à cette occasion, de Louis XIV,
des témoignages qui le *rengagèrent*, à l'instant, *de plus
belle :* « Je reçus en arrivant beaucoup d'honnêtetés du
roi, elles me parurent sincères. Je suis bien persuadé
que, malgré toutes mes résolutions et mes chagrins, je
cherchais à les trouver telles. » Les compliments, les
assurances de services qui lui pleuvent de toutes parts,
lui sont un prétexte; tout conspire avec son secret désir; il se laisse reprendre plus que jamais au train de
la Cour. Monseigneur, dans ses chasses à la forêt de
Sénart, fait à d'Antin l'honneur de s'arrêter plus d'une
fois à sa terre de Petit-Bourg, et Louis XIV (faveur insigne!) veut bien lui dire qu'il y couchera en allant à
Fontainebleau. C'est ici que d'Antin se surpasse et que
l'art du courtisan, en lui, atteint à des recherches et à
des délicatesses dont on n'avait pas eu l'idée jusque-là.

Il n'avait, avant l'époque annoncée de la visite du roi, que cinq semaines pour s'y préparer; dans ce court intervalle il métamorphosa Petit-Bourg, qui n'était, dit-il modestement, qu'*une chaumière*, et il en fit un lieu où le roi avec sa Cour se trouva en arrivant comme chez lui (13 septembre 1707). On avait copié dans le détail jusqu'aux moindres particularités de l'appartement intérieur de madame de Maintenon à Versailles. Le roi se promena, visita le parc, loua tout, hors une belle allée de marronniers qui masquait la vue de sa chambre. Le lendemain au réveil, regardant à sa fenêtre, il fut bien étonné d'avoir la plus belle vue du monde. L'allée entière avait disparu la nuit, sans bruit aucun, et comme par enchantement : « Sire, comment vouliez-vous qu'elle osât encore paraître devant Votre Majesté? elle vous avait déplu. » On ajoute que madame de Maintenon ne put s'empêcher de dire en partant qu'elle se trouvait heureuse de n'avoir pas déplu au roi le soir, car elle voyait bien, de la façon dont y allait M. d'Antin, qu'elle aurait risqué d'aller coucher sur la grande route. On a raconté aussi que plus tard, dans un séjour de Louis XIV à Fontainebleau, le roi ayant blâmé un bois qui masquait la vue, la même scène se renouvela avec quelque variante : peu de jours après l'observation du roi, d'Antin, alors Directeur des Bâtiments, avait préparé avec art son coup de théâtre : il avait fait scier tous les arbres près de la racine; des cordes étaient attachées aux troncs, et toute une armée de bûcherons invisibles attendait en silence. Le roi ayant dirigé sa promenade de ce côté, renouvela sa remarque; d'Antin dit que le roi n'avait qu'à ordonner à la forêt de disparaître, et qu'il serait obéi. A l'instant, au signal d'un coup de sifflet, on vit tomber toute la forêt comme dans une décoration d'opéra. — « Ah! Mesdames, s'écria la duchesse de Bourgogne qui était présente, si le roi avait demandé nos têtes, M. d'Antin les aurait fait tomber de même. » Je n'oserais affirmer qu'un peu de légende ne se soit pas glissé dans ces deux histoires qui se répètent un peu, en renchérissant l'une sur l'autre. D'Antin, en homme modeste, n'en dit rien dans ses petits Mémoires.

Au reste, le mot et l'impression de la duchesse de Bourgogne, choquée comme l'avait été madame de Maintenon, s'expliquent bien. M. d'Antin avait pour Louis XIV de ces imaginations galantes qu'il n'était permis d'avoir, même alors, en France, que pour une maîtresse.

Ainsi la mort de madame de Montespan, par un singulier effet, et comme si l'on eût voulu réparer le passé, devient pour d'Antin le signal inespéré de la faveur. Peu de jours après cette visite à Petit-Bourg, le roi, qu'il avait suivi à Fontainebleau, lui donna le gouvernement de l'Orléanais, qui était venu à vaquer. « *Me voilà dégelé !* » s'écria d'Antin en essuyant ce premier rayon de grâce. C'était le premier bienfait proprement dit, qu'il eût reçu depuis vingt-cinq ans qu'il faisait sa cour. Ce qui toucha d'Antin en cette circonstance, c'était moins encore la chose que la manière ; et, repassant tous les événements si contraires qui s'étaient succédé depuis son affront en avril 1707, jusqu'à ce retour bienveillant en septembre de la même année, il écrivait naïvement dans son Journal : « Jamais le cœur humain n'a reçu tant de secousses différentes. »

Ce n'est pas la vie de d'Antin que j'écris, je ne fais que profiter de l'ouverture et du jour que lui-même, par ses aveux, nous a donné sur ses pensées. Les faveurs pour lui se succèdent. A la mort de Mansart, Surintendant des Bâtiments, il demande au roi sa place, « sur le pied, dit-il, de m'être toujours mêlé de jardinage et d'avoir un peu de goût pour les maisons. »

Quoique cette place ne semblât point faite pour honorer un homme de sa condition, il la désirait surtout par le motif de l'accès qu'elle procurait auprès du roi, et de l'assiduité qui était pour d'Antin la vie même. Il l'obtint sous le titre de Directeur général, et, bravant les quolibets de quelques railleurs, il la remplit à la satisfaction de tous, et de manière à ne pas faire regretter l'habile homme auquel il succédait. Mansart, sans commettre de malversation, avait laissé s'introduire des désordres : d'Antin établit une comptabilité plus exacte :

« Personne, dit-il, n'était payé dans les Bâtiments, les ouvriers maltraités ; les trésoriers, les maîtres soutenant qu'ils étaient en avance de quatre ou cinq cent mille francs chacun. Je leur fis rendre compte, et en six mois je leur fis rapporter plus de cent mille écus comptant, dont ils étaient redevables au roi, *ce qui me mit en bonne odeur dans les Bâtiments.* »

La langue écrite de d'Antin est négligée, mais elle est pleine de ces locutions qui nous plaisent comme sentant la façon de dire de son siècle.

Tous les succès de d'Antin à la Cour et la félicité où il nage en ces années 1709-1710 ne l'empêchent pas de revenir de loin en loin à son Journal, pour y consigner ses regrets, ses moralités, ses scrupules même de conscience : il semble qu'il ait eu, de temps en temps, besoin de s'administrer de petites leçons morales, des admonestations dont il sait bien qu'il tient trop peu de compte dans sa conduite : mais il espère toujours que, la Grâce aidant, le moment viendra finalement d'en profiter. Il dit du mal de la Cour et nous en déduit le fort et le faible, mais il a la bonne foi d'en avouer tout l'attrait :

« Il faut cependant avouer qu'il est difficile de quitter ce pays-là quand on y a passé une partie de la vie ; et, malgré tous les vices et les défauts que j'y ai remarqués, il y a un petit nombre d'hommes et de femmes avec qui on peut passer agréablement sa vie, et mieux qu'ailleurs, par la difficulté de les assembler. »

Les malheurs arrivent; le meilleur maître et le plus tendre protecteur de d'Antin, Monseigneur, est enlevé par la petite vérole (avril 1711). Moins d'un an après (1712), le duc et la duchesse de Bourgogne et leur fils aîné sont enlevés en quelques jours : il se fait « une terrible moisson de personnes royales; » et d'Antin lui-même a perdu son fils aîné, âgé de vingt-deux ans. Voilà, certes, de quoi le détacher du monde et de la Cour, et le reporter à ces déterminations sages et religieuses qu'il avait comme entrevues en 1707. Mais le naturel est plus fort : d'Antin n'en tire qu'un motif de plus de s'attacher, s'il se peut, davantage au roi par une assiduité dont on ne citerait « que peu d'exemples. » Il sent autant que personne la fragilité des choses et le néant de l'ambition; il se dit tout ce qu'on peut dire, et il rencontre même certains accents élevés et d'éloquence :

« J'ai vu par là, dit-il (après l'énumération des malheurs de 1712), j'ai vu culbuter mille et mille projets, les soins et les peines de vingt années, mille fortunes mêlées à cela; la désolation de la première famille du monde ; un deuil universel. A quoi tout cela m'a-t-il servi? Un si grand bouleversement m'a-t-il détaché de choses aussi périssables? En suis-je devenu plus sage et plus occupé des choses permanentes, exemptes de vicissitudes? Non; il faut m'avouer au moins à moi-même toute ma turpitude et ma folie.

« J'ai vu tous ces événements comme dans un tableau : j'ai ressenti les mouvements de la nature, j'ai pleuré mon fils amèrement, j'ai regretté très-sincèrement Madame la Dauphine ; les malheurs à venir de ma patrie m'ont touché; j'ai été attendri de l'horreur d'un spectacle comparable à rien : voilà tout; je n'ai rien changé à ma conduite. Je n'ai pas eu moins d'attachement pour les mêmes choses, *pour la Cour et pour tous les objets qui m'ont enivré depuis mon enfance*, et dont rien ne m'a pu guérir, voyant et connaissant cependant mon extravagance; chose étrange et qui m'humilie terriblement! »

Voilà, ce me semble, des accents. D'Antin y insiste;

il ne perd aucune occasion de se représenter dans les vicissitudes de ces années (1712-1715) la misère des espérances mortelles ; la chute de madame des Ursins lui rafraîchit cette amère leçon : « *Je regarde comme une gorge-chaude*, dit-il avec plus d'énergie qu'à lui n'appartient, toutes les occasions où je peux me convaincre de la légèreté et de la bizarrerie de la fortune. » Quand le chancelier, M. de Pontchartrain, se retire et va méditer sur une vie meilleure, il y voit un bel exemple et qu'il voudrait avoir le courage d'imiter : « Heureux ces prédestinés, s'écrie-t-il, qui savent *se couper dans le vif* et mettre une distance raisonnable entre la vie et la mort ! »

On n'a jamais mieux senti qu'en lisant d'Antin ce que c'est proprement que la trempe de l'âme ; la sienne était souple et molle comme cire. Un abbé de Rancé s'était dit autrefois ces mêmes choses, et du jour où il se les était dites sérieusement, tout pour lui avait changé. Une fois saisi de l'idée d'Éternité, il ne s'en était plus séparé, et il avait été gravissant de jour en jour vers les sommets d'une pénitence austère. D'Antin, qui saisissait par l'esprit et même par le cœur bien des lueurs de sagesse et de vérité, avait l'âme muable, facile, ouverte et abandonnée à toutes les choses qui passent, et y reprenant sans cesse. Au reste, il se connaissait à merveille, et il nous a dit son dernier mot dans le passage qui suit, et où il se pourchasse lui-même dans ses replis et ses déguisements :

« Au bout de tout cela, j'entre dans ma cinquantième année (1714). La goutte, les rhumatismes, les fatigues de la guerre, tout attaque la bonne santé dont j'ai toujours joui ; je vois le vide de la vie que je mène ; je ne désire aucune fortune plus que celle que j'ai ; je n'ai aucune démangeaison de me mêler des affaires publiques, *et cependant je demeure courtisan*, et je m'y ruine par toutes sortes de dépenses, *plus encore pour satisfaire mon goût que pour plaire au roi, quoiqu'il en soit le prétexte.* »

Voilà l'homme connu : après un tel aveu que pourrait-on ajouter ?

La nature comme la fortune l'avait destiné à servir et à demeurer bon gré mal gré dans les Cours. Il était de ceux que les maîtres qui se succèdent tiennent à s'attacher, car ce sont de ces acteurs rares et soumis qui remplissent parfaitement les rôles secondaires, et dont les aptitudes et les capacités, dans leur juste mesure, se dirigent à tout. Louis XIV mourait, et le duc d'Orléans devenait la puissance du jour. C'était lui qui avait dit de d'Antin ce mot décisif : « Voilà comme un vrai courtisan doit être, *sans humeur et sans honneur.* » Il semblait que d'Antin eût fait son temps, et il se disposait à pratiquer enfin sa morale de retraite :

> « Je voyais, dit-il (dans les huit jours qui précédèrent la mort du roi), je voyais *tout le monde courre au soleil levant;* les gens attachés de longue main à M. le duc d'Orléans *épanouissaient leur visage.* Ceux qui n'avaient point encore découvert leur attachement pour lui commençaient à lever la tête ; *on allait, on venait, on s'assemblait; on réglait tout, on partageait tout.* Je demeurais comme une bête, sans mouvement, ne me croyant pas permis d'avoir une autre conduite, à l'agonie de ce cher maître, que celle que j'avais eue de son vivant. »

Notez en passant cette poussée de beau langage ! — Le duc d'Orléans le choisit toutefois pour entrer dans le nouveau gouvernement, et d'Antin, qui ne savait pas dire *non* à celui qui régnait, se laissa faire. Pauvre homme ! il s'arrangeait pour une disgrâce, et il retrouva une carrière. Ainsi jusqu'à la fin. C'est le courtisan incurable et qui mourra dans l'impénitence finale. Il devient un personnage presque comique à force de réitérer ses *Meâ culpâ :*

> « Je répète toujours la même chose, dit-il, mais je ne saurais trop la répéter jusqu'à ce que j'en fasse un bon usage. La chose du monde que je comprends le moins, c'est qu'un homme se conduise comme je fais, et qu'il soit aussi convaincu que je le suis de toutes les vérités que je mets sur le papier. »

Sa conduite sous la Régence appartient à l'histoire. On l'a fort accusé d'avoir fait ses affaires dans les opérations de Law. Placé d'abord à la tête d'un des Conseils institués par le Régent, membre du Conseil de Régence, d'Antin ne cessa point d'avoir la direction des Bâtiments ; il y portait de la magnificence et du goût. Il mourut le 2 novembre 1736 à l'âge de soixante et onze ans. Son caractère est pour nous plus intéressant que sa vie. Il est de ceux qui, mieux connus, regagnent quelque chose dans l'estime, ou du moins dans la pitié. Cette servilité et cette bassesse d'âme, que ne saurait couvrir tout l'art industrieux du courtisan, s'ennoblit un peu et se relève chez d'Antin par la profession du christianisme, et, dans ces moments, elle devient simplement de l'humilité. En peignant si à nu sa défaite et l'infirmité de la raison aux prises avec les inclinations les plus chères, il nous désarme nous-mêmes et nous force, par un retour secret, à nous demander : « Et qui donc d'entre nous sait assez résister à ses propres passions pour lui jeter la première pierre ? » — J'ai pensé qu'on ne lirait pas sans intérêt cette analyse imprévue que nous a permis de faire de son caractère intime et de sa nature si particulière, le plus assidu, le plus raffiné courtisan de Louis XIV, celui qui, par une convenance heureuse, a mérité de laisser son nom au plus élégant des quartiers de Paris.

LE COMTE PACHA

DE BONNEVAL

Parmi les personnages anecdotiques du commencement du dix-huitième siècle, il n'en est pas qui ait plus excité la curiosité en son temps que le comte de Bonneval, brillant à la guerre, versatile en amitiés, tour à tour au service de la France et à celui de l'Empereur, terrible aux Turcs sous le prince Eugène, puis Turc lui-même et pacha à plusieurs queues. Sa vie aventureuse et romanesque a prêté à des Mémoires apocryphes fabriqués de son vivant, et qu'il put lire lui-même en haussant les épaules de pitié : « Ce sont de pauvres gens, écrivait-il à son frère (26 septembre 1744), que ces prétendus historiens, qui sans doute payent leurs hôtes et s'habillent à mes dépens. Ces écrits faits à la hâte, et où je n'ai aucune part, même dans les aventures qu'ils m'attribuent, sont des ouvrages éphémères que je ne puis empêcher, mais que je désavoue formellement, comme vous pourrez en assurer tout le monde. » Et embrassant lui-même d'un coup d'œil toute sa vie, il se rappelait avec fierté les deux grandes guerres auxquelles il avait pris part depuis 1688 jusqu'en 1714, celles de Hongrie et de Sicile où il s'était distingué en chef depuis 1716 jusqu'en 1719, la connaissance où il avait été des conseils et des résolutions importantes prises par les plus grands personnages politiques dans tout le temps de cette vie active à l'étranger ; il se représentait ce que pourrait être un tableau ainsi tracé de sa main :

« Vous jugerez bien, ajoutait-il, que les Mémoires d'un homme tel que moi auraient plus de consistance que les romans qu'on m'a faussement attribués. J'ai été à tant de batailles, de siéges et de combats, dont j'ai rapporté onze blessures, que j'en pourrais faire des relations et des critiques judicieuses pour l'instruction des gens de guerre. J'ai eu part à tant de négociations et d'affaires très-secrètes de tous les États ennemis de la France, que des gens de cabinet trouveraient au moins de quoi s'amuser agréablement par des choses très-variées et assez extraordinaires, que personne ne sait que moi, ou peu de gens qui ont intérêt qu'on les mette en oubli. De plus, je suis muni de si fidèles relations de tous les combats, siéges et batailles, depuis cinquante-deux ans, donnés ou faits dans toute l'Europe, que tout cela me rendrait intéressant, si je voulais. Tant de rois et de princes m'ont honoré de leur estime, amitié, et même confiance, que je pourrais relever ma petitesse sur les échasses de leur grandeur. Mais à quoi bon des Mémoires du comte de Bonneval ? Ma paresse s'oppose à un pareil travail, outre que tant de gens écrivent ce qui se passe dans le monde, qu'on le saura bien sans moi. »

Les affaires secrètes auxquelles il avait été initié depuis son entrée dans l'empire musulman, et qui « ne se pouvaient révéler sans crime et sans péril, » auraient seules demandé un gros volume. C'est ce travail plus ou moins complet de récapitulation de sa vie qu'il eût peut-être entrepris s'il avait assez vécu pour rentrer dans la chrétienté, et si ses amis l'avaient contraint de le dicter. Mais, vivant jusqu'à la fin en Turquie, et sablant le Tokai sur le Bosphore, il persista dans son système d'indifférence et dans le découragement dont il s'était fait une philosophie : « Qu'a-t-on à faire, répondait-il aux curieux, du récit de mes sottises ? » Il est à regretter qu'il ait ainsi négligé la seule manière de rendre profitable à la postérité, à l'histoire, cette carrière si éparse et si brisée, et d'en faire absoudre les inconstances et les fautes mêmes par l'instruction ou l'agrément qui en jaillirait. Aujourd'hui, quand on veut savoir de lui ce qui est authentique, on doit se borner à lire le *Mémoire sur le comte de Bonneval*, rédigé par le prince de Ligne, et dont le savant bibliographe Barbier a donné une nouvelle édition en 1817. Ce petit volume ne laisse pas de contenir bien des faits et de fournir matière aux réflexions.

Claude-Alexandre de Bonneval, né le 14 juillet 1675, cadet de grande maison, et d'une des plus anciennes familles du Limousin, eut une éducation rapide, pas trop négligée, une instruction précoce, et, au sortir des Jésuites, il entra à onze ans dans la marine, où l'invitait son parent, l'illustre Tourville. La guerre ayant recommencé en 1688, le ministre Seignelay, qui faisait sa visite à Rochefort, passant en revue les gardes de la marine, voulut réformer le jeune Bonneval, comme n'ayant que treize ans. Celui-ci, qui était déjà ce qu'il sera toute sa vie, répondit hardiment « qu'on ne cassait pas un homme de son nom. » A quoi Seignelay, charmé de la réplique et de l'air, répondit : « N'importe, monsieur! le roi casse le garde de la marine, mais le fait enseigne de vaisseau. » Dans cette première partie de sa carrière, on nous dit que le chevalier de Bonneval assista aux principales affaires maritimes, et qu'il s'y distingua. Mais une querelle d'honneur le força à tourner court et à quitter le service de mer. Le comte de Beaumont, lieutenant de vaisseau, voulut un jour traiter Bonneval un peu lestement et en ne voyant que son grade ou son âge; celui-ci l'appela et le blessa. Il en résulta pour Bonneval des difficultés qui le décidèren à entrer dans l'armée de terre. Il fut d'abord dans les Gardes-Françaises en 1698, et, quand commença la guerre de la Succession (1701), il obtint d'acheter un régiment d'infanterie, à la tête duquel il servit au delà des Alpes.

Une réflexion déjà se présente. Ce qu'on vient de voir faire à Bonneval dans cette première partie de sa vie se renouvellera exactement dans toutes les époques suivantes. Toujours il débutera vivement, brillamment, mêlant l'esprit à l'audace, la repartie à la bravoure; il se montrera capable, des plus prompts à l'occasion, plein de promesses qu'il ne tient qu'à lui, ce semble, de réaliser : puis tout à coup, à un certain moment, une affaire d'honneur, de vrai ou de faux point d'honneur, l'arrêtera court, le fera sortir de la route tracée et le lancera dans une sphère d'action différente : il a en lui comme une force excentrique secrète qui le déjoue.

Tour à tour employé en Italie sous Catinat, sous Villeroi, sous Vendôme, il plaisait singulièrement à ce dernier dont il avait plus d'une qualité et plus d'un défaut. Bonneval appartenait à cette génération hardie et libertine, à qui le régime régulier de Louis XIV commençait à peser. Il tenait du duc d'Orléans, futur régent, du marquis de La Fare, de Chaulieu et des habitués du Temple, du Grand-Prieur de Vendôme chez qui, plus tard, Voltaire jeune le rencontrera au passage : il lui suffisait, en tout état de cause, de rester digne de ce qu'il appelait la société des *honnêtes gens*, mais ce mot commençait à devenir bien vague; et Saint-Simon, plus sévère et qui pressait de plus près les choses, disait de lui : « C'était un cadet de fort bonne maison, avec beaucoup de talents pour la guerre, et beaucoup d'esprit fort orné de lecture, bien disant, éloquent, avec du tour et de la grâce, fort gueux, fort dépensier, extrêmement débauché (*je supprime encore quelques autres qualifications*) et fort pillard. » Ce qui s'entrevoit très-bien dans le peu qu'on sait du rôle du chevalier du Bonneval dans ces guerres d'Italie, c'est qu'il n'était pas seulement né soldat, mais général : il avait des inspirations sur le terrain, des plans de campagne sous la tente, de ces manières de voir qui tirent un homme du pair, et le prince Eugène dans les rangs opposés l'avait remarqué avec estime.

C'est alors qu'une affaire de comptabilité vint à la traverse des espérances et de l'essor militaire de Bonneval et coupa encore une fois sa carrière. Il importe assez peu aujourd'hui de savoir le détail et le fond de l'affaire. Il y avait eu de la part de Bonneval une levée de deniers tout au moins irrégulière : il fallut s'en expliquer avec le secrétaire d'État de la guerre Chamillart. Bonneval exposa l'affaire à sa manière et ne put se tenir de dire en terminant :

« Je ne croyais pas qu'une dépense, faite avec le consentement et l'approbation de Monseigneur le duc de Vendôme, fût sujette à la révision des gens de plume, et plutôt que de m'y soumettre, je la payerai moi-même. »

Évidemment Bonneval se trompait de date : il se croyait encore au temps de ses aïeux, sous la Ligue et sous la Fronde; il oubliait que Louvois était venu, que la qualité et la bravoure ne dispensaient plus d'être exact et d'obéir, et que le régime de l'égalité s'appliquait désormais même à la guerre. Colonel de l'école de Vendôme, il ne sut pas se ranger à temps sous la discipline.

Chamillart, piqué d'honneur à son tour, sentant la probité en bourgeois, mais digne ce jour-là, par l'expression, d'être le secrétaire d'État de Louis XIV, fit à cette lettre une réponse qui est la meilleure preuve que les temps de la noblesse féodale avaient cessé :

« Monsieur, j'ai reçu la lettre que vous avez pris la peine de m'écrire au sujet des comptes du Biélois : si la somme avait été véritablement employée, vous n'offririez pas d'en faire le remboursement à vos dépens ; et, comme vous n'êtes pas assez grand seigneur pour faire des présents au roi, il me paraît que vous ne voulez éviter de compter avec les gens de plume que parce qu'ils savent trop bien compter. »

Bonneval, hors de lui, pris dans son tort, ou tout au moins provoqué dans son défaut intime, fit cette réponse d'une suprême et magnifique insolence, mais qui portait plus haut que Chamillart et qui atteignait le Prince même et la patrie :

« Monsieur, j'ai reçu la lettre que vous avez pris la peine de m'écrire, où vous me mandez que je crains les gens de plume parce qu'ils savent trop bien compter. Je dois vous apprendre que la grande noblesse du royaume sacrifie volontiers sa vie et ses biens pour le service du roi, mais que nous ne lui devons rien contre notre honneur ; ainsi, si dans le terme de trois mois je ne reçois pas une satisfaction raisonnable sur l'affront que vous me faites, j'irai au service de l'Empereur, où tous les ministres sont gens de qualité et savent comment il faut traiter eurs semblables. »

« Quelle lettre ! s'écrie le prince de Ligne après l'avoir citée. Je conçois qu'on ait eu envie de l'écrire. » C'est pour avoir cédé toujours à ces envies et ne les avoir jamais contrôlées par un devoir, par un principe ou un scrupule, que Bonneval se perdit. Cette fois, il menaçait assez nettement de déserter à l'ennemi : il en eut sans doute regret dans le second moment. Craignant d'être arrêté dans l'armée, il demanda un congé au duc de Vendôme et voyagea en Italie pendant quelques mois (1705-1706) ; il fut à Venise, où il espérait peut-être que quelques ouvertures lui seraient faites, par lesquelles il pourrait rentrer décemment au service. Mais rien ne vint fournir prétexte à son très-léger repentir, et la misère, jointe au dépit, lui fit conclure son traité avec le prince Eugène. Il passa à l'ennemi en mars 1706.

Bonneval colonel, et Langallerie général, firent ce

même coup à quinze jours de distance, et changèrent de drapeau. Le prince de Ligne rappelle que cette même faute avait été précédemment commise par les Condé, par les Turenne : « On n'était pas encore bien éloigné, dit-il, du temps de la Ligue et de la Fronde, où une portion de la noblesse de France s'unissait aux drapeaux des ennemis de l'État. » J'en demande pardon au spirituel prince de Ligne, il se trompe de cinquante ans, et l'on était très-loin de cette époque de la Fronde en 1706. Le sentiment moderne de patrie était créé, et Saint-Simon s'en fait, en cette occasion, l'organe éloquent et incorruptible : il qualifie cette désertion comme nous le ferions aujourd'hui.

Le prince Eugène, moins difficile, accueillit Bonneval avec distinction, le traita sur le pied d'ami et de favori. Bonneval justifia cette confiance et devint l'un des premiers lieutenants du prince dans ses diverses entreprises militaires en Italie, en Dauphiné, en Flandre. Dans les campagnes de 1710 et 1711, il eut l'occasion de rendre service à plus d'un officier français blessé ou prisonnier : il le faisait avec cette générosité de cœur et cette effusion qui lui était naturelle, et qui lui conciliait l'affection de tous ceux qui l'approchaient. C'est dans ces campagnes qu'il eut l'honneur d'entrer en correspondance avec Fénelon dont le neveu avait été fait prisonnier et dont il était d'ailleurs le parent. Il y avait, m'a-t-on dit, une cinquantaine de lettres de Fénelon au comte de Bonneval, qui n'ont été détruites qu'à l'époque de la Révolution. C'est là une de ces pertes auxquelles nous sommes sensibles plus qu'à tout. Cinquante lettres de Fénelon, adressées à l'ami des Vendôme, des Chaulieu et des La Fare, au futur pacha, c'est là une agréable bizarrerie qui manque à la destinée de Bonneval ; c'est aussi une variété de tolérance qui n'irait pas mal avec l'idée de Fénelon.

La paix se négociait enfin et allait, ce semble, remettre Bonneval plus en accord avec ses instincts généreux. Pour le peindre comme il était et dans toute la contradiction de sa morale et de son humeur, il suffit de dire que, pendant que se négociait cette Paix d'Utrecht ou de Radstadt, il lui arriva de soutenir à milord Stafford que Louis XIV aspirait à la domination universelle et de se battre avec un Français qui l'avait trouvé mauvais. Voilà bien le second et le lieutenant du prince Eugène. Puis, à quelques jours de là, un officier général prussien ayant dit à peu près la même chose, et ayant parlé peu convenablement de Louis XIV, le Français en Bonneval reparaissait, et il se battait avec le Prussien pour soutenir l'honneur de sa nation et de son ancien maître. J'en conclurai pourtant qu'il aimait un peu trop à se battre en duel pour un véritable général, et qu'il y avait en lui une crânerie innée, qui, au moment où l'on s'y attendait le moins, dérangeait et compromettait tout.

La morale à tirer d'une étude sur le caractère de Bonneval est bien celle-ci : Que de belles et brillantes facultés perdues, égarées, tournées à mal, par un défaut, par un travers, par un ressort trop brusque et cassant, dont la détente part à l'improviste, et ne se laisse pas diriger! Déjà, en étudiant Bussy-Rabutin, Saint-Évremond, ces spirituels disgraciés, et qui étaient à la veille d'être des guerriers illustres, on a pu noter l'effet d'un de ces défauts de caractère, de cet esprit de raillerie ou de libertinage, qui, comme une paille secrète, est venu altérer la trempe de l'ensemble et rompre le milieu d'une belle vie. Ce genre de défaut va nous être plus apparent encore et plus sensible chez Bonneval : il ne lui a manqué qu'un grain de moins dans la tête pour être un personnage historique et non romanesque.

Il eut un beau moment en 1716 et qui sembla tout réparer. La guerre éclata entre l'Empire et la Turquie ; le prince Eugène commandait l'armée impériale en Hongrie, et Bonneval s'y couvrit de gloire. Sa conduite à la journée de Péterwaradin est restée mémorable. A la tête de quelques hommes de son régiment, entouré d'un corps nombreux de janissaires, il résista une heure entière, et, abattu d'un coup de lance, dix soldats qui lui restaient l'emportèrent vers l'armée victorieuse. Le lyrique Jean-Baptiste Rousseau, que Bonneval avait accueilli et présenté à Vienne, a célébré ce haut fait dans son Ode sur la bataille de Péterwaradin :

> Quel est ce nouvel Alcide
> Qui seul, entouré de morts, etc.

La société française, qui s'était mise à accueillir vivement tout ce que Louis XIV avait disgracié, se prit d'enthousiasme à ce moment pour le général Bonneval et pour ses exploits de paladin dans cette espèce de croisade contre le Turc. Bonneval, après cette glorieuse campagne, eut l'idée de revoir sa patrie et de s'y faire relever de la condamnation qu'il avait encourue en désertant, et pour laquelle « il avait représenté en effigie à la Grève. » L'heure était propice : il connaissait le duc d'Orléans Régent, et leurs principes s'accordaient sans peine ; il avait près de lui un agent spirituel et peu difficultueux dans l'abbé Dubois, son compatriote limousin. Tout fut réglé selon son désir. Le Régent fit expédier à Bonneval des lettres d'abolition, et le général, ayant obtenu de l'Empereur un congé de trois mois, vint en France pour les faire entériner :

« Le Régent néanmoins, dit Saint-Simon, voulut faire approuver l'abolition au Conseil de Régence ; je n'en pus avoir la complaisance. J'opinai contre et appuyai longtemps sur les raisons de n'en jamais accorder pour pareil crime. Je ne fus pas le seul, mais peu s'y opposèrent, et en peu de mots. Ainsi Bonneval vit le Roi, le Régent et tout le monde. Biron me l'amena chez moi. Je n'ai point vu d'homme moins embarrassé. »

Le courant de l'opinion était pour lui en ce moment; c'était un souffle général de faveur. Au Parlement, la formalité d'entérinement des lettres de grâce fut remplie le 5 février 1717; Bonneval y fut traité avec une distinction particulière : au lieu d'une sellette, comme c'était l'usage, le Premier Président lui fit donner un carreau de velours en raison de sa blessure (1). Cette blessure au bas-ventre l'assujettissait à porter un bandage de fer ou plutôt une plaque d'argent qu'il garda toute sa vie. Grand, beau, l'air ouvert et martial, l'œil plein de feu, la tête haute, avec une coiffure à lui, la chevelure assez rase et en rond, à la Charles XII, ou à la Titus comme nous dirions, Bonneval attirait les regards. Joignez-y le débit éloquent, les grâces, le propos libre et peu gêné sur tout sujet; il y avait là de quoi être à la mode en 1717, et il le fut.

Sa famille profita de ce passage à Paris pour le marier; on le prit comme au vol. Il avait alors quarante-deux ans. Sa mère, la marquise de Bonneval, avait jeté les yeux sur mademoiselle Judith de Biron, sa parente, l'un des *vingt-six* enfants du duc de Biron, très-protégé du Régent, et qui, avec une telle famille, avait besoin de l'être. La marquise de Bonneval, à la veille de la cérémonie, changea tout d'un coup d'avis pour son fils et voulut se dédire; on la ramena pourtant. Le mariage fut signé le 7 mai 1717. Le lendemain, Bonneval commença à s'apercevoir que le mariage était une chaîne

---

(1) Il fallait être à genoux dans le parquet du Parlement pour cette cérémonie des lettres de grâce. Le carreau de velours servit sans doute à cela.

et à regretter. Jamais homme pourtant ne fut marié si peu : il ne le fut en tout que dix jours, après quoi il repartit pour Vienne, laissant en France sa femme, qu'il n'a jamais revue depuis.

Quant à mademoiselle de Biron, comtesse de Bonneval, elle ne le prit pas si légèrement : il ne lui avait pas fallu un long temps pour s'attacher d'un goût très-vif à ce brillant et volage aventurier, pour l'aimer même, bien qu'elle osât à peine se permettre un tel mot. Lorsqu'il fut parti, elle lui écrivit le plus souvent qu'elle put. On a ses lettres; elles sont délicates, discrètes, tendres, parfaites de tout point; et c'est l'une des plus pures et des plus rares figures de femmes sous la Régence, que cette épouse presque vierge et sitôt veuve, modeste, sacrifiée, résignée, et aussi long-temps dévouée qu'il y eut moyen à l'honneur et aux intérêts de cet aimable mauvais sujet, qui court d'aventure en aventure et ne lui répond pas. — Madame de Bonneval mérite d'être placée à côté de mademoiselle Aïssé, parmi les plus gracieuses exceptions de cette époque de désordre et de licence.

Bonneval, en quittant Paris, retourne à l'armée de Hongrie et rentre en campagne sous les murs de Belgrade. Il s'y distingue, mais il y oublie trop celle qui le suit de ses vœux, de ses inquiétudes, et qui, au milieu de tous les torts dont elle est l'objet, reste glorieuse de son nom et fière de sa gloire :

« Mon inquiétude augmente chaque jour, en même temps que votre inexactitude, lui écrit-elle (25 juillet 1717), et je suis aussi constante à me tourmenter que vous l'êtes à me négliger. Quoique j'aie lieu de croire qu'il ne vous est rien arrivé, personne n'en parlant, je ne puis m'empêcher de joindre à ma peine mille alarmes, qui me mettent dans un état que vous ne comprenez point, puisque vous pouvez être deux mois sans me donner le moindre signe de vie. Je dois croire, à ce procédé, que les marques de ma tendresse vous touchent peu ; elle est cependant d'une nature à espérer un plus heureux sort. Ainsi, ne pouvant changer mon cœur, il faut se conformer à vos maximes, qui sont peut-être d'aimer, en gardant un parfait silence. Il fallait m'en avertir pour empêcher la surprise d'un effet si singulier. »

Elle ne reçoit des nouvelles que de ricochet et par les Français qui servent dans l'armée impériale; elle s'en plaint avec douceur, avec timidité, comme quelqu'un qui se sent à peine des droits :

Je suis bien heureuse que les Français qui sont dans votre armée n'aient point encore oublié leur patrie, car sans leur secours, malgré le peu de disposition que j'ai de vous croire coupable, je serais toujours dans des alarmes que votre situation ne fait que trop naître. Si vous aimiez, vous comprendriez qu'étant rassurée sur votre état par des étrangers, il est encore une nature d'inquiétude qui doit me tourmenter; mais, dès que vous me la faites avoir, vous ne la connaissez point. »

Elle aime, elle l'avoue avec simplicité, et elle craint aussitôt d'ennuyer et d'en avoir trop dit. Par un tact qui est propre aux femmes, elle se rejette sur la parenté et n'appelle plus que *cousin* celui qu'elle voulait nommer d'un nom plus doux :

« Adieu, mon cher cousin ; *rendez-en* à une personne qui *n'en rendra* jamais qu'à vous, mon cœur vous étant sacrifié sans partage. »

Rendez-en; notez, chemin faisant, ces traces d'une pure et jolie langue, et toute semée encore de ces délicieux idiotismes qui ont depuis trop disparu.

Tandis qu'à la même époque, tous les désirs, tous les caprices passionnés ou sensuels s'exprimaient hautement avec impudence, il est touchant de voir ici un sentiment vrai, un attachement sincère qu'autorise le devoir, n'oser se produire qu'avec tremblement et pudeur, et une crainte marquée d'être repoussé :

« Je vous embrasse de tout mon cœur, malgré votre cruel silence. Songez pourtant que j'ai besoin d'être soutenue par vous dans la situation où me met le péril où vous êtes, que je me retrace sans cesse ; car je vous aime, mon cher cousin, avec de ces sentiments que l'inclination a formés, qu'elle entretient, et dans lesquels elle insinue tout ce qui a jamais produit l'union la plus tendre et la plus solide. Je finis malgré moi. »

Elle a un beau et doux moment, l'unique, le dernier; c'est après la victoire de Belgrade, où Bonneval eut sa grande part et où la renommée proclame sa vaillance :

« Quel moment charmant, s'écrie-t-elle (septembre 1717), à ajouter au plaisir de votre bonne santé, le seul qui m'ait occupée jusqu'à cette heure, que celui de la victoire à laquelle tout le monde vous donne la plus grande part! Quoique je ne sois pas vaine, il serait impossible de n'être pas flattée de ce qui se publie sur votre compte; je ne fais pas un pas que je n'entende faire votre éloge, et d'une façon que je vous avouerai qui séduit mon oreille et touche véritablement mon cœur. Il est bien juste que je tire quelque avantage d'une gloire que vous acquérez à un prix si cher pour mon âme et pour toute ma tranquillité. »

Madame de Bonneval est digne de ses aïeux; elle sent ce que c'est que la gloire des armes. Ses sœurs sont mariées, et même richement, à des gens de condition ; elle les trouve très-bien établies, mais elle ne les envie pas. Pour elle, elle est prête à se soumettre à toutes les absences, à toutes les privations, pour l'honneur et l'accroissement de réputation de celui qu'elle aime : « Quand on porte de certains noms, pense-t-elle, et qu'on est née avec la gloire de le sentir, on prend patience sur les choses auxquelles il n'y a pas de remède. » Comment Bonneval ne sut-il pas apprécier un pareil cœur, une distinction si vive et si pure, un choix et un don si absolus? Il y a d'elle des lettres tout ardentes et passionnées; cette pauvre jeune femme malade s'exalte et se dévore dans la solitude :

« Non, je ne m'en plains pas, dit-elle ; quoique je sois dans une situation affreuse, je ne saurais regretter la tranquillité de la vie qui l'a précédée. Il n'est rien sur la terre qui puisse m'être sensible que d'être aimée de vous. Je me flatte que je jouirai de cette félicité sans changement. Du moins je ne serai occupée que de vous plaire, et je vous jure, mon cher maître, une fidélité aussi durable que mon attachement est violent. Je ne crois pouvoir rien ajouter à la force de cette expression, ne sachant point dire ce que je sens. Ce sont des mouvements qui m'étaient si inconnus, qu'en me livrant à toutes leurs ardeurs, je ne puis les définir. Expliquez, je vous prie, à votre cœur tout l'embarras du mien, et dites-vous souvent que vous êtes, de tous les hommes, le plus tendrement aimé. J'ajoute à ces sentiments une estime qui doit être le lien de l'amour dont la pureté fait tout le mérite. N'oubliez pas, je vous conjure, votre pauvre petite femme, et songez que je suis, ainsi que j'ai déjà dit, dans un état qui mérite votre compassion. Je vous jure que, si je ne regardais que moi, la mort me semblerait une ressource à laquelle tous mes désirs auraient recours. Je crains toujours que la gloire ne soit une rivale bien redoutable pour moi. Cependant il me semble que nous devrions balancer votre cœur ; et lorsqu'elle vous fera exposer votre vie, je devrais vous faire prendre les précautions qu'elle permet. Faites donc réflexion à tout cela, mon cher maître, et que ma seule ambition est votre conservation, vous seul pouvant me rendre heureuse. Je ne puis vous parler que de moi pour aujourd'hui, car je ne pense qu'à vous, et tout le reste me devient insupportable.

« Je vous embrasse de tout mon cœur et voudrais acheter de la moitié de ma vie le bonheur de cette lettre. »

Mais il est des moments où elle s'aperçoit de son illusion, et que son cœur fait trop de chemin ; car, après tout, elle le connaît à peine ; elle anticipe sur les temps pour l'aimer ; dix jours de connaissance dans la vie, et puis c'est tout ; le reste n'a été qu'un rêve :

« Un cœur comme le mien est un meuble bien inutile pour l'agrément de la vie, et bien à charge dans toutes ces circonstances. Ce qu'il y a même de plus cruel, mon cher maître, c'est qu'il peut le devenir aux autres pour être trop tendre. »

Elle se réduit à lui demander bien peu dans ses alarmes pendant la campagne ; tout le monde écrit, excepté lui :

« Je vous prie seulement de dire une fois tous les huit jours à votre valet de chambre que vous avez une femme qui vous aime et qui demande qu'on lui apprenne que vous êtes en bonne santé. Je ne sais si vous en trouverez le souvenir trop fréquent, mais vous serez injuste si vous me le refusez. »

On voit assez quels trésors de cœur renferment ces douze ou quinze lettres qui mériteraient d'être publiées de nouveau avec quelques éclaircissements, quelques rectifications, et dans un ordre qui en fasse valoir toutes les gradations et les nuances.

La comtesse de Bonneval mourut en avril 1744, veuve comme elle disait, malade de tout temps et infirme. Elle vécut assez pour voir celui qu'elle avait aimé renoncer à tout ce qui était du chrétien et du chevalier, à tout ce qui avait fait, à un court moment, son orgueil d'épouse.

Au lieu de revenir en France, après ses exploits de Hongrie, Bonneval continua de séjourner à Vienne, où il occupait un haut rang, mais où le ton et l'étiquette régnante devaient, tôt ou tard, amener des désaccords avec sa manière d'être et de vivre. Il vivait en effet librement, comme l'eût fait un convive du Temple, raillant les sots, narguant les coteries, fréquentant peu les églises, et chansonnant volontiers les agents de chancellerie et les bureaux; il était, en un mot, ce qu'il avait toujours été, gai, cordial, aimable, spirituel et même grivois, insolent et bon enfant. Il trouva moyen de se mettre en froid avec le prince Eugène, un peu vieilli, dont il frondait la maîtresse et les créatures. La comtesse de Bonneval, informée de cette brouillerie, pressentit de loin l'orage; elle écrivait à son mari avec ce sens de prudence que le cœur développe chez les femmes : « J'ai beaucoup souffert des bruits qui se sont répandus ici de votre brouillerie avec le prince Eugène... *Quand nos amis deviennent nos ennemis, je les crois les plus dangereux.* » Ce refroidissement éloigna Bonneval de Vienne; il était en 1724 à Bruxelles, où il servait comme général, et où il avait son régiment en garnison; il y était sur le meilleur pied, un peu goutteux, mais recevant chez lui la meilleure compagnie, donnant soupers et concerts, très-aimé tant de la noblesse que du peuple et de la bourgeoisie, quand tout à coup éclata sa fâcheuse affaire avec le marquis de Prié, gouverneur.

On ne saurait se figurer aujourd'hui, quand on en lit les détails, qu'un homme considérable comme l'était alors Bonneval, et raisonnable comme il aurait dû l'être, ait ainsi brisé sa carrière et risqué le tout pour le tout à propos d'un pur commérage. La marquise de Prié et sa fille s'étaient permis de dire à leur cercle que la reine d'Espagne, épouse du jeune roi Louis Ier et fille de feu le duc d'Orléans Régent, avait eu une aventure galante, accompagnée de certaines circonstances où le poignard avait joué un rôle. Là-dessus, Bonneval, qui en voulait au marquis de Prié, comme à un homme de peu et créature du prince Eugène, s'enflamme (22 août 1724) et prend fait et cause pour la vertu de cette petite reine Élisabeth de Valois, à laquelle, disait-il, il avait l'honneur d'appartenir et d'être apparenté : « Le comte de Bonneval a l'honneur d'être allié au sang royal de France par les maisons de Foix et d'Albret. » — « Comme j'ai l'honneur, disait-il encore, d'appartenir à la maison de Bourbon par des filles de souverains qui sont entrées dans la mienne, je ne pouvais, sans être déshonoré, souffrir un pareil attentat contre une princesse de France. » Pour satisfaire à ce singulier devoir, il écrit un billet contenant un démenti outrageant pour les de Prié, et des copies s'en répandent dans tout Bruxelles. Le marquis de Prié use de son autorité pour faire ordonner à Bonneval les arrêts, puis pour le faire conduire sous escorte de cinquante dragons à la citadelle d'Anvers (3 septembre). Cependant Bonneval adresse de tous côtés des relations de cette affaire, des factums et lettres à l'Empereur, au Suprême Conseil aulique de guerre, au prince Eugène, aux plénipotentiaires d'Espagne qui se trouvaient alors à Cambrai. Selon lui, la question de subordination ici n'est que secondaire : le point capital, c'est l'honneur de la reine d'Espagne issue du sang de France ; et c'est à cette princesse que toute réparation est due. Quant à *de Prié,* comme il l'appelle, c'est un homme de peu qui s'est prévalu de l'autorité impériale dont il était momentanément revêtu, comme l'Ane de la Fable, qui se prévaut des reliques dont il est chargé :

« Pour ce qui est des choses personnelles qui se sont passées entre Prié et moi dans cette affaire, s'il reste encore digne de ma colère, quand elle sera terminée, je saurai bien le punir moi-même de ses insolences. »

La tête de Bonneval s'exalte ; il sort évidemment du droit sens, et nous le retrouvons ce que nous l'avons précédemment trouvé avec Chamillart, et bien au delà :

« Les personnes de ma naissance ont trois maîtres : Dieu, leur honneur, et leur Souverain... Nous ne devons rien à ce dernier qui puisse choquer les deux premiers. »

Entre lui et Prié, c'est une guerre à mort ; il se figure que l'Europe entière est attentive à ce démêlé et à l'éclat qu'il en a fait :

« Je dois songer à la grande affaire qui est de vaincre, écrivait-il à un ami de Bruxelles pendant sa détention au château d'Anvers (16 septembre 1724) ; le moyen que j'ai pris et mes mesures m'y conduisant tout droit, il n'importe pas si cela se fait exactement suivant le goût et la règle des Cours, puisqu'un homme de courage hasarde volontiers une petite mortification de la part de son maître pour arriver à un plus grand bien, et qu'il doit suivre sans aucun égard les routes les plus courtes, pourvu que ce soient celles des gens de bien, quand on y devrait chiffonner sa perruque, déchirer ses habits, perdre son chapeau et le talon de ses souliers en sautant les fossés...

« Au reste, si vous lisez attentivement mes lettres à Sa Majesté, vous verrez qu'elles présagent les pas que j'ai faits avec toute la franchise d'un soldat qui ne craint rien, pas même son maître, quand il y va de son honneur, que je n'ai jamais engagé ni n'engagerai de ma vie à aucun des rois de la terre. Au reste, le pas est fait : je le ferais encore, s'il ne l'était pas. Il me conduit bien droit à mon but, je me moque du reste : *Audaces Fortuna juvat...* »

Le caractère, ce me semble, est assez nettement dessiné ; il y a là un défaut originel qui reparaît constamment et qui se réveille presque sous les mêmes formes. Il traite Prié comme il avait fait Chamillart. S'en prenant au protecteur même de l'insulte du protégé, il va adresser de La Haye une lettre au prince Eugène sur le ton d'égal à égal et en lui proposant une sorte de cartel, toujours pour le plus grand honneur et la plus grande gloire de cette reine d'Espagne, fille du Régent. Il cite pour excuse et pour exemple le duc de Lorraine, beau-frère de l'empereur Léopold, qui s'est bien battu un jour avec un simple lieutenant de cavalerie et lui a fait raison d'un outrage l'épée à la main. Enfin nous retrouvons la détente secrète dont j'ai déjà parlé, et qui montre qu'on ne gagne rien sur son caractère en vieillissant.

Décidément Bonneval est trop le contraire de ce d'Antin que nous avons étudié la dernière fois : lui, il tenait trop peu à ceux qu'il appelait ses maîtres.

Les suites de cet esclandre furent des plus bizarres. Bonneval, au sortir de la citadelle d'Anvers, et après s'être un peu amusé à La Haye où il fit tout pour empirer ses affaires, se rendait à Vienne où il était mandé, quand il fut arrêté de nouveau. Traduit devant un Conseil de guerre, sur la plainte du prince Eugène, il subit un an de détention dans un château-fort ; après quoi il se rendit à Venise, ville pour lui fatale par sa première désertion. Il ne put s'y tenir tranquille (1729). Ce même point d'honneur, qui l'avait déjà poussé si loin, l'empêcha de revenir à résipiscence et de se prêter à une réparation, à un raccommodement avec le prince Eugène. Il noua des intrigues avec l'Espagne ; puis, craignant d'être pris et enlevé par ordre de l'Empereur, et à bout de finances, ne sachant exactement où donner de la tête, il se dirigea vers la frontière de Bosnie, sans dessein bien arrêté : « Quand je quittai Venise, disait-il plus tard en conversation et de ce ton original qui était le sien, la soupe avait mangé la vaisselle ; et, si la nation juive m'eût offert le commandement de cinquante mille hommes, j'aurais été faire le siége de Jérusalem. » C'est à cette frontière de Bosnie qu'il se trouve arrêté pendant quatorze mois dans une ville où l'Empereur le réclamait, en danger d'être livré, et qu'il n'échappe finalement à l'extradition qu'en prenant le turban et faisant profession de Mahométisme. Il a raconté gaiement cette conversion et en homme d'esprit qui ne craint que le ridicule. Cette histoire de la conversion de Bonneval faisait la joie de Voltaire, qui n'a pas manqué de badiner là-dessus en maint endroit de ses Œuvres. Bonneval, se voyant au pied du mur et prêt à être livré à ses ennemis, avait chargé son domestique de lui amener un Turc instruit pour lui expliquer ce qu'il avait à faire et la sainte formule qui devait le protéger :

« Lamira (c'était le domestique), m'ayant lu cet écrit, me dit: Monsieur le Comte, ces Turcs ne sont pas si sots qu'on le dit à Vienne, à Rome et à Paris.... Je lui répondis que je sentais un mouvement de Grâce turque intérieur, et que ce mouvement consistait dans la ferme espérance de donner sur les oreilles au prince Eugène, quand je commanderais quelques bataillons turcs. »

Toutes ces plaisanteries cachaient un peu de honte et bien du désappointement. Bonneval, devenu le pacha Osman, ne donna pas sur les oreilles au prince Eugène ; il fit des Mémoires très-nets et très-bien motivés sur les changements de tactique à introduire dans les armées du Sultan ; il proposa des projets d'alliance et de guerre : mais tout cela échoua dans les intrigues du sérail et devant l'apathie musulmane. Il y eut même un moment (30 novembre 1738) où il se vit exilé en Asie. Il y resta six mois seulement, après lesquels il put revenir à Constantinople. Voltaire, qui, lorsqu'il a raison, l'a avec une gaieté et une grâce qui n'est qu'à lui, a jugé Bonneval à fond, en disant :

« Tout ce qui m'étonne, c'est qu'ayant été exilé dans l'Asie Mineure, il n'alla pas servir le Sophi de Perse, Thamas Kouli-Khan ; *il aurait pu avoir le plaisir d'aller à la Chine, en se brouillant successivement avec tous les ministres :* sa tête me paraît avoir eu plus besoin de cervelle que d'un turban. Il y avait un peu de folie à vouloir se battre avec le prince Eugène, président du Conseil de guerre ; c'est à peu près comme si un de nos officiers appelait en duel le doyen des maréchaux de France. Que ne proposait-il aussi un duel au Grand-Vizir ? »

Voilà le faible de l'homme merveilleusement touché. Voltaire ajoute, en concluant : « On lui passera tout parce qu'il était un homme aimable. »

Cette dernière qualité, il l'avait certainement : « Le voir et l'aimer est la même chose pour ceux qui en approchent, » écrivait le chevalier de Beaufremont, qui l'avait visité à Constantinople en 1744, et qui l'avait trouvé gai et enjoué comme il était à vingt-cinq ans. Il s'était finalement retranché dans une philosophie épicurienne à laquelle son tempérament le portait assez, et qui était celle de Rabelais et du Temple : « Dans toutes les persécutions qu'on m'a faites, je n'ai perdu ni mon bon appétit, ni ma bonne humeur : heureux sont ceux qui ont leur philosophie dans le sang ! »

Casanova, cet homme d'esprit libertin dont on a d'abondants et curieux Mémoires, alla faire visite à Bonneval à Constantinople, dans le quartier de Péra, avec une lettre d'introduction que lui avait donnée le cardinal Acquaviva : « Dès que je lui eus fait tenir ma lettre, je fus introduit dans un appartement au rez-de-chaussée, *meublé à la française*, où je vis un gros seigneur âgé, *vêtu à la française*, qui, dès que je parus, se leva, vint au-devant de moi d'un air riant, en me demandant ce qu'il pouvait faire à Constantinople pour le recommandé d'un cardinal de l'Église romaine. » Après quelques premières politesses et quelques réflexions philosophiques sur le bonheur d'être jeune et de courir le monde avec insouciance, comme la lettre du cardinal annonçait Casanova pour homme de lettres, Bonneval se leva en disant qu'il voulait lui faire voir sa bibliothèque :

« Je le suivis au travers du jardin, et nous entrâmes dans une chambre garnie d'armoires grillées, et derrière le treillis de fil de fer on voyait des rideaux : derrière ces rideaux devaient se trouver les livres.

« Tirant une clef de sa poche, il ouvre ; et, au lieu d'in-folios, je vois des rangées de bouteilles des meilleurs vins, et nous nous mîmes tous deux à rire de grand cœur : « C'est là, me dit le pacha, ma bibliothèque et mon harem ; car, étant vieux, les femmes abrégeraient ma vie, tandis que le bon vin ne peut que me la conserver, ou du moins me la rendre plus agréable. »

Les détails qui suivent montrent que le spirituel pacha avait cherché à tirer tout le meilleur parti de sa position nouvelle ; qu'il avait réuni autour de lui ce qu'on pouvait appeler les honnêtes gens de là-bas, et fait rendre à la Turquie tout ce qu'elle renfermait de ressources de société. C'était, somme toute, peu de chose, et il put dire à Casanova, après les deux premières heures, que c'étaient les plus agréables qu'il eût passées depuis son arrivée dans le pays.

Il y avait des moments pénibles où l'homme de la famille, de la patrie, je n'oserais dire de la religion, se réveillait en lui. Un de ses plaisirs était, lorsqu'il se trouvait seul, de s'habiller complétement à la française, y compris les souliers et les bas blancs : il n'était Turc de costume qu'en cérémonie. On le vit une fois, en entendant chanter à un dîner je ne sais quel air italien, éclater tout à coup en larmes. Il avait pu écrire à son frère, en un jour de forfanterie et dans un parti-pris de gaieté, ce mot significatif qui résume toute une philosophie d'abaissement et d'abandon : « Au surplus, portez-vous bien, et souvenez-vous qu'il n'y a que fadaises en ce bas-monde, distinguées en *gaillardes, sérieuses, politiques, juridiques, ecclésiastiques, savantes, tristes*, etc., mais qu'il n'y a que les premières, et de se tenir toujours le ventre libre, qui fasse vivre joyeusement et longtemps. » Cela est bon à dire et surtout à chanter; mais l'homme en lui n'était pas d'accord. Il avait eu longtemps un *gros Plutarque* qui ne le quittait jamais, disait-il; ce reste de Plutarque protestait contre le Rabelais. Celui qui avait eu pour guide l'honneur, un faux honneur trop souvent, mais enfin qui avait tenu à l'opinion et à l'estime de ses semblables, ne trouvait pas son compte sous ce turban de quatre livres qui lui pesait, et qu'il n'avait pris que comme un bonnet de nuit; il avait beau plaisanter, un fonds de remords et de regret lui disait qu'il avait mal usé de si beaux dons naturels et que sa vie avait totalement échoué. Parvenu à sa soixante-dixième année, il écrivait au marquis de Bonneval, son frère, avec qui il avait eu souvent contestation, mais sans jamais rompre : « Je suis souvent bien loin de moi par des réflexions fatigantes; de fréquentes attaques de goutte, d'autres infirmités réelles, me forcent à vous demander conseil, comme au chef de la maison, sur un parti à prendre. » Le marquis lui répondit cette fois en frère, l'engageant à prendre le parti le meilleur et lui promettant de tout son pouvoir de lui aider. Il s'agissait, pour Bonneval, de s'évader de Turquie, et, en s'embarquant sur une frégate napolitaine qui croiserait dans l'Archipel, de venir à Rome chercher un asile, un lieu de réparation honorable et de repos. La mort le prévint le 23 mars 1747, jour même de la naissance de Mahomet, comme le dit son épitaphe à Constantinople. Il avait soixante-douze ans.

L'exemple de Bonneval nous prouve, ce semble, qu'il faut quelque point d'arrêt, quelque principe, je dirai même quelque préjugé dans la vie : discipline, subordination, religion, patrie, rien n'est de trop, et il faut de tout cela garder au moins quelque chose, une garantie contre nous-même. Dès sa retraite chez l'Empereur, Bonneval s'accoutume à être renégat et à ne suivre pour loi qu'un prétendu honneur personnel dont il se fait juge, et qui n'est que la vanité exaltée. Cela le mène, de cascade en cascade, lui si brillant d'essor et si chevaleresque, à sa mascarade finale et à dire : Tout est farce, et la moins sérieuse est la meilleure. Il est vrai qu'il garde, à travers tout, de l'honnête homme, c'est-à-dire de l'homme aimable; mais cet honnête homme, à quoi sert-il? quelle trace utile a-t-il laissée? dans quel pays, dans quel ordre d'idées et de société put-on dire de lui, le jour de sa mort, ce mot qui est la plus enviable oraison funèbre : *C'est une perte.*

Nous avons toutefois à Bonneval une obligation, c'est de nous avoir fait connaître la douce, la pure et touchante figure de sa femme. La comtesse de Bonneval a sa physionomie à part dans la série des femmes françaises qui ont laissé, sans y songer, l'image de leur âme en quelques pages (1).

(1) Ces articles du Lundi ont souvent provoqué des éditions et réimpressions d'ouvrages dont j'avais parlé avec éloge; cette fois ç'a été mieux, et il en est sorti toute une aimable inspiration, tout un roman : *La Comtesse de Bonneval, Histoire du temps de Louis XIV*, par lady Georgina Fullarton, livre délicat dans lequel une plume toute française, qu'on dirait contemporaine des personnages qu'elle produit, s'est plu à retracer, à *restituer* l'enfance de Judith de Biron, à nous

raconter les sentiments de la jeune fille avant son mariage avec le comte de Bonneval, de telle sorte que les lettres qu'on a d'elle n'en soient plus qu'une suite naturelle et qu'on y arrive tout préparé. Cette explication d'une âme virginale et passionnée est fort ingénieuse et d'une grande délicatesse. On se croirait reporté au temps des Caylus et des Simiane, autant par la fleur des sentiments que par celle du langage. Il ne se pouvait rien de plus flatteur pour ma rapide esquisse que d'avoir inspiré l'idée d'un si agréable et si touchant tableau.

Lundi, 29 mars 1852.

PENSÉES DE PASCAL

ÉDITION NOUVELLE AVEC NOTES ET COMMENTAIRES,

PAR M. E. HAVET (1).

J'ai, pour écrire quelques pages sur Pascal, un désavantage, c'est d'avoir fait moi-même autrefois tout un gros volume dont il était presque uniquement le sujet. Je tâcherai, en parlant cette fois, devant tout le monde, d'un livre qui a rang parmi nos classiques, d'oublier ce que j'en ai écrit de trop particulier, et de me borner à ce qui peut intéresser la généralité des lecteurs. L'excellent travail que j'ai sous les yeux, et où M. Havet a tenu compte de tous les travaux antérieurs, m'y aidera.

Pascal était un grand esprit et un grand cœur, ce que ne sont pas toujours les grands esprits : et tout ce qu'il a fait dans l'ordre de l'esprit et dans l'ordre du cœur, porte un cachet d'invention et d'originalité qui atteste la force, la profondeur, une poursuite ardente et comme acharnée de la vérité. Né en 1623 d'une famille pleine d'intelligence et de vertu, élevé librement par un père qui était lui-même un homme supérieur, il avait reçu des dons admirables, un génie spécial pour les calculs et pour les concepts mathématiques,

(1) Dezobry, 1852.

et une sensibilité morale exquise qui le rendait passionné pour le bien et contre le mal, avide de bonheur mais d'un bonheur noble et infini. Ses découvertes de l'enfance sont célèbres; partout où il portait son regard, il cherchait et il trouvait quelque chose de nouveau; il lui était plus facile de trouver pour son compte que d'étudier d'après les autres. Sa jeunesse échappa aux légèretés et aux déréglements qui sont l'ordinaire écueil : sa nature, à lui, était très-capable d'orages; ces orages, il les eut, il les épuisa dans la sphère de la science, et surtout dans l'ordre des sentiments religieux. Son excès de travail intellectuel l'avait de bonne heure rendu sujet à une maladie nerveuse singulière qui développa encore sa sensibilité naturelle si vive. La rencontre qu'il fit de Messieurs de Port-Royal fournit un aliment à son activité morale, et leur doctrine, qui était quelque chose de neuf et de hardi, devint pour lui un point de départ d'où il s'élança avec son originalité propre pour toute une reconstruction du monde moral et religieux. Chrétien sincère et passionné, il conçut une apologie, une défense de la religion par une méthode et par des raisons que nul n'avait encore trouvées, et qui devait porter la défaite au cœur même de l'incrédule. Agé de trente-cinq ans, il se tourna à cette œuvre avec le feu et la précision qu'il mettait à toute chose : de nouveaux désordres plus graves, qui survinrent dans sa santé, l'empêchèrent de l'exécuter avec suite, mais il y revenait à chaque instant dans l'intervalle de ses douleurs; il jetait sur le papier ses idées, ses aperçus, ses éclairs. Mort à trente-neuf ans (1662), il ne put en ordonner l'ensemble, et ses *Pensées sur la Religion* ne parurent que sept ou huit ans après (1670), par les soins de sa famille et de ses amis.

Qu'était cette première édition des *Pensées*, et que

pouvait-elle être? On le conçoit sans peine, même lorsqu'on n'en aurait pas la preuve d'après les originaux. Cette première édition ne contint pas tout ce qu'il avait laissé; on n'y donna que les principaux morceaux, et, dans ce qu'on donna, des scrupules de diverse nature, soit de doctrine, soit même de grammaire, firent corriger, adoucir, expliquer certains endroits où la vivacité et l'impatience de l'auteur s'étaient marquées en traits trop brusques ou trop concis, et d'une façon décisive qui, en telle matière, pouvait être compromettante.

Au dix-huitième siècle, Voltaire et Condorcet s'emparèrent de quelques-unes de ces Pensées de Pascal comme, à la guerre, on tâche de profiter de quelques mouvements trop avancés d'un général ennemi audacieux et téméraire. Pascal n'était qu'audacieux et non téméraire; mais, puisque je l'ai comparé à un général, j'ajouterai que c'était un général qui avait été tué dans le moment même de son opération : elle était restée inachevée et en partie à découvert.

De nos jours, en restituant le vrai texte de Pascal, en donnant ses phrases dans toute leur simplicité, dans leur beauté ferme et précise, et aussi dans leur hardiesse de défi et leur familiarité parfois singulière, on est revenu à un point de vue plus juste et nullement hostile. M. Cousin le premier a provoqué ce travail de restitution complète de Pascal en 1843; M. Faugère a le mérite de l'avoir exécuté en 1844. Grâce à lui, on a maintenant les *Pensées* de Pascal conformément aux manuscrits mêmes. C'est ce texte qu'un jeune professeur très-distingué, M. Havet, vient de publier à son tour, en l'environnant de tous les secours nécessaires, explications, rapprochements, commentaires; il a donné une édition savante, et vraiment classique dans le meilleur sens du mot.

Ne pouvant entrer à fond dans l'examen de la méthode de Pascal, je voudrais ici insister, d'après M. Havet, sur un seul point, et montrer comment, malgré tous les changements survenus dans le monde et dans les idées, malgré la répugnance que causent de plus en plus certaines vues particulières à l'auteur des *Pensées*, nous sommes aujourd'hui dans une meilleure position pour sympathiser avec Pascal qu'on ne l'était du temps de Voltaire; comment ce qui scandalisait Voltaire dans Pascal nous scandalise moins que les belles et cordiales parties, qui sont tout à côté, ne nous touchent et ne nous ravissent.

C'est que Pascal n'est pas seulement un raisonneur, un homme qui presse dans tous les sens son adversaire, qui lui porte mille défis sur tous les points qui sont d'ordinaire l'orgueil et la gloire de l'entendement; Pascal est à la fois une âme qui souffre, qui a ressenti et qui exprime en lui la lutte et l'agonie.

Il y avait des incrédules du temps de Pascal; le seizième siècle en avait engendré un assez grand nombre, surtout parmi les classes lettrées; c'étaient des païens, plus ou moins sceptiques, dont Montaigne est pour nous le type le plus gracieux, et dont nous voyons se continuer la race dans Charron, La Mothe-le-Vayer, Gabriel-Naudé. Mais ces hommes de doute et d'érudition, ou bien les libertins simplement gens d'esprit et du monde, comme Théophile ou Des Barreaux, prenaient les choses peu à cœur; soit qu'ils persévérassent dans leur incrédulité ou qu'ils se convertissent à l'heure de la mort, on ne sent en aucun d'eux cette inquiétude profonde qui atteste une nature morale d'un ordre élevé et une nature intellectuelle marquée du sceau de l'Archange; ce ne sont pas, en un mot, des natures royales, pour parler comme Platon. Pascal, lui, est de cette race première et glorieuse; il en a au cœur et au front plus d'un signe : c'est un des plus nobles mortels, mais malade, et il veut guérir. Le premier il a introduit dans la défense de la religion cette ardeur, cette angoisse et cette haute mélancolie que d'autres ont portée plus tard dans le scepticisme.

« Je blâme également, dit-il, et ceux qui prennent parti de louer l'homme, et ceux qui le prennent de le blâmer, et ceux qui le prennent de se divertir; et je ne puis approuver que ceux *qui cherchent en gémissant.* »

La méthode qu'il emploie dans ses *Pensées* pour combattre l'incrédule, et surtout pour exciter l'indifférent, pour lui mettre au cœur le désir, est pleine d'originalité et d'imprévu. On sait comment il débute. Il prend l'homme au milieu de la nature, au sein de l'infini; le considérant tour à tour par rapport à l'immensité du ciel et par rapport à l'atome, il le montre alternativement grand et petit, suspendu entre deux infinis, entre deux abîmes. La langue française n'a pas de plus belles pages que les lignes simples et sévères de cet incomparable tableau. Poursuivant l'homme au dedans comme il l'a fait au dehors, Pascal s'attache à démontrer dans l'esprit même deux autres abîmes, d'une part une élévation vers Dieu, vers le beau moral, un mouvement de retour vers une illustre origine, et d'autre part un abaissement vers le mal et une sorte d'attraction criminelle du côté du vice. C'est là, sans doute, l'idée chrétienne de la corruption originelle et de la Chute; mais, à la manière dont Pascal s'en empare, il la fait sienne en quelque sorte, tant il la pousse à bout et la mène loin : il fait de l'homme tout d'abord un monstre, une chimère, quelque chose d'incompréhensible. Il fait le nœud et le noue d'une manière insoluble, afin que plus tard il n'y ait qu'un Dieu tombant comme un glaive, qui puisse le trancher.

Je me suis donné, pour varier cette lecture de Pascal, la satisfaction de relire tout à côté quelques pages de Bossuet et de Fénelon. J'ai pris Fénelon dans le Traité *de l'Existence de Dieu*, et Bossuet dans le Traité *de la Connaissance de Dieu et de Soi-même;* et, sans chercher à approfondir la différence (s'il en est) de la doctrine, j'ai senti avant tout celle des caractères et des génies.

Fénelon, on le sait, commence par demander ses preuves de l'existence de Dieu à l'aspect général de l'univers, au spectacle des merveilles qui éclatent dans tous les ordres; les astres, les éléments divers, la structure du corps humain, tout lui est un chemin pour s'élever de la contemplation de l'œuvre et de l'admiration de l'art à la connaissance de l'ouvrier. Il y a un plan et des lois, donc il y a un architecte et un législateur. Il y a des fins marquées, donc il y a une intention suprême. Après avoir accepté avec confiance ce mode d'interprétation par les choses extérieures et la démonstration de Dieu par la nature, Fénelon, dans la seconde partie de son Traité, aborde un autre ordre de preuves; il admet le doute philosophique sur les choses du dehors et s'enferme en soi, pour arriver au même but par un autre chemin et pour démontrer Dieu par la seule nature de nos idées. Mais, en admettant ce doute universel des philosophes, il ne s'effraie pas de cet état; il le décrit avec lenteur, presque avec complaisance; il n'est ni pressé, ni impatient, ni souffrant comme Pascal; il n'est pas ce que Pascal dans sa recherche nous paraît tout d'abord, ce voyageur égaré qui aspire au gîte, qui, perdu sans guide dans une forêt obscure, fait mainte fois fausse route, va, revient sur ses pas, se décourage, s'assied au carrefour de la forêt, pousse des cris sans que nul lui réponde, se remet en marche avec frénésie et douleur, s'égare encore, se jette à terre et veut mourir, et n'arrive enfin qu'après avoir passé par toutes les transes et avoir poussé sa sueur de sang.

Fénelon, dans sa marche facile, graduelle et mesurée, n'a rien de tel. Il est bien vrai qu'au moment où il se demande si la nature entière n'est pas un fantôme, une illusion des sens, et où, pour être logique, il se place dans cette supposition d'un doute absolu, il est bien vrai qu'il se dit : « Cet état de suspension m'étonne et m'effraie ; il me jette au dedans de moi dans une solitude profonde et pleine d'horreur ; il me gêne, *il me tient comme en l'air :* il ne saurait durer, j'en conviens ; mais il est le seul état raisonnable. » Au moment où il dit cela, on sent très-bien, à la manière même dont il parle et à la légèreté de l'expression, qu'il n'est pas sérieusement effrayé. Un peu plus loin, s'adressant à la raison et l'apostrophant, il lui demande : « Jusques à quand serai-je dans ce doute, qui est *une espèce de tourment,* et qui est pourtant le seul usage que je puisse faire de la raison ? » Ce doute, qui est *une espèce de tourment* pour Fénelon, n'est jamais admis en supposition gratuite par Pascal, et dans la réalité il lui paraît la plus cruelle torture, et qui est la plus antipathique, la plus révoltante à la nature même. Fénelon, en se plaçant dans cet état de doute à l'instar de Descartes, s'assure d'abord de sa propre existence et de la certitude de quelques idées premières. Il continue dans cette voie de déduction large, agréable et facile, mêlée çà et là de petits élans d'affection, mais sans orage. On croit sentir, en le lisant, une nature angélique et légère, qui n'a qu'à se laisser aller pour remonter d'elle-même à son principe céleste. Le tout se couronne par une prière adressée surtout au Dieu infini et bon, auquel il s'abandonne avec confiance si quelquefois la parole l'a trahi : « Pardonnez ces erreurs, ô Bonté qui n'êtes pas moins infinie que toutes les autres perfections de mon Dieu ; pardonnez les bégaiements d'une langue qui ne peut s'abstenir de vous louer, et les défaillances d'un esprit que vous n'avez fait que pour admirer votre perfection. »

Rien ne ressemble moins à la méthode de Pascal que cette voie aplanie et aisée. On n'entend nulle part le cri de détresse, et Fénelon, en adorant la Croix, ne s'y attache pas comme Pascal à un mât dans le naufrage.

Pascal, tout d'abord, commence par rejeter les preuves de l'existence de Dieu tirées de la nature : « *J'admire*, dit-il ironiquement, *avec quelle hardiesse* ces personnes entreprennent de parler de Dieu, en adressant leurs discours aux impies. Leur premier chapitre est de prouver la Divinité par les ouvrages de la nature. » Et continuant de développer sa pensée, il prétend que ces discours, qui tendent à démontrer Dieu dans ses œuvres naturelles, n'ont véritablement leur effet que sur les fidèles et ceux qui adorent déjà. Quant aux autres, aux indifférents, à ceux qui sont destitués de foi vive et de grâce, « dire à ceux-là qu'ils n'ont qu'à voir la moindre des choses qui les environnent, et qu'ils verront Dieu à découvert, et leur donner, pour toute preuve de ce grand et important sujet, le cours de la lune ou des planètes, et prétendre avoir achevé sa preuve avec un tel discours, c'est leur donner sujet de croire que les preuves de notre religion sont bien faibles; et je vois, par raison et par expérience, que rien n'est plus propre à leur en faire naître le mépris. »

On peut juger nettement par ce passage à quel point Pascal négligeait et même rejetait avec dédain les demi-preuves; et pourtant il se montrait ici plus difficile que l'Écriture elle-même, qui dit dans un psaume célèbre : *Cœli enarrant gloriam Dei :*

> Les Cieux instruisent la terre
> A révérer leur Auteur, etc.

Il est curieux de remarquer que la phrase un peu méprisante de Pascal : « *J'admire avec quelle hardiesse*, etc., » avait d'abord été imprimée dans la première édition de ses *Pensées*, et la Bibliothèque Nationale possède depuis peu un exemplaire unique, daté de 1669, où on lit textuellement cette phrase (page 150). Mais bientôt les amis, ou les examinateurs et approbateurs du livre, s'alarmèrent de voir cette façon exclusive de procéder, et qui se trouvait ici en contradiction avec les Livres saints; ils firent faire un carton avant la mise en vente; ils adoucirent la phrase, et présentèrent l'idée de Pascal d'un air de précaution que le vigoureux écrivain ne prend jamais, même à l'égard de ses amis et de ses auxiliaires. La seule remarque sur laquelle je veuille insister ici, c'est l'opposition ouverte de Pascal avec ce qui sera bientôt la méthode de Fénelon. Fénelon serein, confiant et sans tourment, voit l'admirable ordonnance d'une nuit étoilée et se dit avec le Mage ou le Prophète, avec le pasteur de Chaldée : « Combien doit être puissant et sage celui qui fait des mondes aussi innombrables que les grains de sable qui couvrent le rivage des mers, et qui conduit sans peine, pendant tant de siècles, tous ces mondes errants, comme un berger conduit un troupeau! » Pascal considère cette même nuit brillante, et il sent par delà un vide que le géomètre en lui ne saurait combler; il s'écrie : « Le silence éternel de ces espaces infinis m'effraie. » Comme un aigle sublime et blessé, il vole par delà le soleil visible, et, à travers ses rayons pâlis, il va chercher, sans l'atteindre, une nouvelle et éternelle aurore. Sa plainte et son effroi, c'est de ne rencontrer que silence et nuit.

Avec Bossuet, le contraste de la méthode ne serait pas moins frappant. Quand même, dans son Traité *de la Connaissance de Dieu*, le grand prélat ne s'adresserait pas au jeune Dauphin, son élève, et quand il parlerait à un lecteur quelconque, il ne ferait pas autrement. Bossuet prend la plume, et il expose avec une haute tranquillité les points de doctrine, la double nature de l'homme; la noble origine, l'excellence et l'immortalité du principe spirituel qui est en lui, et son lien direct avec Dieu. Bossuet professe comme le plus grand des évêques; il est assis dans sa chaire, il y est appuyé. Ce n'est pas un inquiet ni un douloureux qui cherche, c'est un maître qui indique et confirme la voie. Il démontre et développe toute la suite de son discours et de sa conception sans lutte et sans effort : il ne souffre point pour prouver. Il ne fait en quelque sorte que promulguer et reconnaître les choses de l'esprit en homme sûr qui n'a pas combattu depuis longtemps les combats intérieurs; c'est l'homme de toutes les autorités et de toutes les stabilités qui parle, et qui se plaît à considérer partout l'ordre ou à le rétablir aussitôt par sa parole. Pascal insiste sur le désaccord et sur le désordre inhérent, selon lui, à toute nature. Là où l'un étend et déploie l'auguste démarche de son enseignement, lui, il étale ses plaies et son sang, et, dans ce qu'il a de plus outré, il est plus semblable à nous, il nous touche encore.

Ce n'est pas que Pascal se mette complétement de pair avec celui qu'il ramène et qu'il dirige. Sans être évêque ni prêtre, il est lui-même sûr de son fait, il sait à l'avance son but, et laisse assez voir sa certitude, ses dédains, son impatience; il gourmande, il raille, il malmène celui qui résiste et qui n'entend pas : mais tout d'un coup la charité ou le franc naturel l'emportent; ses airs despotiques ont cessé; il parle en son nom et au nom de tous, et il s'associe à l'âme en peine qui n'est plus que sa vive image et la nôtre aussi.

Bossuet ne repousse point les lueurs ni les secours

de l'antique philosophie, il n'y insulte point; selon lui, tout ce qui achemine à l'idée de la vie intellectuelle et spirituelle, tout ce qui aide à l'exercice et au développement de cette partie élevée de nous-mêmes, par laquelle nous sommes conformes au premier Être, tout cela est bon, et toutes les fois qu'une *vérité illustre* nous apparaît, nous avons un avant-goût de cette existence supérieure à laquelle la créature raisonnable est primitivement destinée. Dans son magnifique langage, Bossuet aime à associer, à unir les plus grands noms, et à tisser en quelque sorte la chaîne d'or par laquelle l'entendement humain atteint au plus haut sommet. Il faut citer ce passage d'une souveraine beauté :

« Qui voit Pythagore ravi d'avoir trouvé les carrés des côtés d'un certain triangle, avec le carré de sa base, sacrifier une hécatombe en actions de grâces ; qui voit Archimède attentif à quelque nouvelle découverte, en oublier le boire et le manger ; qui voit Platon célébrer la félicité de ceux qui contemplent le beau et le bon, premièrement dans les arts, secondement dans la nature, et enfin dans leur source et dans leur principe, qui est Dieu ; qui voit Aristote louer ces heureux moments où l'âme n'est possédée que de l'intelligence de la vérité, et juger une telle vie seule digne d'être éternelle, et d'être la vie de Dieu ; mais (surtout) qui voit les Saints tellement ravis de ce divin exercice de connaître, d'aimer et de louer Dieu, qu'ils ne le quittent jamais, et qu'ils éteignent, pour le continuer durant tout le cours de leur vie, tous les désirs sensuels : qui voit, dis-je, toutes ces choses, reconnaît dans les opérations intellectuelles un principe et un exercice de vie éternellement heureuse. »

Ce qui porte Bossuet à Dieu, c'est plutôt le principe de la grandeur humaine que le sentiment de la misère. Il a une contemplation qui s'élève graduellement de vérité en vérité, et qui n'a pas à se pencher sans cesse d'abîme en abîme. Il vient de nous peindre cette jouissance spirituelle du premier ordre, qui commence par Pythagore et par Archimède, qui passe par Aristote, et qui arrive et monte jusqu'aux Saints : il semble lui-même, en l'envisageant dans ce suprême exemple, n'avoir fait que monter un degré de plus à l'autel.

Pascal ne procède point ainsi : il tient à marquer davantage et d'une manière infranchissable la différence des sphères. Il méconnaît ce qu'il pouvait y avoir de graduel et d'acheminant au christianisme dans la philosophie ancienne. Le savant et modéré Daguesseau, dans un plan qu'il propose d'un ouvrage à faire d'après les *Pensées*, a pu dire : « Si l'on entreprenait de mettre en œuvre les *Pensées* de M. Pascal, il faudrait y rectifier en beaucoup d'endroits les idées imparfaites qu'il y donne de la philosophie du Paganisme; la véritable religion n'a pas besoin de supposer, dans ses adversaires ou dans ses émules, des défauts qui n'y sont pas. » Mis en regard de Bossuet, Pascal peut offrir au premier moment des duretés et des étroitesses de doctrine qui nous choquent. Non content de croire avec Bossuet et Fénelon, et avec tous les chrétiens, à un Dieu caché, il aime à insister sur les caractères mystérieux de cette obscurité; il se plaît à déclarer expressément que Dieu « a voulu aveugler les uns et éclairer les autres. » Il va se heurter par moments, *s'aheurter* (c'est son mot) aux écueils qu'il est plus sage à la raison, et même à la foi, de tourner que de découvrir et de dénoncer à nu; il dira, par exemple, des prophéties citées dans l'Évangile : « Vous croyez qu'elles sont rapportées pour vous faire croire. Non, c'est pour vous éloigner de croire. » Il dira des miracles : « Les miracles ne servent pas à convertir, mais à condamner. » Comme un guide trop intrépide dans une course de montagnes, il côtoie exprès les escarpements et les précipices; on croirait qu'il veut braver le vertige. Pascal, contrairement à Bossuet, se prend aussi d'affection pour les petites églises, pour les petits troupeaux réservés d'élus, ce qui mène à la secte : « J'aime, dit-il, les adorateurs inconnus au monde et aux Prophètes mêmes. » Mais, à côté et au travers de ces duretés et de ces aspérités du chemin, que de paroles perçantes ! que de cris qui nous touchent ! que de vérités sensibles à tous ceux qui ont souffert, qui ont désiré, perdu, puis retrouvé la voie, et qui n'ont jamais voulu désespérer ! « Il est bon, s'écrie-t-il, d'être lassé et fatigué par l'inutile recherche du vrai bien, afin de tendre les bras au Libérateur. » On n'a jamais mieux fait sentir que lui ce que c'est que la foi; la foi parfaite, c'est « Dieu sensible au cœur, non à la raison. — Qu'il y a loin, dit-il, de la connaissance de Dieu à l'aimer ! »

Ce côté affectueux de Pascal, se faisant jour à travers tout ce que sa doctrine et son procédé ont d'âpre et de sévère, a d'autant plus de charme et d'empire. La manière émue dont ce grand esprit souffrant et en prière nous parle de ce qu'il y a de plus particulier dans la religion, de Jésus-Christ en personne, est faite pour gagner tous les cœurs, pour leur inspirer je ne sais quoi de profond et leur imprimer à jamais un respect attendri. On peut rester incrédule après avoir lu Pascal, mais il n'est plus permis de railler ni de blasphémer; et, en ce sens, il reste vrai qu'il a vaincu par un côté l'esprit du dix-huitième siècle et de Voltaire.

Dans un morceau jusqu'alors inédit, et dont la publication est due à M. Faugère, Pascal médite sur l'agonie de Jésus-Christ, sur les tourments que cette âme parfaitement héroïque, et si ferme quand elle veut l'être, s'est infligés à elle-même au nom et à l'intention de tous les hommes : et ici, dans quelques versets de méditation tour à tour et d'oraison, Pascal pénètre dans le mystère de cette douleur avec une passion, une tendresse, une piété, auxquelles nulle âme humaine ne peut demeurer insensible. Il suppose tout d'un coup un dialogue où le divin Agonisant prend la parole et s'adresse à son disciple, en lui disant :

« Console-toi, tu ne me chercherais pas, si tu ne m'avais trouvé. — Tu ne me chercherais pas, si tu ne me possédais ; ne t'inquiète donc pas.

« Je pensais à toi dans mon agonie ; j'ai versé telles gouttes de sang pour toi.

« Veux-tu qu'il me coûte toujours du sang de mon humanité, sans que tu donnes des larmes?... »

Il faut lire en entier et à sa place ce morceau. Jean-Jacques Rousseau n'aurait pu l'entendre, j'ose le croire, sans éclater en sanglots, et peut-être tomber à genoux. C'est par de telles pages, brûlantes, passionnées, et où respire dans l'amour divin la charité humaine, que Pascal a prise sur nous aujourd'hui plus qu'aucun apologiste de son temps. Il y a dans ce trouble, dans cette passion, dans cette ardeur, de quoi faire plus que racheter ses duretés et ses outrances de doctrine. Pascal est à la fois plus violent que Bossuet et plus sympathique pour nous ; il est plus notre contemporain par le sentiment. Le même jour où l'on a lu *Childe-Harold* ou *Hamlet*, *René* ou *Werther*, on lira Pascal, et il leur tiendra tête en nous, ou plutôt il nous fera comprendre et sentir un idéal moral et une beauté de cœur qui leur manque à tous, et qui, une fois entrevue, est un désespoir aussi. C'est déjà un honneur pour l'homme que d'avoir de tels désespoirs placés en de si hauts objets.

Quelques curieux et quelques érudits continueront d'étudier à fond tout Pascal ; mais le résultat qui paraît aujourd'hui bon et utile pour les esprits simplement sérieux et pour les cœurs droits, le conseil que je viens leur donner d'après une lecture faite dans cette dernière édition des *Pensées*, c'est de ne pas prétendre trop pénétrer dans le Pascal particulier et janséniste, de se contenter de le deviner par ce côté et de l'entendre en quelques articles essentiels, mais de se tenir avec lui au spectacle de la lutte morale, de l'orage et de cette passion qu'il ressent pour le bien et pour un digne bonheur. En le prenant de la sorte, on résistera suffisamment à sa logique quelque peu étroite, opiniâtre et absolue ; on s'ouvrira cependant à cette flamme, à cet essor, à tout ce qu'il y a de tendre et de généreux en lui; on s'associera sans peine à cet idéal de perfection morale qu'il personnifie si ardemment en Jésus-Christ, et l'on sentira qu'on s'est élevé et purifié dans les heures qu'on aura passées en tête-à-tête avec cet athlète, ce martyr et ce héros du monde moral invisible : Pascal pour nous est tout cela.

Le monde marche ; il se développe de plus en plus dans les voies qui semblent le plus opposées à celles de Pascal, dans le sens des intérêts positifs, de la nature physique travaillée et soumise, et du triomphe humain par l'industrie. Il est bon qu'il y ait quelque part contre-poids; que, dans quelques cabinets solitaires, sans prétendre protester contre le mouvement du siècle, des esprits fermes, généreux et non aigris, se disent ce qui lui manque et par où il se pourrait compléter et couronner. De tels réservoirs de hautes pensées sont nécessaires pour que l'habitude ne s'en perde point absolument, et que la pratique n'use pas tout l'homme. La société humaine, et pour prendre un exemple plus net, la société française m'apparaît quelquefois comme un voyageur infatigable, qui fait son chemin et poursuit sa voie sous plus d'un costume, et en changeant de nom et d'habit bien souvent. Depuis 89, nous sommes debout et nous marchons : où allons-nous? qui le dira? mais nous marchons sans cesse. Cette Révolution, au moment où on la croyait arrêtée sous une forme, elle se relevait et se poursuivait sous une autre : tantôt sous l'uniforme militaire, tantôt sous l'habit noir de député;

hier en prolétaire, avant-hier en bourgeois. Aujourd'hui, elle est industrielle avant tout; et c'est l'ingénieur qui a le pas et qui triomphe. Ne nous en plaignons point, mais rappelons-nous l'autre partie de nous-mêmes, et qui a fait si longtemps l'honneur le plus cher de l'humanité. Allons voir à Londres, allons visiter et admirer le Palais de Cristal et ses merveilles, allons l'enrichir et l'enorgueillir de nos produits : oui, mais en chemin, mais au retour, que quelques-uns se redisent avec Pascal ces paroles qui devraient être gravées au frontispice :

« Tous les corps, le firmament, les étoiles, la terre et ses royaumes, ne valent pas le moindre des esprits ; car il connaît tout cela, et soi ; et les corps, rien. Tous les corps ensemble, et tous les esprits ensemble, et toutes leurs productions, ne valent pas le moindre mouvement de charité; cela est d'un ordre infiniment plus élevé.

« De tous les corps ensemble, on ne saurait en faire réussir une petite pensée; cela est impossible et d'un autre ordre. De tous les corps et esprits, on n'en saurait tirer un mouvement de vraie charité ; cela est impossible, et d'un autre ordre, surnaturel. »

Car c'est ainsi que s'exprime Pascal dans ces Pensées courtes et brèves, écrites pour lui seul, un peu saccadées, et sorties, comme par jet, de la source même.

Le présent éditeur, M. Havet, m'a traité avec tant d'indulgence en une page de son Introduction, que j'ai quelque embarras, en finissant, à venir le louer à mon tour; il me paraît, toutefois, s'être proposé et avoir atteint le but principal que j'indique, et son édition savante est un service rendu à tous. Le caractère philosophique et indépendant qu'il a tenu à y laisser n'en saurait altérer le prix, et il y ajoute plutôt à mes yeux. Le livre de Pascal, dans l'état où il nous est venu, et dans la hardiesse ou le décousu des restitutions récentes, ne saurait être pour personne un livre d'apologétique exact et complet : ce ne peut être qu'une lecture ennoblissante, et qui reporte l'âme dans la sphère morale et religieuse d'où trop d'intérêts vulgaires la font déchoir aisément. M. Havet a constamment visé à maintenir cette impression élevée, et à la débarrasser des questions de secte où la doctrine particulière de Pascal pouvait engager. Sa conclusion résume bien l'esprit même de tout son travail : « En général, dit M. Havet, nous autres, hommes d'aujourd'hui, nous sommes, dans notre façon d'entendre la vie, plus raisonnables que Pascal; mais, si nous voulons pouvoir nous en vanter, il faut être en même temps, comme lui, purs, désintéressés, charitables. »

FIN DU TOME CINQUIÈME.

APPENDICE

NOTE CONCERNANT M. LAURENT-PICHAT ET HÉGÉSIPPE MOREAU.

(Se rapporte à la page 395.)

On a de nos jours, comme sans doute on a eu de tout temps, la manie de grossir la vie et les mérites des hommes qui sont morts appartenant à une école, à un parti ou à une communion. C'est ainsi que se sont formées les légendes des Saints. Mais le procédé, en ce siècle de critique et d'examen, est à jour, et nous voyons trop bien, en la plupart des cas, comment se fabrique la merveille pour y croire. Hégésippe Moreau est mort pauvre, à l'hôpital; poëte de sensibilité et de talent, il intéresse par ses écrits et par son malheur. Mais ce n'est pas assez pour un certain monde qui veut le tirer à soi, l'exalter, et, ce n'est pas trop dire, le canoniser. M. Laurent-Pichat, ayant à faire des *lectures*, des *Causeries littéraires*, dans un cercle rue de la Paix, a pris récemment (1861) pour l'un des sujets de sa déclamation encore plus que de son étude, Hégésippe Moreau, dont la vie prête au vague et lui a paru un canevas commode à ses propres pensées. Il a donc voulu dresser une *statue* à Hégésippe Moreau, montrer que dans la lutte de la vie Moreau n'a pas été un *vaincu*, mais un *vainqueur*. « Il a, s'écrie-t-il, l'auréole immortelle, et je vais la faire briller à vos yeux. »

J'ai eu le malheur alors, pour la Notice très-simple et des plus modestes que j'ai écrite sur Hégésippe Moreau, et qu'on a pu lire au tome IV de ces *Causeries*, j'ai eu, dis-je, le malheur de me présenter à la pensée de M. Laurent-Pichat, qui s'est exprimé de la sorte :

« On a beaucoup écrit sur Hégésippe Moreau. Quand un poëte est mort, on ne lui ménage pas les lignes. Les critiques s'accroupissent sur sa mémoire; on refait sa biographie de vingt manières; on la surcharge de notes; on étudie à la loupe ce qu'il a écrit; on dissèque ses vers, et de cette autopsie sortent des rapports mesquins, des procès-verbaux ingénieux et froids. — Il était pris de la maladie de son siècle, dit-on; — il était irréligieux, irrité; — on le plaint un peu; on l'excuse un instant sur ses torts. — *Il fut atteint de la petite vérole courante de son temps*, a dit de Moreau un critique officiel (1). — Qu'est-ce que tout cela signifie? Les œuvres sont-elles nourrissantes, généreuses, fortes? Eh bien, en ce cas, jetez vos lunettes — et admirez! Ayez de l'enthousiasme et faites-nous grâce de ces analyses pointillées. — Une gloire marchandée, versée à petits coups, convient peut-être aux écrivains à teintes grises dont vous voulez tracer un portrait composé de petites intentions rapprochées; mais, s'il s'agit d'un poëte véritable, lisez son livre et sachez vous incliner. La maladie de son temps, nous la connaissons, cette maladie, et Moreau n'en était pas atteint. S'il avait eu plus de souplesse, plus de basse complaisance, il vivrait encore peut-être; je sais bien où il pourrait se trouver, mais je n'irais pas l'y chercher, afin de m'occuper de lui. — Cette petite vérole courante, — nous savons son nom: — c'est l'égoïsme et l'envie, c'est la médiocrité de certains Carons, meneurs de spectres, qui refusent l'entrée des Champs Élysées aux Ombres couronnées du laurier immortel, et qui les laissent errer sur des rivages sans nom, parce qu'elles n'ont pas, pour frayer leur passage, l'obole frappée à l'effigie des camaraderies. Le génie de Moreau était sain et vigoureux; il ne l'avait emprunté nulle part; le pauvre enfant avait eu à peine le temps de lire. Il apporta avec lui ce frais parfum d'antiquité, cette saveur de la forme magistrale que l'on ne puise nulle part ici-bas. Son petit livre vivra, en dépit des compilations hypocrites qui voudraient le rabaisser au second rang. La vraie maladie d'Hégésippe Moreau était cette noble fièvre qui pousse vers l'inconnu; c'est notre maladie à tous. Il a succombé, mais il a vécu. C'est un de nos morts... »

Je prends dans ces lignes toute la part qui m'en revient et qui est à mon intention: cette part, c'est l'*envie*, l'*égoïsme*, la *médiocrité*, la *camaraderie*; c'est d'être un compilateur *hypocrite*, un écrivain à *teintes grises*, que sais-je encore? Je donne acte à M. Laurent-Pichat de toutes ces aménités. Ce que je sais bien, c'est que, lorsque j'ai eu à m'occuper d'Hégésippe Moreau, je me suis enquis avec attention et intérêt de tout ce qui pouvait le faire aimer, estimer; je me suis adressé aux amis de son enfance, à la *fermière*, à la personne qui le

---

(1) C'est moi-même. Je demande un peu ce qu'il peut y avoir d'*officiel* dans l'article que j'ai donné sur Moreau et qui fut inséré au *Constitutionnel*, où j'écrivais alors.

connut dans la petite imprimerie *proprette* où il passa quelques jours heureux. On me communiqua des lettres de lui ; je n'en fis usage qu'avec discrétion. Or, voici deux fragments que je n'avais pas jugé à propos de produire, et qui me justifieront peut-être si je n'ai pas fait d'Hégésippe Moreau un plus grand caractère politique et un plus grand citoyen.

A madame Guérard, à Saint-Martin-Chênetron.

Mardi, 7 janvier 1834.

« ...... Un jeune créole entre autres m'a rendu service en se chargeant pour moi de quelques démarches indispensables et qui me répugnaient ; je veux parler des sollicitations aux journaux. Et plût à Dieu que je ne m'en fusse pas mêlé ! Ils avaient tous promis à mon noble ambassadeur ; mais, fatigué d'attendre, j'allai moi-même réclamer leur parole. Ils éludèrent toujours la question, et je me résignai à la patience, persuadé que ces messieurs, préoccupés de graves intérêts politiques, n'avaient pas de temps à donner à la littérature. Mais voilà tout à coup que l'*homme rouge* de Lyon arrive et s'installe à Paris, et que les journalistes à qui j'avais parlé lui prodiguent des éloges aussi bêtes que ses vers. A ma réclamation, ils répondirent qu'il sautait aux yeux que mes confrères étaient beaucoup plus forts que moi. Je répliquai ce qui me sautait aux yeux à moi, c'est qu'ils étaient des imbéciles. Après avoir rompu ainsi avec les seuls hommes qui pouvaient me servir, et, par conséquent, avec mes premiers projets, je restai longtemps indécis et découragé. Enfin un hasard me décida (bien ou mal) : ces messieurs (dont les vers sont si forts) venaient de publier une satire très-forte, en effet, d'injures et de barbarismes contre le Préfet de police. On m'informa que ce brave M. Gisquet avait pris la chose au sérieux, et cherchait partout quelqu'un qui se chargeât de venger son honneur (l'honneur de M. Gisquet !). Je me proposai à l'essai. Ma pièce est faite, et jeudi je dois la lire moi-même à Monseigneur dans son cabinet, et j'espère devenir le poète lauréat de la Police. Je n'ai pas besoin de vous dire que je ne vise pas à la gloire. Je plaisante, mais je vous assure que je souffre beaucoup. »

A la même, peu de jours après (la lettre n'est pas datée) :

« Je vais vous envoyer un exemplaire de la pièce de vers que j'ai faite pour la Police. Il serait bon de ne la communiquer à personne. D'ailleurs, cela ne vaut rien. L'inspiration a manqué où manquait la conscience. Je crains bien maintenant d'avoir fait une mauvaise action gratuite. »

Je connais la sottise humaine et je ne doute pas que l'on ne continue encore, après cela, à vouloir faire d'Hégésippe Moreau un martyr et confesseur politique. Le fanatisme, sous toutes ses formes, est le même ; la prévention est incurable. Troublez une communauté de moines dans l'œuvre de la canonisation d'un de leurs saints, ils vous jetteront la pierre et ne feront qu'entonner plus haut leur *Hosannah*. — Ah ! monsieur Laurent-Pichat, que les gens d'esprit et surtout d'un esprit sain (*mens sana*) sont rares, même parmi ceux à qui il est convenu d'accorder du talent !

FIN DE L APPENDICE.

TABLE DES MATIÈRES.

	Pages
Notice sur M. RAYNOUARD, par *M. Walckenaer*	1
Les Gaietés champêtres, par M. JULES JANIN	23
Mémoires du Cardinal de RETZ	40
RIVAROL	62
MADAME LA DUCHESSE D'ANGOULÊME	85
LA HARPE	103
LA HARPE (anecdotes)	123
LE BRUN-PINDARE	145
Mme DE MOTTEVILLE	168
SIEYÈS	189
M. FIÉVÉE	217
LE CARDINAL DE RETZ (second article)	238
CHARLES PERRAULT	255
PATRU	275
LE SURINTENDANT FOUQUET	294
LOUIS XIV (OEuvres)	313
Études sur SAINT-JUST, par *M. Éd. Fleury*	334
Mémoires de GOURVILLE	359
De la Poésie et des Poëtes en 1852	380
LA PRINCESSE DES URSINS { 1er article	401
{ 2e article	421
PORTALIS { 1er article	441
{ 2e article	460
LE DUC D'ANTIN, *ou* LE PARFAIT COURTISAN	479
LE COMTE-PACHA DE BONNEVAL	499
Pensées de PASCAL, édition nouvelle par *M. E. Havet*	523
APPENDICE	541

FIN DE LA TABLE.

Paris. — Imp. E. CAPIOMONT et V. RENAULT, 6, rue des Poitevins.

www.ingramcontent.com/pod-product-compliance
Lightning Source LLC
Chambersburg PA
CBHW071400230426
43669CB00010B/1400